平等の哲学入門

新村聡・田上孝一［編著］

An Introduction to the Philosophy of Equality

社会評論社

まえがき

現代の日本でも世界でも貧困・差別・格差が拡大している。

日々のニュースが伝えるように、日本社会の底辺では貧困と格差が深刻化し、こどもの貧困、ひとり親の貧困、不安定就業者の貧困、女性の貧困、若者の貧困、中高年の貧困、高齢者の貧困が拡大している。

また、ジェンダー差別、人種・民族差別、障害者差別、職業差別、動物差別などのさまざまな差別が続いており、健康格差、医療格差、情報格差、教育格差、文化格差などのさまざまな格差が人々の尊厳ある生活の実現を妨げている。

世界に眼を転ずれば、貧困・差別・格差はいっそう大規模かつ深刻である。長期的トレンドに加えて、新型コロナは世界各地で社会の底辺に生きる人々を直撃して困窮生活を強いている。

多くの人々が、貧困・差別・格差の問題を解決するために懸命の努力を続けているにもかかわらず、状況は悪化しているようにすら見える。なぜ格差社会の問題は解決されないのであろうか。あらゆる問題に複数の原因があるように、貧困・差別・格差の原因もさまざまである。とはいえ日本社会の格差と貧困の深刻化の原因として次の2点は指摘できるであろう。

第1に、格差社会を克復してどのような社会をめざすべきかという点について国民的合意ができていないことである。経済格差に限っても、賃金・社会保障・税の制度の包括的な検討と再構築への国民的合意が欠かせない。しかし個々の制度をめぐって難問が山積しているだけでなく、めざすべき社会のグランドデザインに関する国民的合意の形成にはほど遠い現状にある。

問題解決が進まないもう1つの原因として、専門研究者の協力が弱いことがあげられる。貧困・差別・格差の問題は政治・経済・社会の多分野にわたっており、各分野の複雑な問題構造を検討して実現可能な改革案を構想するには高度の専門的知見を必要とする。それゆえめざすべき社会のグランドデザインを描くためには、各分野の専門家の緊密な協力が欠かせない。しかしながら、格差社会の現状に関心を寄せる専門研究者はさまざまな分野に多数いるにもかかわらず、分野を越えての交流と協力はきわめて不十分な状況にある。本書は格差問題に関心をもつ諸分野の研究者の協力促進と、めざすべき社会への国民的合意の形成に向けて、少しでも貢献できることを期待している。

本書には、2つの大きな特徴がある。第1は、平等思想史と平等の現代的問題の両者を考察対象とする2部構成をとっていることである。古代から現代にいたる平等論の歴史を考察した思想史・哲学史の書物は少ない。また現代社会の諸領域における平等の問題を包括的に考察した書物も多くはない。そしてこれら2つのテーマを同時に追求した書物は、おそらく本書が世界で最初ではないであろうか。

本書が、平等思想史と平等の現代的問題の2テーマを同時追求するのには大きな理由がある。平等に関する現代の問題には、人類がこれまで未経験で現代になって初めて登場する問題（たとえばネット社会の情報格差）と、紀元前から人類がくりかえし議論してきた問題（たとえば貧富の格差）とがある。前者の問題については新しい検討が欠かせない。一方後者の問題については、過去に平等と不平等を熟考した知的巨人たちの智恵と経験から学べることが少なくない。これこそ本書が、平等思想史と平等の現代的問題の両者を考察する最大の理由である。

本書の第2の特徴は、平等に関する抽象的原理と具体的制度や政策の両者を考察していることである。第Ⅰ部に登場する古今の偉大な哲学者や思想家たちは、それぞれが生きた時代の平等をめぐる具体的な制度や社会の問題を見すえながら、抽象的原理にまで分析を深化させてそれをふまえてめざすべき制度や社会を具体的に構想した。一方現代は専門研究者の学問的分業が高度に進み、理論家と具体的問題の専門家とが協力してめざすべき制度や社会を構想することが難しくなっている。

歴史的にはそうではなかった。本書第Ⅰ部が示すように、古代から現代まで、偉大な哲学者や思想家たちは抽象的原理と具体的問題を結びつけて思索してきた。その方法に学びつつ、本書第Ⅱ部は平等をめぐる現代的問題について抽象的原理と具体的問題を結びつけて考察することをめざしている。したがって本書の表題にある「哲学」はたんなる抽象的原理の考察を意味するものではない。それは古代以来の政治哲学や社会哲学の伝統における本来の「哲学」を、すなわち抽象的原理をふまえて現実の具体的問題を考察し未来の制度と社会を構想する知的営為を意味している。

本書各章の執筆者は、格差社会の現状に対する深い憂慮と懸念を共有しているが、本書全体として統一的な解釈や見解を提示する意図はない。数回の研究会とメールを通じて活発な意見交換を行ったが、最終的に各章は執筆者の責任で書かれており、見解の相違は残されている。用語や訳語についても、専門分野の違いや執筆者の個性に由来する不統一が残っている（分配と配分、政体と国制、貢献と功績、公平・衡平・公正、障害と障碍、労働・応労・就労など）。編者の1人が執筆した序章は執筆者の共通見解を示すものではないのでご留意いただきたい。

本書各章の内容は相対的に独立している。したがって読者は、冒頭の要旨を読んで興味を惹かれる章だけをピックアップして読むことも可能である。大学のゼミや研究会などでは、メンバー各人が興味ある章を選んで報告し、そのあと全員で討論するという読み方もお勧めしたい。

めざすべき社会のグランドデザインについて国民的合意を形成する上で、本書が少しでも寄与できることを心より願っている。

2020年10月

新村　聡

平等の哲学入門　＊目次

まえがき　　新村　聡　3

序 章　平等とは何か ………………………………………………… 15
新村　聡

1. 平等と分配的正義の基礎概念　15
1-1. 平等とは何か
1-2. 分配的正義の 4 原則
2. 古代思想における平等と分配的正義　22
2-1. プラトン
2-2. アリストテレス
3.　近代思想における平等と分配的正義　25
3-1. 古代から近代への転換
3-2. ホッブズとスミス
3-3. 資産と所得の不平等と再分配
3-4. マルクス
3-5. ロールズとセン

第 I 部　平等の思想史

第 1 章　アリストテレスの平等論 ………………………………… 40
石野　敬太

1. 市民と市民間の政治的関係　40
1-1. 市民とは誰か
1-2. 市民間の政治的関係
1-3.「国制」と「応報」の原理
2. 公職の配分と「配分的正義」　44
3. ポリスと幸福　47

第 2 章　ルソーの平等論 ……………………………………………… 53
吉田　修馬

1.『人間不平等起源論』　53
1-1. 自然的な不平等と社会的な不平等の区別
1-2. 自然状態の平等
1-3. 社会の進歩と不平等の拡大
1-4.『不平等論』の結論

2.『社会契約論』と政治的著作　*59*
2-1. 社会契約をめぐる平等
2-2. 国家における平等
3.『エミール』　*66*
3-1. 男女の平等
3-2. 人間の平等

第3章　スミスの平等論 …………………………………………………… *71*
——スミスは平等主義者か
新村　聡
1.『道徳感情論』の平等論　*73*
2.『法学講義』と『国富論草稿』の平等論　*76*
3.『国富論』の平等論　*79*

第4章　カントの平等論 …………………………………………………… *86*
網谷　壮介
1. 人格と尊厳　*87*
1-1. 理性と普遍的義務
1-2. 理性の尊厳
2. 人間としての平等　*91*
2-1. 生得的自由権の平等
2-2. 結婚の平等
3. 国家における平等と不平等　*94*
3-1. 市民の平等
3-2. 社会経済的不平等

第5章　J.S. ミルの平等論 …………………………………………………*101*
——富の分配と貧困をめぐって
小沢　佳史
1. 富の分配と貧困をめぐるミルの議論の前提　*102*
2. 理想的な私有財産制への接近 (1)　*102*
——労働と節制に応じた分配の実現
2-1. 社会主義と私有財産制
2-2. 遺贈・相続財産をめぐる政府介入
2-3. 土地をめぐる政府介入
3. 理想的な私有財産制への接近 (2)　*108*
——不平等な分配の下での貧困対策
3-1. 政府による生存の保障とそれに伴う制約
3-2. 教育・植民政策に基づく生活水準の底上げ
4. 将来世代の可能性——社会主義をめぐって　*111*
4-1. 共産主義——平等原則に基づく社会

4-2. フーリエ主義――必要原則（のちに貢献原則）に基づく社会
4-3. アソシエーションの普及と社会主義への道

第 6 章　マルクスの平等論 ……………………………………116
中村　宗之
1.『共産党宣言』における平等　117
2.『資本論』における平等と不平等　119
3.『ゴータ綱領批判』における分配原理　121
4. 唯物史観　122
4-1.『経済学批判』の「序言」
4-2. 社会主義と権威主義
5. 平等をどのように達成するか　124
5-1. 家族類型に由来する権威主義と平等主義
5-2. AI と BI の組み合わせによる共産主義
5-3. 分権化による種々の経済社会体制の選択

第 7 章　ピグーの平等論 ……………………………………132
山崎　聡
1. ピグーにおける平等観念　132
2. 平等原理の正当化の試み　134
3. 厚生経済学における平等　136
3-1. 塩野谷解釈：二種の通約不可能性
3-2. 第一命題における平等思想
3-3. 複合的正義における平等
3-4. 優生学関連（享受能力）

第 8 章　ケインズの「ニュー・リベラリズム」 ………………147
――「平等」への対処、および「平等主義哲学」での位置づけ
平井　俊顕
1.『平和の経済的帰結』― 始発点　148
2. ニュー・リベラリズム　150
2-1. 1920 年代中葉
2-2. 1930 年代・1940 年代
3.「平等」および「平等主義哲学」とケインズ　159
3-1. 平等 － ケインズが実際に取ったスタンス
3-2. 平等主義哲学空間で見ると

第 9 章　ロールズの平等論 ……………………………………165
魚躬　正明
1. 最高度の平等の視座 ――「自由で平等な人格としての市民」　166
1.1. なぜ不平等に関心をもつのか

1-2. 自由で平等な人格とは何か
2. 正義の二原理と功利主義の比較の要点　*170*
3. 平等な社会への制度構想 —— 財産所有のデモクラシー　*176*

第 10 章　センの平等論 ……………………………………………………*182*
　　　—— 社会的選択理論の核心
後藤　玲子

1. セン型社会的選択理論の特徴　*183*
2.「何の平等か？」　*185*
　　—— 包括的平等論と潜在能力（ケイパビリティ）概念の提唱
3. センにおける不平等の経済学 —— 不平等の特定と測定　*188*
4. 功績原理と必要原理の α 結合ルール　*190*
5. 差異に基づく平等　*193*

第 II 部　現代社会と平等

第 11 章　ジェンダーと平等 ……………………………………………*202*
板井　広明

1. ジェンダー秩序　*203*
1-1. セックス／ジェンダー
1-2. ジェンダー不平等の現状
1-3. ジェンダー役割と抑圧
2. ジェンダー平等　*208*
2-1. フェミニズムと功利主義
2-2. 公私二元論再審
2-3. ジェンダー平等の枠組み

第 12 章　健康と平等 ……………………………………………………*219*
　　　——健康格差の不当さについて考える
玉手　慎太郎

1. 健康格差とは何か　*219*
2. 健康格差はなぜ不当なのか　*220*
2-1. 社会正義の課題：すべての個人の等しい尊重
2-2. 不利益の不当さを強める条件
2-3. 健康格差と社会正義
3. 健康格差はどこまで是正されるべきか　*225*
3-1. 従来の政策アプローチの問題点
3-2. 健康格差対策をめぐるディレンマ

第 13 章　障害と平等 ……………………………………………………234
——障害者のシティズンシップはいかに否定されてきたか、いかに正当化しうるか
寺尾　範野
1. リベラリズムによる障害者の排除　235
2. シティズンシップの平等にむけて　238
2-1. 障害の社会モデル＋能力主義
2-2.「尊厳ある生」の再定式化
2-3.「個人」から「関係」へ、「自立」から「依存」へ

第 14 章　動物と平等 ……………………………………………………248
田上　孝一
1. 平等の根拠——人間の平等について　249
2. なぜ動物なのか——人間中心主義と種差別の問題　252
3. 利益に対する平等な配慮——功利主義的動物平等論の検討　255
4. 目的的存在としての動物——功利主義から権利論へ　258

第 15 章　情報と平等 ……………………………………………………266
——情報の平等を推進するものと阻むもの
インターネットと資本の論理
平松　民平
1. 情報とは何か　267
1-1. 情報の歴史
1-2. 経済面から見た情報の本質
2. インターネット　271
2-1. インターネットとは
2-2. デジタルデバイド
3. 財としての情報の平等な分配　277
3-1. 財の生産と支出される労働の関係
3-2. 情報財と資本主義
3-3. 限界費用ゼロ社会
3-4. 貧しい平等と豊かな平等
3-5. コピーレフト運動：

第 16 章　責任と平等 ……………………………………………………283
——帰結引き受け責任と行為者性行使責任
阿部　崇史
1. 運の平等主義と帰結引き受け責任としての選択責任　284
2. 関係論的平等主義による是正の原理批判　286
3. 自律基底的運の平等主義と行為者性行使責任としての選択責任　289
4. 自律基底的運の平等主義による社会構想　291

第17章　教育と平等 ……………………………………………………298
宮崎　智絵
1. 教育における平等と不平等の構造　*298*
1-1. 教育機会均等
1-2. 分配
1-3. 能力
1-4. 選抜
2. 不平等を再生産する構造　*301*
2-1. 再生産の構造
2-2. 文化資本
2-3. ハビトゥス (habitus)
3. 事例からみる教育の平等と不平等　*304*
3-1. 日本
3-2. インド

第18章　グローバリゼーションと平等 ………………………………313
——「デモス境界線」問題の批判的考察を通じて
内田　智
1.「何の平等か」から「誰の平等か」へ　*315*
——「平等」をめぐる哲学的諸構想において
前提とされてきた秩序認識
2. グローバル・ガヴァナンス論とその隘路　*317*
——「機能と必要性」の論理の背後に閑却される平等への関心
3. グローバルな次元における平等とデモクラシー　*319*
——デモス境界線問題の再検討
4. グローバル化する世界における平等　*322*
——そのさらなる「哲学的」探究の展望を開くために

第19章　賃金と平等 ……………………………………………………329
遠藤　公嗣
1. 賃金の決め方の二大分類　*329*
2. 国際標準としての賃金平等原則　*331*
2-1. 職務の内容が違うときの「同一価値労働同一賃金」原則
2-2.「同一価値労働同一賃金」の米国での開発と衰退
および欧州諸国での発展
2-3. 職務の内容が同一（類似）のときの「比例賃金」原則
2-4. 未確立の国際標準
3. 日本の正社員における好ましい賃金と平等　*335*
3-1.「生活給」思想と平等観の展開
3-2.「生活給」思想ないし年功給が想定するもの

3-3. 想定の適切と不適切

第 20 章　福祉国家と平等 ……………………………………………… *343*
佐々木　伯朗

1.「財産所有制民主主義」と福祉国家　*343*
2. 福祉国家の上限　*344*
3. 平等化政策の問題　*347*
4. 福祉国家における再分配　*349*
5. 経済システムにおける共同体　*351*
6. 共同体と福祉国家　*353*

第 21 章　税と平等 …………………………………………………… *359*
伊藤　恭彦

1. 所得への課税　*360*
2. 資産への課税　*364*
3. 平等を促進する税　*369*

あとがき　田上　孝一　*375*

事項索引　*377*
人名索引　*383*

執筆者紹介　*386*

序章　平等とは何か

新村　聡

〔要旨〕
本章の課題は、平等と分配的正義（配分的正義）について、哲学的および思想史的に考察することである。最初に「平等とは何か」について、平等と公平の違いを手がかりにして考察し、「2 種類の平等」を区別する意義を確認する。さらに「何の平等か」をめぐって、分配的正義の原則が多元主義になる理由について考える。その上で、古代のプラトンから現代のセンにいたるまで、平等と分配的正義をめぐる思想史の大きな流れをたどり、平等と分配的正義の重層的構造について考察する。

はじめに

平等と分配的正義は、人類の歴史を通じて思想的対立の大きな焦点となってきた。平等も分配的正義も、一見したところ単純に見えてじつは非常に複雑な概念である。両概念の意味を理解するうえで、思想史を参照することは非常に役立つ。というのは、どんな複雑な概念も、歴史上最初に問われたときには問題の所在を単純明快に示していることが少なくないからである。

本章は、まず第 1 節で「平等」(equality) と「公平（衡平）」(equity) の違いに注目しながら「平等とは何か」について検討し、古代哲学以来の「2 種類の平等」の区別を再確認する。さらに分配的正義が「何の平等か」をめぐって多元主義になる理由について、分配的正義の 4 原則の相互関連をふまえて考える。その上で第 2 節では、プラトンとアリストテレスを中心に古代の平等と分配的正義の思想を検討し、第 3 節では、ホッブズからセンにいたる近現代の平等と分配的正義の思想史をたどり、平等と分配的正義の重層的構造について考察する。

1. 平等と分配的正義の基礎概念

1-1. 平等とは何か

まず、平等とは何かについて考えよう。人間はさまざまな属性を持っている。2 人の人間が平等（均等）とみなされるのは、他の属性が異なっていても特定の属性が等しい場合である。たとえば 2 人の異なる人間の所得･資産･健康が等しい場合に、2 人の所得・資産・健康は平等または均等であると言われ、等しくない場合には不平等または格差があると言われる。つまり平等または不平等は、人間の多様な属性のうち特定の属性に注目して比較する場合に初めて言えることである。したがって平等を論ずる場合の重要な問いは、「何の平等か」つまり人間の多様な属性のうちどの属性に注目して比較するかという問題である。以下で述べるように、プラトン、アリストテレス、マルクス、センらが「何の平等か」をめぐってさまざまな議論をしてきた。

では、「平等」と「公平」はどこが違うのであろうか。だれでも両者が違うことは知っているが、どのように違うのかを説明することは必ずしも容易ではない。平等と公平が異なることをはっきりと示すのが、「悪平等」批判である。たとえば 2 人の労働者がいて、2 時間働いた労働者と 3 時間働いた労働者に同額の賃金を支払うことは､悪平等であり不公平であると言われる。多くの人々は、労働の効率がほぼ同じならば、労働時間に比例して異なる額の賃金を支払うことが公平と考える。たとえば 2 時間働いた者に 2000 円を支払うならば、3 時間働いた者には 3000 円を支払うべきであると。

この場合には､賃金総額が等しいという意味で平等な賃金が不公平であり、賃金総額が等しくないという意味で不平等な賃金が公平である。しかし平等な賃金と公平な賃金が同じ意味で使われることもよくある。では、平等な賃金と公平な賃金は同じなのか違うのか。違うとすればどこが違うのか。

ここには概念の混乱がある。重要な点は、狭義の平等と広義の平等を区別することである。狭義の平等は、賃金額が等しい場合のように、何かの数量または属性が等しいことを意味する。記号では A ＝ B と表現できる。たとえば、数、重さ、長さ、権利、自由、機会、所得、資産、健康、幸福、効用、厚生、ケイパビリティ（潜在能力）、安全、自己保存、尊厳などが等しい場合である。この狭義の平等は、単純平等、絶対的平等、形式的平等、無差別的平等、数の平等、算術的平等などとも呼ばれ、比例的平等と区別されている。以下では、この狭義の平等を単純平等と呼ぶ。

これに対して、比例的平等は、労働時間と賃金が比例する場合のように、ある数量と他の数量が比例すること、つまり 2 つの数量の比率が等しいことを意味し、相対的平等とも言われる。記号で労働時間を A と B、賃金を C と D と表現するならば､A:B ＝ C:D（上の例では､2:3 ＝ 2000:3000）となる。

これはA:C = B:D（上の例では、2:2000 = 3:3000）、あるいは　C/A = D/B（上の例では、2000/2 = 3000/3〔= 1000〕）とも表現できる。最後の等式は、賃金と時間の比率つまり時間給が1000円で等しいことを示している。比例的平等は比率が等しいことであり、賃金率、利潤率、利子率、地代率、必要充足率、保険料率（＝保険料／保険金）、税率などが等しい場合である。

比例的平等は、等しい条件の者は等しく扱い、異なる条件の者は異なって扱うことである。賃金率のような経済的な比例的平等では数量の比率の均等として表現されるが、法的または政治的な比例的平等では数量的に表現されないこともある。たとえば、女性に出産休暇を取得する権利を等しく与え、男性には等しく与えないことは、比例的平等である（ただしこの場合も、出産回数と休暇日数の比率の均等として数量的に表現することは可能である）。

広義の平等は、上に述べた単純平等（狭義の平等）と比例的平等の両者を含む概念である。歴史上最初に単純平等と比例的平等を「2種類の平等」として区別したのは古代のプラトンとアリストテレスであり、本章2節で両者の平等と分配的正義の概念を検討する。なお、関連する用語として「公正」(fairness)は単純平等と比例的平等の両者を含む広義の平等に用いられる(1)。以上をまとめると次のようになる。

「公正」（広義の平等）
- 「平等」（単純平等、狭義の平等、A = B）
- 「公平」（比例的平等、比率の平等、A:B = C:D）

上述の説明は、論旨を単純にするために重要な区別の説明を省いている。以下ではその点について補足する。平等を考察するときに非常に重要な点は、「事実的平等（記述的平等）」と「規範的平等」の区別である。平等は、何かが等しいという事実を意味することもあれば、等しいことが望ましいという規範または価値を意味することもある。同様にして、不平等は何かが等しくないという事実を意味することもあれば、それが望ましくないという消極的な規範または価値を意味することもある。

用語では、「平等」は事実と規範の両者に用いられるのに対して、「区別」「差異」はつねに事実を、また「差別」はつねに規範を意味する。たとえば「人種の区別」「男女の区別」は事実を、「人種差別」「男女差別」は規範を意味する。「格差」「不平等」は多くの場合に規範を意味するが、「公正な格差」「不平等指数」という場合にはたんなる事実を意味している。

上に述べた2種類の平等、すなわち単純平等と比例的平等は、それ自体としては事実的平等である。注意を要するのは、これら2種類の事実的平等を規範的に判断する場合に、用語が異なることである。単純平等を規範的に判断する場合には「平等」が、また比例的平等を規範的に判断する場合には「平等」または「公平」が用いられることが多い。たとえば、権利や自由や機会が等しいことの望ましさを示すには「平等」が、賃金率や税率が等しいことの望ましさを示すには「平等」または「公平」が用いられる。「公平」が単純平等の規範的判断に用いられることは少なく、自由の公平とか機会の公平とは通常は言わない。なお、「公正」は単純平等と比例的平等のいずれの規範的判断にも用いられる。たとえば平等な権利や自由は公正であり、公平な賃金率も公正である。注意しなければならないのは、平等は事実と規範の両者に用いられるのに対して、公平や公正はつねに規範だけに用いられることである。それゆえ悪平等はあっても、悪公平や悪公正はない。

事実と規範（または価値）との関係は、サングラスのたとえで説明できる。白紙は、ブルーのサングラスをかけた人には青色に見え、イエローのサングラスをかけた人には黄色に見える。白紙は事実、色は規範または価値、サングラスは規範意識または価値観である。賃金の例でいえば、同じ時間数の労働に同じ賃金を支払うという時間給の平等は事実的平等（白紙）であり、これは労働時間を重視する人（ブルーのサングラス）には公平（青色）に見え、達成した業績を重視する人（イエローのサングラス）には悪平等・不公平（黄色）に見える。それゆえ「何の平等か」（何をとくに重視するか）が平等論の根本問題となる。

以上のほかに、「不偏（公平）(impartiality)」という語が、規範としての平等または公平（衡平）の判断の形式的特性を特徴づけるために用いられる。思想史では、スミスの「不偏の（公平な、中立的な）観察者」がよく知られている。平等または公平の直観的判断について論ずる場合には、判断の主体の側における形式的特性（不偏性、普遍性、立場の交換など）と、判断の客体の側における内容的特性（単純平等または比例的平等）のどちらに焦点を当てているのかを注意深く区別する必要がある。

1-2. 分配的正義の4原則

分配的正義は、社会が共有する資源や負担を各構成員に分配するときの正義であり､古代と近代とではかなり意味が異なっている。古代では､公職（参政権、支配）の分配をめぐる政治的な分配的正義が主要問題である。これに対して近代では、権利や自由に関する政治的な分配的正義だけでなく、所得や富や税などに関する経済的な分配的正義が重要な問題となる。

古代以来の哲学的難問は、上述した2種類の平等と政治的および経済的な分配的正義との関連である（これは本章が考察する中心問題でもある)。権利や自由に関する政治的な分配的正義では、古代は比例的平等であり近代は単純平等である（2節で詳述)。また、近代の経済的な分配的正義では、効用やケイパビリティについては単純平等が求められ（効用＝効用など)、主要な経済的分配制度である所得、保険、税、社会保障などについては、賃金率・利潤率・利子率・保険料率・税率などの比例的平等が要請される。

近代の経済的な分配制度は､以下の分配的正義の4原則に基づいている(武川 2011; 新村 2006a,2020; 権丈 2020)。

(1) 貢献原則（貢献に比例する給付）
〔(a) 労働原則、(b) 資本原則、(c) 保険原則〕
(2) 必要原則（必要に比例する給付）
(3) 応益原則（受益に比例する負担）
(4) 応能原則（負担能力に比例する負担）

第1の原則である貢献原則は、功績原則とも言われる。経済学者・社会学者は貢献 (contribution) を、倫理学者・政治学者・法学者は功績 (desert) を用いることが多い。本章では、貢献を用いる。貢献原則が妥当するのは、労働に比例する賃金、資本に比例する利潤・利子、保険拠出に比例する保険給付などである。第2の必要原則が妥当するのは、賃金では扶養家族手当・通勤手当などの各種手当と生活給や最低賃金など、民間保険と社会保険の保険給付、生活保護や児童手当などの福祉給付である。第3の応益原則と第4の応能原則は、税や社会保険料の負担に広く適用されている（新村 2020)。

分配的正義に関する大きな問題は、多元性または多元主義である。古代の政治的な分配的正義をめぐっては、民主政・貴族政・寡頭政の対立が焦点となった（2節で詳述)。また近代の経済的な分配的正義をめぐっては、賃金・社会保障・税などの分配制度に上述の4原則が共存し混合している。以下ではこの多元性の理由について考えよう。

分配的正義の原則が多元的となる最大の理由は、正義の原則が抽象される基礎となる現実の分配制度（古代では政体、近代では賃金・社会保障・税など）に複数の分配原則が共存し混合していることである。正義の原則と制度は双方向に規定しあう。正義の制度が多元的であるために原則が多元的になるだけでなく、逆に正義の原則が多元的であるために制度が多元的になる傾向がある。というのは、それぞれの原則を支持する人々の間に社会的対立が生じ、同一人物の内面にも複数の原則が共存して葛藤を引き起こすので、多くの人々が同意し納得する分配制度は、複数の分配原則を共存・混合した複雑な制度になるからである (2)。

上述した近代の経済的な分配的正義の 4 原則は、2 原則ずつ 2 組に分けることができる。分け方は 2 通りある。第 1 に、分配的正義の 4 原則は給付の 2 原則〔(1) 貢献と (2) 必要〕と負担の 2 原則〔(3) 応益と (4) 応能〕とに分かれる。経済的な分配制度は社会的分業と協働の成果を各構成員に分配する制度であるために、給付だけあるいは負担だけの制度は持続不可能であり、どんな制度も給付と負担の両面を内包せざるを得ない。個別の制度を見ても、家計における収入と支出、企業における収益と分配、政府における税と社会保障などいずれも負担と給付が一体となっている。それゆえ経済的な分配的正義の原則は、負担と給付の両面の分配原則を含むのである。

第 2 に、経済的な分配的正義の 4 原則は、特定の給付原則と負担原則の組み合わせに注目すると、市場関連の 2 原則〔(1) 貢献と (3) 応益〕と共同体関連の 2 原則〔(2) 必要と (4) 応能〕とに分けることができる。これら 2 種類の組み合わせは、それぞれ市場原則（または交換原則）と扶助原則（または共同体原則、共生原則）と呼ぶことができる（新村 2006)。以下でこの点について説明する。

貢献原則と応益原則は、いずれも市場の交換原則つまりギブ・アンド・テイクの原則に基づいている。というのは、貢献原則はギブ (貢献）に応じたテイク（所得）であり、応益原則はテイク（受益）に応じたギブ（負担）だからである。それゆえ貢献原則と応益原則は、私有財産の交換に基づく市場経済に特有の分配原則としてまとめることができる。

一方、必要原則と応能原則は、家族・地域社会・国民・人類など相互扶助を行うさまざまな非市場的社会関係（広義の共同体）に共通する分配原則である。人類はなぜ相互扶助（所得再分配）を行うのであろうか。貢献原則に基づく所得（労働所得と資本所得）は各人の労働能力と資本所有に比例するので、格差が大きい。他方で各人の生存維持に必要な生活費の格差はそれほど大きくはない。それゆえ一般に、低所得者は所得が必要生活費よりも少なく、生存を維持するために不足分を扶助される必要がある。これが扶助における必要原則つまり必要に応じた給付の根拠である。他方で一般に、高所得者は所得が必要生活費よりも多く、余剰分で他人を扶助する能力をもつ。これが応能原則つまり能力に応じた負担の根拠である。もし扶助される側の所得不足（必要）が十分に充足されなければ（たとえば生活保護不支給など）、尊厳ある生活（健康で文化的な最低限度の生活〔憲法25条〕）の維持が困難になる。他方で納税者の側も、余剰所得（担税力）を越える重税が課せられるならば、尊厳ある生活の維持が困難になる（たとえば国民健康保険料滞納者の被保険者証取り上げなど）。つまり相互扶助（所得再分配）において、必要に応じた給付と能力に応じた負担は、いずれも自己と他者の尊厳ある生活を維持するという目的（尊厳の平等）を達成する手段なのである[(3)]。

なお、上述の説明はかなり簡略化してある。必要に応じた給付には、金銭給付だけでなくサービス給付もある。また所得再分配（所得移転）には、高所得者から低所得者への垂直的所得移転だけでなく、民間保険や社会保険のように、リスクが現実化しなかった人からリスクが現実化した人への水平的所得移転もある（たとえば医療保険では健康な人の保険料で傷病者の療養費がまかなわれる）（新村 2006,2020)。

現代は、市場における交換と、家族・地域社会・NPO・政府・国際機関などの非市場的（広義の共同体的）組織が共存する時代である。それゆえどんな分配制度においても、市場原則（交換原則）と扶助原則（共同体原則、共生原則）とが共存し混合する傾向を有している。新自由主義と福祉国家の政策的対立でも、抽象的理念ではなく現実の制度をめぐる対立では、市場原則と扶助原則のどちらか一方だけに完全に純化するのではなく、両者をどのような割合で混合するのかという点をめぐる対立という性格をもっていることが多い。市場原則の徹底を主張する新自由主義の支持者であっても、社会保障などの相互扶助を完全否定することはできないし、他方で、社会保障の拡充を主張する福祉国家の支持者であっても、市場における貢献原則や応益原則を顧慮しないわけにはいかないからである。現代では、現実の分配制度が複雑であるからこそ、制度を基礎づけている複数の分配原則の区別と関連を理論的に明確化して、それらをふまえて制度改革を構想することが求められている（新村 2020)。

以上、平等と分配的正義の基礎概念について考察した。はじめにでも述べたように、哲学的概念を理解する上で思想史を参照することは非常に役立つ。というのも、現代において複雑化した諸概念は、歴史上最初に問われたときには問題の所在を単純明快に示していることが少なくないからである。以下では、平等と分配的正義の両概念が古代から現代にいたる思想史の中でどのように論じられてきたかをふりかえりながら、両概念の重層的な構造について考察する。

2. 古代思想における平等と分配的正義

2-1. プラトン

プラトンは、晩年の著作『法律』で、「2 種類の平等」論に基づいて選挙による公職の選出を主張している。古代アテネの民主政では、評議会議員、裁判員、市場監督官などほとんどの公職が市民（自由人男性）からくじで選出されていた。ただしこれには例外があり、将軍や歩兵隊長などの軍事指揮官は、兵士の選挙（挙手）によって能力のすぐれた人が選出されていた。というのは、将軍をくじで選ぶと戦争に勝てないからである。プラトンの提案は、軍事指揮官だけでなくすべての公職について、すぐれた能力（徳、アルケー）を持つ人を選挙で選ぶことであった。これがプラトンの貴族政（アリストクラティア）である。貴族（アリスト）とは、本来は重装歩兵の隊列で最前列に立つ勇気と体力のある人をさし､そこから転じて卓越した能力（徳）を有する人を意味するようになった。このアリストが統治する政体が貴族政と呼ばれた。用語の混乱を避けるために少し補足説明をすると､プラトン『法律』における民主政（公職抽選制）と貴族政（公職選挙制）の区別は、現代の直接民主政と代議制の区別にほぼ対応している。古代では財産や家柄の優れた者が支配する政体は寡頭政（オリガルキア）と呼ばれ、これが近代の世襲貴族政に近い。

プラトンは、くじと選挙の違いを理論的に説明するために、2 種類の平等を区別している。かれは評議会議員の選出方法にくじと選挙という 2 種類の方法があることを次のように説明する。

「2 種類の平等（均等）があり、それらは名前は同じであるが、実際には多くの点でほとんど正反対のものである」。第 1 の平等は「尺度、重さ、数の平等」であり、これは尺度、重さ、数などが等しいことを意味している。

第2の平等は、「もっとも真実な、もっとも良き平等」であり、「より大きな者にはより多くを、より小さな者にはより少なくをと、双方の本性に応じて適切なものを分配」することである（Plato 1970:758A-C、訳上 339)。この2種類の平等は、1節で述べた単純平等と比例的平等の区別に対応している。

プラトンは2種類の平等を、民主政と貴族政という2種類の政体の区別に、すなわち公職選出方法におけるくじと選挙の区別に対応させて説明している。第1の「数の平等」（単純平等）は、民主政のもとで、自由人市民にくじで平等に公職が与えられる選出方法に対応している。「一方の平等は、どんな国家、どんな立法者でも、名誉〔ある公職〕を与える際に容易に導入できる。これは、尺度、重さ、数の平等であり、分配にくじを用いることによってその平等を調整できる」(Plato 1970:758B, 訳上 339)。

他方、第2の比例的平等は、貴族政のもとでの選挙による公職選出に対応している。この平等は、「とくに名誉〔ある公職〕について、徳のより大きな者につねにより大きな名誉〔ある公職〕を、また徳と教養において反対状態にある者にはそれにふさわしいものを、そのつど比例的に分配する」(Ibid.) ことである。以上を要約すれば、単純平等は民主政の公職抽選制に、比例的平等は貴族政の公職選挙制に対応する平等原理なのである。

プラトンにはもう1つの比例的平等論があり、新植民国家を建設するという想定のもとで、財産所有に関する最善と次善の制度が論じられている。プラトンによれば、最善の財産所有制度は共有（共産主義）であり（Plato 1970:739C, 訳上 306)、次善の制度が平等な小土地所有である。ただし土地以外の財産の不平等は一定範囲内で許されていた。各市民は建国のときに持参する財産が異なるので4つの財産階級に分かれ、分配地の評価額を基準として2・3・4倍の財産所有が許された。プラトンは、国家が4階級に提供する「平等な機会」について次のように述べている。

「公職や税金や分担金の決定に当たって、各人の価値を、たんに自分自身または祖先の徳だけでなく、身体の強さや容姿、さらに富または貧しさも考慮して評価する。こうして人々は、可能な限り、公職を比例的不平等という厳密に平等な条件（exactly equal terms of proportional inequality）によって与えられ、争うことがないようにする」(Plato 1970:744B-C, 訳上 316)。

この引用文は、プラトン平等論の理論的到達点を示している。主張されている平等は、国家が「公職や税金や分担金」を各人の「価値」に応じて分配する「比例的不平等という厳密に平等な条件」による分配である。ここでプラトンは、比例的平等における平等と不平等の表裏一体の関係を明確に認識している。比例的平等は、結果に注目すれば不平等であり（比例的不平等）、比率に注目すれば平等である（平等な条件）。財産が異なる4階級は財産に応じて税を負担するので、税額は不平等であり、税率は平等なのである。

プラトンの比例的平等論でとくに注目すべき点は、公職や税金の分配の基準となる人間の価値の多元性の認識である。引用文に述べられている徳・身体の強さ・容姿などは貴族政の分配基準であり、財産・祖先は寡頭政の分配基準である。政体の差異は、公職や税金の分配基準となる人間の価値を、徳・身体の強さと財産・祖先のどちらに見出すかという価値観の差異に由来するのである。

2-2. アリストテレス

アリストテレスは、プラトンの正義論と平等論を継承しながら、いくつかの重要な変更や追加を行っている（1章参照）。以下では、正義と平等に関する2人の見解を比較する。アリストテレスは、プラトンと同様に、2種類の平等を区別している。第1は「数の平等」「算術的比例に即しての平等」であり、第2は「価値に応じた平等」「幾何学的比例に即しての平等」である。それぞれが前節で述べた単純平等と比例的平等に相当する。2人の見解が大きく異なるのは、2種類の平等と民主政との関連である。プラトンは民主政が単純平等であると考えたが、アリストテレスは比例的平等であると主張する。

アリストテレスによれば、分配的正義は、国家が名誉ある公職や財貨を人々の価値に比例して分配することであり、「〔価値の〕等しい者を平等に扱い、等しくない者を不平等に扱うこと」である。「しかしこの価値は万人において同じではなく、民主政論者は自由人であることを、寡頭政論者は富を、その一部の人々にあっては生まれの良さを、貴族政論者は徳を意味するという相違がある」（Aristotle 1980:112, 訳179）。この説明でとくに重要なのは、民主政が「自由人」という価値を考慮する点である。プラトンは、民主政が公職をくじで選ぶので、各人の価値を考慮しない単純平等であると考えた。これに対してアリストテレスは、民主政は自由人という価値を考慮するので比例的平等であると主張するのである。

アテネの民主政では、自由人の市民だけが民会に出席したりくじで公職を選んだり選ばれたりすることができ、奴隷や居留民にはそうした権利は認められていなかった。民主政は、プラトンのように、自由人同士の平等な関係だけを考慮するならば単純平等に見えるかもしれない。しかしアリストテレスのように、自由人と奴隷や居留民との不平等な関係を考慮するならば、自由人という価値に応じて異なった扱いをする比例的平等の政体なのである。

2人の哲学者の民主政論の違いには、出自の違いも影響していたかもしれない。プラトンがアテネの名門出身であるのに対して、アリストテレスはマケドニア生まれであり、アテネでは居留民として差別されていた。アテネに居住しながら自由人市民との差別を日々実感していたであろうアリストテレスにとって、自由人という価値を考慮しないプラトンの民主政論は受け入れがたかったのかもしれない。

人間の価値に比例して支配の権利を分配する比例的平等は、比率の平等であると同時に結果の不平等であり、能力差を理由とする権利の不平等の正当化論になりうる。アリストテレスは、人間の能力の格差を理由として、自由人による奴隷の支配や男性による女性の支配を正当化しており、のちにホッブズによってきびしく批判される（3節）。

3.　近代思想における平等と分配的正義

3-1. 古代から近代への転換

プラトンとアリストテレスが正義論で2種類の平等を区別したように、近代の多くの思想家も、人間の価値の差異を考慮せず無差別に扱う単純平等または普遍的平等と、各人の価値を考慮して比例的に扱う比例的平等とを論じている。近代の分配的正義における重要な特徴として次の2点を指摘できる。

第1に、政治的な権利や自由の分配における主体の拡大である。プラトンは古代民主政ではすべての市民に参政権が平等に与えられると論じたが、アリストテレスが批判したように、参政権を与えられるのは自由人だけに限られていた。一方、近代では、文字通りすべての人間に平等に参政権や自由を与えることが主張されるようになる。

第2に、比例的平等としての分配的正義において、分配の対象と基準が変化する。古代の分配的正義における最重要な問題は、公職（参政権、支配権）という政治的な財が、徳・財産・家柄・自由人などの基準・尺度に比例して分配されることであった[(4)]。近代でも、政治的な権利や自由は重要な分配の対象であり、近代初期には財産・家柄・性別などで参政権が制限されていたが、しだいにすべての人間に平等に分配されるようになる。さらに近代の分配的正義では、権利や自由などの政治財だけでなく、所得や富などの経済財が分配の対象として重視され、労働・資本・必要などの基準に比例して分配される。以上を要約すると、古代と近代の分配的正義の違いは、分配の対象では政治財から経済財へ重点が移動すること、分配の基準では、徳・富・家柄・自由人に応じた分配から、政治財では無差別で普遍的な分配へ、経済財では労働・資本・必要に応じた分配へ転換することである。

このような古代から近代への平等と分配的正義をめぐる思想的転換は、多くの近代思想家によって推進されていく。限られた紙数で全体像を追うことはできないので、以下では17世紀のホッブズ、18世紀のスミス、19世紀のマルクス、20世紀のロールズとセンを取り上げて、平等と分配的正義をめぐる思想的展開の基本線をたどることにする。

3-2. ホッブズとスミス

ホッブズは、アリストテレスへの批判に基づいて近代的平等論の新しい地平を切りひらいた思想家であった（新村 2016b）。アリストテレスが、奴隷制を主人と奴隷の能力の違いによって正当化したことに対して、ホッブズは3つの論拠によって批判している。第1は、人間の生得的能力にほとんど個人差がないこと、第2は、能力の個人差の大部分は後天的な経験と教育によって形成されることである。これら2点は、近代の多くの平等主義思想家に継承される（スミス、オーエンなど）。第3の論拠は、たとえ能力に個人差があっても権利は平等という主張である。この自然的能力と道徳的権利、事実と規範、自然と社会の区別も、多くの近代思想家に継承されていく（プーフェンドルフ、ヒューム、ルソー、スミス、カント、ミル、マルクス、ロールズなど、1部の各章を参照）。

人間の能力差などの自然的事実によって権利を基礎づけることの否定からただちに生ずる理論的難問は、何によって平等な権利を基礎づけるのかということである。ホッブズは、平等な権利の基礎づけに、黄金律と仮説的契約という2つの論拠を用いる。黄金律は「自分がしてほしいことを他人にせよ」「自分がしてほしくないことを他人にするな」という規則（立場の交換によって認識される）であり、ホッブズはこれを用いて自然法における自己と他者の平等を導出している（新村 2016b)。黄金律による平等の基礎づけは、同様の方法の先駆となる（スミスの公平な観察者、カントの定言命法、ヘアの普遍化可能性、ロールズの無知のベールなど）。

ホッブズが平等な権利を基礎づけるために用いる第 2 の方法は、仮説的契約論である。グロチウスは歴史的契約論によって権利と統治の起源を論じたが、歴史的契約論には 2 つの理論的難点があった。1 つは契約の実在性を論証すること、もう 1 つは歴史的契約が実在したとしても契約当事者ではない人々が規範的に拘束される理由を示すことである。ホッブズの仮説的契約論は 2 つの難点を解決できた。かれは、人々が無権利な自然状態にあると仮定し、黄金律によって自他の利害の違いを克服して、平等な権利の導入に合意することを示す。この仮説的契約による権利や統治の基礎づけという方法も、多くの思想家によって継承されていく（ルソー、カント、ロールズなど）。ホッブズは、経済的な分配的正義に関しても、労働の成果に対する権利と自己保存に必要な財への権利を論じており、分配的正義の労働原則と必要原則を先駆的に主張した思想家であった (新村 2016b)。

スミスが、平等と分配的正義の歴史において果たした役割は大きい。とくに重要な点は、第 2 節で述べた経済的な分配的正義の 4 原則（貢献・必要・応益・応能）を明確化したことである。スミスは貢献原則について、労働に比例する賃金、資本に比例する利潤·利子、土地に比例する地代を定式化し、必要原則についても、高賃金による間接的な必要充足を重視しただけでなく、税を財源とする安価な初等教育を提案している。さらにスミスは、税の応益原則と応能原則についても比較考察を行い、累進的な税負担による所得の平等化を主張している（3 章 ; 新村 2018)。

3-3. 資産と所得の不平等と再分配

19 ～ 21 世紀には、平等と分配的正義をめぐってさまざまな議論がなされてきた。個々の思想家を検討する前に、経済的な分配的正義をめぐって多くの思想家に共通する問題構成について考えよう。

経済的な分配的正義をめぐって最大の焦点となったのは、資産所有（土地や資本など）の格差とそれに比例する資産所得（地代、利潤、利子など）の格差である。貢献原則に基づく所得のうち、労働所得（賃金など）はロックやスミス以来多くの思想家が積極的に支持したし、後述するようにマルクスも限定的に支持した。資産所得については、利潤のリスク補償部分の正当性をほとんどの思想家が認める一方で、地代の道徳的正当性については多くの思想家が批判的であった。経済思想家の意見が大きく分かれたのは、利子の道徳的正当性についてである。スミスは、地代と同様に利子も労苦の補償ではないと主張し、その見解をマルクスとケインズは継承した。他方で、シーニアやミルは、利子が消費を延期して貯蓄するという節制（節欲）の報酬であると主張した。

分配的正義をめぐる思想的対立は、分配と再分配をめぐる政策的対立へつながる。一般に資本主義社会は、資本や土地などの資産の所有者と資産をほとんど所有しない労働者とに分かれている。資産所有の格差から生ずる資産所得の格差は、労働所得の格差に比べてはるかに大きいので、所得水準で分けると、高所得層には大資産の所有者が多く、低所得層には資産をほとんど所有しない労働者が多い。一方、各人の必要生活費の格差は資産や所得の格差ほど大きくないので、一般に高所得層は所得が必要生活費を上回り、他方で低所得層は所得が必要生活費に不足して貧困状態におちいる傾向がある。

そこで格差と貧困の問題を解決するために、歴史的には、資産と所得の平等化をめざして、大きく分けて4種類の改革方法が提案され実行されてきた。第1は資産の再分配の急進的（革命的）方法、第2は資産の再分配の漸進的方法、第3は所得の再分配、第4は低所得者の資産形成による資産所有の平等化である。以下で順に説明する。

第1の資産の再分配の急進的（革命的）方法は、歴史的にはフランス革命、ロシア革命、日本の戦後農地改革などが有名である。この方法では、所得格差が生ずる最大原因である資産所有の格差の解消をめざして、生存者の資産の再分配が行われる。

一般に、資産の再分配がめざす方向は大きく2つに分かれる。1つは資産の共有、もう1つは資産の平等な私有である。古代のプラトンは、最善は土地共有であり、次善は平等な小土地所有であると主張した。近年ではロールズが、正義の原理を実現する制度として、市場社会主義（共有）と財産所有の民主主義（平等な私有）の2つに言及している（9章参照）。歴史的には、ロシア革命と中国革命は共有をめざし、フランス革命と日本の戦後農地改革は平等な私有をめざした。

再分配の第2の方法は、資産の再分配の漸進的方法である。第1の革命的方法は、生存者の資産を再分配するので抵抗が非常に大きい。そのため第2の漸進的方法では、死者の資産を、均分相続や累進的相続税などの制度によって平等に再分配する。

再分配の第 3 の方法は、資産所有の不平等を容認した上で、資産所得への課税や累進的所得税によって高所得者から低所得者へ所得を再分配する方法である。一般に福祉国家では、高所得者の所得（資産所得や高額の労働所得）へ課税して、それを財源として低所得者に配慮した社会保障給付や公教育が実施されている。

この方法に関連して注意を要するのは、資産所得への課税は具体的な税制度としては資産への課税（資産税）という形態をとることが多い点である。たとえば英国や日本の土地税（地租）や固定資産税は、土地の評価額を課税標準として用いる。土地税や固定資産税は、土地に課税して土地の一部をとりあげることが目的ではなく、地代に課税して地代の一部を取り上げることを目的としているが、地代よりも土地のほうが捕捉しやすいので、土地を課税標準として用いるのである。同様に、資本税や金融資産税は、多くの場合に利子などの資本所得に課税することを最終目的としているが、利子よりも資本のほうが捕捉しやすいので、課税標準として資本を用いている。

資産と所得を平等化する第 4 の方法は、低所得者の新たな資産形成による資産所有の平等化（その結果としての所得の平等化）である。古くは、土地の開墾・干拓・改良などによって農地所有の平等化が目指された。近年では、ロールズが提案する財産所有の民主主義における資産所有の平等化がよく知られている。

一般に、低所得者の所得が最低水準以上ならば、節約と貯蓄によって新たな資産（事業資産や金融資産）の形成が可能である。さらに、多くの政府が、低所得者の資産形成を促進する施策を行ってきた。高所得者の所得へ課税して、それを財源として補助金などで低所得者の資産形成を促進する場合には、所得の再分配を通じた資産の再分配という性格を有している。というのは、もし課税がなければ高所得者は自ら蓄積して資産を拡大できたはずであり、高所得者への課税はその資産拡大を抑制して、補助金などを受け取る低所得者の資産形成を促進するからである。このような政府介入による所得と資産の再分配と平等な資産形成には、公的補助金や低利融資による起業や事業拡大の支援、住宅ローン減税等による住宅資産形成、授業料減免や奨学金などによる教育支援（平等な人的資本の形成）、公的年金（年金請求権という平等な資産の形成）などがある。

上述した平等化の 4 方法のどれを支持するかによって、思想家は革命派と改革派に大きく二分される。第1の資産再分配の急進的（革命的）方法は、マルクスなどの社会主義者・共産主義者によって主張された。他方、第2の資産再分配の漸進的方法（累進的相続税など)、第3の所得再分配（累進的所得税や資産所得への課税による社会保障の実施)、第4の低所得者の資産形成促進は、改革派の経済学者と政治思想家によって支持されてきた。後者の流れに属するのは、スミス、ミル、マーシャル、ピグー、ケインズ、ロールズ、ピケティなどである。このうち何人かは、本書第1部で考察している。

3-4. マルクス

以上をふまえて、思想史に戻ることにしよう。上述のように、19世紀以来多くの経済学者や政治思想家が、格差と貧困の問題を解決するために資産と所得の分配と再分配について論じてきた。以下では、とくにマルクス、ロールズ、センの3人の平等論と分配的正義論について、労働原則と必要原則に焦点を当てて考察する（6, 9, 10章参照)。

マルクスは、『ゴータ綱領批判』で、共産主義社会の平等について論じている。かれは、ラッサール派社会主義者が、全生産物を労働に応じて分配するべきであると主張したことを批判して、共産主義第1段階（低次段階）では、労働者に分配する以前に以下の6つが「控除」される必要があることを指摘している（Marx 1962:19, 訳 25-26)。(1)「消耗した生産手段を補うための補填分」、(2)「生産を拡大するための追加部分」、(3)「事故、自然災害による攪乱などにたいする予備元本または保険元本」、(4)「生産に直接に属さない一般的社会費用」、(5)「学校、衛生設備などのような諸必要を共同で充足するためにあてられる部分」、(6)「労働不能な者などのための、要するに今日のいわゆる公的な貧民救済にあてるための元本」。

資本主義では、前半3つは資本と利潤から充当され、後半3つは政府から支出されている。マルクスは、(5)で「諸必要」の「充足」について語っているが、他の項目もすべて社会的必要の充足であることに注意すべきであろう。つまりマルクスは、資本主義と共産主義のどちらの社会にも共通して必要な資源配分があり、資本主義では資本や利潤や政府支出によって充足された社会的必要を、共産主義でも充足しなければならないと主張するのである。

さらにマルクスは、共産主義第1段階で、生産物を各人の労働に比例して分配することにも問題があると指摘する。ラッサール派は、労働者が労働に比例する報酬を受け取る「平等な権利」があると主張していた。マルクスは

「平等な権利」とは何かを問う。

「生産者たちの権利は、かれらの労働の給付に比例している。平等とは、労働という同じ尺度で測られるということにある。……権利とは、その本性上、同じ尺度を適用するということにおいてのみ成り立ちうる。ところで、等しくない個人……は、同じ尺度で測定できはするが、それはただ、かれらを同じ視点のもとに置き、ある特定の側面からだけとらえるかぎりでのことである」(Marx 1962: 20-21, 訳 28-29)。

つまり、生産物の分配における平等な権利とは、さまざまな側面を持った人間に対して、労働という「特定の側面」だけに注目して、それを「尺度」として比例的に分配することである。ではこの平等な権利は、なぜ批判されるべきなのであろうか。マルクスは言う。

「ある労働者は結婚しているが、他の労働者は結婚していないとか、一方の者は他方の者よりも子供が多い等々。したがって、同等の労働を行い、それゆえ社会的消費元本に同等の持ち分を有する場合でも、一方の者が他方の者よりも事実上多く受け取り、一方の者が他方の者よりも豊かであるなど。これらの欠陥のすべてを避けるためには、権利は平等であるかわりに、むしろ不平等でなければならないであろう」(Marx 1962:21, 訳 29)。

つまりマルクスによれば、労働と報酬が比例し、同一労働に同一の報酬が支払われる「平等な権利」のもとでは、扶養家族数の異なる労働者は、必要充足に関しては不平等である。共産主義第 1 段階は、労働に応じた分配という点では平等であっても、必要に応じた分配という点では不平等な社会なのである。こうした実質的な不平等を解決するためには、同一労働を行った労働者に、扶養家族数に応じて異なった分配がなされなければならない。これを達成する共産主義第 2 段階（高次段階）の分配原則は、「各人は能力に応じて〔労働し〕、各人には必要に応じて〔分配する〕」であり、労働に応じた分配という「ブルジョワ的権利の狭い限界が完全にのり越えられる」のである。

ここでとくに注意すべき点は、必要に応じた分配が「完全に」実現するのは共産主義第 2 段階であるとしても、資本主義や共産主義第 1 段階でも部分的に実現していることである。マルクスは分配の「控除」分に言及したときに、「労働不能な者などのための、要するに、今日のいわゆる公的な貧民救済にあてるための元本」に言及していた。かれは、必要に応じた分配が「公的な貧民救済」として資本主義にも存在することを明確に認識していたのである。マルクスにおける分配的正義の原則は、『資本論』など他の著作も参照すると、歴史的に次の 5 段階に整理できる。

(1) 原始的共産主義――必要原則
(2) 単純商品生産――労働原則＋必要原則
(3) 資本主義――資本原則＋労働原則＋必要原則
(4) 共産主義第 1 段階――労働原則＋必要原則
(5) 共産主義第 2 段階――必要原則

上述したマルクスの分配的正義論は、分配的正義の原則が歴史的段階によって異なるという歴史的相対主義と、必要原則はあらゆる時代を通じて存在するという絶対主義とを 2 つの特徴としている。こうしたマルクスの分配的正義論における必要原則の重視に注目したのが、次節で考察するセンである。センは、マルクスを手がかりとしてロールズを批判するので、以下ではまずロールズから検討する。

3-5. ロールズとセン

ロールズの平等論は 9 章で詳しく考察されている。以下では、分配的正義に関連して、ロールズ平等論の重要な特徴を 2 点指摘しておく。第 1 は、分配対象としての「社会的基本財」を、権利、自由、機会、所得、富、自尊心の基礎を含むものとして広く定義していることである。分配的正義で問われる第 1 の問題は分配の対象とは何かであり、古代の分配的正義で主要な分配対象となった公職は、政治的支配権、経済的報酬または分担金、名誉すなわち社会的承認の 3 者を内包していた。一方、近代の分配的正義に関しては、主要な分配対象としての市民的権利と自由、雇用機会・所得・富、社会的承認の 3 者は、相互に関連しながらも相対的に独自の領域で論じられ追求されてきた。

ロールズ正義論がねらいとしたのは、分配対象としての社会的基本財を政治・経済・社会の3領域を包括するものとして広く定義することにより、正義論のより包括的な枠組みを提供することにあった。その背景となったのは、1950-60年代米国の公民権運動において焦点となった人種差別問題では、政治的・経済的・社会的な差別の3者が分かちがたく結びついていたことである。

ロールズ平等論のもう1つの重要な特徴は、分配的正義の労働原則と必要原則に消極的なことである。ロールズは『正義論』において、政治哲学の2大原理である功利主義と直観主義 (intuitionism) を両面批判しており、とくに直観主義に関連して労働原則と必要原則をしりぞけている。ロールズは、直観主義には複数の原理が内包されており、「そうした原理をたがいに比較考量するための明示的方法も優先順位のルールも直観主義には含まれない」と批判する（Rawls 1999:31, 訳48)。ロールズが直観主義の例として示すのが、「公正な賃金」の基準に「必要」のほかに「技能、訓練、努力、責任」などがあることである。ロールズは、これら複数の基準の優先順位について、利害関心の異なる人々の全員一致の判断は成立しないと述べている。なぜなら「能力と教育程度で優っている人々は、技能と訓練という要求事項 (claim) を強調する傾向があるのに対して、能力や教育といった強みに欠ける人々は、必要という要求事項を主張する」(Ibid.) からである。それゆえロールズは、正義の構想において、直観的に判断される労働原則と必要原則を基礎とすることに消極的であった。

こうしたロールズの正義論に対して正面から挑んだのがセンである。センは、ケンブリッジ大学で指導教員であったマルクス経済学者ドッブから大きな影響を受け、さらにハーバード大学では同僚のロールズやアローと切磋琢磨しながら、自己の理論を形成していく。

センは、ロールズが直観主義的な価値多元主義としてしりぞけた労働原則と必要原則について、『不平等の経済学』（1973年）で、マルクスの平等論を手がかりとしながら詳しく検討している。センは、マルクスが労働原則と必要原則を明確に区別しており、搾取概念が労働原則に基づくにもかかわらず、「必要原則が究極的には優先されるべきことを承認していた」(Sen & Foster 1997:87-88, 訳101) と指摘している。さらにセンは、必要原則が共産主義における分配原則であるだけでなく、資本主義における医療・教育・社会保障・住宅などの社会サービスの原則、つまり福祉国家の原則であることについても述べている (Sen & Foster 1997:95, foot note 19, 訳109)。

上述のように、ロールズは労働原則と必要原則を直観主義的な多元主義として批判していた。これに対してセンは、マルクスの平等論に依拠しながら、労働原則と必要原則のあり方は歴史的に変化すること、それにもかかわらず必要原則が究極的には優先されるべきことを確認するのである。さらにセンは、マルクスを越えて先へ進む。

センは1973年の著書で、必要原則が重視されるべきことを主張するだけでなく、必要充足の平等を判断する基準として、効用（厚生）が不適切であると主張している。というのは、社会の資源を必要に応じて、たとえば障害者に手厚く分配することは、社会の総効用を減少させることもありうるからである（衡平性の弱公理、10章参照）。

では、何が必要充足の平等を判断する適切な基準になりうるのか。これが1980年の論文「何の平等か」の中心テーマである。センは、必要充足の平等を判断する最善の基準は、効用（厚生）や財ではなく「基本的ケイパビリティ（能力、潜在能力）(basic capability)」であると主張する。基本的ケイパビリティとは、「人がある基本的なことがらをできること」である。センは例として、身体を動かして移動する能力、栄養補給の必要量を摂取する能力、衣服を身にまとい雨風をしのぐ手段を入手する資力、共同体の社会生活に参加する能力などをあげている。つまり基本的ケイパビリティとは、達成すべき尊厳ある生活状態であり、日本国憲法25条の「健康で文化的な最低限度の生活」（生存権）を例として考えることができる。

人間は、各人が必要とするものが異なっている。行きたい場所へ行くために、健常者はバスを必要とし、身体障害者はタクシーを必要とするかもしれない。このとき両者の必要を充足するためにそれぞれにバス代とタクシー代を給付すれば、いずれも必要を充足して行きたい場所へ行くケイパビリティを獲得できる。つまり健常者と障害者の必要充足の平等は、行きたい場所へ行くという基本的ケイパビリティの平等な達成によって判断できるのである[(5)]。

ここで、1節で述べた2種類の平等の区別に立ち返って考えよう。平等には単純平等と比例的平等とがある。経済的な分配的正義の4原則はいずれも比例的平等であり、その1つである必要原則も、必要に応じた給付つまり必要と給付の比例的平等である。上述の例で言えば、健常者の必要に応じてバス代を給付し障害者の必要に応じてタクシー代を給付することは必要と給付の比例的平等であり、その結果として両者が必要を充足して達成するのは、行きたい場所へ移動するという基本的ケイパビリティの単純平等である。

この場合に、必要と給付の比例的平等と、必要を充足して達成されるケイパビリティの単純平等とは、原因と結果、手段と目的の関係にある。すなわち必要に比例する給付があれば（原因）、必要を充足して平等なケイパビリティを達成できるし（結果）、逆に平等なケイパビリティを達成するためには（目的）、必要に比例する給付がなければならない（手段）。つまり何が必要かを判断するために、必要充足によって達成できるケイパビリティを目的として想定することが役立つのである。

より具体的に言えば、「健康で文化的な最低限度の生活」という生存権の平等を達成するために、さまざまな基本的必要が充足されなければならない。低所得者や無所得者には生活保護が、障害者には年金や福祉給付が、若年者には養育が、高齢者には年金が、傷病者には療養が、要介護者には介護が、失業者には就労が、それぞれの必要に応じて給付される。これらはいずれも必要と給付の比例的平等であり、生存権という達成すべき平等の理念があるからこそ、社会保障の制度によってさまざまな必要が充足されるのである。

必要原則（必要に応じた給付）という比例的平等の結果として、尊厳ある生活という単純平等が実現するのと同様に、応能原則（担税力に応じた負担）という比例的平等の結果として、納税者の事業や生活の健全な持続が可能になる。もし税が担税力を越えるならば、納税者の事業や生活の健全な持続は困難となるからである。したがって、必要原則と応能原則はどちらも尊厳ある生活の平等な持続を共通の目的としていると言えるであろう。必要が充足されなくても、また担税力を越えて課税されても、人々は尊厳ある生活を平等に持続することができないからである。

おわりに

本章は、最初に平等と分配的正義の基礎概念について考察したあと、両概念をめぐる思想史の大きな流れをたどってきた。重要な点は、2 種類の平等すなわち単純平等と比例的平等を区別することである。単純平等は、近代において権利や自由をめぐる政治的な分配的正義の基礎となり、比例的平等は、貢献･必要･負担能力･受益をめぐる経済的な分配的正義の基礎となっている。

こうした平等と分配的正義の原理的考察を踏まえて、現代における分配の諸制度（賃金、税、社会保障など）についてさらに具体的に分析し、それを通じてめざすべき社会の姿をより明確化することが次の課題である（19,20,21 章 ; 新村 2020 参照）。

【注】

(1) この「公正」の理解はピグーと一致する（本書 p.140）。なおロールズは自己の正義論を「公正としての正義」と名づけている（9 章）。

(2) 現代日本の賃金・民間保険・社会保障・税の制度において、分配的正義の 4 原則がどのように共存し混合しているかについては（新村 2020）で検討した。本章と（新村 2020）は本来は 1 つの論文を 2 分割したものであり姉妹論文である。分配的正義の 4 原則と現実の分配制度との関連については、（新村 2006; 武川 2011; 権丈 2020）も参照。

(3) 当初所得と必要生活費とを比較して算定される所得不足（必要）と余剰所得（担税力）は正負の関係にあるので、負の所得税のように必要原則と応能原則を一体化した制度設計も可能である。

(4) アテネ民主政では、当初は市民が必要とする食料が国家によって無償分配され、やがて民会出席に日当が支払われて市民はアゴラの市場で食料を購買するようになった。また寡頭政では、公職に対して財産に比例する税や分担金が課せられた。つまり古代でも、公職は所得分配や税負担をともなっており、貢献・必要・応能などの原則が妥当していたのである。

(5) センは、ケイパビリティ（能力、潜在能力）の概念を選択の自由を含むものへ拡張し、「機能」(functionings)（できることやあり方）の選択肢の集合、すなわちさまざまな価値ある生き方の選択肢の幅の広さを意味する概念として用いている。たとえば、バス乗車では、A 社のバスしか運行せず選択の自由がない場合と、A、B、C 社が運行していてバス選択の自由がある場合とでは、バス乗車のケイパビリティは異なる。

【参考文献】

Aristotle 1980 *The Nicomachean Ethics*,Oxford:Oxford University Press.（高田三郎訳『ニコマコス倫理学』岩波文庫，1971 年）

Aristotle 1995 *Politics*, Oxford:Oxford University Press.（山本光雄訳『政治学』岩波文庫，1961 年）

Fleischacker, S. 2004 *A Short History of Distributive Justice*, Massachusetts: Harvard University Press.（中井大介訳『分配的正義の歴史』晃洋書房，2017 年）

Holtug, N. and Lippert-Rasmussen, K.2007, *Egalitarianism: New Essays on the Nature and Value of Equality*, Oxford: Clarendon Press.

Piketty, T. 2014 *Capital in the Twenty-First Century*, London: Harvard University Press.（山形浩生ほか訳『21 世紀の資本』みすず書房，2014 年）

Plato 1970 *The Laws*, Saunders,T.J. (Ed.), London: Penguin Books.（森進一・池田美恵・加藤彰俊訳『法律』上下，岩波文庫，1993 年）

Sen, A. & J. Foster. ([1973]1997), *On Economic Inequality*, expanded edition,New York:Oxford University Press.（鈴村興太郎・須賀晃一訳『不平等の経済学』

東洋経済新報社，2000 年）.

Sen, A. [1980]1982“Equality of What?”in *Choice, Welfare and Measurement*,Harvard U.P.:353-369.（「何の平等か」，『合理的な愚か者』勁草書房，1989 年，225-262）

Sen, A. 1992 *Inequality Reexamined*, Harvard University Press, Cambridge, Massachusetts.Oxford:OUP.（池本幸夫・野上裕生・佐藤仁訳『不平等の再検討』岩波書店 , 1999 年）

宇佐美誠・児玉聡・井上彰・松元雅和（2019）『正義論　ベーシックスからフロンティアまで』法律文化社。

亀本洋 2015『ロールズとデザート』成文堂。

権丈善一 2020『ちょっと気になる社会保障　第 3 版』勁草書房。

竹内章郎 2010『平等の哲学　新しい福祉思想の扉をひらく』大月書店。

武川正吾 2011『福祉社会 包摂の社会政策』有斐閣。

新村聡 2006a「平等と不平等の経済学――新自由主義的〈平等〉と福祉国家的〈平等〉の対立――」『季刊経済理論』43(1):26-35。

――　2006b「マルクスとセンの不平等論」『経済学史学会第 70 回大会報告集』,18-23。（https://jshet.net/old/conference/70th/70paper/03niimura.PDF）

―― 2016a「アダム・スミスの平等論と分配的正義論」『立教経済学研究』69(4): 49-67。

―― 2016b「ホッブズにおける近代的平等論の成立――アリストテレス批判から黄金律へ――」『岡山大学経済学会雑誌』47(3): 47-63。

―― 2016c「プラトンの平等論――『国家』から『法律』へ――」『岡山大学経済学会雑誌』48(1): 1-14。

―― 2017「ホッブズの権利論」田上孝一編著『権利の哲学入門』, 56-70。

―― 2018「アダム・スミスの大きな政府論の形成過程に関する一考察――『法学講義』から『国富論』への租税論の発展――」『岡山大学経済学会雑誌』49(2): 1- 15。

―― 2020「平等と分配的正義の基礎概念再考――賃金・保険・税・社会保障の制度との関連で――」『岡山大学経済学会雑誌』51(2-3): 107-122。

広瀬巌（齊藤拓訳）2016 『平等主義の哲学――ロールズから健康の分配まで』勁草書房。

森悠一郎 2019『関係の対等性と平等』弘文堂。

第Ⅰ部　平等の思想史

第1章　アリストテレスの平等論

石野　敬太

〔要旨〕
古代ギリシアの哲学者アリストテレス（384～322 BCE）は、『政治学』[(1)]において市民間に成立する平等観念に具体的内実を付与する作業に取り組んでいる。その際、自身の平等観念を基礎づけるためにアリストテレスが用いるのが、『ニコマコス倫理学』[(2)]で論じられる「配分的正義」と「応報」の観念である。本章では、両著作の考察を通して、アリストテレスにおける平等観念が、制度を介した市民間の公職の交代と「善に対して善を返す」という互恵的関係を基盤に成立する観念であることを明らかにする。

はじめに

アリストテレスは、市民としてポリス（都市国家）における政治に参加することが人間に固有の活動の一つであると強く主張した。『政治学』や『ニコマコス倫理学』において繰り返し述べられているように、人間は「自然（本性）的に政治的動物」（*Pol.* 1.2, 1253a2-3; *EN*. 1.7, 1097b11）であり、ポリスは他者との関係において自身の徳（卓越性）を発揮する政治的共同体だからである。

こうしたアリストテレスの人間理解やポリス観は、共同体主義や市民的共和主義をはじめとする、現代のアリストテレス的政治哲学に連綿と受け継がれてきた。本章では、アリストテレス政治哲学における平等観念がいかなる性格のものであるのかを、政治的な観点からできるだけ正確に測定することを課題とする。

1. 市民と市民間の政治的関係

1-1. 市民とは誰か

アリストテレスにおける平等観念を検討する前に、『政治学』における市民の規定[(3)]と市民間に成立する政治的関係の内実について押さえておこう。

アリストテレスにおける市民の規定は、狭義と広義の二種類に大別される。狭義の市民の規定は、『政治学』第三巻第一章で見られる[(4)]。そこでは、「無条件の市民」（*Pol.* 3.1, 1275a19）と呼ばれる市民に関する議論が展開され、以下に示されるような条件・限定を必要とする人々をその規定から除くことで、ポリス内の政治に能動的に関与する機能的な市民像を提示することが意図されている。この計画に沿ってアリストテレスは、ポリス内に居住しているだけの人々（奴隷や居留民）、商取引上の訴訟に関する権利を有する人々（ポリス内外の商業者）、まだ完全な市民ではない子ども、そして公職を免除された盛りを過ぎた市民である老人を、無条件の市民の規定の範疇外に置く（*Pol.* 3.1, 1275a7-18）。以上の作業の上に、無条件の市民は「審議と判決の公職に参加する（κοινωνεῖν / koinōnein）権能を有する者」（*Pol.* 3.1, 1275b18-19. Cf. 1275a23）として規定される[(5)]。

次に、『政治学』第七巻で提示される広義の市民の規定を見てみよう。広義の市民に関する議論は、ポリスを構成する諸階層を特定することを出発点とし、その中でポリスの成立・存続のために単に必要とされる階層と、それとは峻別されるポリスの「固有の階層」（*Pol.* 7.4, 1326a21）を選定することを目的としている。その結論を述べれば、前者の階層には農民、技工、有産者（商人）が分類され、後者の階層には無条件の市民を指す「〔公共の〕利益を審議し正義について判決を下す階層」と「戦士〔重装歩兵〕の階層」が分類される（*Pol.* 7.9, 1329a34-39）[(6)]。この分類を踏まえて、アリストテレスはポリスの「固有の階層」に属する人々こそがポリスの市民として認められるべきであると主張し、無条件の市民に加えて戦士を市民の規定に含める立場を表明する[(7)]。

1-2. 市民間の政治的関係

さて、市民間に成立する政治的関係も、市民の規定の二区分に対応する形で二種類に分けられる。狭義の市民間に成立する関係については、次の引用で説明されている。

> それが各人にとっての良し悪しを問わず、彼ら全員が支配に参与することが正しいことであるならば、平等な人たちが順番に支配し、支配の外にあっては互いに相似な人になるとすれば、それは少なくとも、〔全員が支配に参与する〕正しさを模倣することになる。つまり、人はまるで

> 別人になるかのように、交代である人々は支配し、ある人々は支配されるのである。(*Pol.* 2.2, 1261b1-5)

この箇所では、無条件の市民が「順番に」公職に就く必要性が提起されている（Cf. Inamura 2015: 158)。この主張の背景には、市民に対する公職の配分をめぐるジレンマが存在する。すなわち、無条件の市民全員が支配に参与すべきであるが、しかし彼らが同時に公職に就くことはできないことである（*Pol.* 2.2, 1261a32-33)。この問題に対応するために提案される方策が、彼らが順番に支配の座に就くことであるが、この方策は翻って、彼らが支配と被支配を「交代で」務めること、換言すれば、往還的な支配 –– 被支配関係に自らを置くことを要請する。

広義の市民間で観察される政治的関係もまた、その成立の端緒を政治的なジレンマに負っている。そのジレンマは、政務（公職）と軍務が同じ人々に託されるべきか否か、という問いが議論の俎上に載せられる『政治学』第七巻第九章で指摘される。そこでアリストテレスは、政務には「思慮（φρόνησις / phronēsis)」[8] が、軍務には体力が必要となる以上、二つの職務は異なる人々に固定的に割り当てられるべきであると主張する。その一方で、アリストテレスは軍務に就く人々が政務に就く人々に「いつまでも支配されたままでいること」(*Pol.* 7.9, 1329a10-11）は不可能であると述べ、政務と軍務の配分においてジレンマが生じることを指摘する。

このジレンマを解決するために、アリストテレスは年齢とその特質に訴えかける。アリストテレスの理解では、「年齢に基づいて支配されることには誰も文句を言わず」、年齢に応じてポリスの職務を配分することによって、結果的に「すべての市民が同じように支配と被支配に交代で参加する」ことになる（*Pol.* 7.14, 1332b26-39）[9]。アリストテレスは、「こうした分割は人間の価値に即したもの」であることを強調し、この考え方に依拠して、「国制がそれらの職務〔政務と軍務〕を＜中略＞同時にではなく、ちょうど体力が若者に、思慮が年長者にあるのが自然本来であるように与える」(*Pol.* 7.9, 1329a13-17）という案を導き出す。この年齢に基づく垂直的な支配 –– 被支配関係において、政務に就く年長者は支配者として、軍務に就く年少者は被支配者として位置づけられる。

1-3.「国制」と「応報」の原理

これまで確認したように、狭義と広義の市民間に成立する政治的関係として、アリストテレスは支配 ── 被支配関係を見出す。このことは、「どんなポリスも、支配者と被支配者とから成り立つ」(*Pol*. 7.14, 1332b12-13. Cf. 7.4, 1326b12-13）というアリストテレスの言葉からしても明らかである。

ところで、これらの支配 ── 被支配関係には共通する一つの特徴があり、無条件の市民間のそれには固有の特徴が一つある。それらに共通する特徴は、支配と被支配の交代が「国制（πολιτεία / politeia)」を媒介にして行われることである。アリストテレスにおける国制は、「諸々の公職の制度・秩序（τάξις / taxis)」(*Pol*. 4.3, 1290a7-8）と定義される。この引用で制度・秩序と訳出されたタクシスというギリシア語は、整理・配置（アレンジメント）も意味し、国制による公職の秩序づけ・配置は、市民が「一年ごとに、あるいは何らかの別の取り決めや任期に従って」(*Pol*. 2.2, 1261a33-34）支配と被支配を交代する、という形で具体化する。前項の『政治学』からの引用（1329a13-17）で、「国制がそれらの職務を＜中略＞与える」と言われていた所以である。市民全員が支配に参加するという理想は、このような政治制度を媒介にした公職の交代によって実現化が図られる。

無条件の市民間の支配 ── 被支配関係に固有の特徴は、それが互恵的関係であることである。周知のように、アリストテレスは「共通の利益を重んじる国制」を正しい国制とし、「支配者だけの利益を重んじる国制」を正しい国制からの逸脱形態と看做した（*Pol*. 3.6, 1279a17-20）[10]。この理解の根幹には、アンティペポントス（ἀντιπεπονθός）[11] という言葉で表される応報の観念がある。アリストテレスは、その伝統的な意味 ──「悪に対してはそれ相応の悪を＜中略＞、善に対してはそれ相応の善を返すこと」── を継承し、それを「比例関係に基づく応報」(*EN*. 5.5, 1132b32-1133a1）と呼ばれる彼独自の概念に織り込む。そうすることでアリストテレスは、公職の配分と互恵性を結び付け[12]、国制を介した公職の交代を通して市民が互いの利益・善を相互に配慮する、という理念を形成する。この理念に照らして、アリストテレスは当時の政治慣習 ── 公職の私物化・独占化 ── を嘆き、批判し、無条件の市民間に公職の交代と互恵的関係を基盤とする支配 ── 被支配関係を構想する（*Pol*. 3.6, 1279a8-15）[13]。

2. 公職の配分と「配分的正義」

上述の二種類の支配 –– 被支配関係についてアリストテレスは、それらが市民間の平等な関係であると繰り返し述べる（Cf. *Pol*. 7.3, 1325b7-8; 7.14, 1332b27）。では、アリストテレスはその中核に何を置いているのか。言い換えれば、その関係を平等化するどのような原理をそのコアに据えているのか。ここで手掛かりになるのは、市民間の支配 –– 被支配関係の成立の端緒に、公職と軍務の配分を巡るジレンマが存在したことである。そこで、様々な財の配分に広く関わるアリストテレスの正義論を考察することを通して、上述の問いに迫ろう。

古代ギリシア語で平等と訳出される言葉はいくつか存在し、その一つとして、政治理論家ハンナ・アーレント（Hannah Arendt: 1906-1975）が着目したイソノミア（ἰσονομία）–– イソス（ἴσος / isos：平等な）とノモス（νομός / nomos：法・慣習）から成る複合語 –– が挙げられる（Arendt 2006）。アーレントが「法の下の平等」という意味で解したこの言葉は、しかし、現在我々の手元に残る「アリストテレス著作集」の中では一度も用いられていない[(14)]。アリストテレスの著作で一般的に平等（等しさ）と訳出される言葉は、上述のイソスやイソテース（ἰσότης / isotēs）が主であり、アリストテレスはこれらの用語を自身の正義論における鍵観念として用いている。まずは、『政治学』における「正しいこと」の規定を見てみよう。

> 正しいこととは誰かにとっての正しさであり、以前に倫理学的著作で述べたように、事物の側と人々の側が同じ仕方で分割されることであるが、人々は〔配分される〕事物の等しさ（ἰσότητα / isotēta）に関しては意見が一致しても、〔配分を受ける〕人々の等しさに関しては一致しないのである。（*Pol*. 3.9, 1280a16-19）

この箇所では、正しいことが常に人間の複数性と関係性を前提とすることが言われ、そして、それが配分を受ける人々と配分される事物が「同じ仕方で分割されること」であると形式的に規定されている。

さて、同箇所で言及される「倫理学的著作」とは、アリストテレスの主著の一つに数え挙げられる『ニコマコス倫理学』である。アリストテレスはその第五巻で、正しい人とはどのような人であるのか、そして正しいこととは何かを確定することを通して、「正義（δικαιοσύνη / dikaiosunē）」という観念のうちに一本の境界線を引き、区別された一方のうちにさらにもう一本の境界線を引く。

アリストテレスにおける正しい人は、二つの意味で語られる。第一の意味は「法を守る人」であり、第二の意味は「平等な人（ὁ ἴσος / ho isos）」である。そして、この二義に応じて、正しいことも「法的なこと」と「平等なこと（τὸ ἴσον / to ison）」の二つの意味に分けられる（*EN*. 5.1, 1129a31-35）[15]。

ここで、「法を守る人 ― 法的なこと」の意味をアリストテレスの法理解の観点から押さえておこう。アリストテレスは、適切に制定された法は「勇気ある人の行為を命じ、＜中略＞同様にして他の様々な徳〔節制など〕と邪悪に応じて、一方の行為を命令し、他方の行為を禁じる」（*EN*. 5.1, 1129b19-24）と述べている。この知見に照らせば、法を守る人とは、法が規定する徳に即した行為 / 悪徳に即した行為（法的なこと）を、実際に為す / 忌避する人であると言うことができる。

正義のうちの第一の境界線は、以上の内容を付与される「法を守る人 ― 法的なこと」と、「平等な人 ― 平等なこと」の区別の上に引かれる。すなわち、アリストテレスは、勇気や節制などあらゆる徳を包括する「完全な徳」（*EN*. 5.1, 1129b26）としての正義と「平等な人 ― 平等なこと」が関わる狭義の正義を区別する。そして、後者のうちで、上引用（1280a16-19）で言及された「同じ仕方での分割」に関わる「配分的正義（τὸ ἐν διανομῇ δίκαιόν/to en dianomēi dikaion）」（*EN*. 5.3, 1131b10）と、「矯正的正義（τὸ ἐπανορθωτικὸν δίκαιον/to epanorthōtikon dikaion）」（*EN*. 5.4, 1132a18）の間に第二の境界線が引かれる。

さて、二種類の狭義の正義のうち、一方の配分的正義が名誉・財貨・公職など、「およそ国制を共有する（κοινωνοῦσι / koinōnūsi）人々に分け与えられうる限りのもの」（*EN*. 5.3, 1130b31-32）の、各人の功績・価値に応じた配分に関わるのに対し、他方の矯正的正義は損害や損失の程度に応じた裁判における賠償の判決に関わる。

配分的正義と矯正的正義のこのような区別は、それぞれによって実現される平等にアリストテレスが独自の内容を付与していることを含意する。前者に基づく平等の内容については、以下の引用で説明されている。

> 正しいことも少なくとも四項において成立し、それぞれの対の比率（ὁ λόγος/ho logos）が同じなのである。なぜなら、〔配分を受ける〕人々（A、B）

と〔配分される〕事物（C、D）が、同じ様に分割されているからである。なぜなら、AのBに対する関係と同様の関係がCとDとの間でみられ、また項を取り替えるなら、AのCに対する関係と同様の関係がBとDとの間に成り立つことになるだろうから。（*EN*. 5.3, 1131b4-7）

この箇所では、先の引用（1280a16-19）で提示された「同じ仕方での分割」という配分的正義の形式的な規定に、具体的な内実が付与されている。それは、A、B、C、Dの間に成立する「対の比率」が同一であること、換言すれば、A:B=C:DあるいはA:C=B:Dが成立することである。このような四項間の関係は「幾何学的比例関係」（*EN*. 5.3, 1131b12-13）と呼ばれ、それが成立するという事実のうちに、配分的正義に基づく平等が成立する[(16)]。

ところで、配分的正義が実際に適当される場合、「互いに平等な人々がそれぞれ等しくないものを、あるいは互いに不平等な人々がそれぞれ等しいものを受け取ったり、配分されたりする時、ここから争いや不満が生じる」（*EN*. 5.3, 1131a23-24）。その一事例としてアリストテレスは、公職の配分にとりわけ注目している。と言うのも、ポリスの内乱（στάσις/stasis）は「すべての人が正しさ、すなわち、比例的平等（τὸ κατ᾽ ἀναλογίαν ἴσον/to kat' analogian ison）について同意するにもかかわらず、それについて〔の考えを〕誤ることに起因する」（*Pol*. 5.1, 1301a26-28）というアリストテレスの理解からも窺い知れるように、アリストテレスは配分的正義に即した公職の配分と統治の安定性を因果的に結び付けているからである。それゆえに、公職の配分は「何らかの価値に即したものでなければならないという点については、例外なく全ての人々が同意する」（*EN*. 5.3, 1131a25-26）。アリストテレスは、どのような価値を配分の基準とすべきかについて人々は同意せず、民主制においては自由が、寡頭制においては富ないし生まれの良さが、貴族制においては徳が採用されると述べる（*EN*. 5.3, 1131a27-29）[(17)]。

さて、配分的正義が「およそ国制を共有する人々に分け与えられうる限りのもの」の配分に関わることは既に見た。前章で確認したアリストテレスにおける国制の意味と整合的に考えれば、国制の定めた公職の秩序づけ・配置を通して、市民として政務あるいは軍務に交代で就くことが、市民が「国制を共有する」ことを意味することは明らかだろう。（Cf. 荒木 2011: 118-123）。そのプロセスにおいて、同一の基準・価値に照らして一律に測られる平等化地平の上に市民を並べ、国制による公職の配分に与るべき人々を選定し、そうでない人々を政治的な領域から排除する力学が、配分的正義に他ならない。別言すれば、ポリスの「固有の階層」の管轄下にある職務の遂行という観点から、市民が特定の価値（徳、年齢）に照らし合わされることで相対的ないし幾何学的に平等になり、その上で各人に適切な職務が分け与えられる。この公職の秩序づけの不可避の産物である市民間の支配 –– 被支配関係は、そのコアに配分的正義が据えられているがゆえに、彼らの平等な関係として理解されるのである。

3. ポリスと幸福

これまで我々が確認したアリストテレスの平等観念は、第一に、国制を介した制度的な関係であること、第二に、互恵的な関係であること（無条件の市民）、そして第三に、配分的正義に即した関係であること、の三点に特徴を持つ。では、このような平等観念が可視化するポリスを、そもそもアリストテレスはどのような政治的共同体として認識していたのだろうか。

「ポリスは人々が生きるために生じたのであるが、彼らが善く生きるために存在する」（*Pol*. 1.2, 1252b29-30）。これは、最も人口に膾炙したアリストテレスの言葉の一つだろう。この目的論的なポリス観と、幸福[(18)]とは「徳に即した魂の活動」（*EN*. 1.7, 1098a16-17）というアリストテレスの考えが、公職の配分における最も適切な価値は徳であるという既に見た主張と結び付くことは論の赴くところだろう。

ここで着目したいのは、上述の目的論的なポリス観を改めて強調した上で、ポリスの最適人口規模は「一目で見渡すことができる程度に多い人口」（*Pol*. 7.4, 1326b22-24）であるとアリストテレスが述べていることである。この見解の根幹には、各人が配分的正義の基準となる価値（徳）をどの程度満たすのか、そして各人が公職に就いた際どの程度共通の利益に貢献したのかをそれぞれが認識する必要があること、言い換えれば、「各行為者および行為成果の価値」（朴 2002: 217 ft. 6）の認識という必要がある。これらの条件が満たされない限り、適切な公職の配分も応報も成り立たないことは明白だろう（Cf. *Pol*. 7.4. 1326b14-23）。

以上の事柄を念頭に置きながら、市民間の友愛（φιλία/philia）を論じる文脈でのアリストテレスの次の言葉を検討しよう。

> このようにして、立派な行為に関して群を抜いて熱心になる人たちを、誰もが受け入れ、賞賛するのである。そして、あらゆる人が、立派なもののために競争し、最も立派なことを行うべく奮闘するならば、公的にはしかるべき適切なことが全て行われるであろうし、私的には各人に対して､善きもののうちでも最大のものがもたらされることになるだろう。まさに徳は、最大の善きものなのだから。したがって、善き人は自己を愛するものでなくてはならないが（なぜなら、彼は立派なことを行なって、自ら利益を得るだけでなく、他人にも利益を与えるであろうから）、邪悪な人はそうであってはならない。（*EN*. 9.8, 1169a6-13）

この箇所で言及される徳は政治化された観念である。このことは、その徳を有する者が「公的にはしかるべき適切なこと」を実践すると言われていることからも明らかである。この徳に即した行為を通して、市民は自らだけでなく「他人にも利益を与え」、そうすることで、徳に即した行為を為す人を市民全員が賞賛するポリスが成立する。「善く生きる」という目的を共に実現すべく､「人々が共通の利益に貢献する徳を互いに認めるポリス」（Inamura 2015: 217）において、アリストテレスにおける平等観念は具現化するのである。

おわりに

「かつて不平等が自然であった時代には、人間の平等を正当化するためには特別の理由づけが必要であった。これに対し、平等が自然な時代においては、むしろ不平等を正当化するのに特別な理由が要求される」とは宇野重規（2019: 63）の言葉である(19)。この二分法に即せば、アリストテレスは「不平等が自然であった時代」を生きた。それゆえ、アリストテレスもまた、市民間の平等を正当化するために「特別の理由づけ」を必要とした。

その理由づけのコアに据えられるのが、配分的正義である。それは、市民を徳ないし年齢に照らして平等にし、各市民に適切な職務を配分するために機能する。アリストテレスにおける国制が、「個性と個人間の差異が、政治的な役割と権力の配分において考慮される体制」（ポーコック 1975: 72, 訳 67）として理解される所以である。

さらにアリストテレスは､当時慣習となっていた市民による公職の私物化･

独占化を防ぐべく、二つの装置を設けていた。その一つが国制による任期の取り決めであり、もう一つが無条件の市民間の互恵的関係である。前者によって、市民間の公職の交代（共有）が可能になり、後者によって、公職の交代を通した相互の利益・善への配慮が実現される。公職の配分の不可避の産物である市民間の支配 –– 被支配関係は、それが配分的正義に即し、公職の交代が制度的に保障され、そして互恵性を基盤として成立しているがゆえに、市民間の平等な関係と看做される。

とは言え、以上の市民間の平等を正当化するためにアリストテレスが提示した「特別の理由づけ」が、「不平等を正当化するのに特別な理由」を内包していたことも忘れてはならない。本章で確認したように、アリストテレスは公職の配分の適切な方法に関わる正義論の文脈において平等観念を集中的に論じている。アリストテレスの正義論は、政治参加の最も適切な条件は**成人男性の政治的徳**であるという主張と分かち難く結び付いており、その意味で貴族制的な性格を色濃く帯びている。それゆえに、その特徴は同一の文脈で論じられるアリストテレスの平等観念にも投影され、アリストテレスの正義論が政治参加の条件を満たさない奴隷、女性、農民や商人などを政治的な領域から追いやったように、アリストテレスの平等論もまた、彼らを有徳な成人男性と対等な存在として扱う視座を欠いていた。とりわけ、アリストテレスによる自然的奴隷の擁護論は現代でも悪名高い。

以上の二つの側面のどちらを強調するかに応じて、アリストテレスの平等観念、ひいてはアリストテレス政治哲学全体が現代社会に対して有する意義も変わってくるだろう。読者には、『政治学』と『ニコマコス倫理学』を手に取り、アリストテレスの言葉に直接触れた上で、その判断を下してほしい。

【凡例】
・引用文中の〔 〕は筆者による補足を、傍点は強調を示す。

【注】

(1) 以下、*Pol.* と略称。底本は以下を用いている。Ross, William D. (ed.) 1957 *Aristotelis Poltica*, Oxford University Press. アリストテレスの引用は、慣例に従って、ベッカー版アリストテレス全集の頁数と行数を本文中に示してある。

(2) 以下、*EN.* と略称。底本は以下を用いている。Bywater, Ingram (ed.) 1984 *Aristotelis Ethica Nicomachea*, Oxford University Press.

(3) 本章での市民の考察は網羅的ではない。すぐ後に見るように、本章で考察する市民の規定からは子どもや老人は除外されるが、彼らは条件・限定付きの市民ではあり得る。古代ギリシアにおける女性の地位については、桜井 2010 を参照。

(4) 以下の議論は、石野敬太 2017 に基づく。

(5) この引用で「参加」と訳出された κοινωνεῖν / koinōnein は、「共有」の意味も有する点に注意する必要がある。また、審議と裁判の公職は、*Pol.* 4.14 において、あらゆる種類のポリスに存在する「三つの部分」の中に数え上げられ、「それらの部分が善いあり方にあるならば、必ず国制も善いあり方にある」（1297b38-39）と言われている。（もう一つの部分は「公職に関するもので、それらがどんな種類のもので、またどんなことの権限を持つべきか、それらの選出はどのようにして行われるべきか」である。）このように、アリストテレスの無条件の市民の規定は、これら二つの公職の強調と対応したものであると言うことができる。

(6) 農民、技工、有産者がポリスの「固有の階層」から除外される理由については、*Pol.* 6.4, 1319a26-28 と 7.9, 1328b41-1329a2（農民）および 1.11, 1258b38-39 と 7.9, 1328b39-41（技工・有産者）を参照。これらの箇所でアリストテレスは、彼らの生活が政治参加のために必要な徳を涵養することができないことを一貫して強調している。以上五つの階層に加えて、アリストテレスは祭祀の階層を挙げているが、それがポリスの固有の階層に分類されるか否かは明確には述べられていない。この点については、例えば *Pol.* 7.9, 1329a27-34 を参照。

(7) ただし、無条件の市民を論じる文脈でも、例えば *Pol.* 3.12, 1283a20 で、アリストテレスは戦争の徳に言及している（底本の πολιτικῆς / politikēs〔政治の〕ではなく、多くの写本通り πολεμικῆς / polemikēs〔戦争の〕と読む）。Cf. *Pol.* 4.4, 1291a22-28.

(8) アリストテレスにおける「思慮」については、*EN.* 6.5-8 を参照。

(9) アリストテレスは同一の表現を用いているが、無条件の市民間の支配と被支配の交代と、彼ら（年長者）と戦士（年少者）の間のそれを混同してはならない。前者は、次章で論じる「完全な徳」としての正義の徳に照らして平等化された同輩者の間で行われる公職の交代であり、既に述べたように、それは支配と被支配の往還あるいはローテーションである。それに対し、無条件の市民と戦士は、正義の徳に照らして平等化はされておらず、彼らの間に成立する支配と被支配の交代は、政務と軍務の往還ではなく、言わば年功序列でそれらに就くことを意味する。

(10) 前者には王制、貴族制、国制が、後者には僭主制、寡頭制、民主制が分類される。紛らわしいが、「諸々の公職の制度・秩序」と定義される国制の一つの種類としてアリストテレスは同一の名前で国制を挙げており、それは寡頭制と民主制の混合形態とされている（*Pol.* 4.8, 1293b33-

34)。

(11) 古代ギリシアにおいて、アンティペポントスは重要な倫理的・政治的意義を有する言葉として用いられていた。アリストテレスにおけるアンティペポントスの包括的な研究として、Inamura 2015 を参照。

(12) 公職の配分と互恵性は、具体的には、(1) 比例関係に基づく平等が成立すること、(2) その条件下で応報が行われること、という比例関係に基づく応報の二つの成立条件として結び付く (*EN.* 5.5, 1133a10-11)。第一の条件が公職の配分と関わることについては、次章を参照。比例関係に基づく応報は、「応報的平等」(*Pol.* 2.2, 1261a30) とも呼ばれる。

(13) 広義の市民間の支配 — 被支配関係が互恵性をその特徴として有するのか否か、アリストテレスは明確に説明していない。この点については、例えば *EN.* 8.7, 1158b23-28 を参照。

(14) さらに付け加えると、この語が紀元前四～五世紀において重要な政治的意義を有した言葉として用いられていたことを示す文献上の証拠も存在しない。

(15) したがって、アリストテレスにおける「不正な人」は、「法を破る人」と「より多く取る者すなわち平等でない人 (ἄνισος/anisos)」(*EN.* 5.1, 1129a32-33) を意味する。

(16) 矯正的正義の場合、価値に即した配分は要求されず、「品位ある人が低劣な人から騙し取った場合でも、低劣な人が品位ある人から騙し取った場合でも、そこには全く違いがない＜中略＞。法は、ただ損害の差異だけに着目し、＜中略＞その当事者たちを差別なく等しいものとして扱うのである」(*EN.* 5.4, 1132a2-6) と言われる。したがって、被害者が被った損害のみに着目し、それが加害者に対する罰金や刑罰によって回復されるという事実のうちに、「算術的比例関係」(*EN.* 5.4, 1132a1-2) に基づく平等が成立する。

(17) ここに比例的平等についての考えの「誤り」の原因の一端がある。すなわち、「民主制は、何らかの点で平等である者は無条件的に平等であるという人々の考えから現出した。つまり、自分たちは全て同じように自由であるから無条件に平等である、と彼らは信じる。それに対して、寡頭制は、ある一つの点で不平等である者は無条件に不平等であると人々が想定することから現出した。つまり、自分たちは財産の点で不平等であるから無条件に不平等である、と彼らは判断する。そこから、一方の民主派は、平等であることを理由に、あらゆるものを平等に分け持つのに値すると考えるのに対し、他方の寡頭派は、不平等であることを理由に、より多くの利益を得ようと求めるようになる — というのは、より多く得ることが、不平等に他ならないからである」(*Pol.* 5.1, 1301a28-35)。アリストテレスは、配分的正義の基準となる価値の多様性を事実として認める一方、他方でそれら諸価値の間に序列を設け、徳を最も重視している。この徳は、本章で論じた「完全な徳」としての正義である。この点については、*Pol.* 3.9, 1281a2-8; 3.13, 1283a24-40 および荒木 2011: 137-138 を参照。

(18) 原語は εὐδαιμονία / eudaimonia。アリストテレスにおいて、幸福は「善く生きること」、「善く為すこと」と同義的に用いられる（Cf. *EN*. 1.4, 1095a18-20）。

(19) この一節は、早稲田大学政治経済学術院の稲村一隆先生にご教示いただいた。感謝申し上げる。

【参考文献】

・ギリシア語テキスト

Bywater, Ingram (ed.) 1984 *Aristotelis Ethica Nicomachea*, Oxford University Press.

Ross, William D. (ed.) 1957 *Aristotelis Poltica*, Oxford University Press.

・邦訳

牛田徳子 2001『政治学』京都大学学術出版会。

神崎繁 2014『ニコマコス倫理学』（新版アリストテレス全集第 15 巻）岩波書店。

神崎繁・相澤康隆・瀬口昌久 2018『政治学』（新版アリストテレス全集第 17 巻）岩波書店。

朴一功 2002『ニコマコス倫理学』京都大学学術出版会。

・二次文献

荒木勝 2011『アリストテレス政治哲学の重層性』創文社。

石野敬太 2017「アリストテレスの権利論 ––『政治学』第 3 巻を中心に ––」、田上孝一編『権利の哲学入門』社会評論社、所収。

宇野重規 2019『トクヴィル　平等と不平等の理論家』講談社学術文庫。

桜井万里子 1992『古代ギリシアの女たち –– アテナイの現実と夢』中央公論社。

Arendt, Hannah 2006 *On Revolution*, Penguin Classics [First published in 1965, Viking Press]. 志水速雄訳『革命について』筑摩書房、2007。

Inamura, Kazutaka 2015 *Justice and Reciprocity in Aristotle's Political Philosophy*, Cambridge University Press.

Pocock, John G. A. *The Machiavellian Moment: Florentine Political Thought and the Atlantic Republican Tradition*, 2nd edn., Princeton University Press. 田中秀夫・奥田敬・森岡邦泰訳『マキャヴェリアン・モーメント –– フィレンツェの政治思想と大西洋圏の共和主義の伝統 ––』名古屋大学出版会、2008。

※本稿は、早稲田大学特定課題研究助成費（課題番号：2020C-010）による研究成果の一部である。

第2章　ルソーの平等論

吉田　修馬

〔要旨〕
本章では、平等に関するルソーの議論を取り上げる。第一節では『人間不平等起源論』における人間の自然的な平等、自然的な不平等、社会的な不平等を論じる。第二節では主に『社会契約論』における社会契約以前の平等、社会契約における平等、社会契約によって成立する平等、社会契約後の平等を維持する方法について検討する。第三節では『エミール』における男女の平等、人間の平等について瞥見する。

はじめに

ジャン＝ジャック・ルソー（Jean-Jacques Rousseau: 1712-1778）は、スイスに生まれて主にフランスで活動した、18世紀を代表する思想家の一人である[(1)]。ルソーは『人間不平等起源論』において、社会における不平等の弊害を指摘し、『社会契約論』では、自由や平等を保持する共同体の原理を探究し、『エミール』では、人間の平等を唱えた。以下、第一節では『人間不平等起源論』、第二節では主に『社会契約論』、第三節では『エミール』を取り上げながら、平等に関するルソーの議論について考えてみたい。

1.『人間不平等起源論』

『人間不平等起源論』（以下では『不平等論』と略記する）はもともと、人間の間の不平等の起源は何か、また不平等は自然法によって容認されるか、という懸賞課題に応じて書かれている。ルソーによれば、「一般に認められているように、人間は自然的（本性的）にはお互いに平等である」。しかし、実際の社会では、「しばしば知恵よりも偶然によって、強さと弱さ、豊かさと貧しさ」といった不平等が生み出され、「強者による乱暴や弱者に対する抑圧」が見られる（Rousseau 1755: 123, 126-127, 訳 26, 32-33）。それでは、人間は自然的には平等であるにもかかわらず、どのようにして不平等が発生し拡大するのであろうか。

その探求において採用される方法は、いわゆる「自然状態」における人間についての推論である。ルソーが想定する自然状態は、実際に存在するものではないが、人間において、もともとあるものと、後から付け加わるものを区別し、「私たちの現在の状態について適切に判断するために必要であるような状態」である（Rousseau 1755: 122-123, 訳 25-27）。その自然状態は、以下で見るように、想定上の概念であり現実離れしているが、一見すると現実離れした概念を通して現実の社会を照らし返すことで、かえって現実の社会の特徴や弊害を浮かび上がらせることが目指されていると言える。

1-1. 自然的な不平等と社会的な不平等の区別

上述のように、「人間は自然的にはお互いに平等である」。しかし、「善い性質を獲得して完成に向かう個体もあれば、悪い性質に染まって損なわれる個体もあり、さらにもともとの状態にとどまる個体もある」だろう。このような個体差が、言わば自然的な「不平等の最初の源泉」である（Rousseau 1755: 123, 訳 26）。

次に、「自然的・身体的な（naturelle ou physique）不平等」と「社会的・政治的な（morale, ou politique）不平等」が区別される[(2)]。前者は、「自然によって打ち立てられた、年齢や健康や体力、精神や魂の性質の個人差」である。後者は、人間の約束によって決められた、「ある人々が他の人々を犠牲にして享受している特権」であり、例えば、ある人が他の人よりも富や名誉、権力や支配力を持つことである（Rousseau 1755: 131, 訳 36）。

なお、不平等の一般的な指標としては、「富、貴族の身分や地位、権力、個人的な長所」の四つが挙げられ、個人的な長所がその他の不平等の起源であるとされている（Rousseau 1755: 189, 訳 123）。さしあたり、個人的な長所には、自然的な個人差もあるだろう。他方で、富、名誉、権力や支配力、身分や地位の違いは、典型的な社会的な不平等であると考えられる。

1-2. 自然状態の平等

それでは、自然状態における人間はどのような存在であろうか。『不平等論』の主に「第一部」の議論を概観しよう。

まず、理性や社交性に先立つ人間本性の原理として、自己保存を欲求する「自己愛」と、他者が苦しむのを見るのを嫌悪する「憐れみ」がある（Rousseau

1755: 125-126, 訳 30-31)。そして、動物と異なる人間の特質として、本能に従うかどうかを意志し選択する「自由」と、環境の変化などに対応して自分の能力を向上させる「完成能力」がある（Rousseau 1755: 141-142, 訳 51-53)。

自然は豊かだが、人間は森の中に散らばって単独で生きており、他の動物から自分の身を守らなければならないので、頑丈な個体しか生き延びることができない（Rousseau 1755: 135, 訳 42-43）[(3)]。

自然状態における人間は、欲求が少なく、「彼らが知る幸福は食べ物と異性と休息だけ」であり、想像力や好奇心が乏しく、知識もなく、先見性や死の観念も持たず、火を使用せず、土地を所有せず、農耕も行わない。森の中に散らばって暮らし、言語も住居も持たず、お互いを必要とせず、お互いに識別せず、意思疎通もほとんど行わないので、進歩をせず、もし誰かが技術を発明したとしても他人に伝達されない（Rousseau 1755: 143-146, 訳 54-58)。従って、自然状態における人間の精神や理性、完成能力は、潜在的なままでとどまり、そのままでは発達しない（Rousseau 1755: 162, 訳 83)。

そのような自然状態では、「不平等はほとんどなく、不平等の影響力もほとんどない」。翻って、「私たちが自然的な差異とみなしているものの多くは、実は社会の習慣や生活様式の産物」であり、社会における多様な教育や生活習慣が、身体や精神の力の個人差を拡大させる。つまり、「自然的な不平等」は、自然状態ではほとんど影響を及ぼさないが、社会においては「制度の不平等」によって増大するのである（Rousseau 1755: 159-162, 訳 80-83)。

1-3. 社会の進歩と不平等の拡大

それでは、どのようにして人間は自然状態を離れ、不平等が拡大するのであろうか。これを示すのが「第二部」の課題となる。「自然状態の最終段階」は土地の「所有」が成立する段階であるとされているが、土地の所有が可能になるには、それ以前にすでにある程度の社会や不平等が発生しているはずである（Rousseau 1755: 162-164, 訳 83-85)。つまり、まず不平等が拡大し始める段階があり、次いで所有が成立する。その後の不平等の拡大は「富者と貧者の不平等」、「強者と弱者の不平等」、「主人と奴隷の不平等」の三つの段階に区分されている（Rousseau 1755: 121, 訳 187)。そこで以下では、「第二部」の議論を四つの段階にわけてたどってみたい[(4)]。

(1) 世界の真の青年期：不平等への第一歩

まず、人口の増加、他の動物と取り合い、気候の変化や自然災害など、偶然の事態によって食べ物が不足し、何らかの工夫をする必要が生じる。そこで、人々は道具や火を使用するようになり、それに応じて精神が発達する。すると、人間は自分と他人を比較するようになり、他の動物に対する「優越感」や、他人に対する「高慢心」を持つようになり、他人と比べて自分を優先するようになる（Rousseau 1755: 165-166, 訳 86-88）。

また、人々は協力するようになり、家族が形成され、洞穴を住居とするようになる。これがある種の「所有」を導入する「最初の革命の時代」である。しだいに家族において言語が発生し、人々は群で生活するようになる。すると、人間は他人に対して好き嫌いの感情を持つようになり、恋愛や嫉妬が発生し、価値の観念が形成され、他人から注目されたいと思うようになる。これが「不平等と悪徳への第一歩」である。この状態は「最初の自然状態」からは離れているが、人々は平等で「自由で健康で善良で幸福」であり、「世界の真の青年期」である（Rousseau 1755: 165-171, 訳 88-96）。

(2) 土地の所有権の発生：富者と貧者の不平等

さらに、「農耕」が開始され、所有と労働が導入されると、平等が消え去り、人類の堕落が始まる。まず、穀物の栽培が可能になると、土地の耕作という「労働」によって、耕作者が収穫期まで土地を所有する権利と、収穫した産物を所有する権利が生まれる。こうして、自然権とは異なる「所有権」が成立する。すると、力持ちの人、器用な人、賢い人は、より多く、より効率的に働くようになる。そうして、自然状態ではほとんど影響力を持たなかった各人の能力差といった自然的な不平等は、土地の所有と耕作という制度の発生によって、しだいに富者と貧者の不平等、つまり「財産の不平等」に転化していく（Rousseau 1755: 171-174, 訳 96-100）。

農耕と所有の発生と軌を一にして、人間の能力や理性は急速に発達し、お互いの関係が緊密になるにつれて、不平等が広がるだけでなく、人間はしだいに道徳的に堕落する。まず、「本当の必要のためではなく、他人に対して優位に立つために、人々は財産を増やそうと熱望するようになる」。さらに、お互いに依存し合う関係の中で、「競争や敵対関係や利害対立」が生じ、親切を装いながら他人を妨害したり、「他人を犠牲にして自分の利益を得よう」としたりするようになる。「このような害悪は、所有が引き起こす最初の結果であり、生まれたばかりの不平等と不可分の結果」である（Rousseau 1755: 174-175, 訳 100-102）。

続いて、「貨幣」が発明され、財産が「相続」されるようになると、貧者はさらに貧しくなり、「富者は他人を支配することの快楽を知る」。すると、人間は強欲で野心的で邪悪になり、世界中に支配と服従の関係が広がり、「富者による暴力と貧者による略奪」が広がる。こうして、平等が瓦解すると、人間は所有物をめぐって絶えず争うようになり、「生まれたばかりの社会はこの上なく恐ろしい戦争状態」になる（Rousseau 1755: 175-176, 訳 102-103）。

(3) 為政者の職務の制定：強者と弱者の不平等

戦争状態では、富者も貧者も生命の危険にさらされるが、富者はより多くの財産が危険になるという点でより不利である。そこで富者は、各人の所持を保障するために、「誰をも特別扱いせず、強者にも弱者にも平等に義務を課す」ような「正義と平和の規則」を設定し、至上の権力と法による統治を設立しよう、と提案して、富者にとって都合の良い制度や法律を制定する。これが「政治組織と法律の起源」である。こうして「自然的な自由は永久に破壊され」、「所有権と不平等を定める法律」は、貧者にとっては新しい拘束、富者にとっては新しい力となり、「富者による巧妙な横領を権利として確立」し、「少数の野心的な富者の利益のために、全人類を労働と隷属と貧困に屈服させる」ことになる（Rousseau 1755: 176-178, 訳 103-107）(5)。つまり、富者が提案する法律は、平等を標榜しながらも、実際には富者に有利で貧者に不利なので、富者は力を得て強者になり、貧者は力を失って弱者になる。

そのように作られた法律にともなって不便や混乱が拡大するうちに、人々は公的権力の管理、議決や法の執行を、為政者や首長に任せることにする。ただし、為政者や首長の職が制定されるのは、人々が自分たちの財産や自由や生命を守るためであり、政府は最初から専制的なわけではなかったはずである（Rousseau 1755: 180-185, 訳 109-118）。

(4) 恣意的な権力の成立：主人と奴隷の不平等

富が勢力を持たない間には、為政者は「選挙」で任命され、個人の長所や経験が尊重される。しかし、「しだいに選挙が面倒に思われるようになると、策謀がめぐらされ、党派争いが多くなり、ついには内乱が起こる」。野心的な有力者はその混乱に乗じて、自分の職務を終身化、世襲化しようとする。

従属と安逸に慣れて、自由を尊重しなくなった市民たちは、平穏を確保するために、首長の地位の世襲に同意してしまう。すると、首長の一族はしだいにその地位を一族の財産であるかのようにみなし、市民を自分の所有物であるかのようにみなすようになる。こうして、「合法的な権力は恣意的な権力に変化」する（Rousseau 1755: 186-187, 訳 120-121）。

このような首長と市民との間の「政治的な差別」は、市民を野心的にし、市民の間に言わば「市民的な差別」を引き起こす。そして貪欲で卑怯な人々の間では、不平等は容易に拡大する。「たとえ政府が干渉しなくとも、各人が緊密に結合し、お互いに比較し合い、お互いに利用し合わなければならない」社会においては、各人の間に「信用と権力の不平等」が不可避的に発生する。「評判や名誉や特権を求める人々の欲望」は、情念を刺激し、さらに人々を敵対させ、結局は「ごく少数の有力者や富豪がますます権力や富を握り、大多数の人々が貧者に追いやられる」ことになる。このような「身分と財産の不平等」は、人々を分断し、お互いの不信や憎悪を生み出す（Rousseau 1755: 188-190, 訳 123-126）。

そして世襲化した首長は、法律と市民を踏みにじる「僭主」となり、その支配は「専制政治」となる。そこでは、徳も義務も、法律も、善も正義も無意味になり、僭主以外の全員が一様に主人の意志と欲望に服従する「奴隷」となる。こうして「主人と奴隷」の不平等が極限に達する。そこでは、僭主以外の全員が一様に奴隷になるという意味で、人々は腐敗が行きつく結果として言わば平等になる（Rousseau 1755: 190-191, 訳 126-127）。

1-4.『不平等論』の結論

以上の議論を概括すると、個人的な能力差が所有という制度と結びつくことで富者と貧者の富の不平等が生まれ、富者が法律によって力を得ることで強者と弱者の権力の不平等が拡大し、財産が相続され為政者の地位が世襲されると主人と奴隷の身分の不平等が固定化されていく、という仮説的な過程を見出すことができる。

さらに、不平等な社会においては、各人の権利や利害が対立せざるをえないので、社会における人間は、表面的には協力し合っているように見えても、実際にはお互いの間に不信や憎悪が生じる。人間は本来的に邪悪なのではなく、「社会の精神と社会が生み出す不平等」が人間の自然的な傾向を悪化させ、人間を道徳的に堕落させるのである（Rousseau 1755: 190-191, 訳 126）。

そして、自然法をどのように定義するかにかかわらず、実定法のみによって容認される「人為的な不平等」は、それが「自然的な不平等」と一致しないなら、明らかに自然法に反している。これが『不平等論』の結論であり、また懸賞課題に対するルソーの応答である（Rousseau 1755: 192-194, 訳 128-131）。

個人の能力差という意味での「自然的な不平等」は確かに存在するが、それが社会でどのような影響力を持つのかは、社会のあり方、社会における人間や人間関係のあり方しだいである。社会において当たり前であるかのように存在している不平等は、実は思われているほど当たり前ではない可能性がある。『不平等論』はそのような視座を示唆している。

2.『社会契約論』と政治的著作

『不平等論』では、社会の展開にともなって不平等が拡大する、仮説的な歴史が描かれている。それでは、自由で平等な社会、あるいは社会的な自由や社会的な平等を打ち立てることはできないのであろうか。また、社会において、自由や平等を維持することはできないのであろうか。そのような課題は主に『社会契約論』で論究されている。以下では、『社会契約論』とその他のいくつかの政治的著作における議論を検討したい。

2-1. 社会契約をめぐる平等

『社会契約論』の前半では、社会において自由や平等を成立させるためにはどのような原理が必要かという問題が、社会契約という概念を用いて、原理的に議論されている。このような原理的な議論は、必ずしもそのまま実際に適用できるとは限らないが、現実の社会を分析判断するための手がかりとなる[(6)]。平等という観点からすると、ここでのルソーの議論は、社会契約以前の平等、社会契約における平等、社会契約によって成立する平等の三つに区別して理解することができるので、順番に見ていきたい。

(1) 社会契約以前の平等

『社会契約論』では、自然状態については、ほとんど述べられていない。ただし、原初的な状態において、人間は独立して生きており、継続的な相互関係を持たない（Rousseau 1762a: 356-357, 訳 23）という想定は、『不平等論』と対応している。

また、人間は自由で平等な存在として生まれる。従って、生まれつきの支配者や生まれつきの隷属者が存在するわけではなく、各人は自分のためでなければ自由を譲渡して他人に服従するはずがない。つまり、「どんな人間も他人に対して自然的な権威を持つわけではない」ので、従わなければならないような「正しい権威の基礎は、約束のみである」（Rousseau 1762a: 352-355, 訳 16-21）。これらのことが、言わば、社会契約以前の自然的な自由や自然的な平等の内実である。

(2) 社会契約における平等

しかし、様々な不都合が生じて、人間は自然状態では生存できなくなり、人々は力を合わせなければならなくなる。それでは、どのような原理に基づいて、共同体を形成すべきなのであろうか。ここで探求されるべき課題は、「各人の身体や財産を共同の力で保護し、[…] 各人は全員と結びつきながら、自分自身にしか服従せず、以前と同じように自由である」という条件を満たす共同体の設立である。この課題を解決しようとするのが「社会契約」である（Rousseau 1762a: 360, 訳 28-29）。

そのような社会契約の要点は、「各人は自分とその権利のすべてを共同体の全体に対していったん全面的に譲渡」し、各人は「譲渡したのと同じ権利を受け取り直す」、ということである。この「全面譲渡」は、全員が同じ条件であるという点で「平等」であり、各人は特定の個人に服従するわけではないという点で「自由」である。さらに、契約に参加した全員が立法権を持つ主権者の一員となり、全員で作った法律に全員で従う存在となる。このようにして形成されるのが、法によって統治され、共通の利益や公共の事柄が重視される正しい国家であり、ルソーはそれを「共和国」や「政治体」と呼んでいる（Rousseau 1762a: 360-362, 379-380, 訳 29-31, 59-60）。

(3) 社会契約によって成立する平等

自然状態から社会状態に移行すると、人間はただ本能や衝動や欲望に従うだけの存在ではなくなり、道徳や権利や義務が成立する。人間は、個人の力以外に制限のない「自然的な自由」と早い者勝ちや暴力で得るものに対する「無制約の権利」を失う代わりに、「一般意志」に基づく「社会的な自由」、法律に基づく「所有権[7]」、自らが立てた法に自ら従って自分自身の主人となる「道徳的な自由」を手に入れる。また、社会契約は、「自然的な平等」を破壊するのではなく、身体や才能の個人差といった「自然的な不平等」の代わりに、約束や権利による「道徳的・法的な（morale et légitime）平等」を打ち立てる（Rousseau 1762a: 364-365, 訳 36-37）。

それでは、社会契約によって成立する「道徳的・法的な平等」とは、どのようなことを指すのであろうか。その鍵となるのが、一般意志と人民主権である。「一般意志」とは、単なる各人の私的な利益の合計ではなく、人々に共通する利益を目指し、「公共の福祉という国家の目的に従って国家の力を導く」ものである。また、人民全体による一般意志の行使が「主権」であり、人民による一般意志の表明は主権の行為として「法」となる。法は、全員にかかわる一般的な事柄に関する、全員による取り決めであり、全員に適用される。つまり主権とは立法権のことである。そして、「法に従う人民が法を作らなければならない」のであるから、「立法権は人民に属し、人民以外には属しえない」（Rousseau 1762a: 368-373, 379-380, 395, 訳 42-50, 58-60, 84）。

このように、社会契約において、人々は全員が同じ条件で約束し、全員に同じ権利や恩恵がもたらされ、全員が同じように義務づけられる。全員が作る法律に全員で従うことになるので、人々は法を制定する公的な議決において、自分にも他人にも同様に課される規範を決めることになる。主権の行為として制定された法は、市民の全員に同じ条件で課され、個人を優遇も差別しない。その意味で、社会契約は公平な約束である（Rousseau 1762a: 373-375, 訳 50-52）。

以上のように、まず社会契約以前においては、人間は生まれつきの支配者や隷属者なのではなく、自然的な権威や従属が存在しないという意味で平等である。次に社会契約においては、共同体を作る全員が同じ条件で結びつくという意味で平等である。そして社会契約によって成立する共同体においては、人々は全員が主権者の一員として立法に参加し、全員に等しく法が適用されるという意味で平等である。特に三番目の平等は、現代的な言葉では、全員が平等に立法に参加する「人民主権」や「参政権の平等」、全員で作った法律に全員で従う「民主的自律」、法は全員に公平に適用され、全員が法的に等しく扱われ同じ権利を持つ「法の下の平等」といった考え方につながっている。

2-2. 国家における平等

社会契約は、道徳的・法的な平等を打ち立てる。しかし、「物事の成り行きは平等を破壊する傾向があるので、立法の力は平等を維持するように努めなければならない」(Rousseau 1762a: 392 訳 78)。そうであるとしても、自由と平等を打ち立てたはずの共同体において、「物事の成り行きが平等を破壊する」というのは、どのようなことであろうか。また、どのような理由で、どのような平等が維持されなければならないのであろうか。そして、平等を維持するためには、どのような方法がありえるのだろうか。

(1) 立法の目的としての自由と平等

『不平等論』と『社会契約論』が全体としてどのくらい連続的なのかを、即断することはできないが、富者の提案によって、富者に都合の良い法律が制定されてしまう、という『不平等論』の議論に類似した見解は『社会契約論』にも見出される。往々にして、悪い統治のもとでは、「法律は富者には有利に働き、貧者には不利に働く」ので、「平等は見せかけで偽りのもの」になり、富者の横領と貧者の窮状が放置されてしまう。そこで「社会状態が人々にとって有利であるのは、全員がいくらかのものを持ち、しかも誰もが持ちすぎない限りにおいてである」(Rousseau 1762a: 367, 訳 41)。

『政治経済論』では、より端的に以下のように言われている。「法の力が及ぶのは中間層だけであり、法の力は富者の財産に対しても、貧者の窮状に対しても無力である」。というのも、富者は法の網の目をかいくぐってしまい、貧者は法の保護をすり抜けてしまうからである。抑制すべき富者と保護すべき貧者が存在している時点で、すでに統治はうまくいっていない(Rousseau 1758: 258, 訳 35)。

そこで『社会契約論』では、立法と政治制度の目的として、「自由と平等」が挙げられている。「立法の究極の目的」、善い制度の一般的な目的は、「すべての人々の最大の幸福」であるが、それは結局のところ、「自由と平等」によって成り立っている。自由が目的とされるのは、各人が自由でなくなると、つまり各人が国家ではなく特定の個人に服従するようになると、個人を守るはずの国家の力が弱まってしまうからである。平等が目的とされるのは、平等がなければ、自由が維持できないからである(Rousseau 1762a: 391, 訳 77)。

この場合の自由は、各人が特定の他人に服従しないということである。では、この場合の平等はどのようなことであろうか。ルソーによれば、それは「各人が持つ権力や富を絶対的に同一にする」という意味ではない。「権力」の平等は、「権力が暴力にならず、地位や法に基づいて行使されること」であり、「富」の平等は、「どの市民も、他人を買えるほど豊かにならず、自分を身売りしなければならないほど貧しくならない」ということである。ただし、自由と平等という目的は、各国の状況や住民の気質などから生じる様々な関係によって調整されなければならない（Rousseau 1762a: 391-394, 訳 77-81）。

いずれにしても、権力や富に関する不平等が大きすぎる国家では、道徳的・法的な平等が形骸化してしまう。つまり、国家が法によって個人を守る力は弱くなり、個人は法ではなく他人に服従することになって自由を失う。従って、良い法律や良い統治は、各人の自由や幸福を守るために、権力や富の不平等があまりに大きくなり過ぎないように努めなければならない、というのがルソーの主張である。

(2) 平等を維持する方法

それでは、国家における平等を維持するためには、どのような条件や方法が考えられるのであろうか。あるいは、より基本的な平等を維持するために、より具体的にはどのような平等が必要になるのであろうか。ルソーの議論は実際の制度改革案というよりは、原理的な次元の議論であるが、下記の五つの論点を見出すことができる。

第一は、「中間集団」の間の不平等の抑制である。全員が集会して法律の審議や議決をする際に、各自で熟慮して判断を行えば、全員分の知恵が結集されることになるが、もし党派が二つしかないなら、観点や意見が二つだけになり、結局は有力党派の意見だけが反映され続けることになる。そこで、「もし中間集団が存在するのであれば、[…] その数を多くして、中間集団どうしの間に生じる不平等を抑止しなければならない」（Rousseau 1762a: 371-372, 訳 47-48）。

第二は、「地域」の間の平等である。権利の平等や良い統治のためには、各地域の人口や経済力を均等にすることが必要であり、大きな国家の場合は、「首都」を定めずに複数の都市に順番交代で政府や議会を置くのが良い（Rousseau 1762a: 426-427, 訳 129-130, Rousseau 1765: 904-913, 訳 289-301）。さらに『ポーランド統治論』では、各州の議会や政府がより大きな権限を持つ「連邦制」が提案されている（Rousseau 1771: 970-971, 訳 381-382）。

第三は、「公共の務め」の公平な負担である。良い制度の国家において、自由や権利が尊重されるなら、市民は公共の務めを公平に分担すべきである。反対に、本来は市民が公平に果たすべき公共の職務を、お金を払って他人任せにするのが代議制や傭兵制である（Rousseau 1762a: 428-431, 訳 131-136）。

第四は、「農業」を基本とする自給自足的な経済体制である。『コルシカ国制案』によれば、そのような体制のもとでは、勤勉な労働が尊敬され、経済的な不平等が拡大せず、生活必需品が自給できるので外国に依存することがなく、自分の土地を耕す人々の間に祖国と平和への愛が育まれる（Rousseau 1765: 902-907, 訳 286-293）。ただし、ルソーはすべての国家が農本的であるべきだと主張しているわけではない。『社会契約論』では、各国の自然的・社会的な条件によって、工業や商業が必要な場合があることが認められている（Rousseau 1762a: 390-392, 訳 75-79）。

第五は、「公教育」の平等である。『ポーランド統治論』によれば、国家の体制において各人は平等であるのだから、全員が同じ公教育を受けなければならず、そのために公教育は無償か安価でなければならない。そこでは、自国の言語や地理や歴史や法律などが教えられ、体育競技の勝者が称賛されるようにすることで人々が公衆の称賛を求めるようにすることが目指される（Rousseau 1771: 966-970, 訳 376-380）。

(3) 不平等の防止

それでは、すでに不平等が拡大してしまっている場合、どのようにして不平等を縮小することができるのであろうか。

ルソーは概して、すでに発生してしまった不平等の緩和よりも、そもそも不平等が発生しないように防止することを重視している。そのような見解が端的に表明されているのは、『政治経済論』の以下の箇所である。「政治の課題は、すべての人に対して公平であるということであり、特に富者の圧制から貧者を保護することである。しかし、保護すべき貧者と抑制すべき富者が存在しているということは、すでに悪がなされており」、言わばすでに政治は失敗している。「政府は極端な不平等を防止すべきだが、それは富者から財産を没収することによってではなく、また貧者のための救貧院を建設することによってではなく、富者が財産をさらに増殖させることを防ぎ、市民が貧しくならないように保証することによってである」（Rousseau 1758: 258-259, 訳 35-36）。

ルソーは不平等の是正よりもその防止を重視しているという点を踏まえれば、不平等と関連して論じられている、奢侈や所有権に関する評価の揺らぎについても整合的に理解することができる。

例えば、『コルシカ国制案』では、奢侈を制限する法律が提案されているが、『ポーランド統治論』では、奢侈を取り除こうとして奢侈を禁止する法律を制定するのは逆効果であると述べられている（Rousseau 1765: 936-937, 訳 331-332, Rousseau 1771: 965-966, 訳 375-376）。当時のコルシカやポーランドの実態はともかくとして、コルシカにはまだ奢侈がなく、ポーランドにはすでに奢侈があるとルソーが判断していたのだとすれば、コルシカには事前に奢侈の禁止をすすめ、ポーランドには事後的な奢侈の禁止をすすめなかったという違いに関して、そこに理論的な矛盾はない。

また『不平等論』では、所有権が人類の不幸と不平等の源泉であるとされているが、『不平等論』においても他の主要著作においても、所有権の廃絶は主張されていない(8)。例えば『コルシカ国制案』では、まだ土地所有が平等な状態であれば、大土地所有をあらかじめ防止する法律が必要であるとしながらも、大土地所有が広まってしまった後で、大地主から土地を没収する法律を作ることは否定されている。というのも、法律は過去に遡って適用されるべきではないし、そのような法律は社会を混乱させ崩壊させてしまうからである（Rousseau 1765: 936-937, 訳 331-332）。

このようにルソーは、良い社会にとって平等が重要であると考えており、不平等の発生を防止することを重視している一方で、いったん拡大してしまった不平等の縮小や緩和についてはそれほど熱心に議論していない。

人間がもともとは自由で平等な存在なのであれば、正しい国家は人民主権や法の下の平等をその原理としなければならない。そして、人民主権や法の下の平等が形骸化しないようにするためには、権力や富に関してある程度の平等が維持されなければならない。一つ目の結論はある意味では当然に思われ、二つ目の結論はある意味では現実離れしているようにも見えるかもしれないが、前者が成り立つには後者が必要であるという考察は、今日でも顧みられるべきであろう。他方で、ルソーの思想の根源的な原理や印象的な表現は、実際に社会を改良しようとする様々な試みの源泉になってきたが、ルソー本人はすでに発生してしまった不平等を縮小しようとする改革に対しては、概して慎重であったという点にも留意しておきたい。

3.『エミール』

最後に、『エミール』における平等をめぐる議論として、男女の平等と人間の平等に関する議論を概観しておきたい。

3-1. 男女の平等

『エミール』には、女性差別的な見解が散見されることがしばしば指摘されている[(9)]。例えば、「第五編」の全体を通じて、女性は慎み深い存在であるのと同時に、男性の気を引く存在であることが求められている。

他方で、ルソーは男女の平等を主張している箇所もある。「男女はその共通性から考えれば平等であり、その差異から考えれば比較不可能である」(Rousseau 1762b: 693, 訳下巻 7)。また、「男女に共通する能力は、すべてが両者に同じ程度に与えられているわけではないが、全体として見れば、その違いは相殺されている」。女性は劣った男性なのではなく、女性として優れているのである(Rousseau 1762b: 701, 訳下巻 22-23)。そして、「良識(bon sense)は男女に平等にある」(Rousseau 1762b: 708, 訳下巻 35)。

確かに『エミール』には、現代の私たちから見れば女性差別的な見解や、男性らしさや女性らしさに関するある種の本質主義的な断定がある。とはいえ、ルソーが根本的な次元においては、男女の平等を主張していることも看過すべきではないだろう。

3-2. 人間の平等

『エミール』においては、人間の平等が唱えられている。「自然の秩序のもとでは、人間はすべて平等であり、その共通の天職は人間であることである」(Rousseau 1762b: 251, 訳上巻 38)。また、あらゆる人間に対する人間愛が説かれている。「人間よ、人間的であれ。それがあなた方の第一の義務である。あらゆる身分の人、あらゆる年齢の人、人間に無縁でないすべてのものに対して人間的であれ。人間愛のないところに知恵はない」(Rousseau 1762b: 302, 訳上巻 131)。人類を尊敬し、身分に関係なく「あなた方の生徒にあらゆる人間を愛することを教えなさい」(Rousseau 1762b: 509-510, 訳中巻 45-47)。

さらに『エミール』では、家庭教師が貴族の子弟を預かり、子どもを貴族に育てるのではなく、子どもを人間に育てることが目的とされている（Rousseau 1762b: 267, 訳上巻 66-67）。ある身分にふさわしく人間を教育しても、運命のいたずらによって身分が変われば、その人は新しい境遇に合わせて生きていくことが難しい。結局のところ、自然的な必要やそれを満たすための手段はすべての人にとって同じなのだから、子どもを貴族にする教育ではなく、子どもを人間にする教育をすべきなのである（Rousseau 1762b: 468, 訳上巻 448）。

そして、『エミール』では、言わば生命体としての人間が必然的に持っている、人間の脆弱さの平等が述べられている。人間は誰もが、保護されなければ生きられない乳児として生まれ、いつかは必ず死を迎える存在として平等であり、一人だけでは生きられない、弱くて脆い存在として平等である。人間の境遇は移ろいやすく、たとえ今は苦しんでいなかったとしても、自分にいつどのような苦しみが訪れるのか、究極的にはわからない。それは、貴族でも平民でも、富者でも貧者でも、根本的には同じことである（Rousseau 1762b: 503-504, 訳中巻 32-35）。

もし人間が単独で生きられるなら、社会も人間愛も必要なかったかもしれないが、実際の人間は弱くて不完全な存在である。「人間を社会的にするのは、人間の弱さであり、人間に人間愛を感じさせるのは、人類に共通の悲惨さである」。人間が他人を愛することができるのも、人間が他人とのかかわりから幸福を感じることができるのも、結局のところ、人間は誰もが弱く脆くて不完全だからであり、他人の苦しみを想像し憐れむことができるからである。「そうして、私たちの弱さそれ自体から、私たちの儚い幸福が生まれる」（Rousseau 1762b: 503-504, 訳中巻 32-35）。

実際の社会においては、富や権力を使って、他人の助けを得ることもできるかもしれない。しかし、富者や権力者であっても、苦悩や不幸、そして死を免れることはない。さらに、苦悩や不幸は、自分の能力や努力で対処できるものばかりではない。究極的には、人間は、誰もが苦しむべき存在、死すべき存在として平等であり、だからこそ人間の間に社会や道徳が成り立ちうる。『エミール』はこのような着想に基づく社会理論を具体化しているわけではないが、示唆深い議論である。

おわりに

以上のような平等をめぐるルソーの議論を振り返って、私たちが平等について考える上で手がかりとなるかもしれない論点を三つ挙げておきたい。

第一に、ルソーは自由と平等を結びつけている。人間は自由で平等なのだから、自然状態では他人を支配せず他人に服従もしないし、社会においては全員で作った法律に全員で従うべきである。実際の社会にあっては、自由が不平等を引き起こし、平等が不自由を招くことはありえるが、根本的なレベルにおいては、自由と平等は対立するわけではなく、両者ともに重要であることを、ルソーの議論は示唆している。

第二に、私たちの社会にあっては、個人間の経済的な不平等は、単に経済力の不平等というだけでなく、結局は法的·政治的な不平等（さらに、社会的·文化的な不平等）を招くのではないか。反対に、もし法的・政治的な平等を確保するためには、あまりに大きな経済的な不平等は抑制しなければならないのではないか。これらがルソーの議論が示唆する論点である。そうであるとしても、どの程度の経済的な平等が、どのような方法で維持されるべきなのか。これはルソーではなく、私たち自身が検討していくべき課題であろう。

第三に、程度の差はあっても、誰もが脆弱で不完全な存在であるという点で、人間は根本的には平等である。私たちがお互いを思いやり助け合うことができることの基盤には、人類に共通する弱さや不完全さと、そのことに対する想像力がある。社会における平等や不平等を考える上では、冷静で論理的な思考力と、人間の不完全さや他人の苦しみに対する想像力の両方が重要であろう。

【注】

(1) ルソーの思想の全体像は、増田真 2007、桑瀬章二郎 2010、永見・三浦・川出 2014 などで知ることができる。なお拙稿の吉田修馬 2016 では、倫理学の観点からルソーの思想を手短に紹介し、吉田修馬 2017 では、権利という観点からルソーの思想を検討した。問題関心は異なるが、本章と一部、重なる部分がある。

(2)「morale」な不平等は、そのまま「道徳的な不平等」と訳すべきかもしれないが、道徳的に是認される不平等が措定されているわけではないので、ここでは「社会的」と訳した。

(3) ここでは、自然状態で生存できる頑丈な個体と、そうでない個体との間の不平等が、看過されているように思われる。ただし『不平等論』の自然状態は、目指すべき目標や理想ではないので、頑健な人間だけが生き残る自然状態が無条件に礼賛されているわけではない。
(4)「第二部」の描写には、いわゆる未開社会に関する当時の見聞などが反映されているが、原始人類や未開社会についての実際の歴史として提示されているわけではない。
(5) ここで富者が提案する「契約」については、概して富者にとって好都合なものとして批判されているが、ルソーの論述は必ずしも明快ではなく、様々に解釈されてきた。一方で、富者に好都合な契約は、不平等が拡大していく仮説的な歴史における「不幸な偶然」の一つであり、正当な契約ではないとも読める（例えば、Gouhier 1984: 24-34）。他方で、人々は政治組織が設立されることによる利益を感じ取るだけの理性を持ち、自分の自由の一部を犠牲にする必要があると理解していた（Rousseau 1755: 177-178, 訳 106）のであり、富者の提案もそれなりに正当な契約であるようにも読める（Goldschmidt 1974: 567-586）。この契約の両義性とそれをめぐる解釈については、桑瀬 2015: 59-66 頁を参照。
(6) やや図式的に言えば、『不平等論』は歴史叙述という形式による、言わば歴史的な仮説的議論であるのに対して、『社会契約論』（の特に前半の二編）はより理論的な原理を推論する、原理的な仮説的議論である。
(7)『社会契約論』では、土地の所有権が正当化されるための条件として、それ以前にその土地に住んでいる人がいないこと、生存に必要な広さに限られること、労働や耕作によって維持されていることの三点が挙げられている（Rousseau 1762a: 366, 訳 38）。
(8) ルソー本人は所有権の廃絶を主張していないとはいえ、ルソーに影響を受けて平等を重視した思想家たちが、貧富の不平等の拡大に対して所有権の廃絶を主張することになったのは、故無きことではなかろう。例えば、バブーフ、ブオナロティ、マレシャルらは、それぞれの仕方でルソーの影響を受けている（平岡 1973）。
(9) 典型的なものとして以下のものがある（Okin 1979: 99-194, 訳 79-150）。

【参考文献】

Rousseau 1755: *Discours sur l'origine et les fondements de l'inégalité parmi les hommes* (*Œuvres complètes*, t. III, Gallimard, Paris, 1964). ルソー『人間不平等起原論』本田喜代治・平岡昇訳、岩波文庫、1972 年。（翻訳は参照しやすいと思われるものを挙げるが、訳文は適宜、変更させて頂いた。以下同じ。）

Rousseau 1758: *Discours sur l'économie politique* (*Œuvres complètes*, t. III, Gallimard, Paris, 1964). ルソー『政治経済論』河野健二訳、岩波文庫、1951 年。

Rousseau 1762a: *Du contrat social* (*Œuvres complètes*, t. III, Gallimard, Paris, 1964). ルソー『社会契約論』桑原武夫･前川貞次郎訳、岩波文庫、1954 年。
Rousseau 1762b: *Émile ou de l' Éducation* (*Œuvres complètes*, t. IV, Gallimard, Paris, 1969). ルソー『エミール』今野一雄訳、岩波文庫、1962-1964 年〔改版 2007 年〕。
Rousseau 1765: *Projet de constitution pour la Corse* (*Œuvres complètes*, t. III, Gallimard, Paris, 1964). ルソー『コルシカ憲法草案』遅塚忠躬訳、『ルソー全集 第五巻』白水社、1979 年（本文では『コルシカ国制案』と表記した）。
Rousseau 1771: *Considération sur le gouvernement de Pologne* (*Œuvres complètes*, t. III, Gallimard, Paris, 1964). ルソー『ポーランド統治論』永見文雄訳、『ルソー全集 第五巻』白水社、1979 年。

Goldschmidt, Victor 1974: *Anthropologie et politique: Les principes du système de Rousseau*, Vrin, Paris.
Gouhier, Henri 1984: *Les Méditations métaphysiques de Jean-Jacques Rousseau*, Vrin, Paris.
Okin, Susan Moller 1979 (reprint 2013): *Women in Western Political Thought*, Princeton University Press, Princeton. スーザン・モラー・オーキン『政治思想のなかの女――その西洋的伝統』田林葉・重森臣広訳、晃洋書房、2010 年

桑瀬章二郎編 2010『ルソーを学ぶ人のために』世界思想社。
桑瀬章二郎 2015『嘘の思想家ルソー』岩波書店。
永見文雄・三浦信孝・川出良枝編 2014『ルソーと近代――ルソーの回帰・ルソーへの回帰』風行社。
平岡昇 1973『平等に憑かれた人々――バブーフとその仲間たち』岩波新書。
増田真 2007「ルソー」、松永澄夫責任編集『哲学の歴史 第 6 巻――知識・経験・啓蒙』中央公論新社、所収。
吉田修馬 2016「ルソー」、柘植尚則編著『入門・倫理学の歴史―― 24 人の思想家』梓出版社、所収。
吉田修馬 2017「ルソーの権利論」、田上孝一編著『権利の哲学入門』社会評論社、所収。

第３章　スミスの平等論
――スミスは平等主義者か

新村　聡

〔要旨〕
スミスは、貧困で平等な未開社会よりも富裕で不平等な文明社会を擁護する不平等容認論者として長い間解釈されてきた。これに対して本章は、スミスが『法学講義』の不平等容認論から『国富論』の平等主義へ思想的に大きく転換したことを示す。また通説では、スミスは自由放任政策を主張する小さな政府論者として解釈されてきたが、本章は、スミスが『国富論』で税制を通じた所得再分配を支持しており、その点では所得の平等化をめざす大きな政府論者とみなすことができると主張する。

はじめに

アダム・スミス（Adam Smith, 1723-1790）は平等主義者だったのであろうか。18 世紀の多くの啓蒙思想家たちと同様に、スミスは法の下での平等や市民的権利の平等を支持した。またかれは、かなりの程度ジェンダー平等主義者でもあった（LJA:146, 訳 150; LJB:439, 訳 137; Niimura 2016）。しかしスミスが経済的な平等主義者であったかどうかについては、研究者の解釈は大きく分かれてきた。内田義彦『経済学の生誕』（内田 1962）や、ホントとイグナティエフの『富と徳』（Hont and Ignatieff 1983）は、スミスを不平等容認論者とみなした。スミスは、未開社会の首長よりも文明社会のもっとも貧しい労働者のほうが相対的に富裕であることを理由として、貧困で平等な未開社会よりも富裕で不平等な文明社会をより高く評価したからである。このような未開社会と文明社会の比較論を主張したスミスを不平等容認論者として解釈する内外の研究は今日まで大きな影響力を持ってきた[(1)]。

しかし他方で、このような不平等主義的解釈を批判して、スミスを福祉国家思想の先駆者として位置づける平等主義的解釈も、ロスチャイルド『経済的感情』（Rothschild 2001）以後しだいに有力となってきた。フライシャッカーは、『アダム・スミスの国富論』（Fleischacker 2004a）と『分配的正義の歴史』(Fleischacker 2004b) でホント的なスミス解釈を批判し、平等主義的スミス解釈を示した。さらにマクリーンは『急進的平等主義者としてのアダム・スミス』(McLean 2006) でいっそう急進的なスミス解釈を主張している。センも『正義のアイデア』(Sen 2010) などでリベラルなスミス解釈を述べており、今日では平等主義的なスミス解釈はさらに拡大しつつある (Boucoyannis 2013; Fleischacker 2013; Niimura 2016)。

これまでスミスについて不平等容認論的解釈と平等主義的解釈とが並存してきた最大の理由はスミス自身の論述にあった。というのは、スミス自身が不平等を容認する見解と平等主義的見解の両方を述べており、そのどちらを重視するかによって、スミスを不平等容認論者としても平等主義者としても解釈できるからである。

本章は、こうした対立する 2 潮流の解釈を、スミスの思想的転換に注目することによって統一的に理解できると考える。すなわち、スミスは『法学講義』と『国富論草稿』では不平等容認論を主張したのに対して、『国富論』では不平等容認論を一部に残しつつも基本思想は平等主義へ転換するからである。

こうしたスミスの不平等容認論から平等主義への転換は、かれの文明社会史論の 2 段階論から 3 段階論への進化に対応している。『法学講義』のスミスは、(1) 貧困で平等な未開社会から、(2) 富裕で不平等な文明社会へという 2 段階論を基本認識としていた。しかし『国富論』のスミスは、新たに確立した資本蓄積論に基づいて文明社会の歴史的発展傾向を考察し、(1) 貧困で平等な未開社会、(2) 富裕で不平等な現存文明社会、(3) 富裕で平等な発展的文明社会、という 3 段階論をしだいに構想するようになる。その結果として、『法学講義』のスミスは (1) に対する (2) の優位性を主張するので不平等容認論者となり、『国富論』のスミスは (2) に対する (3) の優位性を主張するので平等主義者になったのである（新村 2007, 2016)。

こうした平等主義への転換とともに、スミスの政策思想も自由放任と小さな政府から政府介入と大きな政府へ転換する。この問題を考察するときに注意しなければならないのは、2 種類の政府介入と大きな政府を歴史的に区別することである。第 1 種は、封建制、絶対王政、重商主義など、自由放任政策の確立以前の政府介入と大きな政府であり、第 2 種は、自由放任政策の確立以後にしだいに形成される現代福祉国家の先駆的形態とみなしうる政府介入と大きな政府である。スミスは、『法学講義』では、第 1 種の旧い政府介入を批判して自由放任を主張していた。しかし『国富論』では、第4編の重商主義批判で第1種の政府介入への批判と自由放任政策を堅持する一方で、第2編では金融規制策を支持し、第5編では、地主が負担する土地税の増税と、貧者に負担となる必需品消費税の廃止、さらに通行税や家賃税における累進税の支持など、税制を通じた所得再分配と平等化を支持するようになるのである。つまり『法学講義』の不平等容認論から『国富論』の平等主義への転換は、政策論における自由放任と小さな政府から、政府介入と大きな政府への転換をともなっているのである。

以下では、スミスの経済的平等論と政策論の進化を、とくに分配的正義における労働原則（労働に応じた分配）と必要原則（必要に応じた分配）に注目しながら考察する。というのも、経済的平等をめぐる議論の中心問題は、所得の絶対水準の平等と不平等ではなく、所得を労働または必要と比較した相対水準の平等と不平等だからである（新村 2016, 2020）。

以下では、スミス平等論の進化を、第1節で『道徳感情論』、第2節で『法学講義』と『国富論草稿』、第3節で『国富論』を中心に考察し、おわりにで総括する。

1.『道徳感情論』の平等論

スミスは、『道徳感情論』第4編で効用について論ずるときに、自然の「欺瞞」と「見えざる手」について次のように説明している。

人間には、目的の実現よりも手段の獲得を高く評価する性質がある。そのために、人間が幸福の手段である富を獲得するために費やす労苦は、しばしば目的である幸福や快よりも大きくなるので、勤労による富の追求は、個人的に見れば快の最大化に反する不合理な行動である。しかし社会的に見るならば、各人の勤労は意図しない結果として社会の全般的富裕を増進して人類の利益を実現しており、その点では合理的と考えられる。スミスはこのメカニズムを自然の「欺瞞」と呼び、次のように述べている。

> 「人類の勤労を刺激し、継続的に運動させておくのはこの欺瞞である。……人類のこの労働によって土地は自然の肥沃度を倍化させ、以前よりも多数の住民を維持するようにしいられた。高慢で鈍感な地主が……生育した全収穫を想像上で自分自身が消費しても無益である。……地主の

胃の能力は……もっとも貧しい農民の胃よりも多くを受け入れないだろう」(TMS:184-185, 訳下 24)。

地主の「胃の能力」は農民とほとんど変わらない。しかしながら地主は自分が消費できない余剰食料と引き換えに多数の召使いを雇用し、また邸宅、家具、装飾品などを購買するのでそれらを作る多数の手工業職人が職を得て自分の食料を得ることができる。スミスはこの構造を「見えざる手」と呼んで次のように説明する。

「土壌の生産物は、あらゆる時代に、それが維持できる住民数をほとんど維持している。富者は、ただその山の中からもっとも貴重で快適なものを選ぶだけである。富者は貧者とほとんど同じ量を消費し、生まれつきの利己性と貪欲にもかかわらず、自分たちのすべての改良の生産物を貧者と分けるのであり……富者は、見えざる手（an invisible hand）に導かれて、大地がすべての住民の間で平等な部分に分割されていたならば行われたであろう生活必需品の分配とほぼ同じ分配を行うのである。……神慮が大地を少数の領主に分割したとき、この分配で除外されていたように思われる人々を忘れたのでも見捨てたのでもない。これら最後の人々も、大地が生産するすべてに対するかれらの分け前を享受するのである」(TMS:184-185, 訳下 24)。

この引用文で、スミスは、古代からしばしば理想として語られてきた平等な小土地所有と比較しながら、文明社会の不平等な大土地所有を擁護している。たとえ土地所有に大きな不平等があっても、生活必需品の消費（胃の能力）に関する限り、富者と貧者にほとんど不平等はないのである。

以上のような自然の欺瞞と見えざる手の理論によって、スミスは不平等を正当化するために2つの議論を行っていることに注意すべきである。第1は、土地所有の不平等が社会全体の利益を実現するという功利主義的な不平等正当化論である。自然の欺瞞についてスミスが強調しているのは、土地所有の不平等が邸宅や装飾品などの奢侈品消費の不平等をもたらし、それが富者の生活をうらやむ貧者の勤労を刺激して労働生産力を高め、生産量が増加して社会全体の利益が実現するということである。ただし労働生産力の上昇は民衆の生活水準を引き上げるわけではなく、この場合の社会の利益は生活水準が一定で維持される人口数が増加することを意味している。このような社会的利益の認識は『道徳感情論』の重要な特徴であり、後述する『法学講義』や『国富論』では大きく変更される。

スミスが提示する第2の不平等正当化論は、平等に関する視点の転換によって不平等を正当化する平等主義的な不平等正当化論である。通常、人々が注目する不平等は、土地所有、貨幣所得、奢侈品消費、召使いの雇用などに関するものであり、これらの不平等の中でもっとも重要なものは、そこから他のさまざまな不平等が生ずる原因となる土地所有の不平等である。それゆえ、古代以来多くの平等主義的思想家は、土地所有の不平等を批判して平等な小土地所有を提案してきた。しかしスミスは、土地所有の不平等とそれに由来するさまざまな不平等から、人々が消費する生活必需品の量（胃の能力）の平等へと視点を移動させ、それによって土地所有の不平等を正当化している。つまりスミスは、平等がのぞましいという基本的立場を維持しながら、土地所有の不平等から生活必需品の消費量の平等へと視点を移動することによって、必需品消費量という結果の平等を理由にして土地所有という原因の不平等を正当化するのである。

このようなスミスの不平等正当化論は、分配的正義に即して言えば、労働原則よりも必要原則を重視する立場といえる。スミスは、『道徳感情論』では、生活必需品の消費だけで基本的必要を充足できると考えているので、生活必需品の消費量の平等が基本的必要充足の平等（必要原則）を意味するのである。

ただしスミスは、『道徳感情論』でも、労働原則（労働と所得の比率の平等）をある程度は考慮していることにも注意するべきであろう。そのことは、スミスが「地主が使用する数千人のすべての労働」(TMS:185, 訳下 24) に言及していることからもうかがわれる。大地主はほとんど労働せずに、数千人の人々の労働の成果を所有し消費している。このことを指摘するスミスは、文明社会に土地所有の不平等だけでなく、労働と所得の比率の不平等が存在することを明確に認識していたといえる。しかしそれにもかかわらず、スミスは、上述したように、労働と所得の比率の不平等よりも、生活必需品の消費量の平等をいっそう重視した。このように労働原則の不平等よりも必要原則の平等を重視するスミスの立場は、以下で見る『法学講義』にも継承されている。

スミスの自然の欺瞞理論で注目すべき点がもう1つある。消費財を生活必需品と奢侈品とに2分する見解と、それと結びついた幸福論である。スミスによれば、富者が消費する奢侈品は富者の虚栄心を満足させ貧者に富者の幻想的な幸福を想像させるとはいえ、富者の真の幸福には役立っていない。富者が真の幸福を実現するためには、貧者でも消費している生活必需品だけで十分なのである。このような幸福論から、スミスは奢侈品消費量の不平等よりも生活必需品消費量の平等を重視する上述の見解を引き出している。

しかし以下で考察する『法学講義』では、消費財が生活必需品・便益品・奢侈品に3分されて、必需品だけでなく便益品の消費量の増加が幸福の増加とみなされるようになる。その結果として、文明社会の不平等が実現する社会の利益には、人口増加だけでなく各人の消費水準の上昇（便益品消費量の増加）が含まれるようになるのである（新村 2011）。

2.『法学講義』と『国富論草稿』の平等論

スミスは『国富論草稿』で文明社会の不平等について次のように述べている。

> 「巨大な社会の労働の生産物には、公正 (fair) かつ平等 (equal) な分配のようなものはまったく存在していない。10万家族の社会には、まったく労働しない100家族がおそらく存在しており、かれらは暴力により、あるいはそれよりも秩序ある法の抑圧により、その社会にいる他のどんな1万家族が使用するよりも多くの部分の社会の労働を使用する。……この莫大な使い込みのあとに残されたものの分配も、決して各個人の労働に比例しない。反対に、もっとも多く労働する者がもっとも少なく得る。」(ED:563-564, 訳 446-447)

この引用文は、スミスにおける文明社会の不平等認識を示すものとしてよく知られている。しかし従来の研究では、文明社会の不平等が「何の不平等か」という点は十分に検討されてこなかったように思われる。注目すべき点は、スミスが重視する不平等は、たんに所得の不平等だけでなく労働の不平等であり、さらに労働と所得の比率の不平等だということである。スミスによれば、富裕な大地主や大商人はほとんど労働せずに多くの所得を得る一方で、労働者は長時間労働するにもかかわらず少ない所得しか得ていない。文明社会において、労働と所得は比例せずむしろ反比例し、「もっとも多く労働する者がもっとも少なく得る」のである。スミスがこのような労働と所得の比率の不平等を望ましいと考えていないことは、かれの論調から容易に読み取ることができる。しかしそれにもかかわらず、スミスは労働に比例しない所得の不平等の是正を求めることはなかった。スミスは文明社会における労働と所得の比率の不平等にきびしい視線を向けながらも、貧困で平等な未開社会と比較することによって、富裕で不平等な文明社会を擁護するのである。

スミスは、上述の引用文に続けて、未開社会と文明社会を比較しながら次のように問題を提起する。「これほど圧倒的な不平等 (inequality) の中で、文明社会の最下層のもっとも軽蔑されている成員たちでさえ、もっとも尊敬されもっとも活動的な未開人が到達しうるものと比べてすぐれた豊富さと潤沢さを普通に享受している事実をどのように説明したらよいだろうか」(ED:564, 訳 447)。文明社会では、所得の極端な不平等にもかかわらず社会の最下層まで富裕が拡大し、未開社会の最上層の人々よりも文明社会の最下層の人々のほうが豊かな消費を享受しているのはなぜか、という問題である。

スミスの答えは、文明社会の富裕の原因は分業がもたらす労働生産力の上昇にあり、分業の発展を可能にする条件こそ土地の私有と資本の蓄積（およびそれによって可能となる資本主義経済）であるというものであった。つまり文明社会は、富（土地と資本）の不平等な分配があるにもかかわらず、というよりもむしろ富の不平等な分配があるからこそ、資本主義経済が確立して分業と労働生産力が発展し、社会の最下層にもおよぶ全般的富裕が実現するのである。

スミスは、『国富論草稿』とほぼ同様の見解を『法学講義』（A・B 両ノート）でも述べている。『道徳感情論』と『法学講義』（および『国富論草稿』）を比較すると、文明社会の不平等を容認する基本的立場は同じであるが、次の 3 点で大きな理論的変化が見られる。

第 1 に、比較の対象が異なっている。『道徳感情論』では、理念としての平等な小土地所有と現実の文明社会における不平等な大土地所有とが比較されていた。他方、『法学講義』と『国富論草稿』では、未開社会の土地共有と文明社会の不平等な土地私有（大土地所有と小土地所有を含む）が比較されている [(2)]。

第 2 に、文明社会の高い労働生産力の原因は、『道徳感情論』では勤労であり、『法学講義』と『国富論草稿』では分業である。スミスは、分業の認識によって、文明社会における労働生産力の飛躍的な発展を理論的に説明できるようになったのである。

第3に、文明社会で実現する社会的利益の内容が変化している。『道徳感情論』では消費財が生活必需品と奢侈品とに2分された上で、労働生産力の上昇によって社会全体の生活必需品生産量が増加し、消費水準一定で人口数が増加することが強調されていた。他方『法学講義』では、消費財が生活必需品・便益品・奢侈品に3分された上で、労働生産力の上昇によって労働者各人が消費する生活必需品だけでなく便益品も増加することが強調されている。『道徳感情論』にはなかった便益品への注目が、『法学講義』の大きな特徴である。

以上を分配的正義に即して言えば、『法学講義』におけるスミスの見解の基礎にあるのは、分配的正義における労働原則と必要原則を分離して、前者よりも後者を重視する観点である。ヒュームは、『政治経済論集』で、労働者が自己の労働生産物のより多くの割合を受け取るならば（労働原則）、その結果として生活必需品と便益品を潤沢に消費できる（必要原則）と主張して、労働原則と必要原則を結びつけていた（新村 2016）。一方スミスは、『法学講義』で、労働と所得が反比例し労働に応じた分配という労働原則がまったく妥当しない文明社会においても、最下層の労働者を含むすべての人々が生活必需品と便益品を十分に消費して必要を充足できると主張する。このようなスミスの見解は、労働原則と必要原則を分離して、前者が実現しなくても後者が実現することを主張するものであった（新村 2016）。ヒュームとスミスの見解の違いは、次のように述べることもできる。ヒュームは、労働者が自己の労働生産物のより多くの割合を受け取ることによって、つまり労働分配率が上昇することによって実質賃金が上昇すると考えるのに対して、スミスは、たとえ労働分配率が下がっても、労働生産力が上昇すれば実質賃金が上昇すると考えるのである。

ここでとくに注意しなければならないのは、文明社会の分配は、所得水準の不平等だけではなく、必要充足の平等によっても特徴づけられることである。文明社会では、所得の絶対的水準の不平等が拡大し（貧富の格差）、さらに労働と所得の相対的水準の不平等も拡大する（労働と所得の反比例）。しかし同時に、最下層の人々の生活水準の上昇は、基本的必要充足の平等を達成する。文明社会が成立する以前の社会では、中上層の人々だけが必要を十分に充足し、最下層の人々は必要を十分に充足できないという点で、必要充足の不平等があった。これに対して文明社会では、最下層の人々の生活水準が上昇し、中上層の人々だけでなく最下層の人々も必要を十分に充足できるようになるという点で、必要充足の平等が実現するのである。

文明社会は平等か不平等かを考えるときに、所得水準だけに注目するならば、最下層の人々の所得が上昇しても中上層の人々の所得がそれ以上に上昇する文明社会は貧富の格差が拡大する不平等社会としてしか見えないであろう。しかしスミスは、文明社会の不平等を全面的に容認したわけでも、平等の実現を忘れたわけでもなかった。スミスが文明社会における最下層の人々の境遇の改善に注目するとき、かれは比較の基準として、所得の絶対水準や労働と所得の比率だけではなく、最下層の人々の生活水準の上昇によって実現する基本的必要充足に注目しているのである。必要充足の平等という観点から見れば、所得の格差が拡大する文明社会は、中上層の人々だけでなく最下層の人々も基本的必要を充足できるようになる点で、むしろ未開社会よりも平等な社会なのである。

3.『国富論』の平等論

スミスは、『国富論』で歴史認識を大きく転換する。かれは『国富論』で資本蓄積論を確立したことによって、資本蓄積がもたらす社会の変化を理論的に予測し、現存する文明社会とは異なる将来の文明社会について考察できるようになるのである。

スミスは、『法学講義』では、未開社会から文明社会へという 2 段階論を議論の基本的枠組みとしていた。しかし『国富論』では、未開社会・現存文明社会・発展的文明社会を区別する 3 段階論を事実上の認識枠組みとしてさまざまな問題を考察するようになる。

その結果として、平等と不平等の認識も大きく変化している。『法学講義』では、未開社会から文明社会への発展において、賃金と利潤・地代との不平等が拡大することが強調されていた。しかし『国富論』では、未開社会から現存文明社会への所得の不平等拡大の後に、文明社会のさらなる発展にともなって所得の平等化が進むと考えられるようになる。しかも、所得の平等化と並行して、労働者・資本家・地主という 3 階級の内部構成と、各階級に属する人々の平均的な社会的性格もしだいに変化するのである。以下では、3

階級のそれぞれについて順に考察する。

第1に、もっとも重要な点は、労働者階級のあり方が大きく変化することである。資本蓄積によって資本量と労働需要が増加し、労働者の賃金が上昇する。それと同時に、労働者階級の人口構成では、資本によって雇用される勤勉な生産的労働者の割合が上昇し、地代収入によって雇用される召使いなどの怠惰な不生産的労働者の割合が低下していく。こうして勤勉な生産的労働者の相対的増加によって、労働者階級全体の平均的な社会的性格もより勤勉になっていくのである。

第2に、資本家階級も大きく変化する。スミスは、資本蓄積にともなって資本間の競争が増大し賃金率が上昇する結果、利潤率がしだいに低下し、利子率も低下すると予想した。スミスは、この変化の帰結を、ホラント州（オランダの一地域）を例として次のように説明している。

> 「富の全量を獲得してしまい、事業のあらゆる個々の部門にそこに投下できる最大量の資財がある国では、通常の純利潤率は非常に低いであろうし、そこから支払われうる普通の市場利子率も非常に低くて、まさにもっとも富裕な人々以外のだれにとっても、貨幣の利子で暮らしを立てることは不可能となるであろう。小財産や中財産を持つすべての人々は、自分の資財の使用を自分自身で管理せざるをえなくなるであろう。ほとんどすべての人が事業家 (a man of business) になるか、またはある種の事業に従事することが必要になるであろう。ホラント州はこの状態に近づきつつあるように思われる。」(WN:113, 訳 I:161-162)

この引用文は、スミスがオランダ型定常状態とも呼ぶべき将来社会について述べたものとして非常に興味深い。スミスは、資本蓄積とともに各人が所有する資本は大きくなる一方で利子率はそれ以上の割合で低下し、両者の積によって決まる利子額も減少すると考えているように思われる。その結果として、労働者と資本家の所得の不平等が減少して平等化が進むのである。

また、資本家階級が全体としてより勤勉になるという認識も重要である。スミスは資本家階級を、「貨幣の利子で暮らしをたてる」利子生活者と、「自分の資財の使用を自分自身で管理」する事業家とに分け、利子率の低下とともに、労働しない怠惰な利子生活者が減少して勤勉に労働する事業家が増加すると予想している。その結果として、資本家階級の全体を平均するとより勤勉になり、さらに利潤率と利子率の低下によって資本所得が減少するので、労働と所得の比率は、労働者と資本家の間でしだいに平等化していくことになる。こうして、不労所得で生活する利子生活者が減っていき、労働者と資本家のほとんどだれもが労働してその労働に比例する所得を手にする平等社会が実現していくのである。

第3に、地主階級も大きく変化することが予想される。スミスは、地代率がしだいに上昇する傾向があると考えていた (WN:264, 訳Ⅰ:400-401)。したがって各地主の所有地の大きさが一定ならば、地主が受け取る地代額は地代率とともに上昇するであろう。しかしスミスは、長子相続法と限嗣相続法が廃止されて均分相続が実現すれば、相続の反復によって地主1人あたりの所有地が大幅に縮小すると予想していた。もしそうなれば、地代率が上昇しても地主各人が受け取る地代額は減少するであろう。長期的には、大地主が減って小地主が増え、地主階級内部の平等化が進むとともに、地主と非土地所有者の不平等も縮小していく。

さらに、地主階級全体を平均するとより勤勉になることも予想される。スミスは一般に大地主は怠惰であり小地主は勤勉であると述べている。したがって、土地相続法が改革されて均分相続が行われ所有地の細分化が進めば、怠惰な大地主が減って勤勉な小地主が増えていき、地主階級全体を平均するとより勤勉になることが予想される。こうして地主各人の平均的な地代所得が減少する一方で平均的な労働量は増加するのであるから、地主階級の平均的な所得・労働比率は低下し、地主階級と労働者階級の所得・労働比率はしだいに平等化していくことになる。

では、こうして資本蓄積が進み、土地相続法が改革された将来社会はどうなるのであろうか。所得では、賃金が上昇し、利潤・利子が低下し、地主各人が受け取る地代も減少して、所得の平等化が進行する。また、怠惰な不生産的労働者・利子生活者・大地主が減少して、勤勉な生産的労働者・事業家・小地主が増加するので、3階級すべてにおいて怠惰な人々が減少し勤勉な人々が増加していくことになる。その結果しだいに実現するであろう将来社会は、労働者・資本家・地主の3階級の大部分の人々が勤勉に労働し、その勤労に比例する所得を得るような平等社会である。これは、分配的正義の原則に即して言えば、所得の平等化、勤労の平等化、所得・労働比率の平等化のすべてが実現していく社会であり、労働原則が高次の再生を果たすことを意味した。同時に、将来社会では労働生産力が高度に発展してすべての人が基本的必要を充足できるようになるのであるから、必要原則も十全に実現する社会なのである。

ただしスミスは、上述のような長期的平等化を予想したとはいえ、明るい未来に期待して待つことを主張したわけではなかった。スミスは平等化がただちに実現するとは決して考えなかった。かれは長期的にはオプティミストであったが、短期的にはリアリストであった。18 世紀の英国では、土地相続法の改革は容易には実現せず、大地主は強大な力を持ち続けていた。また英仏間でくり返された戦争は国債を急増させ、大量の国債を所有する富裕な利子生活者の力を強化していた。さらに大地主と利子生活者を 2 大階級基盤とするウォルポール政権は、国債利子の支払い財源であった土地税を大幅に減税する一方で、労働者階級が負担する生活必需品消費税を導入した（大倉 2000)。こうして富者に軽く貧者に重い逆進的な税制が、貧富の格差を拡大していたのである。

スミスは、『法学講義』では、できるだけ軽い税が望ましいと主張していた。しかしかれは『国富論』では、租税論を大きく転換して、税制を通じた所得再分配を支持するようになる。スミスは、『国富論』で、地主が負担する土地税を増税し、利子生活者に課税する印紙税と登記税を強化すること、および労働者が負担する必需品消費税を廃止することなどの税制改革を提案している（新村 2018)。またスミスは、通行税や家賃税に関しては富者に重い負担を課する累進的税制を支持し、累進的相続税についても肯定的な論述を残している (新村 2018)。スミスは、累進的税制を通じた所得再分配によって所得の平等化を可能な限り実現しようとしたのである。

旧来の通説では、スミスは自由放任政策を支持する小さな政府論者として解釈されてきた。たしかにスミスは、重商主義政策をきびしく批判する自由主義者としての立場には変化はなかった。しかし他方でスミスは、1760 ～ 70 年代の金融危機を経験して、『国富論』ではさまざまな金融規制策を支持するようになる（新村 2002)。また上述のように、『国富論』では不平等容認論から平等主義へと基本思想を転換して、税制を通じた所得再分配を支持するようになるのである。こうした点に関するかぎり、スミスは『国富論』では政府介入を支持する大きな政府論者へと立場を転換したと言えるであろう。

おわりに

以上、スミスの平等論の進化について、とくに労働原則と必要原則に注目しながら考察してきた。社会の発展段階によって、労働原則と必要原則の実現のしかたは異なる。未開社会は、労働できるすべての人々が働いて自己労働の成果を受け取るという点で労働原則が実現する一方で、多くの人々が最低限の必要を充足できないという点で必要原則が実現しない社会であった。次の段階として成立した現存の文明社会は、全般的富裕が実現して最下層の労働者を含むすべての人々が基本的必要を充足できるようになる点で必要原則が実現する一方で、もっとも働いている者がもっとも貧しく、労働と所得が反比例している点で労働原則に反する社会であった。つまり未開社会と現存文明社会では、労働原則と必要原則はトレイド・オフの関係にあり、一方が実現すれば他方は実現しないのである。しかし今後しだいに形成されていく発展的文明社会は、労働能力のあるほとんどすべての人々が勤勉に働いてその勤労に比例する所得を得ると同時に、すべての人々が基本的必要を充足できるようになり、その意味で労働原則と必要原則がともに実現する社会なのである。

ただしこのような富裕で平等な発展的文明社会はまだ実現してはいなかった。現存する文明社会は労働と所得が反比例する極端な不平等社会であり、必需品消費税に苦しむ貧困層は基本的必要を充足できていなかった。それゆえスミスは、長期的には自由貿易による富裕の実現と土地相続法の改革による土地所有の平等化を志向しつつ、当面の政策としては、土地税の引き上げと必需品消費税の廃止などの税制改革による可能な限りの所得平等化を提案したのである。

【注】

(1) スミスの未開・文明社会比較に基づく不平等容認論は、論理構造としては、ロールズの格差原理や新自由主義のトリクルダウンと似ている。

(2) ロックは『市民的統治論』でアメリカ・インディアンの国王とイングランドの日雇い労働者の生活を比較して、土地共有よりも私有を支持する見解を述べている。スミスはロックの見解の影響を受けていると思われる(新村 2016)。

【参考文献】

Boucoyannis, D. 2013'The equalizing hand: Why Adam Smith thought the market should produce wealth without steep inequality', *Perspectives on Politics* 11: 1051–70.

Fleischacker, S. 2004a *On Adam Smith's Wealth of Nations*, Princeton University Press, Princeton.

—— 2004b *A Short History of Distributive Justice*, Harvard University Press, Cambridge, Massachusetts.（フライシャッカー、中井大介訳『分配的正義の歴史』晃洋書房、2017 年）

—— 2013 'Adam Smith on equality', in Berry, C.J., Paganelli, M.P. and Smith, C. (Eds.), *The Oxford Handbook of Adam Smith*, Oxford University Press, Oxford: 485–500.

Hont, I. and Ignatieff, M. 1983 'Needs and justice in *Wealth of Nations*: An introductory essay', in Hont, I. and Ignatieff, M. (Eds.), *Wealth and Virtue: The Shaping of Political Economy in the Scottish Enlightenment*, Cambridge University Press, Cambridge: 1–44; contained in Hont (2005). (ホント、イグナチエフ、水田洋・杉山忠平監訳『富と徳』未来社、1990 年)

—— 2005 *Jealousy of Trade: International Competition and the Nation-State in Historical Perspective*, Harvard University Press, Cambridge, Massachusetts.（ホント、田中秀夫他訳『貿易の嫉妬—国際競争と国民国家の歴史的展望』昭和堂、2009 年）

Hume, D. [1752] 1985 *Essays on Political Discourses*, in Miller, E.F. (Ed.), *Essays, Moral, Political and Literary*, Part 2, Liberty Classics, Indianapolis.（田中敏弘訳『ヒューム道徳・政治・文学論集』名古屋大学出版会、2011 年）

McLean, I. 2006 *Adam Smith, Radical and Egalitarian: An Interpretation for the 21st Century*, Edinburgh University Press, Edinburgh.

Niimura, S. 2016'Adam Smith: egalitarian or anti-egalitarian? His responses to Rousseau and Hume's critiques of inequality', *International Journal of Social Economics*, 43(9): 888-903.

Rothschild, E. 2001 *Economic Sentiments: Adam Smith, Condorcet, and the Enlightenment*, Harvard University Press, Cambridge, Massachusetts.

Smith, A. [1759]1976a *The Theory of Moral Sentiments*, Clarendon Press, Oxford.（TMS と略記、水田洋訳『道徳感情論』上下、岩波文庫、2003 年）

—— [1776]1976b *An Inquiry into the Nature and Causes of the Wealth of Nations*, Clarendon Press, Oxford.（WN と略記、大河内一男監訳『国富論』Ⅰ～Ⅲ、中央公論社、1976 年）

—— 1978 *Lectures on Jurisprudence*, Meek R.L., Raphael, D.D., and Stein, L.G. (Eds.), Clarendon Press, Oxford, containing Report of 1762–63, Report dated 1766, and 'Early Draft'of Part of *The Wealth of Nations*.（それぞれ LJA, LJB, ED と略記、水田洋他訳『アダム・スミス法学講義 1762 ～ 1763』名古屋

大学出版会、2012年、水田洋訳『法学講義』岩波文庫、2005年、前者がAノート、後者がBノートと『国富論草稿』の訳）

Sen, A. 2010 *The Idea of Justice*, Penguin Books, London.（池本幸生訳『正義のアイデア』、明石書店、2011年）

内田義彦 1962『増補　経済学の生誕』未来社。

大倉正雄 2000『イギリス財政思想史』日本評論社。

新村聡 2007「経済発展と不平等―ヒュームとスミス」、平井俊顕編著『市場社会とは何か』上智大学出版、所収、25-44。

—— 2011「アダム・スミスにおける貧困と福祉の思想」、小峯敦編著『経済思想のなかの貧困・福祉』ミネルヴァ書房、所収、34-63。

—— 2016「アダム・スミスの平等論と分配的正義論」『立教経済学研究』69(4): 49-67。

—— 2018「アダム・スミスにおける大きな政府論の形成過程に関する一考察——『法学講義』から『国富論』への租税論の発展——」『岡山大学経済学会雑誌』49(2): 1-15。

—— 2020「平等と分配的正義の基礎概念再考——賃金・保険・税・社会保障の制度との関連で——」『岡山大学経済学会雑誌』51(2/3): 107-122。

第4章　カントの平等論

網谷　壮介

〔要旨〕

カントの平等論の根幹には、理性的存在としての人間は尊厳をもつがゆえに対等な関係にあるという洞察がある。こうした人間の尊厳の平等から、誰も他人から不当に強制されないという、生得的な自由の権利が導出される。生得的自由権は結婚における両性の平等を正当化する役割を果たし、また国家においては、ともにしたがうべき法律の共同立法者として、市民の法的地位の平等を要求する。カントはこのように平等を人間理性によって基礎づけたが、限界もある。第一に、カントは市民を能動市民と受動市民に区別し、女性を無条件に後者に含めている。第二に、カントは法的地位の平等のみを重視しており、社会経済的格差が市民の自尊に及ぼす影響を考慮していない。

はじめに

イマヌエル・カント（Immanuel Kant: 1724–1804）は、義務論と呼ばれる道徳理論を提示したドイツの哲学者である。カントは、道徳の原理を導き出すには､行為の帰結ではなく行為の動機に着目しなければならないと考えた。

例えば、嘘をつかないことはなぜ正しいのだろうか。嘘をつけば他人から信頼されなくなるからだろうか。もしそうなら、嘘をついても他人からの信頼に変わりはない（あるいは信頼が増す）と判断される場合には、嘘をついてもいいのだろうか。これは行為の帰結（他人からの信頼）に着目して行為の正しさを考える見方である。カントは、帰結の良さという不確かな基準で道徳を考えることになるとして、こうした見方を退けた。むしろ道徳を考えるときに重要なのは、行為の動機である。カントによれば、嘘をつかないことが正しいのは、それが普遍的な義務だからである。普遍的な義務とは、いつどこの誰にとってもなすべき（あるいはなすべきでない）行為である。カントの見方では、それが普遍的な義務であるという動機から嘘をつかないようにする人は、正しく行為していると言える。

カントは、人間にはこうした普遍的な義務を思考する能力があると考えていた。その能力は理性と呼ばれる。理性をもつ存在である人間は、自分の欲求にただしたがう動物でもなければ、他人の命令に服従するだけの奴隷でもない。人間は理性によってなすべきことを自ら思考し、行為しうる存在なのである。**それゆえに**人間は互いに対等であり、誰からも不当に支配されるべきではない、とカントは論じる。

こうしたカントの議論は、ジョン・ロールズ（John Rawls: 1921–2002）をはじめ、現代の哲学者に多大な影響を与えてきた。本章では、カントの道徳哲学において平等が根幹的な地位を占めることを人間の尊厳という観点から明らかにした上で（第一節）、前国家的な平等として生得的な自由の平等と結婚における両性の平等を（第二節）、最後に国家における市民の平等と不平等を検討する（第三節）。

1. 人格と尊厳

カントの平等論の根幹をなすのは、人間は理性をもった存在として対等な地位にあるという主張である。これが意味するのは、人間は決して他人からの一方的な強制に甘んじる存在であってはならず、むしろ自らが同意しうること以外にはしたがわないという地位を各人が対等にもつということである。しかし、なぜ人間は理性をもつ存在だということから人間の対等性が導き出せるのか。これを理解するには、まずは理性の意味を検討しなければならない。

1-1. 理性と普遍的義務

カントにおいて人間が理性的存在であるとは、目的のために最適な手段や方法を選ぶことができるという意味で合理的であるということには尽きない。むしろ、普遍的な義務と合致するように自らの行為の目的を設定することができる存在が、理性的存在と言われる。

先述したようにカントによれば、人間の理性は「～すべきである」とか「～すべきでない」といった義務を思考することができる。それが義務であるからという動機で行為に及ぶ場合、その行為は正しいというのがカントの立場である。ここで問題になるのは義務の性質、具体的に言えば、それが普遍的な義務かどうかということである。例えば、ナチの将校にユダヤ人を殺せと命じられた市民が、「これは義務だ。だから目の前のユダヤ人を殺さねばならない」と考えて殺人を犯すという状況を考えてみよう。カントの思考法にしたがえば、この行為が正しくないのは被害者が苦痛を被るからではない。これは行為の帰結（苦痛）によって道徳を考える思考法である。その場合、もしユダヤ人殺害にその他の人々が満足を覚え、その満足の総量がユダヤ人の苦痛よりも大きいと考えられるなら、将校の命令にしたがうことは正しいということになるだろう。他方カントの視座からすれば、この行為が正しいと言えないのは、むしろナチ将校の命令にしたがうことが普遍的な義務ではないからである。義務を動機として行為しているとしても、その義務が特定の時代や状況（例えば第三帝国）でしか成り立たないのであれば、その行為は必ずしも正しいとは言えない。

そこでカントは、何らかの行為が普遍的義務に合致するかどうかを確かめる方法を明らかにしている。第一に、自分が今実行しようとしている行為が、どのようなルールにしたがったものなのかを考える。上記の例で言えば、それは「ナチ将校の命令にしたがう」というルールだろう。こうした自分の行為を司るルールは格率（Maxime）と呼ばれる。第二に、格率がすべての人に採用された世界を考える。いつの時代のどこの誰もがその格率を採用して行為しているところを想定するのである。第三に、そうした世界が理に適っているかどうか、言い換えれば、その世界が誰にとっても納得して受け入れられるかどうかを考える。すべての人がナチ将校の命令にしたがうなら、ユダヤ人でさえそれにしたがって行為することになるだろう。だが、反ユダヤ主義を表明するナチスの命令にユダヤ人もしたがって行為する世界は、明らかにユダヤ人にとって受け入れられない。このように、自分の格率がすべての人に採用された世界を想定し、それが理に適っていないのであれば、その格率にしたがって行為することは普遍的な義務ではないと分かる。

カントはこうした普遍的義務の判定方法を定言命法（kategorischer Imperativ）と呼ぶ。定言命法は普遍的な義務を命じる話法（命令文（Imperativ））であり、最も単純なものとしては次の形をとる。「普遍的法則になることを同時に意志することができる格率のみにしたがって行為せよ」（G 4:421, 訳 286）。格率は自らが行為する際に採用している主観的なルールである。定言命法が示しているのは、自分の格率が他のすべての人にとって必ずしも採用できるとは限らない（普遍的法則にはなりえない）[(1)] とすれば、それにしたがった行為は普遍的義務だとは言えないということである。定言命法は、他のすべての人も採用することができる格率（普遍的法則になりうる格率）だけが普遍的義務であることを示し、それにしたがって行為することを命じる。普遍的義務である以上､例外的にその義務を免除される人や状況は存在しない。それゆえカントによれば、定言命法こそ道徳法則と呼ぶにふさわしい。定言命法は普遍的な義務を特定し、すべきこと、すべきでないことを無条件に命じるからである。

1-2. 理性の尊厳

さてカントによれば、こうした道徳法則は人間の理性によって作りだされる。理性は道徳的思考能力であり、人間は理性によってこそ定言命法を思考できるからである。ここからは重大な帰結が引きだされる。すなわち、人間の行為の道徳性の源泉は、道徳法則を作りだす理性のみに求められなければならないということである。

例えば、親に教えられたから、あるいは（聖書に書かれた）神の命令だからという理由で嘘をつかない人は、確かに表面上は誠実という義務を果たしてはいるだろう。しかしカントの視座からすれば、その人は必ずしも道徳的だとは言えない。親や神の命令だからこそ嘘をつかないという人は、自分の行為の正しさの根拠を親や神に見出しており、理性に見出しているわけではないからである。親や神の命令だからそれにしたがうという場合、自分の行為の格率が普遍的義務に適うかは問われないままになってしまう。しかしそれこそが道徳的に重要なことであり、それを自ら思考する能力が理性なのであった。それゆえ、自分の行為が正しいかどうかを判断する基準を、自らの理性以外に求めることはできないし、そうしてはならないのである。

カントは、こうした理性をもつ存在としての人間は人格をもつと考えた。人格とは、その存在自体に価値をもつものを指す。これに対して人間以外のあらゆる存在は、ただ人間が設定した何らかの目的の手段としてのみ価値をもつ、物件である。例えば、ハサミは紙を切るという目的の手段として価値をもつのであって、ハサミ自体に価値があるわけではない。もちろん人間も誰かの手段として使用される場合がある。会社員であれば、会社が決めた目的を実現するために行為するだろう。しかし、人間は誰かの手段として生きるだけの存在、物件であってはならない。人間が物件として生きることをカントは奴隷と呼ぶ。奴隷が人間のあり方にふさわしくないのは、人間は自らの行為の目的を、しかもそれが普遍的義務に適うように、自ら設定することができるからである。これはまさしく理性の能力の賜物である。理性的存在である人間は「それ自体で目的として存在し、誰かの意志によって好きなように使用されるための手段としてのみ存在するのではなく〔…〕常に同時に目的として見られねばならない」(G 4:428, 訳 297)。

このように、人間は理性をもつがゆえに他人から手段として扱われるだけの存在であってはならず、自他を目的として尊重しなければならない。カントはここに人間の尊厳を見出している。

ただし少し注意が必要である。カントは人格は物件とは違って、その存在自体に価値があると主張するが、それは人間はみな何らかのかけがえのない価値をもっているという意味ではない。それゆえまた、互いを尊重しあわなければならないのは、人間はみなそれぞれが何らかの価値をもつからでもない。むしろカントは反対に、人間は自分と同じように理性的存在者である他人を尊重すべきであるがゆえに、すべての人は尊厳という価値をもつと考えなければならないと主張するのである (Sensen 2011)。例えば、アイドルの平野紫耀の美しさに惹かれて彼に親切に接する人は、自分の行為の正しさの基準を美的価値に置くことになるだろう。しかしそうなれば、自分にとって美的価値にそぐわない人は尊重しなくてもいいということになってしまう。このように人間の尊厳を何らかの実質的な価値と考えるなら、その価値が自分の行為の道徳性の基準となり、格率が普遍的義務に適うかどうかという基準が放棄されることになる (一種の帰結主義に陥る)。

それゆえカントが人間の尊厳という場合、それを実質的な価値と捉えることはできない。むしろ尊厳とは、人間の理性的存在としての地位を表している。それは「自らが同時に与えた法則以外にはしたがわない」という地位である (G 4:434, 訳 307)。他人が作った法則に常にしたがわざるをえないのであれば、それは他人の意志に服従し、他人の手段としてのみ生きることであり、物件と変わらない。しかし人間は自らの行為の正しさを理性によって思考し、理性の作る道徳法則にしたがって行為することができる。それゆえ人間は自分と同じ理性的存在である他人をも尊重し、単に手段として扱うことがあってはならない。こうした理性的存在としての地位こそが尊厳と呼ばれるのである。

こうして尊厳は、人間が自らの理性のみに道徳の根拠を置かねばならないという、道徳における理性の至高の地位を指すことになる。人間は理性的存在であるがゆえに、誰も他人から一方的に強制されたり支配されたりしないという尊厳をもつ。尊厳によって、誰も誰かから一方的に支配されるだけの地位に甘んじてはならないという、人間の対等な道徳的地位が表現されるのである。

2. 人間としての平等

だが、人間は人間として平等な地位をもつといっても、社会には財産の多寡や身分・階級の相違など、不平等も存在する。例えば、カントが生きた18世紀のプロイセンでは貴族の特権が認められていた。またプロイセンは君主制であり、人々は単に君主に服する臣民でしかなかった。それでは、カントは国家や社会に存在する不平等についてはどう考えていたのか。

2-1. 生得的自由権の平等

カントは『人倫の形而上学の基礎づけ』(1785) や『実践理性批判』(1788) のなかで理性の道徳的思考能力について解明した後、晩年の1797年には国家論・法哲学の体系的著作である『人倫の形而上学・第一部・法論の形而上学的定礎』を世に問うた(以下『法論』と呼ぶ)。『法論』ではそれまでの道徳哲学の成果を元に、法と権利が論じられている。

法と権利の体系の出発点に位置づけられるのは、人間が生まれながらにもつ自由の権利である。「自由(他人の選択意志の強要からの独立)は、普遍的法則にしたがって他人の自由と両立するかぎり、万人にその人間性ゆえに認められる、唯一根源的な権利である」(RL 6:237, 訳58)。ここで他人の選択意志の強要とは、他人が私に不当に何かを強制することを意味する。また人間性は尊厳の意味で用いられている(RL 6:239, 訳61)。人間の尊厳は、他人からの一方的な強制に服さないという地位を示していた。それゆえここでは人間の尊厳から、誰も他人から不当な強制を受けないという、自由の権利が導出されているのである。

カントにおいて権利とは、他人を義務づける権限、すなわち他人に何らかの行為を実行するよう、あるいは実行しないように強制する権能を意味する。私は自由権をもつがゆえに、他人に私の自由を侵害しないよう強制する。と同時に、他人もまた私に対して自由を侵害しないよう強制している。このように、生得的自由権をもつすべての人々の間には、相互に等しく強制しあうという関係性が生じている。これをカントは「生得の平等」と呼ぶ(RL 6:237, 訳58)。生得的自由権によって、誰もが自分が他人に課す以上の強制を他人から課されてはならないという、生まれながらに対等な地位が正当化されるのだ。それゆえこうした生得的自由権は、身分や人種、宗教などを理由に他人から不当な強制を受けるという、初期近代の身分制に存在していた不平等を否定するものである。

2-2. 結婚の平等

さらに生得的自由権は、結婚における両性の関係性にも影響を与えずにはいない。確かに後述するように、カントは女性に男性と同じ政治的権利を認めてはいない。だが結婚における権利については、カントは家父長制に存在する男女の不平等を解消しうる論理を提示している。これは先行する自然法学者と比べた場合、とりわけ顕著である。

例えば、ドイツの自然法学者プーフェンドルフ（Samuel von Pufendorf: 1632–94）によれば、対等な関係にある男女が結婚を契機として家に入れば、その対等性は終わる。両性は婚姻契約の当事者としては対等だが、しかし結婚の目的上､夫と妻は対等であってはならない。プーフェンドルフによれば、家の支配という点では男性の優越が前提とされる｡そのため､婚姻契約によって「夫と妻はそれぞれ異なる義務を負う。前者は保護を、後者は従属を義務づけられる」（Pufendorf 1934: Libri VI, cap. 1, §11）。イギリスの哲学者ロック（John Locke: 1632–1704）も家の支配能力の点で男性の優越を認め、夫の支配権を正当化した（Locke 1824: Book II, §82, 訳 388）。

カントの議論は、一見プーフェンドルフらと同様かそれ以上に旧態依然としている。カントによれば、婚姻によって生じる権利は「物件のような仕方で人格に対する権利（das auf dinglicher Art persönliche Recht）」に分類される。伝統的に権利は、物件を占有する権利（物権）と、契約によって他人に行為を請求する権利（人格に対する権利（債権））とに区別されてきたが、カントはそこに「物件のような仕方で人格に対する権利」という第三のカテゴリーを発案するのである。カントによれば、これは「自分以外の**人格**を**自分のもの**としてもつ」権利である（RL 6:358, 訳 212）。

この権利は、夫が妻を物件のように占有し使用するという、夫の支配権を含意しているのではないかと思われるかもしれない。しかし、カントは「妻あるいは夫の取得」（RL 6:280, 訳 112）という言い方をしており、夫による妻の取得だけを問題にしているわけではない。さらに、「自分以外の人格を自分のものとしてもつ」ということは、他人を支配し服従させることとは異なる。「物件のような仕方で人格に対する権利」とは、より正確には「外的対象〔他人〕を物件として占有し、人格として使用する権利」である（RL 6:276, 訳 108）。

まず「物件として占有する」という点についていえば、それは第三者に妻あるいは夫が連れ去られた場合に、自分のもとに連れ戻す権限を意味するにすぎない（RL 6:278, 282, 284, 訳 111, 115, 118）。次に「人格として使用する」という点についても、それは人間を任意に処分可能な物件として所有することとは異なっている。これが意味するのはむしろ「その〔他人の〕人格性を損なうことなく、私の目的の手段として使用する」ことである（RL 6:359, 訳 214）。

「人格としての使用」に関して重要になるのは、やはり尊厳である。尊厳とは、自らの理性を自分の行為の道徳性の最高の根拠とし、自らの理性が作る道徳法則以外にはしたがわないという地位を指していた。それゆえ、尊厳は行為主体が望むとしても放棄できるような地位ではない。尊厳の放棄は、自らの理性を道徳性の最高の根拠とすることの否定にほかならないからである（網谷 2018: 104–115）。それゆえ、人間は任意に処分可能な物件として他人を所有することも、他人に所有されることもできない（RL, 6:270, 訳 100）。物件として所有されれば、常に他人の意志に従属することになり、自らの尊厳が破壊されるだろう。したがって、契約相手への一方的な服従に同意する契約として婚姻契約を正当化することはできない。それは自らを物件に貶める奴隷契約と同じく、尊厳の地位の放棄に等しいからである。

それでは、結婚における人格の使用とは具体的に何を意味しているのか。カントによれば、結婚は「互いの性的特性を相互に使用する」ためのもの（RL 6:277, 訳 110）、要するに性交渉のためのものである。性交渉において人間は互いを享受しあわねばならず、一方が他方を自らの享楽の手段として用いるだけであってはならない。これが他人を「人格として使用する」ことの意味である。その際、カントは純粋に性的な享楽のみを問題とし、生殖を結婚の必然的な目的だとは考えていない。というのも、もしそうなら「子の生殖が終わると同時に、婚姻はおのずから解消されてしまうだろう」からである（RL 6:277, 訳 110）。

このように、カントにおいて結婚とは、互いが互いの人格を性的に享受する対等な性共同体をつくることにほかならない。そこには夫の妻に対する一方的な支配権は含意されていない。それゆえカントの議論を、「単に生まれに基づく自然的な性による不平等を確認するだけ」（ペイトマン 2017: 211）のものとみなすことはできないだろう。

ただし、カントに同時代の家父長制を批判する意図があったとまでは言えない。「家の共通利益をもたらす上で男性の能力が女性の能力に対して自然に優れている」ということを、カントは認めているように思われる（RL 6:279, 訳 112）。また、婚姻の目的を異性間の性交渉のみに限定している点も問題である。性交渉を伴わない家の形成がなぜ権利として許容されないのか、同性間性交渉が獣姦と同じく性器の「非自然的使用」であり、人間の尊厳に反する「反自然的背徳」（RL 6:277, 訳 109）であるのはなぜか、カントは説明していない[(2)]。こうした欠点はあるにせよ、カントは個人の生得的自由権から帰結する平等な関係性を、異性間の結婚においてもある程度まで一貫させようとしていたと言えるだろう。

3. 国家における平等と不平等

『法論』ではさらに、国家における市民の平等についても検討されている。ここで市民とは、法律の共同立法者としての地位を意味する。カントによれば、ともにしたがうべき法律をともに立法する同輩として、各市民には対等な地位が保障されるべきである。だが、カントは市民の間に法的身分の区別が生じることを否定する一方で、その他の社会的・経済的な不平等をほとんどまるごと認めている。

3-1. 市民の平等

カントにおいて市民の身分上の平等は、人間の生得的自由権から正当化されている。生得的自由権は、他者から不当な強制を受けないという、各人に生まれながらに認められる権利であり、それは人間の理性の尊厳から導き出されたものだった。他方、「物権」や「債権」、「物件のような仕方で人格に対する権利（婚姻権、親権、家長権）」は生得的に認められるのではなく、何らかの行為を通じてしか取得されえない。そのため、これらは生得的な権利に対して取得的な権利と称される。

国家が存在しない状態、すなわち自然状態では、各人はこれらの権利の有資格者として対等な関係にある。しかし、権利の有資格者として対等であるがゆえにこそ、互いの権利主張が相克すれば、結局は強者の主張が力づくで通ってしまうことになるだろう。自然状態は定義上、共通の法律や行政、法廷を欠いた状態であり、権利をめぐる争いは実力行使によってしか最終的な解決の糸口をもたない。

こうした自然状態は正義を欠いた状態である。というのも、もし客観的に争いを裁定する法廷が存在するなら認められなかったであろう権利を強者が力づくで得ることで、弱者は侵害を被るからである。言い換えれば、強者によって弱者は不当な強制を課せられてしまう。例えば、強者が土地を力づくで奪ってその権利を主張すれば、他人はその土地に手を付けないよう不当にも強制されることになる。各人は生まれながらに権利の有資格者として対等な関係性にあるとしても、自然状態にはすべての人が参照できる法律も、法律にしたがって客観的に裁定する法廷も存在しない以上、生得の平等は、各個人の純然たる力の差にもとづいた、権利をめぐる関係の不平等へと転落してしまうのだ。

このように自然状態は正義が欠落した状態である。それゆえカントによれば、人々は「互いに隣り合って存在することが避けられない関係にある他のすべての人とともに、自然状態から法的状態へ〔…〕移行すべきである」(RL 6:307, 訳 148–9)。設立された法的状態、すなわち国家は、自然状態において生じえた個人の実力差にもとづく不平等な関係性を、再び平等な関係性に引き戻さなければならない。

もちろん重要なのは、客観的に裁定する法廷が存在するということである。これによって、権利をめぐる争いが当事者同士の力づくでの解決をみることがなくなるだろう。だが、法廷が参照する法律が人々の一部にしか受け入れられず、その他の人々にとっては不当なものであったとすれば、問題は変わらない。それゆえ、理想的には、人々がしたがうことになる法律は人々自身の同意を得て、立法されなければならない。そうでなければ、法律を通じて正当な理由なく誰かに強制される人が出てきてしまうだろう。したがって、すべての人がしたがうことになる法律に、すべての人が同意可能であるためには、少なくとも各人には立法過程に参加する等しい地位が認められねばならない。

このように国家において立法権をもつ人々を、カントは国家市民(Staatsbürger)と呼ぶ。国家市民には次の三つの属性が規定されている。第一に、「自らが同意した法律以外には服従しない、法律による自由」、第二に、互いに同じように法律に服従するという意味で「人民のなかに上位者を認めない、市民としての平等」、最後に、自ら独立して生計を営む能力があるという「市民としての自立」である（RL 6:314, 訳 156）。こうして、自然状態では権利の有資格者として対等であったとしても、実際の権利者としては非対称な関係に置かれていた人々は、国家において、ともにしたがうべき法律をともに立法する市民として対等な関係に立つことになる。こうした法的地位の保障によってはじめて、人々は自らの生得的自由権を正当に享受し、誰からも不当な強制を受けない可能性をもつのだ。

3-2. 社会経済的不平等

このように、カントは人間の尊厳から生得的自由権を、そして生得的自由権から法的地位としての市民の平等を導き出すのだが、しかし平等な関係に立つ市民からは排除されてしまう人々の存在を認めてもいる。それは自立して生計を立てることができない人々、具体的には、誰かの指示を受けて仕事をしている職人や奉公人、未成年者、そしてすべての女性である。彼らもまた市民ではあるが、投票権は与えられず、受動市民と呼ばれる。したがって、受動市民は投票権をもつ能動市民とは非対称な関係に立たざるをえない。しかし、カントはこうした受動市民の存在を十分に正当化できているとは言いがたい。

問題になるのは、市民の属性としての自立（Selbständigkeit）である。これは他人に依存せずに自ら生計を立てるという、経済的な独立を意味する。カントによれば、市民に自立が要求されるのは、「投票能力だけが国家市民であるための資格になる」からである（RL 6:314, 訳 156）。

これは一つには、生計手段を他者に依存している人が投票するなら、依存先から「この法案に投票しなければお前の面倒を見るのをやめるぞ」という圧力にさらされる可能性が高いからだろう。そうなれば、その人は本来なら同意できなかったかもしれない法案に投票することになるし、経済力をもつ人の主張が立法に不当な影響を与えることになる。だが、こうした問題の多くは秘密投票の導入によって回避できると考えられる。

あるいは、投票能力が市民の資格とされている点からすれば、カントは経済的に自立していない人々は公的な問題について適切に思考できないと想定していたのかもしれない。この点からすれば、受動市民というカテゴリー自体が問題なのではない。実際、現代の民主主義国でも、未成年者はそう呼ばれないにせよ投票権を欠いた受動市民である。問題なのは、何をもって自立とみなすのかを決めるのは困難だと告白しながらも（TP 8:295 Anm., 訳 153）、カントが常に女性だけは受動市民に含めている点である。もちろん当時の社会状況を考えれば女性の自立は困難だっただろう。だが時代的制約はあるとはいえ、女性という属性が能動市民に値しないと考えている程度に、カントは性差別主義者である。

さらに、法的地位以外の格差についてもカントの議論は不十分である。確かにカントは、法的地位の不平等を多面にわたって拒絶する。特権や官職の相続を認められていた貴族や、奴隷身分の存在は批判される（例えば TP 8:291–4, 訳 144–8）。また当時、土地の独占的な使用が認められていた教会の特権も漸次撤廃すべきだとされる（RL 6:324, 訳 169）。

しかし、生得的自由権から帰結する市民の平等は、こうした法的身分の格差の是正以上のことを要求しない。カントによれば、市民の地位の平等は「人々の所有物の量や程度に関してどれほど大きな不平等とも両立する」(TP 8:291, 訳 144)。法的地位が対等であるかぎり、各人の「才能、勤勉、幸運」によって生じる社会経済的格差は不当だとは言えないというのだ（TP 8:292, 訳 146）。

少なくとも『法論』におけるカントは、貧困に陥った市民が同輩市民に対して劣位の感情をもち、自分を二級市民とみなすようになるという、例えば 19 世紀のヘーゲル（Georg Wilhelm Friedrich Hegel: 1770–1831）が観察できた現象を看過している（Hegel 1989: 389, 訳 469）。これは時代的制約のためだとは言えるだろうが、いずれにせよ、市民が自由に生き方を選択し、市民としての誇りを失わないでいるためには、単に平等な法的地位が保障される、つまり機会の平等だけが保障されるだけでは不十分である。生まれや生育環境、教育、階級といった偶然的な要素によって生み出される、社会経済的格差の是正も必要になるだろう。しかし、残念ながらカント自身にはこうした視座が欠けているように思われる（ケアスティング 2013: 40–41）。

おわりに

カントにおいて問題となる不平等は、理性的存在者としての人間が対等ではない地位にあるということであって、財産や所得、才能といった資源の多寡、あるいは厚生の格差ではなかった。他者から一方的に不当な強制を受けないという自由は、誰しもがその理性の尊厳ゆえに生まれながらに認められる権利であり、その点で人々の関係性は平等でなければならず、国家はそれを保障するために人々に対等な法的地位を与えなければならない。こうしたあくまで形式的な地位の平等を超えれば、人々の才能や勤勉、運によって生じる社会経済的格差は、それがいかに大きくとも問題にはならない。

こうしたカントの平等論は、現代社会に内在する社会経済的格差を前にすれば、あまりにも形式的で不十分だろう。もちろんカントも、国家は生計を自ら維持できずに貧困に陥ってしまう人々に対して、何もしなくてよいし、するべきではないとまで主張しているわけではない。貧民救済は国家の義務の一つに位置づけられており、国家はそのために富裕者に税の拠出を強制する権限をもつ。だがそれは社会経済的格差の是正のためというよりも、むしろ「必要最低限の自然的欲求さえ満たせない人を扶養する」ためである（RL 6:326, 訳 171）。実際、受動市民として扱われる職人や女性は、社会構造の変革なしには他の市民に対して劣位に置かれ続けることになるだろうが、そうした政策をカントは論じていない[(3)]。結婚における両性の平等は正当化されるが、女性は無条件に受動市民とみなされるという偏見もカントには根強い。

しかしそうだとしても、なぜ人は生まれながらに対等な関係性に立つべきであり、他人から一方的な支配を受けることがあってはならないのかという、最も基本的な問題を考える際には、なおもカントから学ぶべきことは多いだろう。実際、ロールズは理性的存在者としての人格というカントの概念を再解釈して「平等な自由の原理」を導き出した（ロールズ 2010: 338–347）。生得的自由権を「他人に正当化を求める権利」と読み替え、関係の対等性を擁護する論者もいる（Forst 2016）。各人がもつ理性の道徳的思考能力にこそ互いの平等な関係性の基礎があるというカントのテーゼは、偏見にとらわれたカント自身の狭隘な議論に対してと同時に、社会経済的格差によって市民の尊厳の基盤が掘り崩されている現代社会に対しても、批判の潜勢力を失ってはいない。

【注】

(1) 普遍的「法則」とは次のことを意味する。すべての人がある同じ格率を採用している世界では、あたかもその格率が万人の行為を司る法則であるかのようである。これは、自然界で質量をもつすべての物体の間に例外なく引力が働いていることを、万有引力の法則と呼ぶのと同じである。

(2) カントの性交渉の捉え方についての批判を含めて、婚姻権については樽井 1994: 38–42 を参照。

(3) 社会政策がカントの政治哲学のなかに位置を占めるのか、研究者の間でも意見は一致していない。先行研究を整理したものとして Holtman 2018。カント自身を離れてその政治哲学の射程を理論的に考えるなら、社会政策は必ずしも排除されないとする解釈として、金 2017: 92-97。

【参考文献】

カントの著作については、プロイセン王立学術アカデミーの編集による全集の巻数・頁数を表記する。また著作の略記号として以下を用いる。翻訳はすべて拙訳によるが、読者の便宜のため現在手に入りやすい訳書の頁数を記載した。

G:『人倫の形而上学の基礎づけ』（*Grundlegung zur Metaphysik der Sitten*, 1785）

RL:『人倫の形而上学・第一部・法論の形而上学的定礎』（*Die Metaphysik der Sitten. Erster Teil. Metaphysische Anfangsgründe der Rechtslehre*, 1797）

TP:『理論では正しいかもしれないが実践の役には立たないという俗言について』（*Über den Gemeinspruch: Das mag in der Theorie richtig sein, taugt aber nicht für die Praxis*, 1793）

Rainer Forst 2016 “The Point and Ground of Human Rights: A Kantian Constructivist View,” in David Held and Pietro Maffettone (ed.), *Global Political Theory*, Cambridge, Polity, 22–39.

Sarah Holtman 2018 *Kant on Civil Society and Welfare*, Cambridge, Cambridge University Press.

Immanuel Kant 1992 *Über den Gemeinspruch: Das mag in der Theorie richtig sein, taugt aber nicht für die Praxis. Zum ewigen Frieden: Ein philosophischer Entwurf*, mit Einl. u. hg. von Heiner F. Klemme, Hamburg, Meiner. 篠田英雄訳「理論と実践」、同訳『啓蒙とは何か他四篇』岩波書店、1950 年所収。

Immanuel Kant 1999 *Grundlegung zur Metaphysik der Sitten*, mit Einl. u. hg. von Bernd Kraft und Dieter Schönecker, Hamburg, Meiner. 野田又夫訳『人倫の形而上学の基礎づけ』、土岐邦夫・観山雪陽・野田又夫訳『プロレゴーメナ・人倫の形而上学の基礎づけ』中央公論新社、2006 年所収。

Immanuel Kant 2009 *Metaphysische Anfangsgründe der Rechtslehre. Metaphysik der Sitten. Erster Teil*, 3. verbess. Aufl., hg. von Bernd Ludwig, Hamburg, Meiner. 樽井正義･池尾恭一訳『カント全集 11：人倫の形而上学』岩波書店、2002 年。

John Locke 1824 *Two Treaties of Government,* in *The Works of John Locke in Nine Volumes*. vol. 4, 12th ed., London, Rivington. 加藤節訳『完訳統治二論』岩波書店、2010 年。

Samuel von Pufendorf 1934 *De jure naturae et gentium libri octo*, trans. by C. H. and W. A. Oldfather, Oxdford, Clarendon Press.

Oliver Sensen 2011 *Kant on Human Dignity*, Berlin, De Gruyter.

網谷壮介 2018『共和制の理念：イマヌエル・カントと一八世紀末プロイセンの「理論と実践」論争』法政大学出版局。

金慧 2017『カントの政治哲学：自律・言論・移行』勁草書房。

ヴォルフガング・ケアスティング 2013『自由の秩序：カントの法および国家の哲学』舟場保之・御子柴善之監訳、ミネルヴァ書房。

樽井正義 1994「私法における権利と義務：カントの私法論における可想的権原」、カント研究会編『現代カント研究 5　社会哲学の領野』晃洋書房、29–52 頁。

キャロル・ペイトマン 2017『社会契約と性契約：近代国家はいかに成立したのか』中村敏子訳、岩波書店。

ジョン・ロールズ 2010『正義論　改訂版』川本隆史・福間聡・神島裕子訳、紀伊國屋書店。

第5章　J. S. ミルの平等論
——富の分配と貧困をめぐって

小沢　佳史

〔要旨〕

本章では、富の分配と貧困をめぐるミルの議論を概観する。ミルは短期的には、労働と節制に応じた（量的には不平等な）富の分配を実現しようとした。そのために、遺贈・相続財産と地代をできる限り政府に帰属させることで、各人の初期保有量を平等にしたり、労働や節制に基づかない収入をなくしたりしようと試みた。ただしそれと共に、言わば汚名を着せ投票を禁止しながらも生活困窮者の生存は政府が保障した上で、教育・植民政策を通じて貧困の撲滅と健常者全員の経済的自立が目指された。また長期的には、全員の生活必需品を確保した上で贅沢品を労働などに応じて（不平等に）分配する社会や、すべての富を平等に分配する社会も選択肢に加えて、将来世代が幸福を最大化すべきである、とミルは考えていた。

はじめに

本章で取り上げられるのは、19世紀ブリテンの哲学者ジョン・ステュアート・ミル（John Stuart Mill: 1806-1873）の思想である。具体的には、富（wealth）という経済的な視点から、平等をめぐるミルの言説を概観する。ミルの著書『経済学原理』（『原理』と略記）によれば、富とは、人間が労働するか犠牲を払うかしなければ必要量を手に入れられないような有用物であるという（*PE*: 10, 49, 訳(1): 44, 106）。そして本章で主に光を当てるのは、国内の成人の間での、分配される富の絶対量の（不）平等（(in)equality）について、ミルがどのように考えていたか、という点である（本章では「富の（不）平等」と略記）。

以下ではまず、本章の前提となるミルの見解を確認する（第1節）。その上で、短期に関するミルの議論、すなわち現実の私有財産制を理想的なものへとできる限り近付けるためにミルが示した処方箋を概観する（第2～3節）。そして最後に、私有財産制には必ずしも縛られないミルの長期的な展望を見てゆく（第4節）[(1)]。

1. 富の分配と貧困をめぐるミルの議論の前提

第1に、ミルの思想の核は、人間の幸福を最も重視する功利主義であった。ミルの功利主義では究極的には、結果として得られる関係者の苦痛の長期的な最小化と、関係者の快楽のうちでより高次なものの長期的な最大化が目指された。そして快楽の質的な高低は、両方の快楽の経験者による多数決に基づいて判定されるという（小沢 2017: 118-120）。

第2に、ミルの議論では、①文明の水準と②政治的な決定権の有無によって、社会が4つに分類されていたと考えられる。①例えば『原理』では、「ヨーロッパの影響がまだ及んでいない半ば未開な政府」と対比した上で、「文明化したものに通常は分類される国々」に光が当てられている（*PE*: 857, 訳 (5): 130）。また②ミルの著書『代議制統治論』では、完全な政治的決定権を握っていない地域が「属国」と呼ばれている（*RG*: 562-564, 訳 301-305）。こうして、(a) 文明的な独立国、(b) 非文明的な独立国、(c) 文明的な属国、(d) 非文明的な属国が区別されていたと言える。本章が焦点を絞るのは、(a) ── その中でも当時のブリテン ── に関するミルの議論である。

第3に、富の生産の増加と分配の改善とをミルは区別していた。換言すれば、社会の富の生産量が増加しても分配は改善されないことがあるし、社会の富の一定量が生産されていれば、生産量を増加させなくても分配を改善できる、とミルは考えていた(2)。そして一定量の富をすでに生産している文明的な独立国では、意識的に追求すべきものは、もはや「生産の単なる増加」ではなく、「改善された分配と労働への高い報酬」であるとされた（*PE*: 11, 575, 752-758, 訳 (1): 45, (3): 242, (4): 101-112）。

これら3点を踏まえた上で、以下では、文明的な独立国で富の分配を改善し労働への報酬を高くするためにミルが主張した内容を見てゆこう。

2. 理想的な私有財産制への接近 (1) ―労働と節制に応じた分配の実現

2-1. 社会主義と私有財産制

『原理』においてミルは、多様な社会制度 ──「実際に用いられてきた、あるいは理論上考えることができる、土地および労働の生産物を分配する様々な様式」── を取り上げた。それらは「私有財産制（the institution of individual property; private property）」と「社会主義（Socialism）」に大別される。「共産主義（Communism）」は社会主義の一種であるとされた（*PE*: 200-203, 210，訳 (2): 16-21, 34）。

社会主義とは、「土地と生産手段が、個人ではなく、社会やアソシエーションあるいは政府によって所有されることを要求する体制」である。その上で共産主義では、生産された富が量の点で平等に分配されるが、それ以外の社会主義では、「各人の必要（necessities）ないし功績（deserts）」に応じて、富が量的には不平等に分配される。そしてミルは、共産主義者としてロバート・オウエン（Robert Owen: 1771-1858）など、それ以外の社会主義者としてフーリエ主義の支持者などを挙げた（*PE*: 200-203, 210，訳 (2): 16-21, 34-35）。

富の分配に焦点を絞れば、共産主義は①平等原則、それ以外の社会主義は②必要原則ないし③貢献原則をそれぞれ実現するものであった。そしてこれらの原則は、ミルが著書『功利主義』で言及した「平等化主義（levelling doctrines）」にも対応していたと言えよう。すなわち「平等化主義を主張する人々」にも、①「厳密な平等の原理」を取る立場、②「必要（needs）」に応じた分配を主張する立場、③「よりよく働く人々か、より多くを生産する人々か、社会にとってより価値のある業務を行う人々」へより多くを分配すべきだと考える立場があったという（*UT*: 244，訳 319; cf. *UT*:253-254, 訳 335-336）。

他方で、私有財産制は「各人に対して自分自身の労働と節制（abstinence）の産物を保障するもの」である。ここでは、「すべての成人した男女」が「物質的な用具という点では平等な条件で始め」、「各人が干渉されることなく、割り当てられたものを活用するために通常の運命の下でそれぞれ尽力する」という（*PE*: 201-202, 208, 227，訳 (2): 17-18, 30, 68）。

私有財産制で各人の権利が認められる対象は、「自分の能力」、これを用いて生産できる（またはこれと交換して入手できる）もの、そして生産者から同意を得て与えられたものである。さらにこれら以外のものに対しても、異論なく「適度な年数の間」所有していれば、その所有者の権利──「時効（prescription）」に基づく権利──をミルは認めた。そうすることによって、「正当な所有者の安全」が確保されると共に、「不当な取得の場合」でも「公私にとってのより大きな損害」が「ほとんどいつも」防がれるために、社会全体の幸福が最大化されるからである（*PE*: 215-218，訳 (2): 46-52）。

こうした私有財産制は、基本的に③貢献原則を実現するものであった。ただしここで言う貢献には、労働だけでなく節制も含まれていた。富の生産には「資本」── 労働生産物のうちで消費されずに蓄えられたもの ── がほとんど不可欠であり、資本は「節制」によって生み出される、とミルは考えた。こうした節制への報酬である「利子」と、「危険に対する補償」と、「監督のために必要とされる労働と技能への報酬」の3つを合計したものが、「資本ないし蓄財の利潤」であるという。これらのうちで長期的・平均的に見て資本家の富を増加させる部分は、労働に基づく「監督賃金」と、節制に基づく利子であった（*PE*: 55, 100, 160, 215-216, 238, 400-402, 647, 訳 (1): 117, 199-200, 306-307, (2): 46-48, 89, 389-394, (3): 375-376）。

また私有財産制をめぐってミルは、結果としての富の不平等を最終的に認めていた。すなわちそこでは、「私有財産の原理とは切り離すことのできない」富の不平等を「容認しなければならない」という。確かに実際には、「機会の違い」という外的要因で富をあまり獲得できない人々も多い。しかし「もし機会のこうした不平等を減らすために、教育と立法によって、よい政府が為しうるであろうすべてのことが為されるならば、人々が自分で働いて得たもの（people's own earnings）から生ずる富の違いは、正当な不満の種にはなりえないであろう」とミルは主張した（*PE*: 225, 810-811, 訳 (2): 63-64, (5): 35-36）。

けれどもここにも示されているように、富の不平等が認められるためには、政府ができる限り各人に、生産手段などの条件の平等を確保したり、自分の労働や節制に基づかない富の獲得を防いだりすることが不可欠であった。そして「自分の勤労の成果…に対する個人の正当な請求権と矛盾しない限りで富の平等を促進する法的制度」を確立することは、ミルにとって当面の課題の1つであった。富の分配が「労働にほとんど反比例して」いた当時のブリテンで、ミルは「この先かなりの間」の主要な課題として、「私有財産制を改良して、社会の全員にこの制度の恩恵を十分受けさせること」を提示したのであった（*PE*: 207-208, 214, 755, 訳 (2): 28-30, 41, (4): 107）。

2-2. 遺贈・相続財産をめぐる政府介入

条件の平等を確保したり労働や節制に基づかない富の獲得を防いだりするためにまず注目すべきものは、遺贈・相続財産である。『原理』によれば、「遺贈（bequest）」とは、遺言による「死後の贈与」であり、「相続（inheritance）」とは、無遺言死亡者の財産が「まずその人の子どもに譲られ、それができなければ最も近い親族に譲られること」であるという。そして遺贈は「私有財産の観念の一部を構成する」が、相続は「私有財産の原理から生ずる帰結ではない」とされた。私有財産制で遺贈が認められるのは、「あるものの所有者が亡くなったときでも存命中でもそれを好きなように授ける権限」が存在するからであった（*PE*: 218, 219, 223, 訳 (2): 52, 54, 60-61）。

しかしミルは最善の策として、遺贈の一部を制限すると共に、相続の一部を認めた。遺贈については例えば、富を受け取る人に対して、事業承継などの場合を除き、「自立できるだけの適度な収入（a moderate independence）」を超える部分の受け取りを禁止すべきだという。また相続については、無遺言死亡者の未成年の子どもへ、自立するために必要だと考えられる財産量の相続を認めるべきだという ── それ以外の財産はすべて政府へ ──（*PE*: 218-226, 755, 811-812, 887, 訳 (2): 52-67, (4): 107, (5): 36-37, 189-190）。

こうした最善の策は、人間の「本当の利益（the real interests）」であるとミルが見なすものに基づいていた。ミルによれば、適度な量を超える部分の富は、所有者などの幸福 ── 苦痛やより高次な快楽 ── にほとんど影響しない。すなわち、「大きな富が主に費やされる」のは「本来は価値のないもの」であるという。この見解に基づけば、遺贈の制限なども、「巨富の本当の価値」を理解する人々には「耐え難い束縛」とは感じられないだろうとされた。そしてミルは、本当の利益に関するこの見解が、多様な快楽を経験した人々 ──「古今の倫理学者」や「多くの聡明な親」── による多数決で支持され、より高次な快楽の増加に寄与するものだと判定される、と考えていた可能性が高い（*PE*: 221-226, 訳 (2): 56-65; cf. 小沢 2018: 84-87）。

けれどもミルは、最善の策を当時のブリテンですぐには実現できないと考えていた。人間の本当の利益だとミルが見なすものは、当時のブリテンでまだほとんど理解されていなかったからである。そこでミルは、次善の策 ──「過渡期の措置」── として、遺言がある場合にはそれに基づく遺贈をすべて認め、ない場合には、直系親族がいればその間で全財産を均分し、いなければ全財産を政府に帰属させることを提案した（*PE*: 220, 224-226, 811, 887-888, 訳 (2): 55, 63-67, (5): 37, 189-190）。最善の策と比べて、遺贈・相続財産の獲得者数と1人当たりの獲得額が多くなるような提案であった(3)。

ただし、次善の策の下でミルは、「一定額を超える相続財産や遺産」に対する累進課税を主張した。そしてこれによってミルは、次善の策を最善の策にできる限り近付けようとしたと言える。確かにミルは、自分の労働や節制に基づく富については、「より大きな金額に対してより高い税率を課すという原理」を否定した。こうした課税は、労働や節制に対する罰金を意味するからである。しかし自分の労働や節制に基づかない富については、脱税を誘発しない限りでこの原理が肯定された（*PE*: 810-812, 822-824, 868, 876-877, 882, 訳 (5): 35-37, 62-65, 150, 168-169, 178-180）。

ちなみに『原理』によれば、「経済的に見て望ましい課税制度の性質」の1つは、「犠牲の平等」── 税を支払うことで感じられる「不便」が国民の間で平等になること ── である。これを満たすことで、社会全体として犠牲が最小化される。その上で「政府」は、「費用に左右される想像上の威厳の犠牲」ではなく「本当の快適さや楽しみの犠牲」を、「全員の間でできる限り平等に振り分ける」べきだという（*PE*: 805-808, 810, 訳 (5): 25-32, 35; cf. *RG*: 478, 訳 168）。しかしこれらの主張と、一定額以上の遺贈・相続財産に対する上記の累進課税との関係は、『原理』の中で必ずしも明示されていない。他方で Dome（2004: 187-189, 195）や Hollander（2015: 308-310）は、議会の特別委員会でのミルの証言（1861 年）に基づき、ミルが犠牲の平等という課税原則を相続税には適用しなかった、と述べている。

2-3. 土地をめぐる政府介入

労働や節制に基づかない富の獲得を防ぐためにもう 1 つ注目すべきものは、（とりわけ遺贈・相続されない場合の）土地、およびそこから生ずる地代である。『原理』によれば、土地は「勤労の生産物」ではなく、自然から贈られた「人類の相続財産」である。土地の私有は、他人の土地所有を妨げる点で悪であり、土地の生産力の確保・上昇という「埋め合わせの善」を社会全体へもたらす場合にのみ、「必要悪として弁護できるに過ぎない」とされた。それゆえ、耕地でなければ私有を原則として経済的には正当化できないし、耕地であっても所有者は、そこでの行為に関して私益を「公益（the public good）」と一致させるように、「事情が許す限りで、法律的に強制されるべきである」という（*PE*: 226-232, 326, 801, 訳 (2): 67-79, 252, (5): 17）。

当時のブリテンに焦点を絞れば、ミルは『原理』の中で、政府が土地の私有へ介入して土地所有者を変更すべきである、とまでは主張しなかった[(4)]。しかしそれでも、土地所有者の所得である地代へ重点的に課税すべきだとされた。すなわちミルは、「地代に対する特別な税」を支持した。ブリテンの国税について言えば、地代への課税をめぐるミルの主張は以下の 3 つであったが、2 つ目と 3 つ目が税制の変更を伴い、3 つ目は明らかな増税も意味した（*PE*: 868, 訳(5): 150）。ただしミルの主張は、課税による「偏った徴発」や「恣意的な財産没収」をできる限り避けようと腐心した結果でもあった（*PE*: 826, 訳(5): 68; *RG*: 442, 訳 111）。

第1に、「現行の地租（land-tax）」を維持することである。犠牲の平等という課税原則をめぐって、現行の地租は土地所有者が払う犠牲と見なされるべきではなく、それゆえ土地所有者は、この地租を支払っていても他の税を免除されるべきではないという。なぜなら、「現行の地租」は「国家が最初から保有していた地代の一部」であり、「地主たちの所得になったことが…決してない」ものだからである。ただしこうした主張は、（当時のブリテンのように）地租が「特別な税」として実際に賦課されてきた場合、すなわち「土地から得られる所得が時効によって、他の所得に対する税率以上に公共の目的のために差し引かれている」という場合にのみ当てはまるとされた（*PE*: 821-822, 訳(5): 59-62）。

第2に、「土地の移転」に対する現行の「印紙税」を廃止し、その平均的な歳入額を追加の地租によってすべての土地から幅広く徴収することである。土地の売買への障壁を取り除き、土地の有効活用を促すための提案であった。しかし全体として減税が主張されなかったのは、上述のように「地主たちには、国家が今まで国家のために地代額から留保してきたものを免れる権利（claim）がない」からであった。ただしミルは、土地の購入者や長期的な所有者から見れば、負担額が実質的に増えるような方法を提示したと考えられる。なぜなら少なくともミルによれば、当時のブリテンでこの印紙税を一般的に負担していたのは、土地の販売者だったからである（*PE*: 183, 857-859, 893-894, 訳(1): 343-344, (5): 130-134, 201-202; cf. *PE*: 884-886, 訳(5):184-186）。

第3に、地代の自然的な増加分へ新たに課税することである。上記の2つの税と同じようにこの税も、土地所有者が払う犠牲とは見なされないものであった。大まかに言えば、国内の最劣等の耕地とその他の耕地との収穫高の差が、後者の耕地の地代となる。そして国内の人口が増加すると、食料を増産するためにもっと痩せた土地も耕作されるようになり、既存の耕地では土地所有者が労働や節制をしなくても地代が増加してゆく。それゆえ、こうした「地代の自然な増加」を政府が徴収しても、「私有財産が基づいている原理には反しないであろう」とされた。ただし、①土地所有者による個別の土地改良 ── そのための労働や節制 ── に基づく地代の増加分へは課税しないように、社会全体の動向を踏まえて一律に増税すべきだという。さらに、②地代の自然的な増加分でも土地所有者が現時点で予想していた部分には課税しないために、一般的な「土地の市場価値」を現在よりも下げないような相対的に小さい増税幅が提案された。これまでと同じく今後も増税されない、と予想して土地を比較的高値で購入してきた土地所有者に、ミルは配慮していた（*PE*: 416-428, 697-698, 819-821, 825-826, 訳 (2): 419-440, (3): 467-469, (5): 55-59, 67-69）[(5)]。

3. 理想的な私有財産制への接近 (2) ―不平等な分配の下での貧困対策

本節では、条件の平等や各人の労働・節制に応じた分配が政府によってできる限り実現された上で、結果として少量の富しか獲得できず貧困に陥ってしまう人々へ光を当ててゆく。当時のブリテンでは、貧困は人間の幸福に反するため撲滅すべきであるし、撲滅することができる、とミルは考えていた。例えば『功利主義』では、「貧困（poverty）はあらゆる意味で苦しみを伴うが、個人の良識や慎慮と結び付いた社会の英知によって完全に絶つことができるであろう」とされた（*UT*: 216, 訳 276）。

以下では、まず極度の貧困の言わば対症療法、次に貧困の原因療法について、ミルの見解をそれぞれ見てゆこう。

3-1. 政府による生存の保障とそれに伴う制約

まず非健常者についてミルは、政府が生存の保障を含めて保護すべきだと考えた。『原理』によれば、「心神喪失者（a lunatic）」や「知的障害（imbecility）に陥った人」の「利益」は「法律」によって守られなければならないといい、「精神異常者（insane persons）はどこでも、国家による保護の適切な対象であると認められている」という（*PE*: 803, 887, 951, 訳 (5): 21, 189-190, 315）。

次に「困窮した健常者たち（the destitute able-bodied）」についても、そのうちの希望者へは、（中央ないし地方）政府が最低限の生活手段を安定的に提供すべきであるとされた。『原理』によれば、富を生産する労働者たちはこの富を、一部の人々に贅沢品として消費させるのではなく、「公益（public utility）」――とりわけその中で最も重要な「人々の生存」――のために充当してよいという。「生まれたことに責任を負うべき人は誰もいないから、すでに存在しているすべての人々へ十分なものを確保するためには、十二分に持っている人々の金銭的な犠牲が大き過ぎるということはない」とミルは考えた（*PE*: 357, 960-962, 訳 (2): 313, (5): 332-338; cf. *PE*: 350-351, 862-863, 訳 (2): 299-300, (5): 139-142; 小沢 2017: 123-124）。

しかし同時にミルは、困窮した健常者への政府による生存保障に伴って、3 つの制約を加えた。第 1 に、政府からの援助にできる限り頼らせないことである。そのために、政府から援助される人々の生活水準を、賃金労働者の最低生活水準よりも低くしておくことが主張された ── いわゆる劣等処遇の原則 ──（*PE*: 960-962, 訳 (5): 332-338）。

第 2 に、人々の妊娠・出産を何らかの形で抑制することである。ミルによれば、生存の保障と無制限な出産とは両立せず、「生きる権利を全員が持つ」と主張するならば「他の人々に扶養してもらう人間を産む権利は誰にもない」と認めなければならないという。そして『原理』だけでなくミルの著書『自由論』にも見られるように、「扶養できないのに子どもをもうけた人々への厳しい刑罰」のような形で、政府が貧しい人々などに妊娠・出産を禁止することが理論的には認められていた。ただし実践的には、劣等処遇の原則が満たされていれば、すなわち「救済に…人々が嫌うような条件 ── 自由がある程度抑制され、いくつかの贅沢品を奪われる ── が付されている」ならば、人々が自発的に妊娠・出産を抑制するであろう、とミルは考えていた（*PE*: 355-360, 訳 (2): 309-319; *OL*: 304-305, 訳 237-239; cf. *PE*: 156-158, 346-348, 762, 訳 (1): 299-302, (2): 294-297, (4): 120）。

第 3 に、政府から援助されている間やその後の数年間 ── 例えば「5 年間」── は、受給者に議員選挙で投票させないことである。当時のブリテンでは成人男性の一部にのみ投票が認められていたが、ミルの選挙公約（1865 年）によれば「読み書きや三数法での計算ができて、数年の間に教区救済を受けていない成人の男性と女性の全員へと、私は選挙資格を広げるであろう」という。さらに『代議制統治論』によれば、「自分の労働で自活できない人は、他人の金銭を自分で使う特権を要求できない」という。税が増額・浪費されないためにも、公的扶助の受給者は、自分が負担しない税の使途の決定に（投票を通じて）関わるべきでない、とミルは考えたのであろう（傍点は引用者, Mill 1972: 1032; *RG*: 467-473, 訳 151-160）。

3-2. 教育・植民政策に基づく生活水準の底上げ

他方でミルは、政府による健常者の生存保障は「極めて重要性の低い主題」

になりうると考えていた（*PE*: 960, 訳 (5): 333）。それは、貧困が撲滅され、健常者の全員が経済的に自立できるようになった社会においてである。

『原理』によると、文明的な属国などを除けば、私有財産制だけでなく社会主義でも、貧困を撲滅するためには「社会の人口の適切な制限」が不可欠であるという。「豊かで勤勉な社会」における「貧困の原因」は、「財産の大きな不平等」ではなく、「自然による出し惜しみ」、すなわち労働時間などを増加させても食料はそれより小さな割合でしか増加しないことであった（*PE*: 173, 187-190, 208, 343-345, 794-795, 訳 (1): 327-328, 350-355, (2): 30-31, 288-291, (4): 194-196）。

当時のブリテンにおける貧困（低賃金）の撲滅に焦点を絞れば、労働者による妊娠・出産の調節が「労働の報酬を決める能動的な力」であり、「労働者階級の習慣と要求」によって「実質賃金が決められる」とされた。一般的・平均的な賃金率は、「雇われて働く人々…の数」と「労働者を雇うことに使われるすべての資金」との割合によって決められる。そしてほとんどの場合に賃金率は、「人口を維持することが物理的に可能な最低限」か、「人々が人口の維持を選ぶ最低限」──「精神的な最低限」──のいずれかへ収斂する。換言すれば、労働者が生活水準を意識して妊娠・出産を自発的に抑制することで、雇用のための資金に比べて労働者の人口が少なくなり、より高い水準の精神的な最低限へと賃金率が向かうという（*PE*: 337-351, 469, 695-697, 729, 752-758, 訳 (2): 276-303, (3): 45, 463-467, (4): 56, 101-112）。

労働者が生活水準を意識して妊娠・出産を自発的に抑制するためには、低賃金の元凶が過剰人口であると本人たちが理解できれば十分であり、そのためには、(a) 彼らの知性の向上と (b) 外的要因による生活水準の一時的な上昇とが必要である、とミルは考えた。ミルが特に重視したのは、(a)「労働者階級の子どもたちへの効果的な国民教育」であった。そして教育をめぐってミルは、強制的な介入を含む政府の役割──初等教育の義務化と、費用の補助（そのための課税）など──を主張した（*PE*: 370, 373-375, 訳 (2): 336-337, 342-346; 小沢 2018: 82-83）。

しかし「教育は極端な貧困とは両立しない」ため、(b)「国外…の植民による即時の救済の大規模な手段」も必要とされた。ミルが理論的に考えていたものは、「若い農業者たちの多くを一斉に移動させ、植民地に定住させるのに十分な公金の交付」である。この植民の費用は、浪費されているような「余剰」の蓄積から賄われるため、植民によって本国の雇用資金が減らされることもない。こうして、本国での労働者の過剰が一時的に解消されるという（*PE*: 375-379, 訳 (2): 345-352; cf. *PE*: 194-195, 743-749, 962-967, 訳 (1): 361-362, (4): 84-95, (5): 338-348; 小沢 2018: 81）。

以上を図式でまとめれば、①「許容できる快適さの状態まで全体を引き上げ、新しい世代が成長するまでそれを維持するための手段」→②「自分たちの行動の趨勢を判断する資格を与えるような知識と共に、良識を人々の間に普及させることへ向けられた教育」→③「労働市場を供給過剰にするような無思慮を、公益（the common weal）の侵害として厳しく非難する世論」の普及→④労働者全員による妊娠・出産の自発的な抑制→⑤雇用資金に対する労働者人口の割合の永続的な低下と、それによる賃金率の安定的な上昇（貧困の撲滅）、となるであろう（*PE*: 375, 訳 (2): 345-346）[(6)]。

4. 将来世代の可能性――社会主義をめぐって

最後に、私有財産制ではない社会制度をめぐるミルの見解を取り上げよう。以下では主として、ミルが親和的な姿勢を見せた共産主義とフーリエ主義に光を当てる[(7)]。

4-1. 共産主義――平等原則に基づく社会

『原理』によれば、共産主義はこれまでに実現されていないが、社会の「すべての人々に教育を施す」ならば、将来的には実現可能である。そしてミルは、共産主義には現時点で決定的な批判をもたらすような短所はないと考えた。さらにミルは、「過剰人口」とそれに伴う貧困が特に防止される傾向があるという共産主義の長所も指摘している（*PE*: 203-207, 210, 訳 (2): 22-28, 34; cf. *RG*: 404-405, 訳 51-52）。

その上でミルは、一方で共産主義が、当時のブリテンの状況より明らかに望ましいものだと主張した。しかし他方で、共産主義が理想的な私有財産制より望ましいものか、さらに「人間社会の最終的な形態」がどのようなものかについては、現在世代ではなく将来世代が判断すべきだと考えた（*PE*: 207-208, 訳 (2): 28-31）。

そして将来世代が望ましい社会制度を選ぶときに最も重要となる基準については、社会の成員の多様性がどこまで認められるか――それによって、社会の文明的進歩がどこまで維持・促進されるか――である、とミルは推測した。『原理』では、「生存するための手段」が確保された後には、富の平等よりも自由の確保が重要であるとされた。曰く、「すべての人々に、自分自身の行動の管理を捨てて何らかの快適さや豊かさを取るように求めたり、平等のために自由を断念するように求めたりするような社会組織は、人間本性の最も高尚な特徴の1つを人々から奪うものであろう」(*PE*: 208-209, 訳 (2): 31-33; cf. *PE*: 939-940, 942, 訳 (5): 292-293, 297-298)。

4-2. フーリエ主義――必要原則(のちに貢献原則)に基づく社会

『原理』によれば、フーリエ主義とは、資本の私有を認めつつも、社会の成員の多様性を最大限に活かすことで「本当の平等、ないし当初の予想よりもそれに近い状態」を意図するものであるという。富の分配に焦点を絞れば、共有地を持つ「約2,000人から成るアソシエーション」において、「労働できる人もできない人も含むすべての成員の生存のために一定の最低限がまず定められ」、その上で「残りの生産物は、あらかじめ決定しておいた割合で、労働・資本・才能(Talent)の三要素の間に分けられる」。「才能」への分配について言えば、各人は自発的に所属する複数の労働者集団での業務に対して、「仲間たち」からの評価に基づく「等級ないし階級」をそれぞれ与えられており、これらの等級や階級に応じて富が分配される。そして「人々の嗜好や才能は多様である」ために、全員が少なくとも1つの集団では高い等級などを与えられるという(*PE*: 211-213, 訳 (2): 37-40)。

フーリエ主義に対してミルは、少なくとも文明的な独立国では差し当たり、「試す機会」が確保されるべきだと主張した。この社会制度は、「道徳や知性が不完全である現状においてさえ」実現可能であり、「適度な規模で」かつ実験参加者の自己責任で試すことができるという。そしてフーリエ主義への全面的な移行の可否や時期を、こうした「経験」に基づき、将来世代が判断すべきであるとされた(*PE*: 213-214, 訳 (2): 40-41; cf. *PE*: 903-904, 933-934, 訳 (5): 219, 278-279; *OL*: 305-306, 訳 240-242)。

4-3. アソシエーションの普及と社会主義への道

ただし『原理』においてミルは、何らかの形態の社会主義が最終的には実現されてゆくであろうと予想していた。すなわち、現時点で予見できる最善の展望としてミルが示したのは、「労働者たち自身の間のアソシエーション」――労働者たちが資本を共有し経営陣を選任・解任して富を生産するような

制度 ── が漸進的に普及してゆき、最終的には、自発的・漸進的に共有化された資本を用いて成人の健常者が全員働くような社会が実現される、という過程であった。そしてこの過程は、「恐らく、想像される程には遠くない将来に」、社会の人々によって認識されるであろうという。なお大まかに総括すれば、この労働者間のアソシエーションでは、一定量の生活必需品が平等に分配された後に、貢献原則に基づいて（とりわけ労働に応じて）富が分配される、とミルは考えていた（*PE*: xciii, 210, 758-796, 895-896, 903, 932-933, 訳 (1): 26-27, (2): 34-35, (4): 112-199, (5): 205-206, 218-219, 276-278）。

しかし『原理』では、第1に、最終的に実現されるであろう社会主義について、富の分配方法といった詳細は限定されなかった。加えて第2に、このような社会主義は、将来世代が実現する可能性を持つものであったと言える。まず、実現の時期が明示されていない上に、そこへ至るまでの「恐らくかなり長い期間にわたって」、私有財産制が少なくとも部分的には残存するであろうし、それが望ましいという（*PE*: 792, 訳 (4): 175）。さらに既述のように、「この先かなりの間」、経済学者の主要な関心は「私有財産制の転覆」ではなくその改良にあるとされていた（*PE*: 214, 訳 (2): 41）。

おわりに

本章では、文明的な独立国での富の（不）平等をめぐる晩年のミルの言説を再構成してきた。その内容は、冒頭の要旨の通りである。短期的にも長期的にも、ミルが最も重視したものは、結果としての富の量的な平等ではなく、社会全体の幸福 ── とりわけより高次な快楽 ── の最大化であり、さらにはこの最大化を促進するための自由の確保であった。

本章から浮かび上がってきたのは、第1に、個人の自由な思考や行為を擁護するミルの議論を理解する上で、外すことのできない彼の見解である。まずミルは、強制的な政府介入も重視していた。すなわち、遺贈・相続財産に対する徴収と累進課税、地代への重点的な課税（第2節）、健常者の生存保障に伴う劣等処遇と投票禁止、貧困撲滅のための初等教育の義務化とそれに伴う課税など（第3節）である。我々はこれらの政府介入を踏まえた上で、ミルによる自由の擁護を読み解いてゆく必要がある（cf. Claeys 2013; Hollander 2015）。次にミルは、富の分配が平等でなくても、貧困 ── 人間の不幸の原因の1つ ── をなくすことができると考えていた（第3節）。この考えがあったからこそミルは、人間の幸福のために、富の平等よりも個人の自由を重視できたと考えられる（*PE*: 207-208, 373，訳 (2): 28-31, 342）。

第 2 に、現実を理想へ少しでも近付けようとしたミルの柔軟で堅実な姿勢である。ミルは遺贈·相続財産や土地をめぐって、理想を示すだけではなかった。当時の人々の考え方に大きく背かないような、そして労働・節制や時効に基づく利益も損なわないような具体策も提示した（第 2 節）(8)。また日々の糧に困る人々を見捨てることなく、行く行くは健常者の全員が経済的に自立できる社会を目指した（第 3 節）。さらには、社会主義への性急な移行を支持せず、あらかじめ小規模で経験をもっと積むべきだと主張した（第 4 節）。少なくとも平時には、資本家・土地所有者・経済的弱者といった「社会の特定の人々が犠牲になる」ことなく「社会全体が利益を得るような目的を達成」することができるとミルは考えていたし（*PE*: 231，訳 (2): 76）、そのための着実な一歩を踏み出そうと彼は尽力したのであった。

〔謝辞〕
本章は JSPS 科研費（17K13711, 17H00982）の助成を受けたものである。

【注】

(1) 本章では、ミルが体系的に練り上げた最終的な見解を明らかにするため、ミルの存命中に刊行された著書の最終版 ──1865 年から 1871 年の間に刊行された版 ── を主に参照する。

(2) この考えに基づいてミルは、社会の富の増産を人々が意図的に停止させている社会状態を究極的な理想と見なした（小沢 2013）。

(3)『代議制統治論』でもミルは、「目先の見掛け上の利益（immediate and apparent interest）」と「本当の究極的な利益（real ultimate interest）」を区別している。そして統治形態の是非を論じるときには、多くの人々が主として前者の利益に基づき行動しているという現実を踏まえなければならないという（*RG*: 442-446，訳 111-117）。

(4)『原理』においてもミルは、理論的にはこうした政府介入が全土にわたって認められると考えた。ただしその条件としてミルは、土地を取り上げられる所有者に補償しなければならないと強調した。労働・節制や時効に基づく土地所有者の利益を損なわないようにするためであった（*PE*: 228-231，訳 (2): 71-76; cf. *PE*: 313-336, 376-379，訳 (2): 229-275, 346-352）。

(5) 馬渡（1997: 388-398）によれば、「地代にたいする特別税」の新設と「土地増価税」の新設という 2 つの増税をミルは『原理』で示したという。しかし管見の限りでは、前者の増税は、犠牲の平等に反すると考えられ、現に『原理』でも示されていない。他方で、後者の増税 ── 地代の自然的増加分への課税 ── について本章では、①労働・節制や②時効に基づく土地所有者の利益を損なわないようにミルが重ねて注意を払ったという点を強調した。

(6)『原理』によれば、男女同権の実現による女性の社会的地位の向上が、④と⑤をより一層促進するであろうという（*PE*: 352, 372-373, 765-766, 訳 (2): 304, 340-342, (4): 126-128)。

(7) 安井（2019）は、ミルの社会主義論を彼の生涯にわたって詳細に取り上げている。

(8) ここに例示されているように、「折れ合うこと（conciliation)」が政治では不可欠だとミルは考えていた（*RG*: 514, 訳 227)。

【参考文献】（訳を変更した箇所がある。）

Claeys, G. 2013. *Mill and Paternalism*. Cambridge University Press.

Dome T. 2004. *The Political Economy of Public Finance in Britain 1767-1873*. Routledge.

Hollander, S. 2015. *John Stuart Mill: Political Economist*. World Scientific.

Mill, J. S. [1848] 1965. *Principles of Political Economy with Some of Their Applications to Social Philosophy*. 2 vols. In *Collected Works of John Stuart Mill*. vols. 2-3. University of Toronto Press. [*CW*]　末永茂喜訳『経済学原理』(1)-(5), 岩波書店, 1959-1963。[*PE*]

──. [1859] 1977. *On Liberty. In CW*. vol. 18: 213-310.　関口正司訳『自由論』岩波書店, 2020。[*OL*]

──. [1861a] 1977. *Considerations on Representative Government*. In *CW*. vol. 19: 371-577.　関口正司訳『代議制統治論』岩波書店, 2019。[*RG*]

──. [1861b] 1969. *Utilitarianism*. In *CW*. vol. 10: 203-259.　川名雄一郎・山本圭一郎訳. 2010.「功利主義」『功利主義論集』所収, 京都大学学術出版会: 255-354。[*UT*]

──. 1972. *The Later Letters of John Stuart Mill 1849-1873*. In *CW*. vols. 14-17.

小沢佳史. 2013.「停止状態に関する J. S. ミルの展望 ── アソシエーション論の変遷と理想的な停止状態の実現過程」, 経済理論学会編『季刊 経済理論』第 49 巻第 4 号：78-87。

──. 2017.「J. S. ミルの権利論」, 田上孝一編『権利の哲学入門』所収, 社会評論社：118-131。

──. 2018.「J. S. ミルの支配論 ── 政府の強制的介入を通じた幸福の最大化」, 田上孝一編『支配の政治理論』所収, 社会評論社：76-89。

馬渡尚憲. 1997.『J. S. ミルの経済学』御茶の水書房。

安井俊一. 2019.『J. S. ミル社会主義論の展開 ── 所有と制度, そして現代』御茶の水書房。

第 6 章　マルクスの平等論

中村　宗之

〔要旨〕
平等に関連するマルクスの叙述を確認し、その上で社会主義体制において問題となってきた権威主義を検討した。そして現在マルクスが分析し述べたような資本主義批判と平等論を生かすとすれば、新たな技術の展開や分権化など、どのような方向がありうるか考察した。

はじめに

ベルリンの壁崩壊に象徴される東欧社会主義体制の崩壊が 1989 年、そしてその後のソ連邦の解体からも現在すでに 30 年が経とうとしている。それら社会主義体制の崩壊は、政治的抑圧の消滅あるいは弱体化をも意味したという点では、たしかに喜ばしいものではあった。中国は権威主義的な政治体制を維持しながら経済の改革開放いわば資本主義化を強力に進め、米国の GDP を追い抜くのも間近とされる。しかしいずれにしても、社会主義あるいはマルクス主義の中心を占めてきたはずの平等の理念やその実現は、どこに行ってしまったのかという違和感やとまどいは拭えない。他方、経済的平等を求める人々の流れは途切れることなく、グローバル資本主義が格差を増大させる中、例えばアメリカの若年層では資本主義よりも社会主義を希望する者が多数派であることなどがしばしば伝えられる。

新たな市場社会主義像を提示した 1994 年の著作の中で、分析的マルクス主義者のジョン・ローマーはロシア革命 (1) について、「貪欲という規範よりむしろ平等という規範に基づく社会への夢を現実化した」と評価し、その強い影響は、世界各国における社会党や共産党の形成、反ファシスト闘争、反植民地闘争、福祉国家の形成などとしても広がったとする（Roemer 1994: 訳 39)。例えばこのように論じられ、歴史を動かし多くの人びとの人生や生活に多大な影響を与えてきたカール・マルクス（Karl Marx: 1818-1883）の思想、その中でも平等という理念に関して、本章で論じうることにはもとより限りがあるが、マルクスによる叙述の検討から始め、論点となってきたこと、経済的平等をめぐる今後の展望などを考えていきたい。

1.『共産党宣言』における平等

マルクスの初期の資本主義批判としては、労働者をいわばモノとしてではなく人として尊重し扱うべきといった疎外論[(2)]が知られるが、ここでは経済的平等により関連が深いと思われる問題に絞り、まずマルクスが多くを書いたとされるエンゲルスとの共著『共産党宣言』（原著 1848 年）からみていきたい。

そこではプロレタリアートは、「工業の進歩とともに向上するどころか、反対に、自分自身の階級の生存条件以下にますますしずんでゆく。労働者は窮民となり、極貧は人口や富の増大よりもなお急速に増大する」（Marx and Engels 1959: 473, 訳 43）というように、資本家と比較して極めて大きな不利益を被る、不平等な状態に置かれていることが示される。そして、「プロレタリアートは、ブルジョアジーから次第にいっさいの資本を奪い取り、いっさいの生産用具を、国家、すなわち支配階級として組織されたプロレタリアートの手に集中し、生産力の量をできるかぎり急速に増大させるために、その政治的支配を利用するであろう」（Marx and Engels 1959: 481, 訳 54-55）という。すなわち、労働者階級のなすべきことは、資本家から資本を奪って、それをまず国有化することであり、それにより労働者の状態はよくなるであろうが、むしろ生産力の増大、言い換えれば経済発展を急速に行うという目的の方が述べられる。プロレタリアートによる政治権力の獲得（Marx and Engels 1959: 474, 訳 45）が強調されるなか、究極的には共産主義革命を通じて、階級対立や階級自体が廃止され、「各人の自由な発展が万人の自由な発展の条件となるような一つの協同社会があらわれる」（Marx and Engels 1959: 482, 訳 56）のだが、そこに至るまでの方策として次の 10 項目が提示される。

1. 土地所有を収奪し、地代を国家の経費にあてる。
2. 強度の累進税。
3. 相続権の廃止。
4. すべての亡命者および反逆者の財産の没収。
5. 国家資本によって経営され、排他的独占権をもつ一国立銀行を通じて信用を国家の手に集中する。

6. 運輸機関を国家の手に集中する。

7. 国有工場、生産用具の増加。共同の計画による土地の開墾と改良。

8. 万人に対する平等の労働義務。産業軍の編成、とくに農業のためのそれ。

9. 農業と工業の経営の結合。都市と農村の対立の漸次的除去。

10. すべての児童に対する公共無料教育。現在の形の児童の工場労働の廃止。教育と物質的生産との結合。その他。(Marx and Engels 1959: 481-482, 訳 55-56)

第 1 項は土地所有に関して、すべて国有にするなど共有化し、地代相当分を国家の経費とするということで、土地に関するかなり強い不平等是正の方針と読める。第 2 項は、所得に関してであろうか、累進課税を通じた平等化の促進といえる。第 3 項の相続権の廃止は、資産の不平等が世代を超えて継続することを防止する措置であろう。第 4 項から第 6 項にかけての亡命者等の財産没収、国立銀行、運輸機関ついては、直接に平等との関係から評価するのはやや難しいように感じられる。第 7 項、国有工場やその生産用具の増加は、その分私的な企業が占める割合を減じるという意味で、不平等の軽減につながると思われる。第 8 項では平等の労働義務という、不労所得を排するといった考えがうかがわれる。第 9 項、都市と農村の関係について、これも経済格差の是正の一種と受け取ることができそうである。第 10 項、児童に対する公共の無料教育や、現在の形での児童の工場労働の廃止は、教育を受けることなどに関する平等を求めているといえるだろう。

このように、労働者にとっての経済的な平等は、主に私企業の接収(資本を奪う)などによる縮小と、国有企業の拡大によってなされていくと読むことができる[(3)]。そして、土地所有の変更や税制などにより、さらに格差を縮小させる政策が打ち出されている。賃上げや他の労働条件を改善するような要求が、現状の児童の工場労働の廃止以外にはみられないのは、次の『賃金、価格、利潤』(原著 1865 年)の中の文章にみられるような、「賃金制度を基礎としながら、平等な報酬、それどころか公正な報酬さえ要求することは、奴隷制を基礎としながら自由を要求するのと同じである」(Marx 1962c: 132, 訳 54)という、資本・賃労働関係自体を変えねばならないというマルクスの強い考えのゆえであろう。

また、この方策が共産主義に至る過程のものであることから、当然ではあるかもしれないが、市場の存在を部分的に前提にしていると読めることにも注意したい。第1項の地代は、何らかの土地貸借を基礎にしているかもしれないし、第2項の累進税は、市場的な関係における不平等な所得を是正するという意味で、やはり市場とその中での所得の発生をうかがわせる。

なお、第10項の義務教育の無償化に当たるような内容や、第2項の累進税、第6項や第7項の内容に当たる国有鉄道などの機関や国有化された産業は、現在までの資本主義国でもすでに（ある程度）実現されてきているか、部分的に実現されたことのある事柄といってよいだろう(4)。

『共産党宣言』およびその中の「方策」は、1847年前後のヨーロッパにおける情勢を背景として書かれたものであり、当然特有の制限や事情はあると考えられるが、平等という視点で現在からとらえると、例えばこのように読むことができる。

2.『資本論』における平等と不平等

マルクスは『資本論』（第1巻原著1867年）の中で、労働者の長時間労働など労働条件について当時の資料や報告書を引きながら、告発するような筆致でそのひどさや資本家との闘争を描く一方、賃金や労働力の価値、搾取（剰余労働の無償での取得）については次のような理論的な説明を行う。

すなわち、市場においては等価物どうしが交換されるのであり、そのことは労働力と賃金についても同じである。労働者は1日労働すると1日分の賃金を支払われ、その賃金を使って1日の生活に必要な生活資料（消費財）を買う。そしてそれを消費することで、翌日また働くことができ、すなわち労働力が維持される。ところがその労働力とは、「価値の源泉であるという独特な性質をその使用価値そのものがもっているような一商品」であって、それはまた価値創造でもあり、資本家に対して剰余価値つまり利潤となるものを作ることができる（Marx 1962a: 181, 訳293）。

労働者は例えば、マルクスの用いる数値を使えば1日に12時間労働することができるが、労働者がそのように労働力を維持するために必要とされるいろいろな生活資料の生産には、合計で6時間しか必要とされない。これは労働力の「買い手にとっての特別な幸運ではあるが、けっして売り手にたいする不法ではない」（Marx 1962a: 208, 訳339）。労働力も含めすべてが等価交換される中で、その意味で不法はないのに、剰余価値とその搾取は生じるのである[(5)]。

「それは3シリングの剰余価値を生んだ。手品はついに成功した。貨幣は資本に転化されたのである。／問題の条件はすべて解決されており、しかも商品交換の法則は少しも侵害されてはいない。等価物が等価物と交換された」(Marx 1962a: 208-209, 訳339)

労働者の労働時間よりも、賃金で買い戻す生活資料の生産に必要な労働時間の方が短いというこの関係は、現在の賃金と労働時間との関係においても基本的に存在する[(6)]。直感的に考えてみると、例えば一国で生産されて消費財などとして消費できるようなモノやサービスを、物量としてどこか一箇所に集めることをイメージし、それはほぼすべてが労働生産物であるとすれば、すなわち労働者の労働がどれにも多少とも含まれている。そこから資本家が利潤分として自分が使う消費財（奢侈品）を取っていけば、そこには労働者の労働が多少とも含まれているはずであり、すなわち労働者の中の誰かが多少とも剰余労働を搾取されている。

こうした資本主義はどのように変革されるのかといえば、資本主義のさらなる発展という、「この転化過程のいっさいの利益を横領し独占する大資本家の数が絶えず減ってゆくのにつれて、貧困、抑圧、隷属、堕落、搾取はますます増大してゆくが、しかしまた、絶えず膨張しながら資本主義的生産過程そのものの機構によって訓練され結合され組織される労働者階級の反抗もまた増大してゆく。資本独占は、それとともに開花しそれのもとで開花したこの生産様式の桎梏となる。生産手段の集中も労働の社会化も、それがその資本主義的な外皮とは調和できなくなる一点に到達する。そこで外皮は爆破される。資本主義的私有の最期を告げる鐘が鳴る。収奪者が収奪される」(Marx 1962a: 790-791, 訳437-438)。

資本主義の最期について示唆が与えられ、資本が集中し大資本家の数は減っていくのに対して、労働者の貧困や搾取は増大し、しかしまた労働者階級の反抗も増大する。さまざまな矛盾が蓄積され、後でみる唯物史観でいうように資本主義が最期を迎え、次の経済社会が訪れる。一方での恐慌なども含む激しい経済の変動と、他方での労働者階級の組織化や活動が変革をもたらす。

3.『ゴータ綱領批判』における分配原理

「ゴータ綱領」とはドイツにおける労働者政党の結成にあたって作成された綱領で、その草案に対してマルクスが批判を加えたものが『ゴータ綱領批判』（原著 1875 年）である。マルクスの共産主義論が比較的まとまって書かれていることで有名である。

そこでは共産主義社会が主に分配原理により、第 1 段階と高度の段階（ここでは第 2 段階として用いる）に分けられている。生産手段の私的所有や商品経済については、「生産諸手段の共有にもとづいた協同組合的な社会の内部では、生産者たちは彼らの生産物を交換しはしない」（Marx 1962b: 19, 訳 35）とあるように双方ともにすでに廃止されており、賃金や生活資料は貨幣や商品としてではなく、証書など別の形態によりやりとりされている。

共産主義社会の第 1 段階では、生産者は自分の個人的労働量を、諸控除を済ませた後に、きっかり同じだけ取り戻すという（Marx 1962b: 20, 訳 35）。これは、労働に応じた分配といえる。応労原理あるいは貢献原理に基づく分配とも呼ばれる。それに対して、労働の性格も変わり、諸個人の生産力も成長し、「協同組合的な富がそのすべての泉から溢れるばかりに湧きでるようになったのち」（Marx 1962b: 21, 訳 38）の第 2 段階では、「各人はその能力に応じて、各人はその必要に応じて！」（Marx 1962b: 21, 訳 39）という原理により労働と分配が行われる。必要原理に基づく分配である。

第 1 段階の分配では、「労働者の不平等な個人的天分」についてとくに是正されないまま分配が行われるので、それは不平等な権利であり、ブルジョア的な権利（1962b: 20, 訳 36）であるとされる。そこでは自分の労働量を取り戻す際に、いくつか控除がなされるとするが、本書序章でも指摘されるように、「労働不能者などのための基金。つまり、今日のいわゆる公共救貧事業に属する事業のための基金」がそこに入っている。これは必要原理に基づく分配ということができ、第 1 段階だけでなくすでに資本主義の下においても存在することが述べられている。第 2 段階にならないと、すなわち富があふれるばかりにならないと必要原理に基づく分配が行われないとか、行うべきでないということではなく、共産主義を待たずにそのような分配は拡大されてよいと、積極的に読むこともできるだろう(7)。

ともあれ、マルクスの共産主義論は、生産手段は共有されるとともに商品経済は存在しない状態であること、貢献原理と必要原理という二つの分配原理により段階の区分が行われること、第2段階の条件として富が溢れるという物質的富裕が重視されていること、こういった点に特色があるとまとめられるだろう。マルクスの平等論は、端的にはこのような内容、特徴を持つといえる。

4. 唯物史観

4-1.『経済学批判』の「序言」(8)

『経済学批判』(原著1859年)は、後の『資本論』に発展していくような価値論および商品論、貨幣論などからなる著作だが、その「序言」においていわゆる唯物史観が述べられていることでも知られる。マルクスの研究にとって「導きの糸」として役立ったというその公式は、平等の理念そのものに関するものというよりも、不平等な階級社会がどう変化して終焉するのかという見通しといえる。

マルクスはそこで人間の社会(経済社会構成体)を上部構造と下部構造に分け、下部構造は経済の領域で、そこには資本家と労働者といった階級関係(生産関係)と、生産力(技術)という構成要素が存在するとした。これらを合わせて生産様式と呼ぶ。他方、社会の上部構造とは、法律、政治、宗教、芸術、哲学等々といった人間のイデオロギー、意識の領域である。上部構造は下部構造に規定され、下部構造の変化により上部構造の変化がもたらされるのであり、逆ではない。人の社会や歴史はこのようにして変化していく。その変化をもたらす究極の要因は生産力の上昇であり、つまりいわば技術革新である。技術の変化が階級関係の変化をもたらし、経済領域が変化し、それが上部構造たる政治や法その他を変えていく。封建制の中で生じた技術の変化、生産力の発展が、領主と農奴といった封建的な階級関係を変えていき、そのような経済領域の変化が上部構造に波及し、社会全体が資本主義へと変わっていく。人の社会は歴史的に、アジア的、古代的、封建的、近代ブルジョア的生産様式へと変化した。この近代ブルジョア社会すなわち資本主義社会が、敵対的な階級関係の最後の社会である、とする。

共産主義という言葉は「序言」には出てこないが、『ゴータ綱領批判』などを考慮すれば、資本主義の次に来るのは共産主義である。それは前節でみたような、経済的な平等が実現した社会である。

4-2. 社会主義と権威主義

唯物史観に関するさまざまな専門的な議論[9]を検討するのは、別の機会を待ちたい。しかし、唯物史観と実際のソ連や中国など社会主義体制との間にある違い、落差に関してふれたい。

この公式によれば生産力の増大が社会の変化の根本要因だから、最も発達した資本主義国で共産主義革命が生じるはずなのに対して、社会主義革命等により共産党などが権力を握った20世紀の社会主義国は、部分的に工業部門はあったとしても、先進資本主義国とはいえない多くは農業国であった。「序言」においてマルクスは、「一つの社会構成は、すべての生産諸力がそのなかではもう発展の余地がないほどに発展しないうちは崩壊することはけっしてなく、また新しいより高度な生産諸関係は、その物質的な存在諸条件が古い社会の胎内で孵化しおわるまでは、古いものにとってかわることはけっしてない」(Marx 1980: 101, 訳 14) と述べ、先進的な諸国でこそ共産主義革命が生じると明確にしていたのだった。

そしてそのことと、社会主義国が一般に権威主義的な政治体制をとり、共産党などの事実上の一党独裁であったこととの関係を、どうとらえるべきか。資本主義の進んだ政治制度や民主主義を経なかったことが、これら社会主義国の問題を生み出したという説も根強いように思われる。

権威主義体制の問題については、マルクスは『ゴータ綱領批判』などで共産主義社会を自由で豊かな社会として描いていたのに対し、現実の社会主義体制では政治的自由が制限され、あるいは人権が大規模に侵害され、これらはまったく看過できない重大な問題としてつねにあった[10]。この社会主義体制と政治的自由度のなさの結びつき、あるいは計画経済優位の体制と政治的自由は両立しないのかという問題について、筆者は以前簡単に考察した(中村宗之 2017)。計画経済というのは非常に中央集権的な仕組みであり (市場社会主義など意識的に分権化を押し進めるのでない限り)、政治的に中央集権的な、そして異論を排し経済計画を実行するために権威主義的な強力な体制がそもそも成立していないと、計画経済も成立しない。それゆえ、資本主義国でもファシズムなど権威主義体制が成立することはあるが、いつもそうだというわけではないのに対して、計画経済が成立するためにはつねに権威主義体制が成立している必要がある、このような論理的な関係、組み合わせになっているのではないか。たいへんおおまかな考え方だが、計画経済と自由民主主義体制の両立を構想する立場にとっては都合の悪い内容となる。仮にそうであったとして、筆者自身は、「計画経済を個人単位で選ぶ」という選択肢を他の多くの選択肢の中に作れば、権威主義や政治的不自由の問題はおおよそ解消されるだろうと考えているが、それは次節でみる。

5. 平等をどのように達成するか

5-1. 家族類型に由来する権威主義と平等主義

本節での考察は、マルクスの平等論という本章のテーマから少し逸れるものも含めいくつかの要素からなるが、マルクス以後の重大な歴史的事件や変動を経た現在において、筆者なりの問題意識の下にまとめた平等をめぐる社会の展望ということで聞いていただければ幸いである。

前節で権威主義についてふれたが、そういった政治経済体制の特徴を地域で支配的な家族類型と結びつけて説明するのが、歴史人口学者のエマニュエル・トッドである[(11)]。トッドは支配的な家族類型をもって世界各地のイデオロギーや政治経済体制、またそれはそれぞれの地域における種々の組織の支配的な意思決定モデルにもなっていると考えられるが、これらを包括的統一的に説明する。その理論の妥当性についてはさまざまな検討が必要と思われるが、紹介に値するのは確かだと考える。

トッドは家族類型を主として、親と子という縦の関係（同居か別居かなどで判断）と、兄弟間のとくに相続などに関連する横の関係で分類する。縦の関係が強いと権威主義的になり、弱ければ自由主義的になる。横の関係は比較的平等か、強い不平等か、あるいは不平等許容的かというように分けられる。

親の権威が弱く自由主義的で、相続関係が曖昧で不平等許容的なのが絶対核家族とされ、イングランドや北アメリカなどで支配的な家族類型となり、政治経済的傾向としては自由主義的な資本主義が支配的となる。非権威主義で兄弟間が平等主義的なフランス（パリ盆地）やスペイン中部などは、共和主義や無政府主義の傾向が強い。アフリカで発生し拡散していったホモ・サピエンスは、狩猟採集経済において家族類型としては核家族が支配的で、農業が開始されてもイングランドなど周辺的な地域ではこの家族形態が支配的なものとして残ったのだろう。

親の権威が強く、長子相続という不平等な関係が支配的なのは直系家族であり、ドイツやスウェーデン、スコットランド、日本、韓国などの地域がある。

日本で家父長制と呼ばれてきた家族形態である。秩序だった社会民主主義や、あるいは自民族中心主義、ファシズムになりやすい傾向があるという。農業が開始され、人口が増加していく中で、土地の拡大には制限が生じる。そこで主として長男に農地や家屋を相続していくという、不平等な兄弟関係が発生し、そのような関係をもとに権威主義も生じた。

ロシアや中国といった社会主義体制の中心地となった地域で支配的な家族類型は外婚制共同体家族であり、親子関係は同居が多く権威主義的で、兄弟間は平等主義的である。政治経済体制としては、土地の共有など平等主義的な経済を基盤とする権威主義的な社会主義体制や、国家資本主義となる(12)。この家族類型はユーラシア大陸中央部で、最も新しく生じたものだという。縦の権威主義と横の平等主義とはそもそも相反する力なので、組織のバランスが崩れやすいとされる。トッドが家族類型とイデオロギーの関係に思い至ったのは、この外婚制共同体家族の分布と、ロシアや中国など社会主義体制が内生的に起こった地域が重なることを偶然に知ったからだという。フィンランドやハンガリー、キューバ、ベトナムもこの家族類型が支配的とされる。(13)

このように、地域における支配的な家族類型によって、支配的な政治経済体制の性格が決まってくるのだとすれば、平等の展望はどうとらえられるだろうか。トッドの分析する家族類型は地域における伝統的なものであって、各国で近代化や都市化が進むと、女性の地位が向上するとともに核家族化や少子化も進行する。こうした中で権威主義は弱まる傾向にあると思いたいところだが、平等についてはどう判断できるか、これだけでは何とも難しいように感じられる。

5-2. AI と BI の組み合わせによる共産主義

AI（人工知能）の発展により、これまで自動化や機械化の難しかった作業についても無人化が進み、機械に置き換えられる労働が非常に多くなることが予想されている。他の事情が変わらないのであれば、その分失業が大量に生じることにもなる。しかし同時に、そうして向上する生産性を基盤とし、生じる利益に課税するなどして財源を確保し、それを元手に BI（ベーシックインカム）として国民に広く分配するという政治的合意がなされるとすれば、これはほとんどマルクスのいう共産主義の第 2 段階すなわち物質的富裕を基礎とした「必要に応じた分配」の実現だと捉えたくなる(14)。技術革新や生産力の拡大による下部構造の変化が生じ、それに適合するよう政治や法などの上部構造の変化も生じるという、唯物史観に沿った展開でもある[(15)]。このような楽観的なシナリオが実現するのか期待したいところだが、どうだろうか。

5-3. 分権化による種々の経済社会体制の選択

価値観の多様化が進んだとされる現在において、本章で念頭に置いてきた経済的平等についても、本書の他の章で検討されてきたさまざまな平等についても、何らかの形でそれらをさらに拡大していこうとする場合に、政府の政策により行うという方法がまずあるだろう[(16)]。そして政策は、基本的には議会の多数派が法を制定することにより決まる。そこでは、ごく当たり前のことかもしれないが、少数派がよいと思う政策や方針は、多少の妥協が図られる場合があったとしても、基本的には通らないということなる。いかによい、望ましい平等を達成するであろう政策案があっても、それを承認する有権者や議員が多数にならない限りその政策は実現されない。

あくまでも自らの考えが多数派になることを期待し、それに向けて活動することももちろんありうる。しかしそうではなく、考え方が近い者が比較的多い地方自治体で、政策（条例）を変えて移住を募ったり[(17)]、あるいは広く合意をとった上で国として分離・独立し、財政や社会保障、労働政策、関税、環境政策、安全保障政策なども含めて政策を大きく変更するのがよい場合もあるだろう。もちろん条件が許せば、よい政策がすでに実施されている他国に移住する方法もある。移住しなくても、市民や消費者個人に決定が分権化しうる問題もある。そうしたさまざまな分権化を可能な限り進めることで、個人単位でよいと思う政策をなるべく選択できるような仕組みを作っていく方向があるだろう[(18)]。

また、アソシエーション論と重なると思われるが、自主管理企業[(19)]やその他の団体を作り、そこで理想の状態を作る方法もある。さらに、市場の悪影響をなるべく排除して、計画的な経済を運営すべきという考え方に沿い、計画経済に組み入れる企業や人々を多く募ることもありうる。その上で経済計画に沿って生産し流通させ、消費財を分配する計画経済圏を作ることもある程度可能であろうし、そのために政権を奪取する必要はなく、現行法を大きく変える必要もおそらくないのではないか。いわば総じて、機能する初期社会主義を試みるということであろうか。

ノージック（1974）は、リバタリアン的な最小国家の中に、そういったそれぞれの理想の共同体が複数存在するというユートピアを描いた[20]。ただし、私見によれば、最小国家だけが存在するべきなのでなく、国家自体も福祉国家など他のさまざまなタイプのものが存在するべきであり、そのような中から自分がよいと考える政策の国家や自治体をなるべく自由に選択できる、あるいは新たな政策の選択肢も作り出せる、そのような状態に現状を近づけていくのは価値のあることと思われる[21]。そうして多くの国家や共同体が互いに政策を競う中で（競う必要もないかもしれないが）、その内容も改善されていくであろう。その中には、きっとマルクス的な平等の価値やその実現方法を重んじる国家や共同体が存在するだろうし、それは、財政上の必要からある程度の移民の受入制限はありうるとしても、他の集団と同様に個人の自由な出入りを保障されているがゆえに、壁のない、権威主義に頼らない、自由な人々の連合体となるはずだ。

おわりに

本稿では以上のように、平等に関わるマルクスの叙述を確認しながら、権威主義の問題や、これから平等をさらに実現していく方途などについてみてきた。本稿では扱いえなかったマルクスや平等に関する課題や疑問も多いが、読者自ら調べ考えていただく際の一助となれば幸いである。

【注】

(1) マルクス主義の大きな影響を受け、レーニンの率いるボリシェヴィキが主導したこの革命の後、スターリンの独裁期に制定されたソ連憲法（1936年）では、「ソ同盟においては、『各人からはその能力に応じて－－各人にはその労働に応じて』という社会主義の原則が行われる」（第12条）（高木八尺ほか 1957: 292）と、マルクス『ゴータ綱領批判』における共産主義社会の第1段階の規定がなされた。

(2) 疎外論について、田上孝一（2018）を参照。なお、同書の共産主義論なども参照されたい。

(3) ただし、そうした国有企業において労働者がどのような水準の賃金や生活資料を保障されるのか、『共産党宣言』において言及はないと思われる。

(4) 伊藤誠 1992: 第2章、2020: 第3章など参照されたい。

(5) マルクスの叙述にはこうした箇所にみられるように、商品交換には不正はなく、資本主義についても批判を行っていないような、読み方に迷う箇所がある。これは一つには、当時の他の社会主義者や初期の社会主義者が資本主義の不平等や不正をストレートに批判し、漸進的な改革案を出したことに対し、マルクスは資本主義全体の崩壊の必然を強調したかったという理由も考えられる。筆者は以前検討したことがある（中村宗之 2006）が、こうした点も含め、どの時代の正義を用いてどの時代の事象を判断するのかといった、マルクスと正義、資本主義批判のあり方に関わる論点をまとめたものとして、Geras 1986: 第 1 章を参照されたい。松井暁 2012（第 3 章、第 6 章など）ではさらに詳細な検討がなされている。玉手慎太郎 2014 は、いわゆる正義の状況に関連して松井説に対する批判と検討を行っている。あわせて参照されたい。

(6) マルクスはここで等労働量交換という、すべての商品にその投下労働量に比例した価格が付けられた想定を使っているが、そのような特殊な想定を外しても、一般的に利潤が存在すれば労働者の剰余労働の搾取も存在するという「マルクスの基本定理」が証明されている。詳細は、吉原直毅 2008 などを参照されたい。

(7) こうした点について、中村宗之 2001 の検討も参照されたい。

(8)Marx 1980: 99-103, 訳 11-17

(9) 分析的マルクス主義者のジェラルド・コーエンは、唯物史観について分析哲学の手法により詳細な検討を行なっている(Cohen 2001)。高増明·松井暁編 1999: 第 3 章も参照されたい。

(10) クルトワほか 2001、など参照。

(11) トッド 2008、2016、鹿島茂 2017。トッドは共産主義について次のように述べる。すなわち、「共産主義、それは外婚制共同体家族の道徳的性格と調整メカニズムの国家への移譲である、と。外婚制共同体家族が、都市化、識字化、工業化などのいわゆる近代化のプロセスによって解体されながら、その権威主義的で平等主義的な価値を新しい社会に伝えているのである。個人は権利上、平等だが政治機構に押しつぶされる」(トッド 2008: 訳 78)。

(12) なお、ソ連や現在の中国におけるジニ係数はかなり高いようである。平等主義のイデオロギーは強く、そうした政治経済体制が作られていても、実際の経済や生活において必ずしも平等は伴わない。

(13) 内婚制共同体家族はイスラム諸国において支配的で、それに対応した独特の政治文化を持つ。内婚制はいとこ婚があり、外婚制はいとこ婚が基本的にない、などによって区別する。

(14)AI や BI に関して、マルクスのビジョンとも関連させながら検討しているものとして、稲葉振一郎 2019、井上智洋 2018、友寄英隆 2019 などを参照されたい。

(15) ただし、マルクスの場合には『ゴータ綱領批判』にみられるように、生産手段の私的所有や市場が廃止された後のさらなる生産力の拡大によって、必要に応じた分配へという変化が生じるとしているのに対して、

AI と BI の組み合わせを現在の延長で考える限り、それは資本主義の下における生産力の拡大を基盤として、資本主義的な分配領域を狭めていく、という変化であるように思われる。

(16) 例えば、橋本健二 2007 や増田明利 2015 で問題とされているような非正規雇用に関する格差について、最低賃金の水準をどこに決めるかなどは法により決定されるわけであり、他の労働条件も含めて議会の多数派にならない限り変えられない重要な問題がある。もちろん内容によっては、政府や自治体の方針というよりは、個々の市民の考え方や行動を直接に変化させること、またそのために働きかけることが重要な場合もあるだろうし、労働組合など中間的な組織の役割が重要な場合もあるだろう。

(17) チャールズ・チボー以来の「足による投票」の議論である。有権者は、投票箱への投票により議員や政策を選ぶのではなく、異なる政策が実施されているさまざまな自治体・地方政府の中から自分の好きなところを選び、移住するという形で、政策を個人ないし世帯単位で主に選ぶ。地方自治の範囲内で政策に違いを出すことについて限界がある一方、住民サービスの充実のために企業の税負担が多くなると企業に忌避される可能性もある（これは国単位でも同様だが）。

(18) このような分権化について、中村宗之 2017 でも検討したので参照されたい。国として分離・独立するような強い分権化によっても解決の難しい問題としては、地球温暖化の問題や、タックスヘイブン対策、動物の権利や福祉の問題、大規模な人権侵害に対する保護する責任などさまざまなものが挙げられる。また、安全保障に関わる敵対的分離については検討の余地が大きい。さらに、分離を広く認めてしまえば、富裕層は今以上に富裕層の国に集まってしまい、そのような平等はもっと実現しにくくなるかもしれない。これに対してはタックスヘイブン対策を他国と協調して行うとか、関税などでの対処が考えられるだろうか。

(19) ノージック（Nozick 1974: 第 8 章）も、労働者が搾取されないためにはこの方法を勧めている。

(20) ソミン 2016 は、通常の投票において、自分の 1 票が議員や政策の選択において決定的な 1 票となる確率はたいへん低いので、有権者は本来必要とされる内政や外交、経済等に関する情報を集めるインセンティブを持たず、不正確な情報に基づいて投票を行うか、あるいは棄権するという。有権者が主要政党の政策や自分の選挙区の候補者について情報を収集しようとするインセンティブは、次に買う予定のテレビについてのそれよりもずっと低いだろうという。この問題を改善するためには、政府の規模や権限を小さくして、地方政府や個人に決定権を移し、足による投票を行う方がよいとする。いわゆる衆愚政治批判とも重なると考えられるが、またノージックと同様に小さな国家以外の福祉国家などを選択する自由や利点を考慮していないものの、有権者の持つ情報や判断力、熟議民主主義も含めた限界に関して、重要な提起と考えられる。

(21) 例えばEUは、さまざまな困難を抱えながらも、域内の人の移動の自由は保障され奨励されている。労働者としてより高い賃金や所得を求めて移動するのみでなく、共通政策や財政の制約は存在する中でも、国境を超えて多少とも異なる政策を求め移住することが比較的に容易になっており、個人単位でよい政策を求め選択することについて部分的に実現されているといえよう。

【参考文献】

Cohen, Gerald A. 2001 *Karl Marx's Theory of History: A Defence*, Expanded Edition, Princeton University Press

Geras, Norman 1986 *Literature of Revolution: essays on Marxism*, Verso

Marx, Karl and Engels, Friedrich 1959 *Das Kommunistische Manifest*, in: *Marx-Engels Werke*, Band 4, Dietz Verlag. カール・マルクス、フリードリッヒ・エンゲルス 1952『共産党宣言 共産主義の原理』マルクス＝レーニン主義研究所訳、大月書店（国民文庫）

Marx, Karl 1962a *Das Kapital*, Band I, in *Marx-Engels Werke*, Band 23, Dietz Verlag. カール・マルクス 1972『資本論』(1)-(3)、岡崎次郎訳、大月書店（国民文庫）

Marx, Karl 1962b Randglossen zum Programm der deutschen Arbeiterpartei, oder Kritik der Gothaer Program, in *Marx-Engels Werke*, Band 19, Dietz Verlag. カール・マルクス 1975『ゴータ綱領批判』望月清司訳、岩波書店（岩波文庫）

Marx, Karl 1962c Lohn, Preis und Profit, in: *Marx-Engels Werke*, Band 16, Dietz Verlag. カール・マルクス 1965『賃金、価格、利潤』土屋保男訳、大月書店（国民文庫）

Marx, Karl 1980 *Zur Kritik der politischen Ökonomie*, in: *Marx-Engels Gesamtausgabe*, II-2, Dietz Verlag. カール・マルクス 1956『経済学批判』武田隆夫・遠藤湘吉・大内力・加藤俊彦訳、岩波書店（岩波文庫）

Nozick, Robert 1974 *Anarchy, State, and Utopia*, Basic Books. ロバート・ノージック 1998『アナーキー・国家・ユートピア —国家の正当性とその限界—』嶋津格訳、木鐸社

Roemer, John E. 1994 *A Future for Socialism,* Harvard University Press. ジョン・ローマー 1997『これからの社会主義 —市場社会主義の可能性—』伊藤誠訳、青木書店

伊藤誠 1992『現代の社会主義』講談社（講談社学術文庫）

伊藤誠 2020『マルクスの思想と理論』青土社

稲葉振一郎 2019『AI時代の労働の哲学』講談社

井上智洋 2018『AI時代の新·ベーシックインカム論』光文社（光文社新書）

鹿島茂 2017『エマニュエル・トッドで読み解く世界史の深層』KKベストセラーズ

クルトワ, ステファヌほか 2001『共産主義黒書 —犯罪・テロル・抑圧—〈ソ連篇〉』恵雅堂出版
ソミン, イリヤ 2016『民主主義と政治的無知 —小さな政府の方が賢い理由—』森村進訳、信山社
高木八尺・末延三次・宮沢俊義編 1957『人権宣言集』岩波書店（岩波文庫）
高増明・松井暁編 1999『アナリティカル・マルキシズム』ナカニシヤ出版
田上孝一 2018『マルクス哲学入門』社会評論社
玉手慎太郎 2014「規範理論への根本的批判としてのマルクス疎外論の可能性 —松井暁『自由主義と社会主義の規範理論』とロールズ正義論との比較から」、経済理論学会編『季刊 経済理論』43-1、桜井書店
トッド, エマニュエル 2008『世界の多様性』荻野文隆訳、藤原書店
トッド, エマニュエル 2016『家族システムの起源 I ユーラシア』上・下、石崎晴己監訳、藤原書店
友寄英隆 2019『AI と資本主義 －マルクス経済学ではこう考える－』本の泉社
中村宗之 2001「搾取論と自己所有権」、経済理論学会編『経済理論学会年報第 38 集 グローバリゼーションの政治経済学』青木書店、所収
中村宗之 2006「価値の生産と分配をめぐって」、SGCIME 編『現代マルクス経済学のフロンティア』御茶の水書房、所収
中村宗之 2017「資本主義論の諸問題」、五味久壽・元木靖・苑志佳・北原克宣編著『21 世紀資本主義世界のフロンティア —経済・環境・文化・言語による重層的分析—』批評社、所収
橋本健二 2007『新しい階級社会 新しい階級闘争』光文社
増田明利 2015『今日からワーキングプアになった —底辺労働にあえぐ 34 人の素顔—』彩図社
松井暁 2012『自由主義と社会主義の規範理論 —価値理念のマルクス的分析—』, 大月書店
吉原直毅 2008『労働搾取の厚生理論序説』岩波書店

第7章　ピグーの平等論

山崎　聡

〔要旨〕

素朴な功利主義理解によれば、同原理が導く平等とは、各人の限界効用が逓減することから、平等に分配したほうが効用の総計に有利であるという、条件付きで貧相なものであり、そもそもそれを平等論と称して良いものか憚られるところであろう。従来のピグー理解だと、彼は功利主義を基礎に厚生経済学を構想したことから、必然的に、そこにおける平等論も同様の性質とならざるを得なかったといえよう。それに対して、本章では、彼が功利主義か否かに拘泥することなく、彼の著作全体に散りばめられている、あるいはそれらが総体的に企図しているメッセージを縫合することで、彼においても確固たる平等が論じられることを示したい。

はじめに

近年、ピグーの厚生経済学[(1)]における哲学・倫理思想面に関する研究が幾らか出てきているが、本格的なピグー思想研究の嚆矢は、我が国の塩野谷氏による論考(塩野谷 1984)だと思われる。塩野谷氏は、それまで定説であったピグー＝功利主義者を批判し、ピグーに非功利主義的な要素が存すると論じた。その基礎が、ピグーにおける平等主義の側面である。本章は、塩野谷氏の議論を出発点としながら、平等主義の観点からピグーの文献、および従来のピグー研究をサーベイしつつ、ピグーにおける平等論を追究する。

以下、第1節において、ピグーにおける平等観念をスケッチし、次いで第2節では、何故に平等か（why equality?）という正当化の問題を検討する。そして第3節では、何の平等か（equality of what?）の論点を扱う。同節で、先の塩野谷氏らの先行研究の考察も交え、実質的なピグーの平等論が検討される。

1. ピグーにおける平等観念

ピグー自身も告白しているように、彼はシジウィックのテキストから倫理学の基礎を学んだ（Pigou 1908a: viii）。古典的な功利主義研究に関する貢献としては、ベンサムはいうまでもないが、その規範倫理学的側面に関しては、ほぼミルが完成させたという見解もある。シジウィックの積極的な貢献としては、功利主義を構成する原理を精緻に分析した点が挙げられるという（内井 1988: Ch. 8）。

シジウィック（Sidgwick 1907）は、功利主義の構成原理を次のように分析している。①正義の原理（倫理判断の不偏性）、②合理的仁愛の原理（善のカウントに関する個人間の無差別性）、③合理的自愛の原理（個人内の善に関する時間差の無差別性）。これらの基本原理＋快楽主義と最大化原理とで功利主義が導出される運びとなる[(2)]。ただし、解釈によっては、②と③とが矛盾することになり、「実践理性の二元論」に行き着く。

①の正義の原理は、今日では、普遍化可能性として継承されている（ヘアやシンガーなど）。ただし、シジウィックは同原理を道徳的直覚によって基礎づけている一方で、ヘアは言語的直覚によっている（奥野 1999: Ch.8）。さて、ピグーはこれをどう受け止めたか。拙著（山崎（2011））でも言及したが、ピグーはメタ倫理学における平等（先の正義の原理）と規範倫理学における平等とを明瞭には区別していないように見える。要するに、ピグーにあっては、道徳判断としての普遍化可能性（不偏性）もあり、規範倫理的な平等原理もあり、というようにシジウィックの意図を独自に理解しているように思われるのである[(3)]。例えば、『財政学研究』（1947）の冒頭に以下のような件がある。

> ある倫理学者らによって、善の要素であるものは意識的生の諸状態のみであると考えられている。もしそうであるならば、意識状態の間の一つの関係である公平（equity）は、善の要素たりえない、または、それがもたらす効果を除き何らの倫理的価値をも有さないことになる。…だが…この問題をさらに突っ込んで議論する必要はない。公平が〔内在的〕善だとするシジウィックの見解がたとえ否定されるとしても、経済方面に応用される公平の原理を確立するのに十分な、別の幾つかの論法が使えるからである（Pigou 1947: 5）。

上記の引用が示すところでは、（後の節で述べるが、先取りすると）ピグーにおいて「公平」は善と善との関係を指す分配規準であるが（山崎・高見

2018: 113)、それは当然、実質的な規範倫理学上の原理である。ところが、後半の件では、その原理をシジウィックが内在的善だと説いているとあるものの、これは実態としては、正義の原理（普遍化可能性）をシジウィックが直覚的自明性により合理的と判断したことを指していると考えられる。シジウィックは何らかの平等なり公平なりがそれ自体で善であるとは説いておらず、それゆえ、先の解釈はピグー独自のものであろう。なお、ピグーによれば、「別の幾つかの論法」とは、公平の根拠を私的価値に還元する目的論的正当化である（Pigou 1947: 6）。つまり、不公平であれば不安や不満を惹起するため、公平が支持されるという論理である（この点も含め、正当化については次節で扱う）。

2. 平等原理の正当化の試み

平等はいつの時代においても至高視されてはいるが、半面その正当化（why equality?）については必ずしも自明とはいえず、かつ倫理学においても定説と称されるものは存しないように思われる。ここでは、ピグーが平等原理をどう基礎づけようとしていたかを考察しよう。無論、ピグーは生粋の哲学・倫理学者ではないので、平等観念自体の分析もプロのそれに較べれば精緻さにおいて劣る面があるかもしれない。だが、ここではそうした事情には拘泥せず、純粋にピグーによる平等原理の正当化について検討していくことにしたい。先に挙げた『財政学研究』でも若干触れられていたが、「最低賃金の原理」(1913）における議論が重要な手掛かりとなる[(4)]。

ピグーによれば、ミニマムとは、一般的な福祉において確固たる最低水準があり、何人であってもそれ以下に落ち込むことを社会は許容してはならないという観念である。一般的に福祉は所得に依存するため、最低所得はミニマムの一部分となっている。ミニマム原理は、幾つか（主に三つ）の方法で正当化されるとピグーはいう（Pigou 1913: 645-6）。

a）人間生命の絶対的な神聖性

b）内在的価値としての平等原理（分配規準）

c）目的論的、帰結主義的正当化

これらの内、本章の議論にとっては、b）が焦点となる。ピグーにおいて、平等が内在的価値（善）であるとは何を意味するのか、がキーとなる。

内在的価値としての平等とは何を意味するのか。ピグー曰く、ある哲学者らによると、内在的に価値あるもの（善）は、（当時としては）「意識的生の諸状態」のみであった。それら以外のもの（平等も）は、全て手段としての価値（instrumentally crucial）となり、これがc）の立場であった。よって、平等が内在的価値であると唱えることは、これに反駁することになる。つまりは、先のb）とc）とは互いに相容れないのである。何れにせよ、ここでは以下の二点が急所となる。i）ピグーにおける内在的善は、どうやって基礎づけられるのか。ii）ピグーは、平等を内在的善と認めたか。

i）については、拙著（山崎 2011: Ch.1）で取り上げているが、ピグーは、ムアの「善に関する定義不可能性」に準じ、何がそれ自身において善であるかは、推論ではなく、直覚によって把握し得るという立場である。つまりは、何が善であるかは、直接的には証明できないということである。ピグーが内在的善だと規定（直覚）したのは、意識状態（後に厚生と定義される）であった。

一方、ii）については、最近の研究（山崎・高見 2018: 112-3）で興味深い点が指摘されている。初期〜『富と厚生』、『厚生経済学』初版（1920）においては、内在的善（≡厚生）は意識状態のみとされていた。「厚生は、意識の諸状態のみを含み、物質的なものは含まない」（1920: 10）。ところが、第2版では、「厚生の要素は意識の諸状態と、それから、ことによると、意識諸状態の諸関係（relations）とである」（1924: 10. 傍点引用者）とある。ここでいう「関係」とは何か。ピグーによれば、「…意識状態〔善〕の間の一つの関係（relation）である公平（equity）」（Pigou 1947: 5）であることから、分配規準を意味している。要するに、公平や正義といった分配規準が厚生つまり内在的善に含まれる可能性を『厚生経済学』第2版でピグーは示唆していたのである。

となると、ピグーにおいて、平等は、内在的善の一つということになり、しかもそれは直覚的自明性によって根拠づけられる運びとなる。先に挙げた「公平が〔内在的〕善だとするシジウィックの見解」に相当する（正義の原理（普遍化可能性）も何らかの平等原理であるとピグーが解しているためであると思われる）。

結局、ピグーにおいて、平等原理は二通りの方法で正当化されていると見ることができる。①直覚主義による自明性（平等は内在的善）。②目的論的正当化（平等⇒福祉増大）。両者はことによると、義務論 vs. 目的論という互いに相容れない原理同士の確執関係に至るが、当のピグー自身は、何れか一方のみに加担するスタンスは取っていない。むしろ、相互補完的だと見なし、結果、平等はより強固に正当化されるとポジティブな見解を示す。

3. 厚生経済学における平等

この節では、ピグーの厚生経済学において見受けられる平等（equality of what?）について考察する。以下、塩野谷氏や拙著の論考をサーベイしつつ、平等の議論をフォローしていく。大別すると、1）第二命題における平等、2）第一命題における平等、3）必要を基礎とした複合的正義における平等、4）優生学議論における平等となる。

3-1. 塩野谷解釈：二種の通約不可能性

かつて塩野谷氏は、それまでは功利主義に準じていることが自明であると解されていたピグーの厚生経済学を、（恐らく）初めて「非功利主義的」だとする見解を提示した（塩野谷 1984: 363-71）。その骨子は「二種の通約不可能性」で要約することができる。一つには、「異種善間の通約不可能性」、いま一つは「個人間の通約不可能性」である。これら二つを根拠に、塩野谷氏はピグー厚生経済学を非功利主義的であると解釈する。ここでのコンテキストは平等が焦点であるので、同氏の議論をそのままフォローすることはしないが、後者の論点「個人間の通約不可能性」において、ピグーの平等思想（個人間の通約不可能性：隠れた平等原理の導入）が読み取れることから、そうした観点に準じて同氏の議論に着目してみたい(5)。

ピグーの厚生経済学は、国民分配分（所得）と経済的厚生（満足）との同格関係を基礎に展開されていて、その主柱として、二大基本命題が設定されている。第一命題は「他の事情が不変である限り、国民分配分の増加は経済的厚生を増大させる」、第二命題は「他の事情が不変である限り、国民分配分の平等化は経済的厚生を増大させる」である。ただし、それぞれにおける「他の事情が不変」は異なっており、第一では「貧者への分配が減少しない」であり、第二では「国民分配分が減少しない」である。そして、国民分配分の増大と平等化とが互いに矛盾しない限り、それぞれ経済的厚生を改善する傾向があるとピグーは説く。この点を顧みて塩野谷氏は「この考え方は功利主義の固有の考え方から逸脱している」（ibid.: 369）という。その理由を見てみよう。

> 第2命題は功利主義とはまったく無縁のものである。しかし、第2命題は平等化が経済的厚生の増大をもたらすと述べているために、功利主義的命題であると誤解されやすい。ピグーが第2命題の根拠としているのは限界効用逓減の法則であるが、重要なことは富者と貧者の効用関数が同一であると想定されていることである。この個人間効用比較は記述的言明ではなく、むしろ規範的言明である。事実命題としては、富者と貧者との間には「気質および嗜好の相違」が存在する。もしそれをそのまま前提として、富者の方が満足の享受能力が高いとするならば、所得分配の平等化は経済的厚生を減少させるにすぎない。…ピグーの第2命題の根拠は…すべての個人の平等という自然権的思想にある（ibid.: 369-70）。

つまり、ピグーが「すべての個人の効用関数の同一性を規範的に想定」（ibid.: 370）しているというのである。もしも現実に即して、享受能力の低い個人（例えば貧者）をそのまま功利計算に組み込むとしたら、効用最大化のために、その個人には相対的に少なく分配したほうが効率的となる。だが、内実ピグーにあっては平等に分配することが論理的に先行しており、同一効用関数を規範的に想定することで、あべこべに、さも、必然的に平等が効用最大化の理屈で担保されるというように装ったとする洞察である（山崎・高見 2018: 120）。こうして、結果的に、総効用最大化のために平等分配が指令される。この装い（いわば平等原理の密輸入）を塩野谷氏は喝破した。

3-2. 第一命題における平等思想

今度は、第一命題について掘り下げてみよう。塩野谷議論では、主として第二命題に焦点が当てられていたが、観点を変えれば、第一命題においても平等思想の鉱脈が発見できる。再掲となるが、第一命題とは、他の事情が等しければ、国民分配分の増大は経済的厚生の増進に資する、であった。ここにおける付帯条件、他の事情不変とは、「貧者への分配を棄損しない限り」である。従来の典型的な功利主義理解に沿うならば、限界効用逓減により、それが相対的に高い状態にある貧者への分配が減ると、結果的な総効用の減少が懸念されるというのが第一命題の付帯条件付きでの解釈であったといえよう。要するに、総計値最大化を確保するために、より飢えている個人に与えたほうが効率的、ということである。だが、果たしてピグーの企図が本当にそれに尽きるものであろうか。本節では、先の塩野谷解釈や後で見る必要充足の思想（複合的正義）を総合的に考慮するならば、第一命題においても、単純な功利主義とは独立した「貧者への分配を妨げない」という彼の平等思想が見受けられるという見解を示したい。「生産における最高能率の要求と分配における公正平等の理想とが果たして抵触しないかどうか」[(6)]をピグーが念頭に置いていたということである。

では、具体的に見ていこう。国民所得を増大させる要因がいかなる場合に貧者への分配を阻害するか。ピグーは幾つかのケースに分類して議論する。前提として、貧者への分配とは労働対価による「所得」であり、それが彼らの福祉や経済的厚生の土台を成す。換言すれば、労働という生産要素への最終的な分け前（の増減）が問題となる（Pigou 1932: 657-8）。

さて、国民所得を増加させる要因の一つに、資本および労働供給の増加が挙げられる。まず、資本が増加した場合はどうか。これについては、マーシャルの分析をピグーは踏襲する（ibid.: 658-9）。つまり、a）全ての生産要素はその限界純生産物価値に等しい報酬を受ける、b）生産要素の限界純生産物価値は逓減的、である。すると、ある生産要素の供給が増大すると、それと代替的な要素の報酬は減少し、それと補完（協働）的な要素の報酬は増大することになる。では、資本と労働との関係は代替的か、補完的か。ピグーはこれを補完的と見なす。となると、資本[(7)]の増大は補完的な労働の分け前も増大させることになり、不調和は発生しない（ibid.: 662）。次いで、代替的な労働供給が増加した場合はどうか。先のマーシャルの議論によれば、限界純生産物価値の逓減を招くため、単位当たりの実質所得は減少することとなる。だが、その際考慮すべきことは、労働に対する需要の弾力性になる（ibid.: 665）。これまた、ピグーのシナリオによれば、労働供給の増大に伴い、いっそうの資本蓄積が加速し、増加した資本によって、労働の限界生産物価値が高められるというのである。となると、先ほど同様、労働供給増による国民所得増大は貧者の分配を阻害しないこととなる（ibid.: 667）。

次に、国民所得を増大する今一つの要因として、生産方法の発明・改良をピグーは挙げる。曰く、一般的に発明・改良が労働者の所得にどう影響するかは、それらが他の産業の労働の限界純生産物に与える効果次第であると（ibid.: 674）。つまり、発明なり改良なりが、他の産業における資本と労働の割合に影響を与え、その結果により労働所得の増減が決まるというのである。ある産業において、労働に対する資本の割合を減少させる発明を「資本節約的発明」、逆が「労働節約的発明」、不変が「中立的発明」と定義される（ibid.: 674-5）。ピグーによれば、この分類の内、「資本節約的発明」が労働所得を高め、「労働節約的発明」がそれを低めることになる。よって、結局のところ、現実的にはどちらの可能性が高いかとなる。とはいえ、こうした問いに対して予め、また確定的な答えを与えることは容易ではない。しかしながら、ピグーは、第一に、発明の恩恵を受けるのはそれにより安価となる財を消費する貧者であること（ibid.: 676-8）、第二に、先述のように、発明なり改良なりは労働と協働する関係性にある資本形成をブーストするものであること等を考慮し、一般的には、労働者の所得を阻害するような発明・改良は生じないであろうと結語する（ibid.: 679-80）。

かくして、国民所得を増大する要因は、何れのケースであろうと、貧者への分配を減少させることは基本的にないと結論される運びとなる。労働所得への影響に関してやや見通しが甘いという誹りを受けるかもしれないが、彼なりに、貧者への配慮を貫いているといえよう。結局のところ、ピグーの視点は、効率性という単眼ではなく、効率性が一方で、公正や平等がもう一方である複眼的であるというのが妥当な解釈ではなかろうか。もし純粋に効率性（効用の総計）のみが基準であったならば、どうしてここまで執拗に貧者の取り分への影響を考察しなくてはならなかったのか。やはり、第一命題においても、先の第二命題における塩野谷解釈同様、あくまでも各人の厚生に配慮するという平等主義的な観念をピグーが抱いていたと解することが自然であろう。

3-3. 複合的正義における平等

拙著で言及したが、『富と厚生』や『厚生経済学』といった主著で説かれている純粋に理論的な側面のみをピグーの厚生経済学と同定することは狭隘である。国民の厚生，福祉国家，そのための手段としての経済学という彼の本来のコンセプトからすれば，そうした純粋理論的側面（いわゆる狭義の厚生経済学）のみならず、時事論的、エッセイ的な側面をも包含した総体こそが彼の（広義の）厚生経済学だと規定すべきであろう（山崎 2011: 1n）。ピグーの厚生経済学は狭義では『厚生経済学』となろうが、もう少し広い視野から、必ずしも理論化されていないようなアイデアや構想にも着目する必要がある。西沢氏の言葉を借りるならば、「パレート的基準で濾過されたことによって失われたピグーの厚生経済学の要素、ピグー自身が厚生経済学を体系化するなかで脚注に落としたものを再検証し、ピグー『厚生経済学』の全体像、さらには創設期の厚生経済学の多様な実態を…再検証する必要がある」（西沢 2007: 463. 傍点引用者）といえよう[8]。本節（以下）で取り上げる複合的正義における平等も、彼のそうした必ずしも理論化されていないアイデアを再構成した成果に他ならない。そのアイデアは『所得―再論』（Pigou 1955）の最終章「全ての者に対して公正なシェアを Fair Shares for All」に見て取ることができる[9]。

ピグーによれば、公正（fair）は、基本的には、平等を意味しており、また実際に、この解釈は法律において採用されているという。例えば、選挙における一人の票の比重、法の前の平等、貧しい扶養家族への必要に応じた扶助の平等、誰彼を問わない機会（教育や医療の享受）の平等など。だが、所得については、（課税後の）所得額が誰彼を問わず平等（同額）であることが必ずしも公正とはならない（Pigou 1955: 79）。何故か。それは、公正な分け前＝平等分配という主張は、「客観的必要」という規準によって峻拒されるからである。例えば、病人には健康人以上のケアが、大家族扶養者には独身者以上の物資が、重労働者にはより多くのカロリーが必要となる。よって、公正は、少なくとも、（単なる）平等に、客観的必要の差異を鑑みた修正を要求する（ibid.: 79-80）。そうすると、まずは、「公正≒平等＋客観的必要の考慮」となる（山崎 2011: 78-9）。

しかしながら、公正観念はこれに尽きるものではないとピグーは説く。端的にいえば、全うな尽力によって、社会により多くの貢献を為した者がより多くを受け取ることも同様に公正に適うからである。これはいわゆる「功績応報」の原理（the principle of requiting Desert）である。ただし、極端過ぎる所得格差は、その経緯が何であれ、公正に悖るとされる（Pigou 1955: 80-1）。

以上のピグーの議論から分かるように、公正をめぐって、「功績応報原理としての正義」の規準と「必要に基づく平等」の規準とが並立しているのである。「通常の如くに、そして非常に曖昧に考え、公正とは、明瞭には決まっていない程度に、一方で客観的必要の差異が考慮され、他方でサービス貢献量の相違が考慮された上での…、全ての者に対する平等だと私は結論する」（ibid.: 81）。これは、複合的正義とでもいうべき観念である（山崎 2011: 80）。このようにピグーの構想の中には、必要充足に基づく分配規準（公正）が確かに存在していた。この公正が彼の狭義の厚生経済学（『厚生経済学』）とどのように整合するかは大きな課題ではあるが、ピグーの経済思想が本来持っていた豊饒性を再検証する一つの材料となり得る。

明らかに、「公正」という概念が漠然としているので、明示的に「公正が実現した状態とはこのようなものだ」と実践において示すことは困難ではあるが（Pigou 1955: 81）、ピグーの深意は以下のように再構成される（山崎 2011: 80-2）。まず、応報原理と必要原理を内包する公正実現に際しては、（教育）機会均等が死活的に重要となる。曰く、「教育機会の不平等は、依然として、所得の不平等の強力な要因である」（Pigou 1952: 75）。功績応報としての公正が含意するところでは、富の獲得が健全に行われることが非常に重要である（Pigou 1937: 27-8）ものの、そのためには、まず、出発点における平等（教育、健康といった必要充足）が完備されなくてはならない。それは、衛生や教育を含んだミニマムの平等保障となる（Pigou 1952: 203）。それを基礎に、後は貢献度に応じた報酬を受け取るというシステムが彼の考える公正に他ならない（山崎 2011: 82）。事実、彼は、機会の平等を確保するために累進課税を強く支持している（Pigou 1937: 138）。

かくして、ピグーが思惟する公正とは、①必要充足に基づく平等原則（教育などによる機会の均等）⇒②功績応報原理（貢献に応じた分配）というプロセスを踏まえるものとなる（山崎 2011: 82）。ここで肝要なことは矢印の向きである。ピグー自身の意図を汲めば、①と②との関係は、「並列的」というよりかは「辞書的」ということになろう。この辞書的な「原則」が意味することは、社会は②を①よりも先行させてはならないということである。要するに、困窮者の必要充足は社会的に優先するということである。加えて、上で指摘したように、経済ではなく法の領域では、参政権、公的扶助や衛生・教育機会などを含めた基本的な権利の平等を当然のようにピグーが認めていた（Pigou 1955: 79）ことも銘記すべきである。さらにいえば、必要の充足は、必ずしも満足や効用を意味しないことから、ここにおけるピグーの道徳的義務の判断は、（通常想定されているような）単純な効用総計を基にしている訳ではないということになる(10)。あるいは、たとえ功利主義原理の枠内であっても、「道徳的義務は、ただ単に功利の原理およびどの行為が効用を最大化する傾向にあるか、ということからだけでは決定されない」（Kelly 1990: 247-8）こと（間接功利主義）を示唆しているとも解される。

3-4. 優生学関連（享受能力）

ピグーにおける優生思想の問題は既に拙稿（山崎 2014）で詳細に扱った

ので、ここで細かくは触れないが、ピグーは、（いわゆる）「残滓 residue」に関して、先天的疾患の有無により議論を分けている（先天的障碍がある貧困とない貧困とを峻別）。先天的疾患を持たない場合であっても、こうした階級（貧困層）に対しては、ゴルトン、グレッグを始め時代の優生主義者らおよびマーシャルを含む経済学者らも逆選択（多産）による国力衰退を懸念していた(Peart and Levy 2003: 278)。他方、ピグーは異なる論調を見せていた。

また、功利主義経済学の系譜にあったジェボンズやエッジワースなどは、優生主義の立場を取って、功利最大化のためには、享受能力のより優れた者に多くを分配すべきことを説いている（貴族主義的功利主義（aristocratical utilitarianism））[11]。さらに、エッジワースは、ゴルトンの影響を受けており、享受能力は基本的に遺伝によるものであることから、後天的な教育の効果は期待できないというスタンスであった。

これに関して、ピグーは全く逆の見解を示す。「…享受能力というものは、大部分が教育にかかっているため、現状において享受能力が乏しい人種や集団らは、それ故、遺伝的に能力が劣っていると立証されたわけではないことを銘記すべきである」(Pigou 1912: 26)。この姿勢は、エッジワースと好対照を成すものである。

> 貧しい人々が、非常に大きな愚行を演ずるから、彼らの所得が増加しても経済的厚生が微塵も増加しないと主張することは、議論によって正当に要求される点を超えて、逆説を押し付けることである。…しばらくの後には…この所得を所有すれば教育その他を通じて、その増加した所得を享受するのに適した能力と資格が備わってくるであろう。こうして、結局、富者と貧者の気質と嗜好の相違は両者の間の所得移転という事実によって**克服される**のである（Pigou 1932: 91-2. 傍点引用者）。

とかく功利主義は、最大厚生のために、より効率的な効用ジェネレーターにより多くを与えることを指令し、それ故、場合によっては、著しい不平等も容認すると批判される。だが、これが厚生最大化のための唯一の方法であろうか。少なくともピグーが想定する最大厚生の戦略は、エッジワースとは異なり、まだ効率的でない者らを教育衛生その他によってより効率的な人間に押し上げようとするもの（その結果としての最大厚生）である。

先の塩野谷解釈では、個々人の同一の効用関数の規範的想定は、たとえ実際に享受能力に差異があろうと、権利志向からそれを考慮外とするものであった。だが、先の引用で「克服される」とあることから、ピグー自身は、享受能力の差異を現実的に解消することを目指していたと解される。現状を参照基準とするのではなく、貧者の能力が開発された暁を基準とするものであろう（ピグーの平等志向が反映)。つまりは、享受能力の同一（平等化）は、(塩野谷氏がそう解釈するような）単なる想定ではなく、ピグー厚生経済学の根本的かつアンビシャスな目標であったと私は解釈する。(同時代人でいうと）エッジワースは、効用関数は（遺伝的であるので）不変だと見なしたようだが、ピグーは、効用関数自体が成長すると確信していたし、それを企図していた。「…新たな知識が人の意識に入り込むだけで、意識を構成する他の要素の作用を変化させ、その意識の価値ないし善さを直接に変化させるだろう」(Pigou 1908b: 8)。人が知識を獲得するといった知的生活によって、意識を構成する要素が何らかの仕方で陶冶され、より享受能力が研磨されていくということをこの引用は含意している（一種のケイパビリティ)。これは効用関数の独立変数が増大して効用が増加するだけでなく、効用関数自体が変化（発展）することを意味している。

おわりに

以上、本章では、先行研究群に基づくピグーの平等論の検討を行った。その考察は、これまでのピグー解釈の根幹を揺さぶるほどのポテンシャルを含むといってよい。事実、彼を功利主義者、あるいは非功利主義者と位置づけるかという学史的問題に直結するものである（最近の研究では双方が検証されている)。無論、功利主義・非功利主義の同定に際しては、そもそもどのような功利主義観を取るかによっても結論は変わってくる。例えば、ある功利主義観 A を取れば、ピグーはそれからは逸脱することになる一方で、別の功利主義観 B を取ればピグーは功利主義者として解することが可能、という具合である。もちろん、何が功利主義の本質かという功利主義の規定は倫理学的には意義あることに相違ないが、端からピグーをどちらかに位置づけたいという先取りの意図により、何れかの功利主義観を措定することは恣意的といわざるを得ない。とはいえ、本章での主題はピグーにおける平等であって、倫理学説上の立ち位置にまで言及することは射程外である。ここではそうした論点とは一旦距離を置き、虚心坦懐にピグーにおける平等の論点を再構成することに努めた。本章の論考により、ピグー研究ならびに平等に関する現代の議論に多少なりとも資することができれば幸甚である。

〔謝辞〕
本研究はJSPS科研費20K01577の助成を受けたものである。

【注】

(1) 厚生経済学とは、経済理論を社会厚生実現のために用立てた経済学の一分野である。本章で扱うピグー（A.C. Pigou：1877-1959、マーシャルの後継のケンブリッジ大学教授）は、彼以前の経済理論と政策判断規準としての功利主義とをマージさせ、厚生経済学を創始したと一般的には理解されている。当時の「厚生」とは､現代経済学でいう「効用（満足）」と類似するものであった。それ故、今日では、満足の大小を判断規準とする立場を厚生主義（welfarism）といい、最大多数の最大幸福を基本とする功利主義を構成する一原理として位置づけられている。

(2) 邦文で、シジウィック倫理学研究の代表的なものに、例えば、塩野谷(1984)、内井（1988)、行安編（1992)、奥野（1999）などがある。より包括的で精緻な考究についてはそれらを参照されたい。

(3)「…公平（equity）の原理。この原理の最も原始的な形式は次のことを主張する。公的な権力であれ、他の誰であれ、同様の人々は同様に扱うべし。シジウィックは、この知識が直覚によって与えられると説いていた」(Pigou 1947: 5. 傍点原典イタリック)。「正義に関するシンプルな原理、それは、同様な状況にある同様な人々は同様に扱われなくてはならない、である」（Pigou 1955, 79-80)。

(4) 出版予定の拙稿 ‘Pigou's Welfare Economics Revisited’（in R. Backhouse, A. Baujard, and T. Nishizawa eds, *Welfare Theory, Public Action and Ethical Values: Revisiting the History of Welfare Economics*. Cambridge University Press）において、筆者は、ピグーの同論文を頼りにミニマムの非功利主義的正当化の可能性について論じている。

(5) 拙稿（山崎・高見 2018）の一部で、ピグーに関する塩野谷氏の非功利主義議論を取り上げたが、既に説明したように、それは、あくまでもピグーに関する「非功利主義的」解釈を主題とするものであり、本章とは議論の観点が異なっていることに注意されたい。功利主義・非功利主義の議論と平等の議論とは、関連性はあるものの、全くの別ものである。

(6) これはピグー『厚生経済学』の邦訳の「解題」にあるフレーズである（訳: 39)。「解題」において、気賀らは、ピグーが伝統的な功利主義に立脚しているとする一方で、「分配における公正平等の理想」というおよそ功利主義とは独立の原理をピグーが想定したことを抵抗もなく認めているように見える。これに対しては、素朴な見方に過ぎないと批判的に解することも可能ではあるが、むしろ、虚心坦懐にピグーを読めば、およそ彼は、効率性のみを偏重し正義を等閑にするような典型的な功利主義者ではない、という理解に自然に行き着くことを示しているといえるのではあるまいか。

(7) 資本とあるが、これを投資と読み替えてよいならば、その対応関係にある貯蓄の増加も基本的に貧者の労働所得に抵触しないこととなる。

(8) 例えば、コラード（Collard 1981: 112）は、ピグーが政策面において、限界効用逓減に基づく平等原則を放棄し、必要原理に依拠していたと言及している。とはいえ、コラード自身、ピグーを非功利主義的だと解そうとしているわけではない。やはり、冒頭で述べたように、それを最初に行ったのは塩野谷氏であるといえよう。

(9) 以下（3-3）の論考は、拙著（山崎 2011: 78-82）を今回の平等論のコンテキストに適うように部分的に要約、リバイズしたものである。

(10) この論点については、先行研究の検討も含め、山崎・高見（2018）や先の注で上げた刊行予定の英文拙稿を参照されたい。

(11) エッジワースの優生思想については、例えば上宮（2007）を参照。

【参考文献】

Collard, D. 1981. Pigou. In O'Brien, D.P. and John R. Presley eds. *Pioneers of Modern Economics in Britain*. London: Macmillan. 井上琢智他訳『近代経済学の開拓者』昭和堂 , 1986 年 .

Kelly, P.J. 1990. Utilitarian Strategies in Bentham and John Stuart Mill. *Utilitas* 2: 245-66.

Peart, S. and D. Levy, 2003 Denying Human Homogeneity: Eugenics & the Making of Post-Classical Economics, *Journal of the History of Economic Thought*, Vol.25, No.3: 261-88.

Pigou, A.C. 1901. *Robert Browning as a Religious Teacher*. London: C.J. Clay and Sons.

———1908a *The Problem of Theism, and Other Essays*. London: Macmillan.

———1908b *Economic Science in Relation to Practice*. London: Macmillan.

———1912. *Wealth and Welfare*. London: Macmillan. 八木紀一郎監訳／本郷亮訳『ピグー 富と厚生』名古屋大学出版会 , 2012 年 .

———1913. The Principle of the Minimum Wage, *The Nineteenth Century*, 73: 644-58.

———1914. Some Aspects of the Housing Problems, Rowntree, B. and Pigou, A.C., *Lectures on Housing*, Manchester: Manchester University Press: 35-66.

———1932. *Economics of Welfare*. 4th ed [1920, 1st ed.][1924, 2nd ed.][1929, 3rd ed.]. London: Macmillan. 気賀健三【他】訳『ピグウ厚生経済学』全 IV 冊 東洋経済新報社 , 1953-55 年 .

———1935. *Economics in Practice*. London: Macmillan.

———1936. Mr. J.M. Keynes' General Theory of Employment, Interest and Money. *Economica*: 115-32.
———1937. *Socialism versus Capitalism*. London: Macmillan. 北野熊喜男訳『社会主義対資本主義』東洋経済新報社 , 1952 年 .
———1944. *The Road to Serfdom*. By F.A.Hayek. *Economic Journal* 54: 217-9.
———1946. *Income. An Introduction to Economics*. London: Macmillan. 塩野谷九十九訳『所得：経済学入門』東洋経済新報社 , 1952 年 .
———1947. *A Study in Public Finance*. 3rd ed. London: Macmillan. 本郷亮訳『ピグー 財政学』名古屋大学出版会 , 2019 年 .
———1952. *Essays in Economics*. 2nd ed. London: Macmillan.
———1955. *Income Revisited: Being a Sequel to Income*. London: Macmillan.
———1965. *Essays in Applied Economics*. 2nd ed. London: Frank Cass.
Sidgwick, H. 1907. *The Methods of Ethics*. 7th ed. London: Mcmillan.

内井惣七 1988.『自由の法則・利害の論理』ミネルヴァ書房 .
上宮智之 2007.「F.Y. エッジワース『数理精神科学』と功利主義」『経済学史研究』第 49 巻第 1 号 : 69-84.
奥野満里子 1999.『シジウィックと現代功利主義』勁草書房 .
塩野谷祐一 1984.『価値理念の構造』東洋経済新報社 .
西沢保 2007.『マーシャルと歴史学派の経済思想』岩波書店 .
山崎聡 2011.『ピグーの倫理思想と厚生経済学』昭和堂 .
———2014.「創設期の厚生経済学の一側面——ピグーと優生思想」『経済研究』岩波書店 : 126-139.
———・高見典和 2018.「ケンブリッジの厚生経済学」西沢保・平井俊顕編『ケンブリッジ知の探訪』ミネルヴァ書房所収 .
行安茂編 1992.『H. シジウィク研究：現代正義論への道』以文社 .

第8章　ケインズの「ニュー・リベラリズム」
——「平等」への対処、および「平等主義哲学」での位置づけ

平井　俊顕

〔要旨〕

ケインズには彼独自の社会哲学たる「ニュー・リベラリズム」がある。それは「社会正義」、「経済的効率性」および「個人の自由」を根本理念とするもので、1920年代初期から1946年の死に至るまで、彼はそれに沿って混乱・紛糾を続ける世界の再建案を模索し続けた。経済学者ケインズはこの活動と同時並行的に出現している。

ケインズの「ニュー・リベラリズム」を構成する根本理念に、「社会正義」および「個人の自由」は含まれているが「平等」は含まれていない。これが彼の基本的スタンスである。彼の真骨頂は、「[社会]正義」に基づきながら「経済的効率性」を目指す社会組織の構築を目指すという点にあり、「平等」の達成・実現を目指すものではない。「個人の自由」に依拠する社会は、そもそも平等状態にはない、という認識がある。「極端な不平等」の出現に対しては、「正義」の観点から、その「不正義性」を問題視していると見た方が当たっている。現代哲学における「平等主義哲学」の主流である「資源平等主義」および「厚生平等主義」に、ケインズの社会哲学を組み込むこともできないであろう。

はじめに

本章ではケインズの社会哲学を取り上げる。彼は『一般理論』(JMK.7,1936)を通じて、経済学史上に「ケインズ革命」を引き起こした経済学者として周知の人物である。だが、経済学者としての活動は、彼の人生のごく一部を占めるにすぎない。彼は、若き日には哲学者として業績(1)を残しているし、30代半ばには大蔵省官僚として第1次大戦後のヨーロッパをめぐり協議したパリ講和会議にあって大英帝国側の中心メンバーとして活動、ついにはヴェルサイユ条約を弾劾して直前に辞任している。しかもその後も、自由党の知的リーダーとして1920年代には自らの社会哲学として「ニュー・リベ

ラリズム」を模索・提唱し、自らの機関紙やマス・メディアを通じ、「説得活動」を精力的に展開している。これらの活動は欧米の政策担当者との積極的・意識的交流を図りながら行われているのが際立った特徴であり、しかも死に至るまでそうであった。そして何よりも特筆すべきは、ケインズの経済学上の主要著作は、すべてこのような活動のなかで書かれている、という点である。

本章は以下のように構成されている。最初に始発点としての『平和の経済的帰結』(1919) を見る。それに続き「ニュー・リベラリズム」とはどのような問題意識をもって探究され、提唱されていったのかを、1920 年代中葉と 1930 年代・1940 年代の二期に分けて検討する。こうして「ニュー・リベラリズム」を明らかにしたうえで、本書全体の共通テーマたる「平等」を彼はどのように位置づけていたのか、および現代の哲学空間と比較・対比するとどのように位置づけられるのかを見ることにする。

1.『平和の経済的帰結』— 始発点

大蔵省辞任直後に執筆した同書で示されている、ヴェルサイユ条約に対する基本的スタンスは、次の一文に集約されている。

> 条約は、ヨーロッパの経済的再生の条項を 1 つだに含んでいない。敗れた同盟諸国を善隣的なものにする条項、ヨーロッパの新生諸国を安定化させる条項、ロシアを再生させる条項も 1 つだにない。それに条約は、連合国間での緊密な経済的結束をけっして促進するものにはなっていない。(JMK.2, 143)

それに対し、ケインズは「ヨーロッパの経済的再生」案を提示している。大別すると、それは障害の排除と再建案になる。

障害の排除

ヴェルサイユ条約がもたらそうとしている制度、状況のうち排除もしくは改善すべきものとして、次の 3 点が提案されている。

(1)「賠償委員会」を解散させるか、もしくは国際連盟に付属させ、かつドイツ、中立国をも含めるようにする。

(2) ドイツが支払う賠償額および占領軍費用を20億ポンドとする。うち、15億ポンドを年5千万ポンドで30年間、無利子で支払う。なお不履行のクレームは国際連盟に委ねる。

(3) 戦争目的で引き起こされた連合国間債務は完全に放棄する。

再建案

文字通り、ヨーロッパ経済再建の具体案で、4点が提唱されている。

(1)「連合国最高評議会」に設置されている「石炭委員会」を国際連盟に組み込み、ヨーロッパ全体での石炭の供給・配分についての参加国による協同システムにする。

(2) ヨーロッパに、国際連盟主催による「自由貿易同盟」を設立する。

(3) ヨーロッパ再生のための国際借款と通貨改革を提唱する。前者は、主としてアメリカからの食糧・原材料の確保を目的とする。後者は、「通貨の一般的な再編成」の礎として「保証基金」の設立を目指す。

(4) 中欧とロシアの関係を改善する。これにはドイツの企業、および組織が必要不可欠である。

米雑誌「エブリボディィズ・マガジン」(*Everybody's Magazine*)に寄稿した論説「ヴェルサイユの平和」(1920年9月。JMK.17, 51-77)で、ケインズは『平和の経済的帰結』を「正義」、「名誉」、「契約」を重視したものである、という点を強調している。

この論説の注目すべき点は、講和条約を「正義」という側面と「知恵と便宜」という側面[2]に分けて見ている点である。彼が強調しているのは、「平和の帰結」(「カルタゴの平和」)は、人々の良心と理解に深いルーツをもつ一般的見解の有する「道徳的力」以外では除去できないという点である。さらに、「戦争の倫理から平和の倫理への転換は、オープンで明解なものでなければならない」と述べ、全体としてのヨーロッパの再興を目指した誠実で無私の感情なくしては、ヨーロッパの再興に不可欠の新旧世界の協同は再開しえない、と彼は訴えている。

これは、上記ヨーロッパの経済的再建案のよって立つ倫理的視座を、ケインズが明確に意識しつつ、かつそれを実現させる案を提起しようとしていたことを示すものとして、注目すべき「始発点」になっている。

2. ニュー・リベラリズム

2-1. 1920年代中葉

A. 新たな思考を求めて

ケインズが、自らの社会哲学を探し求めていたことを示す興味深い論考がある。自由党の機関紙『ネイション・アンド・アシニーアム誌』(*The Nation and Athenaeum*) のオーナーとなり、新たな編集方針を探ろうとしていた時の編集序言である (1923年5月5日。JMK.18, 123-127)。

彼は、近い将来の重要な問題は、(1) 平和と非武装、(2) 経済構造 (economic structure) である、と述べている。「経済構造」については、1906-1914年にかけて (「人民予算」に象徴される老齢年金等の) 社会保障制度が制定され、さらに一層の社会改革が期待されたものの(3)、大戦による戦債の激増により停止してしまった。そして新たな方策が経済領域で求められるも「産業統制」(industrial control) なる曖昧な言葉が叫ばれるだけで、真に目玉となる方策は見つからないままである、と。

ケインズはこう述べた後、健全な政策が進むべき路線についての見解をもち合わせており、包括的な政策が次第に形を整える場を提供したい、と述べている。

ケインズが、やがて自らの社会哲学としてそれを「ニュー・リベラリズム」と呼んで提唱したのは、「私はリベラルか」(Keynes, 1925b) や「リベラリズムと労働」(Keynes, 1926a) においてである (これについては、C節で述べることにする)。

B.「自由放任 (レッセ・フェール)」批判

資本主義をめぐるこれまでの諸説に、ケインズはどのような批判的見解を抱いていたのであろうか。それは、19世紀を通じ支配的であった「自由放任 (レッセ・フェール)」批判である (以下本節は、『自由放任の終焉』(Keynes, 1926b) に基づいている)。

「自由放任」主義をめぐり、ケインズは19世紀前半と後半に分けて、次のような立論を展開している。

19世紀前半の「自由放任」思想は3つの思想的諸潮流の奇跡的結合体である、とケインズはとらえている。

(1) ロック、ヒューム、ジョンソン、バークなどの個人主義哲学
(2) ルソー、ペイリー、ベンサム(4)、ゴッドウィンなどの社会主義および民主主義的平等主義
(3) 自然法の作用により、自己利益を追求する私的行為は自由という状況のなかで公共善をもたらす、とする経済学者の考え

19世紀の前半は、個人主義と社会主義という、本来は対立するはずの思想が、経済学者による「科学的証明」に助けられ、統合化され、調和した時期であり、その結果、「自由放任」思想は強固な影響力をもつことができた。

ケインズは、この思想を根底において支えてきた上記の3つの主要な思想潮流に対し次のような根底的な異議申立てを行っている。

社会は合理的な個人で構成されているという前提に基づいた個人主義哲学は、実際の世界が無知で弱い個人で構成されているという事実を無視した非現実的虚構である。公共善の達成は、無知で弱く、啓蒙もされていない個人による私的行動に任せておくだけでは不可能であり、実際の世界で人々が社会的単位を組織することによってのみ可能になる。

資本主義社会には、私的利益と社会的利益を合致させるメカニズムは、天上からの規制によっても、また地上のいずこにも、ビルト・インされていない。

「自由放任」主義経済学に対し、彼は以下のような批判を展開している。

(i) 非現実的な仮定に基づいて組み立てられている。
(ii) 「競争的闘争」自身がもたらす費用と特質、および「競争的闘争」が感知されないところで富が分配される傾向を考慮せず、最終結果の便益のみに注目を注いでいる。

19世紀後半になると、新たな思想が登場してくる。ダーウィンの進化論がそれで、すべての事物は、偶然性および混沌から競争による自然淘汰を通じて生じてきたとする思想である。これは、ペイリーの「神の意志」論とか、

スミスの「自然的自由」に潜む有神論とは対立するが、進化論は古い思想に代わって「自由放任」思想を強化した、とケインズは述べている。

彼は、ここにおいて制度学派のコモンズの歴史観を全面的に受け入れた立論を展開している。いま迎えようとしている「安定化の時代」では、個人的自由は、部分的には政府の制裁により、しかし主として、共同組合、労働組合、製造業者、銀行家等の集団的行動により、「豊穣の時代」よりは減少している。

ケインズは、私的利益を追求する個人のみが経済主体である社会が理想的形態とする考えをとらない。例えば、個人企業家はいまや汚れた偶像であり、われわれを天国に導いてくれるのかは疑問、とマーシャルの考えと異なる見解を述べている。むしろ多くの場合、個人と国家のあいだの規模の組織が理想的と考えている。資本主義の進展に伴い「公共善」を意識的に追究する組織が出現し、株式会社そのものが巨大化するなかで社会化を遂げ、利潤追求を唯一の目的とすることを止める。そのような組織が多数出現することで、従来の資本主義が有していた非道徳性、不安定性、および無知が緩和される、と。

C. 提唱されたニュー・リベラリズム

『自由放任の終焉』の最後の個所で、ケインズは、「新たな信念のセット」（これは「社会正義」に他ならない）と整合的な「経済的効率性」の構築の必要性を訴えている。

> 資本主義は賢明に管理されれば、他のどの代替システムよりも経済的目的達成のために、より効率的なものにすることができる…。だがそれ自身は多くの点できわめて不快なものである。われわれの問題は、満足な生活方法についてのわれわれの観念を損なうことなく可能な限り効率的な社会組織を考案することである。…外部の事実に照らしてのわれわれ自身の内的感情の公正な検討から自然に飛び出してくる新たな信念のセットが必要とされている。(JMK.9, 294)。

こうした方策を、彼は「ニュー・リベラリズム」と呼んでいる。この社会哲学が端的に表明されている個所をまず掲げておこう。

> 人類の政治問題は次の 3 つの要素を結合させることである －(i) 経

済的効率性、(ii) 社会正義、および (iii) 個人の自由である。(i) は、批判、予防策、および技術的知識を必要とする。(ii) は、普通の人を愛するという非利己的で熱情的な精神を必要とする。そして (iii) は、とりわけ例外的な人、向上心に燃えている人に制限のない機会を与えるのを好むという …… 評価を必要とする。(JMK.9, 311)

経済的アナーキー [「豊穣の時代」] から社会正義や社会的安定のために経済諸力を管理・統制することを意識的に目指す(5)体制への移行は、技術的・政治的に巨大な困難を引き起こすであろう。にもかかわらず、ニュー・リベラリズム (New Liberalism) の真の命運はそれらの解決策を探すことにある。(JMK.9, 305)

ジレンマに挟まれた資本主義 —「似而非道徳律」と「経済的効率性」

この時期におけるケインズの資本主義批判に顕著なものとして、次の見解がある。それは、資本主義システムを、金銭欲と蓄財を社会倫理の根底においた経済的効率性追求のシステム、としてとらえるものである。ここで、彼はこのような社会倫理を「似而非道徳律」(6)と批判するとともに、他方で、経済的効率性を達成する上での卓越したシステムとして資本主義を評価している。以下、この点を敷衍しておこう。

似而非道徳律　— 社会的不正義の一例

金銭欲と蓄財を社会倫理の根底におくことを、ケインズは「似而非道徳律」と呼んでいるわけだが、これは既述の 3 つの要素の 1 つである社会正義との関連で言えば、「社会的不正義」そのものである。だが、この点に関するかぎり、ケインズはそれを改善するすべをもっていない。これからも当分の間、われわれはこの倒錯した似而非道徳律のもとで暮らさなければならない。貨幣愛に根ざした社会システムは役に立つものであり、人類が経済的必要というトンネルから脱出する(7)にはこれを利用する他ない、と考えている。

この意味で、彼の「ニュー・リベラリズム」は、「社会正義」に関しては、そのなかの最大の「社会的不正義」(8)を、当分の間、解決不能と見ていることになる – ただ、注意すべきは、「正義」には「契約の順守」、「名誉」、「平和の維持」、「所得・富の (過度の) 不平等の是正」、さらには「倒錯度の低い似而非道徳律」が含まれており、その点で、社会正義は上記 3 要素のなかに厳然と存在している。

とは言え、ケインズは「似而非道徳律」との関連で、新たに勃興してきた共産主義 − レーニン主義 − の感情的・倫理的本質を個人や社会の貨幣愛に対する挑戦と見、その点で積極的な評価を下している。「社会正義」はプロレタリアート政党の最良の保有物、とすら言明している。

経済的効率性

社会正義が上記のような状況下にあり、個人の自由については、それを尊重する姿勢が示されているわけで、勢い、彼のニュー・リベリズムの真骨頂は「経済的効率性」に置かれることになる。

「経済的効率性」は、「批判、予防策、および技術的知識を必要とする」という意味で、あるいは「社会正義や社会的安定のために経済諸力を管理・統制することを意識的に目指す」という意味で用いられている。

さらに、無宗教の資本主義が宗教的な共産主義に打ち勝つとすれば、それは経済的に何倍も効率的でなければならない、と述べ、「われわれの問題は、満足な生活様式についてのわれわれの観念を損なうことなく可能な限り効率的な社会組織を考案」し、資本主義を賢明に管理する政策技術を探究することである、と主張している。この主張の背景には、資本主義は、自由に放任しておけば本来的に不安定になる、したがって「自由放任思想」からの脱却が必要である、という発想がある。

だが、今日の資本主義は、穏やかな程度にしか成功を収めていないし、企業家がわれわれを経済的パラダイスに導いてくれることに人々は疑いを抱いている。そして何よりも現代人は天国があの世にあるとは信じていないし、かといって進歩を将来、地上に天国を実現させる手段であるとも信じてはいない。となれば共産主義には何か重要な真実がある、と人々が考えるようになる素地は、現代の資本主義社会には十分存在する、と。

ケインズにあっては、資本主義は、諸個人の自由を保証するシステムという視点からではなく、効率性およびその技術的改善の可能性の見地から当分のあいだ是認されるもの、として論じられている(9)。そしてこの技術的改善は、政府がなすべきことと、民間に任せておくことを「抽象的根拠」に基づいてではなく、その理非を個々に検討することで対処すべき問題とされている。

「経済的効率性」には「社会正義」、「社会的安定」が目的として意識的に組み込まれている。「批判」に応じるとか、「予防策」を講じるとかは、そのことと関連している。そのうえで「可能なかぎり効率的な社会組織」を考案することの重要性を訴えている。彼自身、そのことを可能にする技術的知識の習得・提案を目指したのである。さらに言えば、もう1つの重要コンセプトである「個人の自由」も、「批判」や「予防策」と関連しており、その意味で「3つの要素の結合」が唱えられている。

(社会) 正義

[社会正義]は、普通の人を愛するという非利己的で熱情的な精神を必要とする、と述べられているわけであるが、すでに見たように、これは1920年の既述の論説「ヴェルサイユの平和」でも大いに取り上げられている。同様のことは、例えば、「オーストリア・ローンおよび南東ヨーロッパにおける賠償」(1923年6月16日。JMK.18, 176-179)、ケンボール-クック宛て手紙（1923年12月13日。JMK.18, 231-232）など、広く見られる。1932年の「フーヴァー氏の覚書についてのイギリスの見解」も挙げておこう。そこではケインズは、「(戦債問題は) 支払いの経済的帰結の問題というよりも、国家間の歴史的正義の問題、国家間の正しさ、適正さの問題」(JMK.18, 382) という視点を打ち出しながら論じている。

こうした倫理的関心は、G.E. ムーアや「ソサエティ」以来もち続けられているものであることを、ここで指摘しておきたい。

個人の自由

[個人の自由]は、とりわけ例外的な人、向上心に燃えている人に制限のない機会を与えるのを好むという、多様性と独立性等の長所に対する寛容、寛大および評価を必要とする、と規定されているが、これは、何よりも、ケインズが、戦間期に文学、絵画、経済学、政治等の幅広い分野で華々しい活躍を見せるようになった「ブルームズベリー・グループ」[(10)]の中心メンバーであったことに裏付けられたものである。

資本主義と国家

では、資本主義システムにおける国家の機能を、ケインズはどうとらえていたのであろうか。彼は、資本主義社会は準社会主義化しつつあるとは言え、それを放任しておいた場合、公共善をもたらす保証はまったくない、と考えている。

個々人の自由意思に頼るシステムでは公共善をもたらすことができない問題として、彼は3つの領域を挙げて論じている。そしてそこでは、国家が何らかのかたちで積極的に寄与していく必要があることを説く －(i) リスク、不確実性、および無知の存在、(ii) 貯蓄の、国内投資と海外投資への配分、(iii) 人口問題、である。

(i) について「これらの治癒は、部分的には中央組織による通貨と信用の意識的なコントロールに、部分的にはビジネスの状況に関する大規模なデータ収集・伝播に求められるべき」と述べ、(ii) については、個人の自由に任せておくと、望ましい貯蓄額とか、貯蓄額のうち海外に投資される額、国内の生産的目的に配分される額は、社会にとって望ましいものにはならない、と述べている。また (iii) について、人口の適性規模への抑制は、戦争回避と並び、人類の経済問題が100年以内に解決されるためには不可欠、と述べている。

ここで次の2点を指摘しておきたい。第1に、ケインズの「ニュー・リベラリズム」は、「社会正義」と「個人の自由」と整合的なかたちで「経済の効率性」をいかに提示するのかに最大の重点がおかれているという点である。彼の経済学の3部作『貨幣改革論』(1923年)、『貨幣論』(1930年)、『一般理論』(1936年) は、こうした構想のもとに提示された「経済的効率性」の具体的提案と言えよう[(11)]。

第2に、ケインズは、外交的大舞台において、若い時から立案を立て、それを政府見解として提示する能力と意思を兼ね備えていた。在野に下りても、関連領域のできごとに目を配るのみならず、対外との人脈づくり、さらには当地政府の政策に影響を及ぼすことを意識的に、そして継続的に行っていた。そしてそれらに彼を駆り立てた大きな動機は「正義」の履行であった。そのなかで執筆された論説 －賠償・戦債問題を中心に、ヴェルサイユ体制に対する断固とした批判とその是正案が多く含まれている － は、「ニュー・リベラリズム」の逐次的考察であると言えよう。

2-2. 1930年代・1940年代

1930年代になり、ケインズは、以上に述べた「ニュー・リベラリズム」を、どのように推進していったのであろうか。このことを、『一般理論』第24章「一般理論の導く社会哲学に関する結論的覚書」で見ることにしよう[(12)]。題名が示すように、ケインズはこの著作で展開した「有効需要の原理」により、（私的経済における）経済的効率性と個人の自由を維持しながら、大量失業という病を治癒する方策を提示した。

> …[経済的]効率性および[個人の]自由を維持しながら、病弊（大量失業）を治癒することは、その問題についての適正な分析[有効需要の原理]によって可能になりうる。(JMK.7, 381)

つまるところ、「有効需要の原理」はたんなる経済理論ではなく、「ニュー・リベラリズム」の到達点として位置づけられている。大量失業の治癒、完全雇用の達成が、ここでの「社会正義」である。完全雇用をもたらすことの重要性はつねにケインズの念頭にある。

第24章のなかで、過度の所得の不平等が現在の社会に出現していることが取り上げられている（これが生じている大きな原因として、ケインズは「貯蓄が富の源泉と考える」誤った見解が根を張っていることを挙げている[(13)]）。これが、これまで言及してきた「ニュー・リベラリズム」とどう折り合うのかについて見ていくことにしよう。

ケインズは、所得と富が不平等状況におかれているという現象そのものには、是認する立場を表明している。ただ彼がここで問題にしているのは、今日見られる「過度の不平等」である。そのうえで、「過度の不平等」の是正を、富・所得について（とりわけ、富の不平等[(14)]について）述べている。だが、それは「平等主義」ではなく、「社会正義」に発するものなのである。

> …所得や富の大幅な（significant）不平等には社会的および心理的正当化が存在する…。だが、今日存在するような大きな格差（large disparities）にはそうした正当化はない。(JMK.7, 374)

第 24 章では、1920 年代のケインズの社会哲学を特徴づけていた「似而非道徳律」の糾弾について、相当な譲歩が見られる。人々が金もうけ動機に強く毒されて行動するとしても、それに基づいた社会は、いま進行している独裁国家よりも好ましい、と大目に見ている。

> 理想的な共同体では、人々は賭けに興味をもたないように教えられ、触発され、育てられたかもしれないが、市井、もしくは共同体の相当部分が、実際に金もうけに強く毒されているかぎり、規則と制限のもとでゲームに興じるのを許すことは、やはり賢明で慎重な政治であるかもしれない。(JMK.7, 374)

こうした譲歩は、1930 年代にヨーロッパ世界が体験した劇的な変化 – とりわけスターリン・共産主義の「大粛清」やヒトラー・ナチズムの急激な侵略行動、および両国の独裁化 – を反映している。

また国家の果たす役割について、1920 年代よりも強調している雰囲気が認められる。広大な領域は個人のイニシアチブに委ねられたままであるべきだが、資本主義社会が崩壊から救われる唯一の方法として、有効需要の増大を通じ完全雇用を達成するために国家機能拡大の重要性が強調されている[(15)]。具体的には、(i) 部分的には課税方式を通じ、部分的には利子率の決定により消費性向に影響を与えること、(ii) 投資の包括的な社会化である[(16)]。

国家の役割を以前より一層重視しているが、個人主義や個人の自由のもつ意義も重視している。そして、もう 1 つの特徴だが、新たな提案には「漸次的に」(gradually) という限定句がつねに付されている[(17)]。

> … 現行の経済形態の完全な破壊を防止する唯一の実行可能な手段として、および個人のイニシアティブが成功裏に機能する条件として、私は、[政府機能の拡張を] 擁護している。(JMK.7, 380)

『一般理論』で「個人主義」は重視されている。それは「自由」と同義である。また「社会正義」は言葉としては使われていないが、大量失業を防止し完全雇用を達成するというものである。そしてそのための「経済的効率性」を具体的にもたらすものとして有効需要の原理が提案され、そしてそれに基づき、消費性向の制御方策、ならびに投資の包括的な社会化が政府に要請されている。つまり「ニュー・リベラリズム」はここでも流れている。

続いて、『一般理論』後に表明された社会哲学的見解を見てみよう。

「民主主義と効率性」(1939年1月)では、「社会的·経済的正義」(JMK.21, 500)の促進が強調されている。ここでは「リベラル・ソーシャリズム」(「共通の目的のために組織化された共同体として活動できるシステム」)と称されているが、「ニュー・リベラリズム」と同義である。

その直後、ケインズは社会哲学的にも重要な小冊子『戦費調達論』(Keynes, 1940)を刊行している。これは「金融テクニック」(JMK.9, 368)と社会正義に基づいて書かれたもので、「経済的効率性と社会正義」が重視されている[(18)]。

その後ケインズは「社会保障」(ベヴァリッジ案と深く関係している)を重視する政策的見解を表明している[(19)]。ベヴァリッジ案を擁護するケインズの演説草稿(1943年2月。JMK.27, 256-261)は、「良き生活の成果を得るための物的豊かさをいかに組織すべきか、という深い道徳的および社会的問題」を指摘することで終わっている。これも「社会正義と経済的効率性」を志向している。

3.「平等」および「平等主義哲学」とケインズ

3-1. 平等 − ケインズが実際に取ったスタンス

「ニュー・リベラリズム」の基軸は、社会正義、経済的効率性、個人の自由であった。ここで改めて注目したいのは、「社会正義」である。ケインズはそれを、「普通の人を愛するという非利己的で熱情的な精神」に関係させて用いている。実際にこの概念を現実の世界に適用するとなると、「契約の順守」、「名誉」、「平和の維持」、所得・富の(過度の)不平等などが思い浮かぶ。すでに見てきたように、これらはケインズが実際の政治経済的立論で大いに用いているものである。

ケインズの「ニュー・リベラリズム」にあって、「平等」が全面、もしくは根底に据えられるということは一貫してなかった[(20)]。彼は「(社会)正義」を根本原理として重視しており、「平等」については、「平等」そのものよりも、(例えば、所得・富の)「極端な不平等」について「正義」の観点から、その

「不正義性」を問題にすることがあった、というべきであろう。「平等」を根本原理に据えて平等主義を唱えるというのは、彼のスタンスではないのである。

「平等」概念は横並びにする、という意味合いが強く、消極的な響きをもつのに対し、「正義」は人々の積極的な価値判断、そして行動動機を呼び起こす意味合いの強い概念である。そして過度の不平等に対しては、それが正義にもとるとの見地から、その不平等の緩和が希求されることになる。

ケインズにあっては、「平等・不平等」という問題は、「正義」の「一」範疇に組み入れられることで、変革の重要な対象として問題にされていると思われる。

3-2. 平等主義哲学の空間で見ると

現代哲学にあって「平等主義」(Egalitarianism) は論争の絶えない領域である。「平等主義」概念そのものが乱立状態にある。代表的事例に、「何の平等か」をめぐる「資源平等主義」(J. ロールズ、R. ドゥオーキン等) 対「厚生平等主義」(R. アーネソン等) がある。いずれも「(資源あるいは厚生の) 分配を平等にするという平等主義によって、分配的正義 は達成される」と考えている (ただし、「資源」や「厚生」の内容、定義は論者によって異なる)。これに対し、A. センや M. ヌスバウムは、自由を個人の潜在能力 [capability] のスタンスからとらえ、正義をケイパビリティの平等化をベースに評価すべし、との立場をとっている。

なお、功利主義 (J. ハーサニ等) は厚生 [効用] の最大化を基調としており、平等主義には与していない。このように、「何の平等か」、「価値として平等は唯一のものか」などをめぐる論争が尽きることはない。

「平等主義哲学」は、「資源」もしくは「厚生」の平等化を「理念としての正義」(分配的正義) として措定している。つまり、平等と正義を不即不離の関係に置いている。

これに対し、ケインズの場合、社会正義は「分配の平等」とは独立したものとして措定されているし、そもそも「分配の平等」は目的にはされていない。ケインズがいまの平等主義を見たとすると、そこには (ケインズ的意味での)「経済的効率性」の構築・提案が欠落している、と批判的に応じるであろう (ケインズの真骨頂は「経済的効率性」の構築・提案にある)。また、「平等」に目標を据えるよりも、「(社会) 正義」を基底に据えるべきである、「平等」が「正義」なのではない、と批判的に応じるであろう。

「過度の不平等」に対しては、それを「不正義」と直感し、その是正をケインズは考えることがある。だが、ケインズは「不平等」そのものの存在は容認するスタンスをとっている(21)。

おわりに

以上述べたことは、冒頭の「要旨」に記しているので、それに譲り、むしろ、第2次大戦時にケインズが見せた関連する活動に一言触れることで結びとしたい。

それは、『平和の経済的帰結』での戦後ヨーロッパの再建案につながるものである。異なるのは、第2次大戦時には、イギリス政府を代表する考案者兼交渉者として活動したという点である。なかでも、「救済・復興計画案」、「国際通貨体制案」は特筆すべきものである(22)。これらにおいて、彼は、対米交渉において、アメリカの経済力に圧倒され、その計画のもつ国際主義的特色を貫徹させることができず、交渉途上でかなりのプラグマティスト的(ときにはナショナリスト的) 側面を出しながら対応している。

これらにあっては「ニュー・リベラリズム」という枠内では収めることのできない、地政学的問題が含まれている。ケインズは大英帝国をアメリカと同等の地位に維持させることに多くの労力を割くことになったが、1946年4月に逝去している。その後の、大英帝国の衰退・滅亡(とりわけスエズ危機での米ソからの威嚇による) を見ることはなかったが、存命であればどのようなスタンスを見せたであろうか。

【注】

(1)『確率論』(Keynes, 1921) が代表作。同書と「若き日の信条」(JMK.10, 433-450) をめぐっては、平井 (2007, 第11章) を参照。

(2) これは、後述する「[社会] 正義」と「経済的効率性」に該当するように思われる。

(3) これらの社会改革はいまや「旧い」と認識されている (JMK.9, 295-306を参照。この認識はJMK.7,372でも見られる)。ケインズは、ホブソンの平等主義的「ニュー・リベラリズム」とは異なるものを求めている。この点をめぐって、例えばP. クラーク は両者の見解を連続的と見るのに対し、M. フリーデンは異なると見ている。

(4) ケインズは終生、ベンサム功利主義に否定的であった。「若き日の信条」（JMK.10, 445）、および平井（2000, 第7章）を参照。

(5) これは上記の「経済的効率性」を指している。

(6) 同様の表現は、「ロシア管見」(Keynes 1925a, 261, 268-269)、「わが孫たちの経済的可能性」（Keynes 1930,329,331）にも見られる。

(7)「富の蓄積が社会的に重要でなくなるとき、道徳律に大きな変化が生じる。この200年間われわれを悩ませてきた多くの似而非道徳原理は除去できる」と、ケインズは100年後を「夢見」ている」(Keynes, 1930,329)。

(8)「似而非道徳律」を「社会的（不）正義」の範疇に入れるとしても、それは他の不正義とはかなり性質を異にしている。貨幣愛に深く根ざすものが似而非道徳律と呼ばれているからである。それを緩和する方法などあるのだろうか。資本主義そのものが大きく変革されないかぎり、そうした緩和方法を見つけるのは至難だからである。例えば、社会的不正義としての「過度の」[所得・財産の]不平等であれば、それを緩和する方策はある。社会保障という社会正義の達成も、それを適度に実現する方策はある。だが、貨幣愛という社会的不正義を改善する方策は、それらとは質を異にしている。

(9) こうした立場は、資本主義体制を本質的に個人の政治的・経済的自由を保証するシステムであり、それゆえ個人主義に立脚した資本主義を理想的システムとみなすハイエクの社会哲学とも、経済的基準に基づくベンサム的功利主義哲学とも立場を異にする。

(10) このグループの陣容については、平井 (2000, 第6章) を参照されたい。

(11) この3部作の理論的・政策的関係・推移の探究は、平井（2003）の主題である。

(12) ケインズの社会哲学を、より広い視座 — ケンブリッジ学派、「ブルームズベリー・グループ」、さらに経済理論など — からとらえたものとして平井（2007）がある。

(13) 19世紀末から20世紀初頭に実施された「社会改革」がとった過度の富と所得の格差是正の方策にケインズは反対はしていない。ここではその運動が停止した理由としてこの点が主要な理由として挙げられている。この認識は注3で示した1923年頃のケインズの評価と一致している。

(14) それでも、言及は「相続税」(death duties) のみである。

(15)『一般理論』最終章では、完全雇用についてのケインズの処方箋が成功裏に実施されるならば生じるであろう資本主義社会が描写されている。そこでは、資本の希少価値の収奪者としての利子生活者階級および資本家階級の安楽死が生じている。この事態で、政府は、「金融業者、企業者等の知能と決断力と執行力を、合理的な報酬条件で社会の役に立つように活用する」（JMK.7, 376-377）直接課税方式を目指してもよい、こうして資本主義社会は、革命的な変貌を遂げてしまうであろう、と（似た発想の前身として注7を参照）。

(16) JMK.7, 378 を参照

(17) 最終章では、もう1点、国内完全雇用政策によって、「市場争奪の戦い」がもたらす「近隣窮乏化政策」によりこれまで生じてきた戦争を防止できる、という立論が示されている。

(18) JMK.9, 368, 377 を参照。

(19) 例えば「予算覚書」（1941年11月3日。JMK.22, 355-362）。ベヴァリッジとケインズの関係については、平井（2003, 補章3）を参照。

(20) JMK.30 で見ると、「平等」（equality, egalitarianism）はゼロに対し、「正義」（justice）は16箇所以上、「社会正義」（social justice）は40個所以上ある。

(21) 功利主義哲学であるが、ムーアの影響下や「ソサエティ」での論議等を通じ、ケインズは一貫して非常に批判的な論陣を張っており、否定的に応答することは疑いがない。「エッジワース」（1926. JMK.10, 259-260）で、限界理論の初期仮定は、どの程度、功利倫理学および功利心理学と共に立ち、共に倒れるかという興味深い問いを、エッジワースに発したことが記されている。

(22)「救済・復興計画案」については、平井（2000, 第4章）、「国際通貨体制案」については、Hirai（2019）を参照。

【参考文献】

・文体の統一性を考え、翻訳は原則、自訳である。
・（例えば）JMK.2 とあるのは、The Collected Writings of John Maynard Keynes, Macmillan の第2巻の意。
・煩雑さを避けるため、JMK に関しては原書のページで示している。訳書には原書のページが下部に記されており、該当する和訳個所は容易に特定される。

Hirai, T. 2019 “Keynes as a Planner and Negotiator” in Rosselli, A. and others eds.

Holtug, N., Lippert-Rasmussen, K. eds. 2006 *Egalitarianism: New Essays on the Nature and Value of Equality*, Oxford University Press.

Keynes, J.M. 1919 *The Economic Consequences of the Peace*, Macmillan (JMK.2, 1971). 早坂忠訳『平和の経済的帰結』東洋経済新報社、1977年。

Keynes, J.M. 1921 *Treatise on Probability*, Macmillan (JMK.8, 1973). 佐藤隆三訳『確率論』東洋経済新報社、2010年。

Keynes, J.M. 1925a “A Short View of Russia” (JMK.9, 253-271).

Keynes, J.M. 1925b “Am I a Liberal?” (JMK.9, 295-306).

Keynes, J.M. 1926a “Liberalism and Labour” (JMK.9, 307-311).

Keynes, J.M. 1926b *The End of Laissez-Faire* (JMK.9, 272-294).

Keynes, J.M. 1930 “Economic Possibilities for Our Grandchildren” (JMK.9, 321-

332).
Keynes, J.M. 1931 *Essays in Persuasion*, Macmillan (JMK.9, 1972). 宮崎義一訳『説得論集』東洋経済新報社、1981 年。
Keynes , J.M. 1933 *Essays in Biography*, Macmillan (JMK.10, 1972). 大野忠男訳『人物評伝』東洋経済新報社、1980 年。
Keynes, J.M. 1936 *The General Theory of Employment, Interest and Money*, Macmillan (JMK.7, 1973). 塩野谷祐一訳『雇用・利子および貨幣の一般理論』東洋経済新報社、1983 年。
Keynes, J.M. 1940 *How to Pay for the War*, Macmillan (JMK.9, 367-439).
Keynes, J.M. 1949 "My Early Beliefs" (JMK.10, 433-450).
Keynes, J.M. [1977] JMK.17 *Activities 1920-1922: Treaty Revision and Reconstruction*, ed. by Johnson, E., Macmillan.
Keynes, J.M. [1978] JMK.18 *Activities 1922-32: The End of Reparations*, ed. by Johnson, E., Macmillan. 武野秀樹・山下正毅訳『賠償問題の終結：1922-32 年の諸活動』東洋経済新報社、1989 年。
Keynes, J.M. [1982] JMK.21 *Activities 1931-1939 World Crises and Policies in Britain and America*, Macmillan. 舘野敏、北原徹、黒木龍三、小谷野俊夫訳『世界恐慌と英米における諸政策：1931-39 年の諸活動』東洋経済新報社、2015 年。
Keynes, J.M. [1978] JMK.22 *Activities 1939-45: Internal War Finance*, Macmillan.
Keynes, J.M. [1980] JMK.27 *Activities 1940-46: Shaping the Post-War World: Employment and Commodities*, Macmillan. 平井俊顕・立脇和夫訳『戦後世界の形成：雇用と商品』東洋経済新報社、1996 年。
Keynes, J.M. [1989] JMK.30 *Bibliography and Index*, Macmillan.
Rosselli, A., Naldi, N. and Sanfilippo, E. eds. 2019 *Money, Finance and Crises in Economic History*, Routledge.

平井俊顕 2000『ケインズ・シュムペーター・ハイエク』ミネルヴァ書房。
平井俊顕 2003『ケインズの理論：複合的視座からの研究』東京大学出版会。
平井俊顕 2007『ケインズとケンブリッジ的世界』ミネルヴァ書房。

第9章　ロールズの平等論

魚躬　正明

〔要旨〕

ロールズは、様々な不平等がもたらす不正義を判定する根本的視座として「自由で平等な人格としての市民」をおく。正義の二原理は自由で平等な市民に基本的な自由への平等な請求権を保証し、その行使のための機会や手段を提供する。原理は功利主義との比較を通して望ましさが明らかにされ、ここでも自由で平等な市民の視座は重要な役割を果たす。正義の二原理を実現する制度構想である財産所有のデモクラシーは、市民が自らを自由で平等な者とみなすことが可能となるような制度枠組みを提示している。

はじめに

ジョン・ロールズ（John Rawls 1921-2002）の『正義論』刊行以来、その政治哲学をめぐって膨大な学術的論争がつみ重ねられてきた。今日の（とりわけ英米圏の）政治哲学の隆盛はロールズにその多くを負っているといえよう。本章は平等論に限定しても膨大なその論争を紹介しようとするものではない(1)。ロールズは現実の社会におけるどのような不平等を批判したのか、どのような平等が望ましく、また実現されるべきだと考えたのか、という素朴な問いから、その平等論を描こうとするものである。

本章ではこのような観点にたち、ロールズがリベラル・デモクラシーの歴史からどのような理念・理想をとりだし、公正としての正義（justice as fairness）として練り上げたのかを論じる。ロールズの理論的営みは、その抽象性にもかかわらず、現実のリベラル・デモクラシーのあり方を、その理念・理想の最も良質な部分に即して批判し、より善き、ありうる政治社会のあり方、その実現可能性を探究するものにほかならない。本章では、ロールズがその政治哲学の中核においた理念の一つである「自由で平等な市民」に焦点をあわせる。

ロールズが提示した理念・理想に着目するのは、彼が政治哲学の役割の一つに「現実主義的にユートピア的なもの」の探究、すなわち「政治的に実行可能なものの限界を徹底的に調査すること」をあげたからにほかならない。私たちは、完璧ではないけれども「適度に正義に適った民主的政体が可能である」という「確信」から出発し、歴史的条件と世界の法則と傾向とを考慮にいれつつも、どのような「理想と原理」にもとづいた社会を実現し得るのかを探究する（R: 4/ 訳 8）。政治哲学がこの役割を果たすとき、私たちが到達しうる理想的状態を提示するとともに現実を批判するための準拠点ともなる。それは「現存の不正義」にどう対処すべきかの「指針」を提供するものとなりうる。また改革の目標を明確にし、「是正すべき不正義」とは何かを識別するためにも貢献しうるものとなる（R: 13/ 訳 23-24）。本章はロールズのこの姿勢にならい、ロールズの「自由で平等な人格としての市民」という理念が、格差・不平等が深刻化する私たちの現実世界に対し、いかなる示唆をもつのかを問いなおそうとするものである。

本章では、まず第 1 節において、不平等を批判し是正するための理念的視座としての「自由で平等な人格としての市民」についてみていく。第 2 節では、この自由で平等な市民という理念が、正義の二原理が功利主義の諸原理・構想と比較検討され、公正としての正義の望ましさが論証される理路において、どのような役割を果たすかをみていく。第 3 節では、正義の二原理を実現する財産所有のデモクラシーの制度構想において、自由で平等な市民としての地位はどのような制度枠組みのもとで実現されうるのかを検討する。

1. 最高度の平等の視座——「自由で平等な人格としての市民」

1.1. なぜ不平等に関心をもつのか

私たちを悩ませる不平等のうち、特に懸念すべき不平等とは何か、そして不平等についてロールズはどう応えようとするのか。ロールズは、私たちが不平等に関心をもつ理由を検討し、いくつかの不平等に対する自身の理論的立場を明らかにしている（R: 130-32 訳 259-263, PP: 244-48/ 訳 489-99）。先に結論を述べれば、ロールズは「自由で平等な人格としての市民」という「最高度の平等」という視座から、様々な不平等はその不正義の度合いを判定され、対策が検討されるべきだと考える。

> 政治社会における〔市民の〕根本的な地位は、平等な市民たる地位、つまり誰もが自由で平等な人格としてもつ地位であるべきなのである

（R：131/ 訳 262）

この視座からみたとき、不平等がもたらす懸念すべき影響のひとつが政治的不平等である。ロールズは社会的・経済的不平等（ここでは所得と蓄積された富が想定されている）が政治的不平等、すなわち市民たちが政治に影響を及ぼす力の著しい不平等に結びつく傾向に注意を促す。社会的・経済的に有利な立場にある者たちは、その立場を維持、促進するために団結し、そのための法や制度を実現するため政治に影響を与えようとする。ロールズは社会的・経済的不平等が政治的不平等の拡大・強化につながる傾向性について幾たびも言及し、この結びつきが歴史的に見てデモクラシーを腐敗させてきた重大な要因であるとしている。不平等を是正する措置は十分にとられず、有利な立場にある者たちは「国家とその強制装置を利用することで、自分たちの恵まれた地位を確かなもの」としてきたのが、歴史的にみた近代デモクラシーの実態にほかならない（TJ: 198-99/ 訳 306）。

そこでロールズは、この二つの不平等の拡大と強化の循環をたち切るために原理的、制度的提案をする。正義の二原理の第一原理は、社会の全構成員に平等な諸自由への請求権を保証するが、そのうち政治的自由にのみ「公正な価値」の保証を求めるのである（正義の原理については第 2 節を参照）。市民は自らの自由な意思において政治的諸自由を行使するが（政治参加にどの程度、時間や資源をふりむけるかは市民が決めることであり、参加は義務ではない）、行使された場合の実効性を担保するために「公正な価値」の保証が要請される（TJ: 200/ 訳 308）。政治的諸自由はそれ自体の善さという観点からではなく、いわば他の諸自由を護るための手段としての位置づけを与えられており、その故にこそ基本的諸自由のなかで特別な地位にある（R:142-45/ 訳 285-89）。選挙制度やメディアへの公正なアクセスの確保をはじめ、政治的議論が歪められぬよう制度的措置が原理的観点から求められ、状況にあわせた具体的な対策がなされねばならない（R: 148-50/ 訳 295-99）。政治的平等は公共的熟議の不可欠な制度的条件であり、政治は「金銭の呪縛」から解放されている必要がある（LP: 139/ 訳 203）[(2)]。

政治的不平等はそれがもたらす影響に着目されているが、不平等そのものがもつ悪という観点からは、社会的・経済的不平等がより低い社会的地位にある市民に自分は劣った者だと感じさせ、また他者からもそうみなされることの悪影響が指摘される。ロールズはルソーが自尊心などの感情を重要視したことにならい、不平等がもたらす「悪徳」に注意を促している[3]。

> 〔劣位にある〕一方の側に服従（deference）と追従（servility）の態度の蔓延を促し、他方の側に横柄（arrogance）と軽蔑（contempt）の態度を助長してしまうかもしれません。というのも、人びとの自分自身に対する見方は、彼らが他人によってどう見られているかに依存しているからです。すなわち、彼らの自尊心、自己評価、自信といったものは他の人びとの判断や評価に依存しています（PP: 245/ 訳 492）。

ロールズにおいては自尊心それ自体ではなく、自尊心をもつための社会的基盤の確保を目指す。これは正義の二原理が基本財（諸自由、機会、所得と富など）として分配するもののうち、ロールズが最も重視しているものである。そうした基盤は「市民が自分の人格の価値について生き生きとした感覚をもち、各自の目的を、自信をもって推進するために通常不可欠な基本的諸制度の様々な側面」とされ、社会制度が充たすべきものにほかならない(R: 59/ 訳 113-14)。ロールズは『正義論』において、劣位にあると考える者のねたみ（envy）が社会を不安定化させる可能性を論じている（cf. TJ: secs. 81-82)。不平等が、「自分自身に価値がある」と人びとが感じることを妨げ、また自身の人生計画は実行するに値するとも思えない状況をうみだしてしまうならば、自尊心は確保されないだろう。人びとはそのような社会の制度を支えようなどと考えるだろうか。自尊心とその制度的基盤の確保は、たんに個々人の精神的安心や満足という観点から重要なばかりでなく、市民間の協働の基礎を維持し、社会が正義に適い安定して存続していくために充たすべき条件にほかならない。

さらにロールズは、不平等そのものの悪という観点からはジェンダーや人種といった理由により押しつけられる「固定的な」不平等はとりわけ憎むべきものだと述べる。人種やジェンダーを理由として不平等を被った人びとは、かつては自由で平等な市民としての地位を形式的にさえ認められていなかったと言えよう。ロールズの『正義論』は、公民権運動など自由が希求され、不平等への異議申し立てがとりわけ激しく行われたなかで構想が練られ、書き上げられた。市民的不服従の議論にその影響は明らかである[4]。ジェンダーの観点からは、ロールズに対して多くの批判がなされてきたが、公正としての正義はジェンダーの不平等にも批判的視点を提供しうると応答している

(R: 162-68/ 訳 320-30)。どちらの不平等も自由で平等な市民という観点に照らせば、現代においては正当化しうる理由をもたない (R:65/ 訳 126)。このようにロールズは、「最高度の平等」としての自由で平等な市民という視座を、様々な不平等を判別する準拠点としているのである。

1-2. 自由で平等な人格とは何か

人びとが自由で平等な人格をもつ市民とみなされるべきなら、それにふさわしくない不平等のあり方は是正されなくてはならないとロールズは考える。では市民が「自由で平等」であるとはどのような意味においてなのだろうか。ここでは市民の能力とアイデンティティという観点から見ていく。

ロールズは、自由で平等な市民はふたつの道徳的能力をもつと想定する。一つは「正義感覚」への能力である。これは市民たちが社会的に協働していくための公正な取り決めを明確化する正義の原理を理解し、それに従って行動するための能力である。もう一つは「善の構想」をもち、修正し、合理的に追求する能力である。人びとは善き生についての構想、すなわち「人生において価値あるものは何か、完全に価値ある人生とみなされるものは何か」についての構想をもっている。そして各自がもつ宗教的、哲学的、道徳的な教説 (doctrine) に照らして善の構想を解釈し、人生の目的･目標を順序づけ、方向づけている。市民は誰もがこの二つの能力を必要最小限もっているとされ、「全生涯にわたって」社会的協働に携わることができるという意味で平等であるとみなされている (R: 18-19/ 訳 35-37, cf. TJ: sec.77) [(5)]。

自由であるということの意味は、まず市民たちは善の構想を「道理に適い合理的な根拠に基づいて、この構想を修正し変更できる」者であると自らをみなしていることをさす。市民は自分の生き方を、望むのなら自由に変えることができるのであり、いわば外側から働きかけられ特定の生き方をするよう左右され、拘束されている者とはみなされない。ロールズはこれを市民たちがもつ共通の公共的・法的アイデンティティであるとして、政治社会の一員としてのこのアイデンティティは、自分の善の構想と結びついた個々人の多様な道徳的アイデンティティがいかに変化しようとも影響を受けるものではないとする。市民は社会の一員として、自分の道徳的アイデンティティと市民としての共通のアイデンティティとの間で折り合いをつけるよう要請される。ロールズがこのようなアイデンティティ観を採るのは、市民が社会の政治的正義の諸価値とその具体化にコミットメントをもち、たんに自分の道徳的アイデンティティに関わる事柄を重視して常にそれを優先し、自らの市民としての権利や義務を軽視する者とは捉えないためである（R: 21-22/ 訳 40-42）。

自由で平等な人格としての市民は、自分（と他者）を妥当な請求権の自己認証的源泉（self-authenticating sources）であるとみなしているという。市民たちは、社会制度に対して自らの善の構想を「増進するように請求する権利が自分たちにある」と考えており、そうした権利には政治社会の構成員という立場から導かれ課される義務と責務とは別個の「特別な重み」があるとみなしている (R: 23/ 訳 44-45)。市民は誰もが平等に社会とその制度に対して、自身の妥当な利害関心から要求する権利があるのであり、社会への貢献度にかかわらず、いわば“声をあげる”資格がある者とみなされている。

こうした自由で平等な人格の構想は「民主的社会の公共的政治文化」と、憲法などの基本的な政治文書とその「解釈の歴史的伝統」とから作り上げられる（R: 19/ 訳 37）。それは一定の抽象化と理想化が施されており、現実の私たちとはあまりに隔たっていると思われるかもしれない。しかしロールズはこのような抽象的な人格を用いることはたんなる「抽象化のための抽象化ではない」という。私たちの根深い政治的対立の根源に迫り、正義に適う政治的な原理・構想を見つけ出すためには、人格をはじめとする様々な理念や構想に目を向け定式化する作業は不可欠であり、私たちが政治的問題にかかわる深刻な対立を解決し、理想的状態を思い描く思考のために必要な作業である（PL: 45-46）。ロールズの理論的営みは、自由で平等な人格とその理想を実現する社会の統制原理を追求するものであり、そうした人格とその実現する原理を真剣に受け止めようとすること、またそうした原理に私たちは従いたいと考えるのか、と問うものである。立憲的デモクラシーの思想の誠実さ（integrity）はここにかかっているとロールズは言う（R: 79/ 訳 156)。

2. 正義の二原理と功利主義の比較の要点

本節では正義の二原理について確認したのちに、功利主義の諸構想との比較における自由で平等な人格の意義について概観する。正義の二原理は以下のようなものである。

(a) 各人は、平等な基本的諸自由からなる十分に適切な枠組みへの同一の侵すことのできない請求権をもっており、しかもその枠組みは、諸自由からなる全員にとって同一の枠組みと両立するものである。

(b) 社会的・経済的不平等は、次の二つの条件を充たさなければならない。第一に、社会的･経済的不平等が機会の公正な平等という条件のもとで、全員に開かれた職務と地位に伴うものであるということ。第二に、社会的・経済的不平等が、社会のなかで最も不利な状況にある構成員にとって最大の利益になるということ（R: 42-43/ 訳 83)。

第一原理は、社会のすべての構成員に、平等な諸自由への請求権を保証するものであり、諸自由には、政治参加（投票権や公職就任権など）に関する自由、言論および集会の自由、思想の自由、良心の自由、人心の自由等の基本的な諸自由が含まれる（TJ: 53/ 訳 85)。前節でも触れたように、政治的自由にのみ「公正な価値」の保証が要請されるよう但し書きがなされ、諸自由のなかで特別な位置づけがなされている（R: 149/ 訳 296-97, PL: 5)。基本的諸自由は、先にみた自由で平等な市民の二つの能力の行使と発達させる「根本的場面」のための空間を保護し、確保する。平等な政治的諸自由と思想の自由は、「社会の基本構造や社会政策が正義に適っているかどうか」を判断するための正義感覚の能力を、思想、良心の自由と結社の自由は、市民が善の構想を形成し、修正し、時には他者とともに追求する能力と結びついている（R: 45/ 訳 88)。

第一原理は、第二原理に対する優先権をもち、社会の一部の人びとの諸自由を侵害し、それを社会全体の経済的利益の増大によって埋め合わせ、正当化することは拒否される。第二原理は機会の公正な平等と格差原理とからなる。第二原理は市民の「人生の見込み（life prospects)」を左右する三つの偶然事、すなわち、①生まれてから分別ある大人になるまでに過ごした出身社会階層、②出身社会階層からも影響をうける（実現された才能の対立概念としての）生まれつきの才能、そして、③病気や事故、失業や不況など、一生を通じて出会う幸運と不運とがもたらす不平等に対処するものである。これらの偶然事の影響が各種の不平等に結びつき、自由で平等な市民という共通の地位を損なうことのないように社会制度を組織せねばならない（R: 55/ 訳 106-07)。教育の公正な平等は「リベラルな平等」を意味し、才能や能力において同一で、またそれを生かす「意欲」においても同一である人は、出身社会階層にかかわらず同じ成功の見込みがあるべきだとする（R: 43-44/ 訳

85)。この原理が教育制度に適用された場合、「文化・教養の知識や技能を習得するチャンス」が出身社会階層により左右されぬよう、学校教育のシステムは社会階層・階級がもたらす不平等を解消するように要請する。このように、機会の公正な平等の原理がもつ含意はラディカルなものである（TJ:63 / 訳 100）[(6)]。

格差原理は「民主的な平等」を意味し、社会において最も不利な立場にある人びとの利益になる限りでのみ、より有利な立場にある者はさらなる利益を得ることを要請する（TJ: 87/ 訳 137）。ロールズは、格差原理が社会の「公共的協定・慣習において服従や奴隷根性がないこと」、そして「市民間の友情や社会的連帯」を意味する「友愛」を表すものだと述べている。またこの原理に同意することは「社会の基礎デザインにおいて、人びとを目的それ自体として扱う」ことであり、その理念を公共的に表明するものであるとも述べている（TJ: 156-57/ 訳 243-44）。格差原理は、社会的・経済的不平等と経済的な効率性を両立させ人びとの自尊心を損なうことのない範囲で認めるという消極的なものではなく、社会の達成目標そのものを切り替え、最も不利な状況にある人もまた有利な立場にある人と対等な社会の一員として遇するものである（TJ: 87/ 訳 136）。

正義の二原理は原初状態という特殊な状況において選択される。そこにおいては先にみた自由で平等な人格としての市民を「モデル化」した代表者たちが、選択肢にあげられた諸原理を比較検討する。彼らは無知のヴェール（veil of ignorance）によって、「自分たちが代表する人びとの社会的地位とか彼・彼女らの特定の包括的教説を知ることを許されない。代表者たちはまた、人びとの人種や民族集団、性別も知らないし、強さや知力など様々な生まれつきの才能がすべて通常の範囲内にあるということも知らない」。このような知識の遮断は、彼・彼女らが合意する原理が、社会構造や個々の特性に影響をうけ歪められぬようにし、合意が公正なものなるために必要なものであるとされている（R: 15/ 訳 29, TJ: sec. 24）。

原初状態における自由で平等な人格としてモデル化された代表者たちは、正義の二原理が分配する諸自由や機会、所得と富、そして自尊心の社会的基盤といった社会的基本財を確保しようとする動機に動かされている（R: 82-83/ 訳 165）。現実の私たちは、彼らの推論とその帰結を吟味することで、私たちの判断を修正したり、条件をかえて再び原初状態における当事者たちに原理の選択にむけた推論をさせ、正義についてのより「熟考した確信」へと近づいていく。原初状態はそのための思考の装置にほかならない（PL: 28)。

原初状態における功利主義との比較の議論に移ろう。ロールズは『正義論』初版への批判をうけ、改訂版、晩年の『公正としての正義：再説』に至るまで功利主義との比較検討にもとづく自説の優位性の論証に心を砕いた。ロールズの応答の主眼はテクニカルな論ばくにではなく、自らの理論的立ち位置を鮮明にすること、いわば議論の土俵の違いを強調することであった。その長大な議論の詳細に立ち入ることはできないが(7)、ロールズが比較において自由で平等な人格の構想をより強調するようになったことをふまえ、その比較の要点を二つ確認したい。一つはロールズが両者の人格の構想の違いを強調し、正義の二原理が、自由で平等な人格が求める平等な自由を確実に保証してくれるとみていること。そして二つめは、正義の二原理が自由で平等な人格にふさわしい社会的ミニマム（生活水準）を保障してくれるのに対し、功利主義が示すミニマムの水準は自らを自由で平等な人格とみなすには不十分なものであるということ、である。

ロールズは、デモクラシーの思想において二つの「対照的な社会観が突出した地位」をしめてきたとする。一つは社会契約の伝統に連なる社会観であり、公正としての正義のように社会を自由で平等な人格たちからなる公正な協働のシステムであるとみて、平等や格差原理が表す互恵性の理念を含むように社会を編成しようとする。功利主義に連なる社会観においては、社会を全構成員の善を集計し最大化しようとするものとみなし、平等や互恵性は「間接的にのみ」考慮されるにすぎない（R: 95-96/ 訳 190-91)。この人格と人格からなる社会についての構想（捉え方）の違いは、正義の二原理が保証してくれる平等な諸自由の枠組みへの請求権を、社会的・経済的利益と天秤にかけることを許容するかいなかという根本的な比較検討において明らかとなる。

すでにみたように、自らを自由で平等とみなす人格は、そのような人格たる市民としての地位に付随する請求権に特別な重みを与えている。原初状態の代表者たちはそのような自由で平等な人格をモデル化したものであるから、彼・彼女らもまた原理への合意にあたり自由で平等な市民としての地位を確固としたものとしてくれる原理に合意するはずである。平等な諸自由は、平等な市民としての地位にとって根本的な重みをもつ。代表者たちは自らの善の構想（生き方）を抱き、変えうる「自由な人びと」としての根本的な最上位の利害関心をもっている（TJ:131/ 訳 206)。ロールズはこの比較において、コミットメントの緊張（the strains of commitment）と呼ぶものを代表者たちは勘案するはずだとする。それは社会の根本原理への合意は「最終的」で永続的なものであることから要請される、代表者に課される拘束にほかならない。ロールズはこのコミットメントの緊張が課す重圧によって、自由で平等な人格としての市民の代表者として、彼・彼女らがその根本的な利害関心である基本的諸自由を経済的利益と天秤にかけるなどという危険な賭けに身をさらそうとするはずはないとして、全員にとっての平等な基本的諸自由を確保することをなによりも優先するはずだと主張する。

> 二度目のチャンスは存在しない。起こりうる帰結の重大な性質を考慮すると、〔原理への合意と約束の遵守という〕コミットメントが負わせる重荷の問題は、とりわけ深刻なものとなる。人は、自分の人生の見通しを左右するような基準を、たった一度で選択しようとしている。さらに、私たちが合意に加わる場合、たとえ最悪の可能性が現実となることが判明したとしても、私たちはその合意を尊重することが可能でなければならない（TJ: 153/ 訳 239）。

> 人びとは、何のためにそのような危ない橋を渡るのか、その理由を当事者は思いつくことができるのだろうか。彼らは自分の目的を実現するための物質的手段をはるかに多くもつことに賭けてみたいと思っている、とでも言うのだろうか。しかし当事者は、自由で平等な者とみなされる市民たちの代表者である以上、そのような目的のために市民の基本的な諸権利と諸自由を危険にさらすことはできない。当事者には、そのようにみなされる市民の受託者としての責任があるため、そのような市民たちの基本的な諸権利と諸自由を元手にギャンブルをすることが許されない（R: 102/ 訳 203）。

原初状態は極めて特殊な状況である。私たちは現実の人生においては様々な考慮事項を検討し、危ない賭けに出ることがあるかもしれない。また経済的利益と引き換えに自由を一部放棄することが合理的に思えることがあるかもしれない。しかしながら、ことは社会の根本原理の選択である。ヴェールが引き上げられ、自らが最も不利な立場に生れ落ちることが判明した時、耐え難く、遵守できないような原理を選択することはまったく道理にあわない。

ロールズは、基本的な諸自由を「一度限りというやり方で固定し、それらに特別の優先権」を与え、「社会的利益の計算を越えたところにおく」ことは市民間の相互尊重に基づく社会的協働の基礎を確固たるものにする効果をもたらしてくれるとしている。対照的に基本的な諸自由と社会・経済的な利益と天秤にかけることは、市民たちの間に闘争を招きかねず、社会における不安定性と敵対性を危険なほどに増大させる。そのような社会においては諸自由を確実に保証してくれる安定した立憲的体制が市民の徳性にもたらしてくれる好ましい影響は望むべくもない（R: 115-16/ 訳 228-32）。

続いて制限つき効用原理という構想との比較の要点を確認する。この比較においては、第二原理の格差原理が焦点となる。制限つき効用原理は、第一原理と機会の公正な平等は同じであり、格差原理に替わって「適正なレベルの社会的ミニマム」の原理をそなえている。この原理との比較検討をへてもなお、格差原理に積極的な支持をあたえうるかがここでの焦点でなる（R: 120/ 訳 238）。

この比較の議論においては、社会的ミニマムの水準とコミットメントの緊張が問題となる。この場合、コミットメントの緊張は、私たちを自由で平等な者とみなした場合に、正義の原理を社会の基本構造のための公共的構想として肯定できないほどにその緊張が過大となるかどうかを問うものである。

ロールズによれば、制限つき効用原理が保証する社会的ミニマムは、人びとが自分の状況を改善するために暴力に訴え出るほどにはコミットメントの緊張を過大にはしない。しかしながら、最も不利な状況にある人びとが「自分は政治社会の一部だと感じ、その理想や原理を備えた公共的文化が自分自身にとって意義あるものであるとみなす」ほどには十分な生活水準ではないため、市民たちは自由で平等な市民と自らをみなすようにはならない。

> 私たちは政治社会から離れていき、私たち〔個々人〕の社会的世界のなかに退却する。私たちはのけ者にされている（left out）と感じ、孤立して冷笑的になり（withdrawn and cynical）、自分の思考と行動において、生涯にわたって正義原理を擁護することができない（R: 128/ 訳 255）

格差原理が要求するミニマムとの違いは、この構想が自由で平等な人格たちからなる公正な協働のシステムとしての社会という考えをとらず、それゆえ互恵性の理念、すなわちより不利な状況の人びとの利益になる限りでのみ社会全体の利益をからより有利な立場の人びとは利益を得てよい、という意味を含まないことにある。最も不利な状況にある人びとは、ほどほどのミニマムを保障されてはいる。しかしそのミニマムは、自身をより有利な状況にある人びとと同様の自由で平等な市民とみなし、対等な市民として社会に参画していく意欲を涵養するようなミニマムではないのである。ロールズは格差原理が要請する互恵性に基づくミニマムの水準は、制限つき効用原理のミニマムとはその多寡においてはさほど変わらないかもしれないと述べているが（R: 129/ 訳 256-57)、ミニマムに対しどのような意義づけがなされているか、またそれを受け取る市民が、ミニマムをどのようなものとみなすかに着目していると言える。ロールズは、制限つき効用原理のミニマムは次節でみる福祉国家型資本主義のミニマムと類似のものであり、自由で平等な市民の構想にはふさわしくないとする（R: 129-30/ 訳 258-59)。続いて、具体的な制度構想との比較を通して検討しよう。

3. 平等な社会への制度構想——財産所有のデモクラシー

ロールズは正義の二原理を実現する制度構想として財産所有のデモクラシー（property-owning democracy）を提起したが、『正義論』における議論はさほど注目されなかった。改訂版の序文では、いわゆる福祉国家との理念の違いに注意を促し、財産所有のデモクラシーが「自由で平等な人格とみなされる市民による長期にわたる公正な協働のシステムという社会の理念を実現」するものだと述べている（TJ: xv/ 訳 xviii)。晩年の『再説』では、この制度構想とその望ましさについての議論がより積極的に展開されている(8)。そのようなデモクラシーは、自由で平等な市民としての諸自由・権利を実質的なものにするよう原理上要請するのはもちろんのこと、制度的な後ろ盾をもしっかりと確保するがゆえに、公正としての正義における諸自由は形式的なものに成らざるを得ないという（社会主義者らの）批判に応えうる望ましさを備えている（PP: 320-22/ 訳 642-45)。

ロールズは制度構想の検討を通して、自由で平等な市民たちによる公正な協働システムとしての社会という構想を、原理や理想という観点からだけでなくその「実際的な含意を考え抜いてみる際の私たちの気持ちや態度」という観点からも吟味する（R:136/ 訳 271)。自由で平等とされる市民が、社会制度のなかにおいて実際にそのように遇されているのかは、それを吟味する現実の私たちの視点にも大きく影響を与えよう。

> 基本的な諸制度は…政治的正義の理想を公にし、奨励するだけでなく、そのような市民の見方を市民自身に向けて教育するようなものでなければならない。…そのような政治的構想は、この役割を果たす限りで公共的政治文化の一部である。その第一諸原理は、〔社会の〕基本構造に含まれる諸制度に具現されており、そうした諸制度の解釈にあたって援用される。そのような公共的政治文化になじみ参与すること、これこそ市民が自分を自由で平等な者と理解するようになるための一つのやり方である（R:56 / 訳 108）。

財産所有のデモクラシーの望ましさの焦点は、その基本的諸制度がこのような教育的効果をもたらすと言えるかにかかっている。功利主義との比較検討と同様に、対抗する制度構想との比較においてその望ましさが論証される。福祉国家型資本主義（資本主義的福祉国家）との比較が最も重要なものである。ここでは、社会的・経済的不平等と政治的不平等との関係、そして自尊心とその社会的基盤の確保という観点からその制度構想の概要をみていく。

ロールズは、福祉国家型資本主義が政治的諸自由の「公正な価値」を拒否しており、機会の平等については配慮するものの、そのための実効的な政策が採られていないとする。生産手段は社会の一部の者に集中し、社会的・経済的権力をより多く保持する者たちが、政治生活においても影響力をもっており、大きな政治的不平等を許容してしまう（R: 137-38/ 訳 275）。これに対し、財産所有のデモクラシーは社会的・経済的権力の集中を防ぐために、不動産や生産用資産を広範に分散させるよう、たとえば遺贈と相続についてはその受取人に対して累進課税を課すことでその平等化を促進する。また所得と富についても、財源の調達のためではなく、社会制度の背景的正義の確保のために、必要であれば累進課税が適用され、政治的諸自由の公正な価値や機会の公正な平等に反するような富の蓄積を防止しようとする（R: 157-58/ 訳 317-18）。

この比較において重要なことは、両者が背景的正義の確保、すなわち社会の基本制度の「長期的な背景調整についてまったく異なる見方」をとっているということだ。正義に適った社会制度が維持されるよう、原理は制度の後ろ盾となるよう働くものとして現に参照され、社会制度はそれに従っているかが問われる。分配、再分配のあり方の違いに着目してみよう。

福祉国家型資本主義においては、最低限度の生活水準を下回った人びとに所得を補填し失業補償などを行うが、そうした状態に陥らないための背景的正義（機会の公正な平等など）が欠けているために、「慢性的に福祉に依存するような、挫折し意気消沈した下層階級が育つ」可能性がある。こうした下層階級は社会に対して疎外感を感じ、その「公共的政治文化」に参加しない（R: 139-40/ 訳 279）。このような下層階級は、さきにみた制限つき効用原理における社会的ミニマムとコミットメントの緊張の関係におけるように、いわば社会から退却し閉じ込もり、自らを自由で平等な市民とみなすことはない。政治的諸自由の公正な価値は拒否されており、彼らが社会制度の変革のために異議申し立てをするための政治制度が省みられることはないだろう。これに対し財産所有のデモクラシーにおいては、生産のための資産を一部の者に独占させるのではなく広く分散させ、人的資本（教育を受けた諸能力、訓練された技能、知識や社会制度の理解も含まれる）をも広く行きわたらせようとする。先に見たように、諸々の税制によって富の集中と蓄積を防ぎ、社会的・経済的権力を分散するだけでなく、政治的不平等へとつながることを防ぐことで政治的自由の「公正な価値」は確保される。機会の公正な平等は、教育制度や職業訓練のための具体的な制度を要求するであろう。これにより、市民をはじめから「適正な程度の社会的・経済的平等を足場にして自分自身のことは自分で何とかできる立場」におこうとするのである(9)。このように、慢性的に福祉に依存する人びとを生み出さぬよう目指す制度の下にあって、人びとは最も不利な状況にある人びともふくめ「政治的正義の問題としては、他の誰人とも並んで互恵性の働きに参与」している者であると互いをみなすようになる（R: 139/ 訳 278）。

ロールズは、財産所有のデモクラシーが市民たちから自由で平等な市民であり続けるために十分なだけの政治生活への参画をひきだすだろうとみている。すでにみたように政治生活を自分の善の構想（生き方）においてどれだけ重みのあるものとするか、時間や資源をどれだけ振り向けるかは各人が自由に決める事柄である。政治生活に人間のあり方としての特別な善さを見いだす積極的な市民がいてもよいし、そうではない市民は自らの善の構想にしたがい政治生活にわずかばかりであっても参加すればよい。政治的諸自由の「公正な価値」とそのための制度的な後ろ立てがあるのならば、自由で平等な市民であり続けるための制度を護るための市民の参加は十分に引き出されるのである（R: 142-43/ 訳 286-89）。[10] 市民たちは政治的諸自由の公正な価値にもとづく自己統治を通して、市民としての「自己肯定感と政治的力量」を向上させることができ、それは「正義に適った制度」の安定性にも資するものとなる（TJ: 205-06/ 訳 316）。

おわりに

はじめにで述べたように、ロールズは政治哲学の役割の一つに現実主義的にユートピア的なものを構想すること、すなわち実行可能なものの限界を探究することをあげた。自由で平等な人格という構想は、私たちが到達しうるあり方を一つの理想として示すものである。また本章でみてきたように、政治哲学は私たちの現実社会の自由で平等でない市民としてのあり方を批判し、具体的な社会制度の変革のために何が必要かを考えるための最高度の平等の視点として働くという面もある。そうした理念や理想という観点から政治社会の諸問題と捉えなおすことは、現実へのアプローチとして、あまりに迂遠なように思われるかもしれない。

ここで強調しておきたいのは、理念・理想によって現実を問いなおす営みそのものがもつ効用である。ロールズはそうした問い（自由で平等な市民たちからなる正義に適った社会は可能かなど）への態度そのものが、私たちの社会の公共的文化や政治の運営にかんする基底的な態度を方向づけると考えている（PL: lix-lx, PP: 1-9/ 訳 1-18）。不平等がもたらしている過酷な現実とそれをめぐる終わることのない意見の対立のただなかにおいて、それでもなお、正義に適った社会のあり方を問うこと自体に意味を見いだすことができるのか。そうした営みがたんなる思考のあそびに過ぎないとあるいは徒労に過ぎないものであるとの諦めに抗うことができるのか。ロールズの問いに対し私たちがどのように応えるのかは、その平等論への賛否以上に重要なもののように思われる。

【注】

(1) ロールズの平等主義をめぐる論争については（宇佐美ほか 2019）、やや上級者むけだが（広瀬 2016: 特に第 1 章）を参照。

(2) 政治的平等をめぐる議論が政治制度の改革に与える示唆を包括的に論

じたものとして（Grcic 2011）を参照。

(3)『政治哲学史講義』に明らかなように、ロールズはルソーから大きな影響を受けている。この点については（Bercuson 2014）を参照。

(4) ロールズの『正義論』とその時代的背景について（川本 2005、第 3 章）を参照。

(5) このような市民の構想は本書第 3 章（A. セン）において、また障碍者と平等について論じた 13 章においても批判されている。ロールズは重度の心身の障碍がある人びとの問題を理論的な検討対象とすることはなかった。ロールズの弁明は（R: 176/ 訳 443-44）を参照。（角崎 2018）は、ロールズの理論が、深刻な障碍のある人びとにも拡張可能かどうかについて有益な議論をしている。

(6) ロールズの正義論が教育制度に与える示唆について（宮寺 2014）を参照。

(7) 原初状態からの原理導出について、詳しくは（盛山 2006）や（Audard 2007）を参照。

(8) 財産所有のデモクラシーに関して、『正義論』から『再説』への変化を批判的に検討したものとして（大澤 2011）を参照。財産所有のデモクラシーの実際的含意や、ロールズの原理が提起しているラディカルな平等の構想は改めて注目を集めている（Edmundson 2017）。

(9) 無論、制度としての国家は最後の砦であり、事故によって、また運悪く敗北した人びとの最低水準の生活保障は , 必要ならなされねばならず、また様々な社会政策により、市民の社会保障全般を確保する責任が社会の側にあるのは言うまでもない（PL: lvii）

(10) 財産所有のデモクラシーとその善さについてさらに詳しくは（田中 2017: 第 4 章）を参照。

【参考文献】

TJ *A Theory of Justice*, Revised edition, Harvard University Press.（川本隆史・福間聡・神島裕子訳『正義論 改訂版』紀伊國屋書店、2010 年）

LP *The Law of Peoples: with "The Idea of Public Reason Revisited"*, Harvard University Press, 1999.（中山竜一訳『万民の法』岩波書店、2006 年）

R *Justice as Fairness; A Restatement*, edited by Erin Kelly, Harvard University Press, 2001.（田中成明・亀本洋・平井亮輔訳『公正としての正義：再説』岩波現代文庫、2020 年）

PL *Political Liberalism*, Expanded edition, Columbia University Press, 2005.

PP *Lectures on the History of Political Philosophy*, edited by Samuel Freeman, Harvard University Press, 2007（齋藤純一ほか訳『ロールズ政治哲学史講義』、岩波現代文庫、2020 年）.

Audard, Catherine (2007) *John Rawls*, Acumen.

Bercuson, Jeffrey (2013), *John Rawls and the History of Political Thought; The*

Rousseauvian and Hegelian Heritage of Justice as Fairness. Routledge.

Edmundson, William A (2017), *John Rawls: Reticent Socialist*, Cambridge University Press.

Grcic, Joseph (2011) *Free and Equal: Rawls' Theory of Justice and Political Reform*, Algora Publishing.

宇佐美誠・児玉聡・井上彰・松元雅和（2019）『正義論：ベーシックスからフロンティアまで』法律文化社。

大澤津（2011）「分配の原理と分配の制度：ロールズの財産所有制民主主義をめぐって」、『政治思想研究』第11号。

角崎洋平（2018）「ロールズと社会福祉学：脆弱性を抱えるすべての人を包摂する正義の理論に向けて」、井上彰編『ロールズを読む』ナカニシヤ出版。

川本隆史（2005）『ロールズ：正義の原理』講談社。

盛山和夫（2006）『リベラリズムとは何か：ロールズと正義の論理』勁草書房。

田中将人（2017）『ロールズの政治哲学：差異の神義論＝正義論』風行社。

広瀬巌（2016）『平等主義の哲学：ロールズから健康の分配まで』勁草書房。

宮寺晃夫（2014）『教育の正義論：平等・公共性・統合』勁草書房。

第 10 章　センの平等論
――社会的選択理論の核心

後藤　玲子

〔要旨〕

本章の目的は、アマルティア・センの経済学＆哲学の全体像、とりわけ社会的選択理論をベースとした包括的かつ具体的な理論枠組みとの関係で、彼の平等論を検討することにある。センは「何の平等か」という問いかけのもと、「平等」を上位概念として対立的な価値規範を見渡す枠組みを提供した。また、個々人の労働インセンティブの変化に留意しながらも、必要原理のウエイトを高める分配ルールの可能性を探った。より具体的には、個人の基本的な潜在能力を指標として、個人の必要をより客観的・絶対的に捕捉する途を拓いた。総じて、センの社会的選択理論は形式的自由への平等の保証を越えて、実質的自由への平等へと大きく踏み出すものであること、その核心に規範としての平等があることが理解された。

はじめに

筆者がオックスフォード大学で、アントニー･アトキンソンに会ったとき、彼は大きな身体を揺すりながら言った。「ぼくは結局、センにはなれなかったんだ。あっちに行ったり、こっちに来たりでね」と。少しはにかんだように笑う温和なアトキンソンの眼差しに、センは、平等主義の旗印を鮮明とする一方の極として映っていたようだ。その姿は、理性的急進主義を掲げたアトキンソンの師ジェームズ・ミードの面影と重なっていたのかもしれない。

だが、実のところ、「不平等の経済学」では年若いアトキンソンの方が、一歩先んじていた[(1)]。「アトキンソン指標」で著名な論文（Atkinson, 1970）から、福祉国家の改革を提言する『21 世紀の不平等』（Atkinson, 2014 = 2016）に至るまで、彼は文字通り「不平等の経済学」に生涯をささげた[(2)]。それに対して、センのノーベル経済学賞受賞の第一の理由は、社会的選択理論を大きく展開させたこと、ならびに、経済学の中に倫理的視点を導入したことである。不平等と貧困の業績も評価されたが、それらはむしろ、開発経済学への貢献や実践への影響として注目されることが多かった[(3)]。

アマルティア・センの世界は広くて深い。とりわけ、彼が展開させた社会的選択理論の射程は遠大である。そうであるにもかかわらず、アトキンソンの眼に、センが、平等主義の旗印と映り続けていたのはなぜだろうか。インドのカルカッタ近郊で生まれ育ち、幼少の頃から飢饉と宗教的対立を目の当りにしてきたセンの個人的成育歴に、彼の平等観のルーツを見る人もいる[(4)]。あるいは、センの配偶者であり、若くして亡くなったエヴァ・コロニィが、まっすぐな平等主義的信念をもつ人であった点に注目する人がいるかもしれない[(5)]。

それに対して本章は、次のような仮説を立てた。おそらく、アトキンソンはセンの壮大な理論の中に、コアとなる平等主義の価値規範を探り当てていたのではないか。センの経済学&哲学においては、あるいは、不平等の経済学に限っても、それはごく一部にすぎないのかもしれない。とはいえ、それはセンの理論の全体と矛盾することがないばかりか、理論の全体にも深い影響を与えるものであったことを、アトキンソンは鋭く見抜いていたのではないか。いったいそれは何であり、理論の全体とどんな論理で結ばれているのだろうか。

本章の目的は、このような関心から、セン経済学&哲学のただ中に、コアとしての平等規範の在り処を探ることにある。手がかりは大きく2つある。1つは不平等の計測や分配ルールの公理化に関するセンの経済学的研究を追うこと、他の1つは人の多様性と平等規範をめぐるセンの倫理学的研究を追うことである。それらの検討に先立って、次節で、センの経済学&哲学の骨子を示すセンの社会的選択理論について簡単に紹介しておこう。

1. セン型社会的選択理論の特徴

現代の社会的選択理論は、一般均衡理論に関する業績でも著名なケネス・アローを創始とする数理経済学の一分野である。その主題は、個々人の価値（選好）を集計して社会的選好を構成する手続きにおかれる[(6)]。センに倣ってより一般化すれば、個々人の情報を集計して、社会政策が参照するための社会的指標を形成する手続きにおかれる。

通常、集計手続きは起こり得るあらゆる選択肢と、想定しうるあらゆる個人的選好（状態や性質）に対応する、高度に抽象的かつ一般的な形式を特徴とする。アロー自身は、一般均衡理論の仮定と同様に、序数的で個人間比較不可能性を仮定した。それにより、集計に際して、すべての個人の選好が同ウエイトで扱われる（1人1票）という、形式的自由への平等が徹底されることになった。これに個々人の名前やポジション（社会的位置）に関する匿名性の条件を加えると、市場メカニズムと無記名投票に共通する形式的自由への平等が浮き上がる。社会的選択理論の関心は、望ましいいくつかの基準（アローが「民主主義の最少条件」と呼ぶもの）を満たす集計手続きの存在（不）可能性を数理的に証明することにあった。

センは、アローの社会的選択理論の第一の後継者であるとともに、第一の批判者でもあった。彼は、形式的自由への平等を越えて、実質的自由への平等を扱えるように、アローの理論を修正し、拡張した。その代表は、個々人の選好に関して、個人間比較可能性を導入し、匿名性条件を緩和したことである。それは個人の名前やポジションの優先度の違いが、集計手続きに反映されるルートを拓き、「福祉や機会の不平等性に敏感な公共的な意思決定を許容することも可能」（Sen, 1970/2017: 21）とした。例えば、2人の個人の利益が対立する場合には、より不遇な人（明白に必要度の高い人）の選好を優先的に社会的選好に反映させることを可能とした（「衡平性の弱公理（WEA）」と呼ばれるもの）[(7)]。

しかも、センのさらなる挑戦は、合理性の考え方そのものを疑ったことである。完備性[(8)]や内的一貫性[(9)]など、通常、個人の選好評価も、社会のルールも満たすであろうと仮定されている合理性の要請に、彼は批判の眼を向けた。完備的な内的一貫性の要請は、個人の自己利益最大化に基づく選択に過剰な重みを置き、（例えば、後述する潜在能力など）個人の境遇に対する社会的な保障範囲を狭めることになりかねない。また、既存の組織を所与とする秩序の変容を困難とし、社会的地位や階層移動など、動的な平等を制約しかねない。倫理や正義など、外的な価値規範との対応を入れて、合理性概念を拡張することをセンは図った。

とはいえ、セン型社会的選択理論の集計手続き（「社会的厚生汎関数」と呼ばれる）もまた、起こり得るあらゆる選択肢と想定しうるあらゆる個人的選好に対応する、高度に抽象的で一般的な形式をもつ点では変わりがない。むしろ、さまざまな個人間比較の方法を導入して、集計手続きの定義域を拡張する一方で、合理性条件を弱めることによって、アロー型社会的選択理論をより一般化したといえる。個人間分配にはまったく配慮しない功利主義的ルールから、最も不遇な人々に優先性を与える分配ルール、逆に、最も恵まれた人々に優先性を与える分配ルール、さらには完全平等分配ルールまで、通常は相反すると考えられているルールが社会的選択理論の枠組みに収められたからである(10)。この包括性のもとで、センの平等主義的性格は後景に退くかのように見える。

付記すれば、センの社会的選択理論への代表的な功績は、刊行直後より、大きな反響を呼んだ論文「パレート派リベラルの不可能性」(1970b) である。その後、彼の自由への関心は、潜在能力アプローチを生み、さらに『自由としての経済発展』(1999) や『合理性と自由』(2002) などに結実する。これらより、センを、個人の自由 (freedom) 主義者と理解する人もいるだろう。だが、彼の自由への関心は、個人が自分にとって望ましい状態を決定できる領域をどれだけもちうるかにおかれた。選択できる選択肢の集合を著しく制約された人々、逆境に選好を適応させるしか生きる術がなかった人々などに焦点が当てられる。とはいえ、ダイレクトな結果の保障ではなく、潜在能力という機会 (選択肢の集合) ――すなわち、実質的自由――の保障にこだわることへの批判も根強い。

以上の考察をふまえて、以下では、アマルティア・センの経済&哲学の全体像、とりわけ社会的選択理論をベースとした包括的かつ具体的な理論枠組みとの関係で、センの平等論の核心に迫りたい。次節では、まず、「何の平等か?」というセンの論文のタイトルに象徴された、彼の社会的選択理論に基づく包括的平等論の枠組みを簡単に紹介しよう。

2.「何の平等か?」――包括的平等論と潜在能力 (ケイパビリティ) 概念の提唱

1980年に書かれた論文「何の平等か?」は、複数の問いへと読者を誘う。まずは、あなたは何の平等を図るべきだと考えるか、その理由は何かというストレートな問いかけである。つづいて、あなたは何の平等を図ろうとして、その実、何の不平等を容認してしまっているのか、と省察を促す問いである。後者の問いはさらに次の2つの命題に分節化される。

(1) およそ社会の価値規範であれば、それは、だれに対しても等しく適用されるという意味での平等基準を内包しているはずだ。価値規範間の違いは、どのような空間でどんな事柄に関する平等を意図しているかにすぎない。

(2) ある空間である事柄の平等を図るとしたら、別の空間で別の事柄に関して不平等がもたらされる可能性を否定できない。そうだとしたら、はたして、どの空間でどの事柄に関して平等を図るべきか。

この論理は、平等という上位概念のもとに、諸価値規範の全貌を見渡す枠組みを提供した点で画期的だった。例えばセンはいう。「リバティは平等のフィールドの一つであり、平等はリバティの分配の一つのパターンである」(Sen, 1992: 23)。極端には、身体・精神・財産などへの自己所有権保護を要請するリバタリアニズムもまた、ミニマムな消極的自由の平等原理として理解されることになる。だが、ミニマムな消極的自由について平等を図るとしても、社会慣習や個人の多様性に依存して、自由の行使がもたらす結果は不平等となることは、例外というより常だろう。それを、異なる平等のフィールド間のトレードオフ関係という一般的構図のもとにおくことは、対立する諸価値規範を相対化することにもなりかねない。結果的に、人々が素朴に抱く差別や不平等への義憤を骨抜きにするおそれもある。

だが、センは自らを相対的な位置には留めなかった。「あなたは何の平等を図るべきだと考えるか」というストレートな問いかけに対して、彼はこう答える。個人が自己の所得を得た後の、厚生を得る手前に位置する空間、すなわち、潜在能力の空間において基本的な平等(Sen, 1980)を図ることだ、と。理由は次である。たとえ所得の平等を図ったとしても、所得を使って実現される行いや在りようの集合(すなわち「潜在能力」)が平等になる保障はない。貧困に適応的な選好をもつ貧者と、財貨に飽きた富者が等しい厚生をもつとしても、基本的な潜在能力上の格差は否定できない。

さらに、相対的所得概念を唱えた社会学者ピーター・タウンゼント(Townsend, 1979 など)を批判してセンはこう主張した。「貧困が本人の所得の絶対水準のみならず、他の人々の所得水準との格差にも依存するというのはその通りだ。だが、大切なことは、それによって議論を、社会政策的介入が不適切とされる本人の主観的領域に留めてしまわないことだろう。所得空間で捕捉されるはずの相対的貧困は、潜在能力空間においては個々人の絶対的貧困として、すなわち基本的潜在能力からの不足として現れる」(Sen, 1983: 335)。そうだとしたら、社会政策のなすべきことは明らかだ。個々人の基本的潜在能力を参照点として測定される必要を捕捉し、「到達水準の平等」(attainment equality, Sen, 1992: 91)を図ることである。この概念の詳細は後述することとして、本節の主題である方法論的議論に戻ろう。

上述した、平等概念のもとで対立的な諸価値規範の全体を見渡そうというセンの議論は、言われてみればそうではあるが、これまではっきりと述べられてはこなかった、いわば、「ものの見方」を提示するに留まった。その意味では、容易には反駁しがたい議論であるのに対して、この「基本的潜在能力の平等」の議論は、既存の諸価値規範との対立を不可避とする一つの価値規範を具体的に提示するものであるから、批判を免れ得ない。なぜ、所得でもなく、効用でもなく、潜在能力に焦点を当てるのか、潜在能力に焦点を当てるとしても、なぜ、社会における潜在能力の総量の最大化を図るのではなく、平等な分配を図るのか。平等な分配を図るとしても、なぜ、増加分や減少分の平等ではなく、到達水準の平等を図るのか。これらの問いに関するセン自身の考究の詳細は次節以降で扱うこととして、ここでは、これらは最終的には倫理的・道徳的な問いであることを、センが明確に認識していた点を指摘するにとどめよう。

この文脈で参照されるのは、センと、リチャード・ヘア（Richard Hare）との論争である。ヘアは、道徳的言明は、見かけは個別的·記述的言明であっても、本質的に普遍性と指令性を内包するという道徳理論を展開した (Hare, 1963)。例えば、「私は～に責任がある」という記述的言明は、同様の状況にあるすべての人に関して、「～に責任を負うべし」という指令的言明を含意する、と。ヘアの議論の重要性をセンは認める（後述する、不平等の測定におけるセンの客観－規範関係の議論を参照のこと)。そのうえで、彼は次の視点を入れてヘアの普遍主義を制約することを試みる。すなわち、ある道徳的言明は、あらゆる事象に対して、適用可能なものなのか、それとも、ある限られた範囲のもとでの有効性に留まるか（「基本的原理」対「非基本的原理」)、また、ある道徳的言明はそれのみを適用すべきものなのか、他の基準と適度なウエイト付けをして適用すべきものなのか（「強制的原理」対「非強制的原理」）(11)。

以上をまとめると、およそ価値規範は普遍性・指令性を内包する一方で、その適用範囲において制限があり、その適用方法において他の基準とのバランスを余儀なくされることが常である（上記の「基本的潜在能力の平等」もその例外ではあり得ない)。そうだとしたら、価値規範を扱う学問の主要な仕事は、次の3つの問いに集約されることになる。すなわち、

(1) 特性も境遇も困難もまったく異なる個々人の状態をいかに集計して、制度政策の情報的基礎とするのか、

(2) 好みも評価も判断もまったく異なる個々人の選好・評価・判断をいかに集計して、望ましい制度政策についての社会的合意を形成するのか。

(3) 目的も期待される効果もまったく異なる複数の価値規範について、各々の適用対象と範囲を絞りながら、いかなるウエイト付けのもとで相互に結合するのか。

これらはまさに彼のいう広義の社会的選択理論の課題に他ならない。一方で、このような広大な枠組みを構成しながら、他方で、潜在能力を指標とする平等規範をどのように定式化するかが、以降、センの経済学&哲学の主要な関心とされていく。

3. センにおける不平等の経済学——不平等の特定と測定

つづいて、不平等の計測や資源分配ルールにかかわるセンの経済学的研究をフォローしたい。参照されるのは、『不平等の経済学』の拡張版（Sen, 1973/1997=2009）である[(12)]。

本書でセンは、第一に、既存の不平等の経済学指標を、社会的選択理論でおなじみの公理的アプローチを用いて、統一的に眺める枠組みをつくった。すなわち、いくつかの基礎的な公理（基準）の何を満たし、何を満たさないかを分析することにより、指標間の重なりとずれを明らかにした。第二に、分配方法をめぐって相矛盾する複数の基準、例えば、功績（労働）に応ずる分配と必要に応ずる分配基準を、異なるウエイトでバランス付ける分配ルールを提示した。本節では、第一の仕事を検討し、次節で第二の仕事を検討しよう。

センはまず、既存の不平等指標を大きく 2 つのカテゴリーに分ける。「客観的カテゴリー」と「規範的カテゴリー」である。前者は、ある種、客観的な見地から不平等を測定する手法であり、例えば、ある社会における所得の散らばりを統計的に捕捉する手法を含む。後者は、規範的な見地から不平等の程度を評価する手法であり、例えば、不平等がより大きくなったときに、社会厚生はどの程度低下したと見なすべきかに関する倫理的判断の違いを、「社会厚生関数」などを用いて明示化する。

この2つの手法の違いを直観的につかむには、distributionの語に対する2つの訳語、分布と分配、あるいは、differenceに対する2つの訳語、差と格差を想起することが有益かもしれない。「客観的カテゴリー」は分布と差に着目するのに対して、「規範的カテゴリー」は分配と格差に着目する。以下に順に説明しよう。

まず、分布はある事柄の社会の中での散らばり具合（分散：dispersion）を記述する統計用語である。もし、中央のみに集中する分布があったとしたら、それは所得の完全平等を表すことになるが、通常、そのような分布は想定されていない。正規分布、パレート分布、ポアソン分布などが、分布モデル（範型）として知られている(13)。中でも、中央を頂点として釣り鐘状に拡がる正規分布は、字義通り、標準的（ノーマル）とされる。分散は平均所得と個々人の所得の差、高位所得と低位所得との差、任意の個人間の所得の差などとして捕捉される。これらの「差」を定義域として1つのスカラー値を導出する手法の違い（関数形の違い）が、異なる不平等尺度として定式化される。

センがこれらの手法を「客観的」と呼ぶ理由は、統計用語は通常、価値規範からは独立な記述的概念とされるからである。分布モデルも、標本数が無数でランダムならば、経験的に実現しやすいことを意味するのであって、規範的な望ましさを表すわけではないとされる。不平等尺度もまた、データを一定の方法で集計すれば一定の値が得られるという意味で、記述的であると考えられている。複雑な現実の単純な還元力がモデルの性能を決定づける。とはいえ、各尺度の構成手続きには一定の価値規範が紛れ込んでいるはずだ、また、どの尺度を採用して不平等を測定するかは価値規範の選択でもあるはずだ、とセンは指摘する(14)。

例えば、「貧困尺度」と呼ばれるものは、一定所得（例えば貧困ライン）を下回る人々に全ウエイトをおいて集計する。全人口に対する貧困数の割合をとる貧困数（ヘッドカウント）尺度、貧困ラインと平均貧困所得との差をとる所得ギャップ尺度などがその代表例である。このように、客観的・記述的手法の背後にある価値規範を明示化する作業は、先述した社会的選択理論でおなじみの「公理化アプローチ」に他ならない。

センが「規範的カテゴリー」と呼ぶ不平等研究は、異なる価値規範を体現する（つまりは異なる公理群を満たす）さまざまな「社会的厚生関数」が、同一の分配状態の不平等の度合いについて、いかなる判定を下すかに着目する。例えば、最も不遇な人々の期待の最大化を目的とするロールズ型厚生関数に拠れば（総量不変のもとでは、それは完全平等と一致する）、最も大きな判定が下される。総量の最大化こそを望ましいとする功利主義型厚生関数に拠れば、最も小さな判定が下される。この2つを両極端とし、原点に対して凸型をとる社会厚生関数一般は、曲率が大きくなるにつれて、より大きな判定を下すことになる。「アトキンソン指標」と呼ばれるものは、これらを包括的に定式化したものである。

以上、不平等の経済学におけるセンの第一の貢献は、異なる不平等・貧困尺度の性能と価値規範を総合的に見渡す枠組みをつくったことにある。

センの第二の貢献は、価値規範を明示しながら、新たな尺度や公理を提出したことである。代表的なものを2つ挙げよう。1つは「セン指標」と呼ばれる尺度である。その特徴は貧困ライン未満の所得区間に限ったジニ係数を既存の貧困尺度に導入した点にある。そして、所得ギャップ率が小さいときは、このジニ係数のウエイトを高め、所得ギャップ率が大きいときは貧困数のウエイトを高め、両者を結合した(15)。他の1つは、先に言及した「衡平性の弱公理（WEA）」と呼ばれる原理である。それは任意の2つの分配状態を評価するにあたって、より必要度の高い人の評価を優先することを要請する(16)。

4. 功績原理と必要原理のα結合ルール

つづいてセンが提出した第二の平等基準に移ろう(17)。これまでの話は、分布や分散にしろ、社会厚生関数にしろ、結果的な個々人の所得や厚生の分配状態に焦点をあてるものだった。経済学の用語を使えば、それは総生産量が一定のまま変化することのない交換経済モデルで十分、語ることのできる内容だった。それに対して、これからの話は、分配をもたらす生産にも焦点を当てて、次の2つの問題を論ずる。1つは生産と分配の対応関係を規定するルールが端的に公正か否かという問題であり、他の一つは生産と分配の対応関係が人々の労働インセンティブに影響を与え、総生産量の変化を通じて、分配方法を歪めるおそれについてである。これらの問題を考察するためには、生産経済モデルを採用する必要が出てくる。センが最初にこの問題を論じた論文では、社会を、生産手段を共有する1つの企業体と見なしたうえで、生産物を労働者の間で分配するモデルが採用されていた。（Sen, 1966a）

議論に先立って1点注記しておくと、生産と分配の対応関係を規定するルールにはさまざまなものがあり得るが、セン自身は「就労原理」（より一般的には「功績原理」）と「必要原理」（ただし、全員の必要を同一としたもの）の2つを、αと1-αという重みでバランスづける定式化を出している。功績（就労）原理は、より多くの就労はより多くの分配に対応することを要請する。必要原理は、より多くの必要はより多くの分配に対応することを要請する。個々人への分配量の総計が、総生産量を上回らない、という実行可能性条件のもとで、αの値をいかに定めるべきかが政策課題となる。

αが1であれば、個々人がなした就労（功績）のみに応じて分配が決められる。対して、αが0であれば、個々人が有する必要のみに応じて分配が決められる。これらを両極端として、その間に2つの原理を適当な割合でバランスづけるさまざまな分配ルールがあり得ることになる。αの定め方としては、どういう公理を満たすべきかという規範的な観点と、個々人の労働インセンティブの変化という事実的な観点が考慮される。

セン（Sen, 1973/1997=2009）によれば、この定式化自体は新しいものではなく、カール・マルクス（Karl Marx）の思想の中にその萌芽をもつ(18)。センはマルクスの『ゴータ綱領批判』から2ページ以上にわたる、異例に長い引用を掲載している。その最後のパラグラフは「共産主義社会のより高度の段階において」で始まる、著名な以下のくだりである。

> 「労働がたんに生活のための手段であるだけでなく、生活にとって真っ先に必要なこととなったのち、また、諸個人の全面的な発展につれて彼の生産諸力も成長し、協同組合的な富がそのすべての泉から溢れんばかりに湧きでるようになったのち――そのときはじめて、ブルジョア的権利の狭い地平は完全にふみこえられ、そして社会はその旗にこう書くことができる。各人はその能力に応じて、各人はその必要に応じて」(マルクス、1875=1975: 38-39)。

ここでマルクスのいう「ブルジョア的権利」とは「ある形態の労働がそれと等しいべつの形態の労働と交換される」、つまり「労働給付に比例」した権利である。マルクスはこの権利の到達点と限界を、次のように明晰に述べる。

「だれでも他のものと同じように労働者にすぎないのだから、この平等な権利はいかなる階級差別をも認めない。だがそれは労働者の不平等な個人的天分と、したがってまた不平等な給付能力を、生まれつきの特権として暗黙のうちに認めている。だからそれは、すべての権利と同様に、内容においては不平等の権利である」(マルクス, 1875=1975: 37)。

センが注目するのは、第一に、平等な権利が、「労働者の不平等な個人的天分」を経て、「内容においては不平等」な結果をもたらすからくりを、批判的にとらえるマルクスのまなざしである。必要原理は、就労原理の視野には入らない労働者の生活、例えば、本人の身体的・精神的状況や本人が扶養する家族の状況、さらには、本人の「労働者として以外の資質」などを、報酬に対応付けることによってこのからくりを補正する。

センが注目するのは、第二に、先のマルクスの引用の中の「労働がたんに生活のための手段であるだけでなく、生活にとって真っ先に必要なこととなったのち」というフレーズである。ここでいう「必要 (lebensbedürfnis)」はセンの参照した英語訳では「欲求(want)」となっている[(19)]。センはこのフレーズにマルクスの鋭い現実認識のうえにそびえ立つユートピアを見る。少し丁寧に説明しよう。

就労原理は、分配される果実の生産と投入された労働との対応関係を正当な根拠とする。それは、ジョン・ロック(John Locke)のいう自己の投入した労働の当然の見返りという、近代所有権の論理で正当化される。それに対して、必要原理は、分配される果実を必要とするという事実以外に正当化根拠をもたないために、次の問題に直面する。第一に、より多くの報酬でより多くの労働を釣り出す、というインセンティブ・メカニズムが働かない。第二に、必要原理それ自体を正当化する論理が見つからない。第三に、個々人の必要を特定し、測定することが困難だ。これらはいずれも難問であるから、答えは簡単に出るはずもない。ただし、センはこれらに対して、きわめて興味深い議論を提出している。簡単に紹介しよう。

はじめに、彼は次のように、功績原理の擁護論を反駁し、返す刀で必要原理を擁護する。功績原理は労働インセンティブを損ねない点で評価されることがある。だが、労働インセンティブを損ねないことそれ自体は手段であって目的ではない。例えば、インセンティブに配慮して擁護される分配の不平等は、総所得の最大化を目的とする「非分配的」な思惑にすぎない。功績原理は、メリットに報いるのだから当然と評価されることもある。しかし、何がメリットであるかは時代や文化、人々の選好に依存して不確定であるので、分配結果は一意に定まりづらい。それに対して、必要原理の特徴は、何か他の目的の手段としてではなく、それ自体において善さを主張できる点にある。すなわち、必要を放置する、あるいは拡大する分配は端的に悪であり、必要を補填する、あるいは緩和する分配は端的に善である、という議論を展開できる。具体的には、必要は個人の基本的潜在能力として捕捉可能である。

これらの主張は経験的な実証にも、論理的な実証にもなじまないこと、したがって、これはまさに規範的な命題であって、この命題を受容するか否かは、個々人の主体的な評価判断にかかっていることをセンは知っている。そのうえで、興味深いことに、センは、前掲書の末尾にこう記している。「この本で私は功績原理よりも、必要原理に偏った評価を示してきたかもしれない」、と。その後、潜在能力アプローチへと展開されていく、必要原理へのセンの関心は、センの平等論の中心的な柱であると言って差し支えないだろう。

5. 差異に基づく平等

本節では、人の多様性と平等規範をめぐる倫理学的研究について検討する。1992年に刊行された『不平等の再検討』の書き出しは、先に紹介した論文「何の平等か」から始まる。ある空間における平等は別の空間に不平等をもたらすおそれがある。また、個々人に対する形式的に一様な扱いは、本来、異なっているはずの個々人に不平等をもたらすおそれがある。さらに、ある特性に注目した一様な扱いは、別の特性において不平等をもたらすおそれがある。はたして、各政策が目指すものは、何の平等であるのか、それが許容するものは何の不平等なのか。それは、どのような個々人の差異を平等化しようとし、どのような個々人の差異に目をつぶろうとするものなのか。

注記すれば、人の多様性の例として、センは、居住環境、年齢、ジェンダー、力量、才能、罹患しやすさなどを挙げるが、これらはわれわれが思い浮かべることのできる、そして、ともすればステレオタイプ化しがちな多様性の一部にすぎないこと、多様性のとらえ方それ自体も多様である点を強調する。そのうえで、センは次のように主張する。

「「人類の平等」という強力なレトリックは、このような多様性から注意をそらしてしまう傾向がある。このようなレトリック（例えば「人は生まれながらに平等である」）は、平等主義の重要な要素と見なされているが、個人間の差異を無視することは実は非常に反平等主義的であり、すべての人に対して平等に配慮しようとすれば、不利な立場の人を優遇するという「不平等な扱い」が必要になるかもしれないという事実を覆い隠すことになっている」(Sen, 1992: 1)。

センのこの主張は、先に紹介したマルクスの長い引用の中にある次のフレーズに裏付けられている。

「不平等な諸個人（彼らが不平等でないとしたら、彼らはなにも相異なる個人ではないことになる）も同じ尺度をあてれば測れるものであるが、それはただ、彼らを同じ視点の元に連れてきて、ある特定の一面からだけとらえるかぎりにおいてである」（マルクス、1875=1975: 37）[20]。

各人の労働に「同じ尺度」を当てれば、功績原理の適用が可能となる。だが、それは、「労働者の天分」という、「ある特定の一面からだけとらえるかぎり」の正当性しか持ち得ない。その外側に豊かに広がる「労働者として以外の資質」を、多面的に評価できるようになったとしたら、それに伴い、労働が、多様な資質をもつ個々人の欲求になったとしたら、マルクスの言う、「各人はその能力に応じて、各人はその必要に応じて」というフレーズが、現実的な意味を帯びるはずだ。彼の提唱する潜在能力アプローチはまさにこの個人の多様性を記述し、評価するための分析装置であった。

センが、前掲書において、「人間の多様性は、（無視したり、後から導入すればよいという程度の）副次的な複雑性ではない」（訳 x）とわざわざ主張する背後には、ジョン・ロールズ（John Rawls）との長い論争があった。ロールズは自分の正義論の射程を「標準事例」に限定し、社会的基本財を指標として個人間比較すれば事足りるとした (Rawls, 1982=2019)。それに対して、センは困難事例にこそ焦点を当て、潜在能力を指標として個人間比較することを主張した。

ロールズの意図は、議論の対象と変数を絞り、問題を簡素化したうえで、抽象度の高い理論を構築することにあった。ひとたび抽象度の高い理論を構築できたとしたら、あとはパラメータでヴァリエーションをつけながら、個別・特殊な困難事例に対応する理論をつくることができるはずだ。現実には、それは正義原理制定段階につづく憲法制定段階、立法制定段階、そして規準制定段階という四つの段階を経て、具体化されていくであろう。これがロールズの見立てだった。

ロールズに対するセンの批判点は次にある。正義理論の主題は、現にある不正義を是正することにあるから、困難事例を避けて通るわけにはいかない。困難事例を除いて構築された正義理論が、困難事例を概念的に包含できる保証はない。困難事例において不正義を是正するためには、正義理論制定段階から困難事例を組み入れた論理を展開する必要がある。

困難事例を除いて標準事例をもとに理論を組み立てる、という方法をとったのはロールズばかりではなかった。例えば、ロナルド・ドゥオーキン（Ronald Dworkin）は、重度障害者に対して基本的潜在能力の平等を図る政策は実行不可能であることを理由に、センの提唱した「到達水準の平等」に異を唱えた (Dworkin, 1981)。彼は、潜在能力ではなく、資源の平等に留めるべきだという論陣を張る(21)。それに対してセンは次のように答える。

> 「重大な障害を持っている人の場合には、到達水準の平等を満たすのは困難かもしれない。・・・だが、そうだとしても、各人が達成可能な最大値を基準として――障害のない人の方がずっと高い――、両者に同量の手当てを与えるよりは、障害のある人の能力を、水準未満の範囲で、最大となるよう試みる方が正しいことがある」(Sen, 1992=1999, ページ数)。

この議論の文脈においては、先に紹介したセン型社会的選択理論の枠組み、すなわち、分配ルールに完備性（あらゆる社会状態を順序づけられるという合理性の条件）を求めないことが重要になってくるだろう。基本的潜在能力における「到達水準の平等」を図る政策がはたして実行可能なのかどうか、実のところ、だれにもわからない。実行可能かわからない政策を正しいと主張することはむずかしい。だが、だからといって、基本的潜在能力の不足に配慮することをあきらめて、一律な手当ての支給に撤退する政策を正しいとはいえない。

『正義のアイディア』に登場する概念を使うなら、センがここで勧める、「障害のある人の能力を、水準未満の範囲で、最大になるよう試みる」ことは、「正しい（just)」か「正しくない（unjust)」か、を問う代わりに、「より正しい（more just)」政策を探す試みであったと言えるだろう (Sen, 2009=2012)。

おわりに

以上、センの経済学&哲学の全体像、とりわけ社会的選択理論をベースとした包括的かつ具体的な理論枠組みとの関係で、センの平等論の核心にある価値規範を探った。本章の暫定的な結論は以下のようにまとめられる。

(1) 1人1票という形式的自由への平等の保証を越えて、実質的自由への平等を扱えるように、社会的選択理論の枠組みを拡張したこと。具体的には、個人間比較可能性を導入する一方で、完備性や内的一貫性などの合理性条件を緩和したこと。

(2)「平等」を上位概念として、対立的な価値規範の全貌を見渡す枠組みを提供したこと。

(3) 所得の平等にとどまらず、所得を使って実現可能となる基本的な潜在能力に着目し、その必要を補填する「到達水準の平等」ルールを提唱したこと。

(4) 不平等と貧困の測定尺度として、貧困ライン未満での不平等を考慮する「セン指標」、ならびに、社会厚生関数を特徴づける「衡平性の弱公理（WEA)」を提示したこと。

(5) 功績原理と必要原理をαで結合する分配ルールを構成し、個々人の労働インセンティブの変化と必要に配慮する価値規範のもとで、αの値を決められるようにしたこと。

(6)必要原理はそれ自体において端的に善であると主張したこと。さらに、個人の基本的な潜在能力を指標とするとき、個人の必要は、より客観的・絶対的に捕捉可能だとしたこと。

(7) 本人の特性ゆえに、「到達水準の平等」が実現できない個人がいたとしても、「水準未満の範囲で最大になるように試みる」政策を推奨したこと。

以上がセンの平等論の到達点であるとしたら、不平等の経済学の第一人者とされるアトキンソンの眼に、ラディカルな平等主義者センの姿が印象付けられたとしても不思議はない。もちろん、ここには、いくつもの課題が残されている。例えば、個々の困難事例における不正義に取り組む際に、はたして、どこまで社会的選択理論をベースとする包括的かつ具体的な理論枠組みを保持できるか、また、センの平等論を現実化する梃子とされた潜在能力概念をいかに定式化していくか、といったリサーチクエスチョンが残されている(22)。それらはわれわれに手渡された課題だといえよう。

【注】

(1) センは同年、主著『集団的選択と社会的厚生』(1970/2017) を刊行するが、そこには衡平 (equity) の語はあっても、平等 (equality) の語は出てこない。

(2) 共著をもつトマス・ピケティとともに、同分野への功績を理由とするノーベル経済学賞の受賞が噂されながら、2017 年に亡くなった。

(3) センが『不平等の経済学』のオリジナル版を刊行するのは 1973 年、「セン指標」を提示した論文は 1976 年、『貧困と飢饉』は 1981 年 になってからのことだった。

(4) 鈴村・後藤、2001 など参照のこと。

(5) エヴァ・コロニィに対する追悼集、*Living as Equals* (Baker, 1999) には、センもアトキンソンも寄稿している。

(6) アローはそれを「社会厚生関数」と呼んだが、後述する分配ルールとしての社会厚生関数とは若干、定式化が異なる。

(7)Sen, 1973/1997=2000: 18-19, 78-79 など（ページは原書より）参照のこと。このより一般形は、「ハモンド衡平公理」と呼ばれる（Sen, 1970/2017, 379 など参照のこと）。概要は次の通りである。任意の 2 つの分配方法のいずれが望ましいかを社会的に評価する際には、任意の 2 人の個人に関して、いずれの分配方法でもより低い厚生しかもつことのできない個人の選好を、優先させるべし。

(8) 任意のあらゆる社会状態について、「よりよい」あるいは「同程度」といった比較が可能であるという性質。

(9)「x が y よりもよい、かつ、y が z よりもよい、ならば、x は z よりもよい」（推移性）などの性質。

(10) アーサー・ピグーは次の論理で平等化政策を正当化しようとした。すなわち、個々人の効用関数が同一で、限界効用逓減的だとしたら、より豊かな人からより貧しい人への所得移転は善い政策だと言える、なぜなら、それにより、すべての人の効用の総和である社会厚生が最大化されるからだ、と。ライオネル・ロビンズは個人間比較不可能性を理由として彼の議論を一蹴した。センは個々人の効用関数の非同一性のもとに、個人間比較可能性を導入することにより、平等化政策を正当化する途を拓いた。

(11)Sen, 1966b, 1967, 1973/1997=2009 など参照のこと。

(12) 年代的には次節で紹介する Sen, 1973/1977 が本節で紹介する Sen, 1980 に先立つ。社会的選択理論に基づく包括的平等論の枠組みを示すという議論の構成上、順序が逆になったことをお詫びする。

(13) 所得区間を横軸にとり、人数を縦軸にとったとき、中央を頂点として釣り鐘状に拡がる分布が正規分布である。

(14) 例えば、ジニ係数であれば、平均から独立に任意の 2 人の所得の差が等ウエイトで加算されること、高位所得者から低位所得者への順位不変の移転は不平等度を緩和すること、ただし、人数の多い中位所得者層の特徴がより強く反映されやすいなどの性質をもつ。

(15) セン指標は、焦点公理、単調性（貧困者の所得が低下したら指標は増加する、上昇したら減少する）、ドルトン移転原理、匿名性といった価値規範を満たす点が明らかにされている。

(16)1 節注 7 参照のこと。この公理には後述する必要原理のスピリットが要約されている。

(17) これまでの話は『不平等の経済学』の第 3 章までの記述に基づく。これからの話は第 4 章の記述に基づく。第 3 章まで精緻な議論を読み進めてきた読者の中には、叙述スタイルの転回にとまどう人も多いかもしれない。冒頭で、「不平等は現実の所得分配と何らかの適切な分配からの乖離からも眺められる」として、功績原理と必要原理を提示するものの、両者の検討に先立って、多くの重要な論点が、断片的に列挙されるからである。

(18) オスカー・ランゲやアブ・ラーナーらに代表される戦後の経済体制論議で、また、中国の大躍進や文化大革命に関する研究に継承される。

(19) 直訳すれば、「生の必然」であろうか。先に引用した「各人はその能力に応じて、各人はその必要に応じて（Jeder nach seinen Fähigkeiten, Jedem nach seinen Bedürfnissen）!」における「必要」とも、また、英訳における「欲求」とも微妙に異なっている。

(20) センの次の言葉はマルクスのこのフレーズと呼応する。「いかなる 2 つの状況（状態、行為など）も事実として正確に同じではあり得ない。事実同じであるとしたら、そもそも 2 つの状況（状態、行為など）があるとは認識できないはずだからだ。目立った差異に過剰にとらわれる差別の一要素は、明らかに類似という概念そのものに含まれている」(Sen, 2002: 368)。

(21) 同様の批判は所得の平等を唱えるトーマス・ポッゲ (Pogge, 2000) によってもなされた。

(22) 潜在能力概念の定式化の試みに関しては、後藤（2018）参照のこと。

【参考文献】

Arrow, K. J. (1951/1963): *Social Choice and Individual Values*, 2nd ed., New York: Wiley.（長名寛明訳、『社会的選択と個人的評価』、日本経済新聞社、1977）

Atkinson, A. B. (1970) “On the Measurement of Inequality,” *Journal of Economic Theory*, 2, 244-263.

Atkinson, A. B. (2014): *Inequality: What Can Be Done?*, Harvard University Press (山形 浩生 , 森本 正史訳『不平等の経済学』、東洋経済新報社、2015 年)

Barker, P. (ed.) (1999) *Living as Equals*, Oxford University Press.

Dworkin, R. (1981): “What is Equality? Part 2: Equality of Resources,” *Philosophy & Public Affairs* 10, 283-345.

Pogge, T. W. (2000): On the Site of Distributive Justice: Reflections on Cohen and Murphy, *Philosophy & Public Affairs*, 29, 2,137-169.

Rawls, J. (1982): “Social Unity and Primary Goods,” In Sen and Williams, eds., *Utilitarianism and Beyond*, Cambridge: Cambridge University Press, 159-185（斎藤拓訳「社会的効用と基本財」、後藤玲子監訳『功利主義をのりこえて—経済学と哲学の倫理—』、ミネルヴァ書房、2019 年）。.

Sen, A. K. (1966a): “Labour Allocation in a Cooperative Enterprise”, *Review of Economic Studies* 33, 361-71.

Sen, A. K. (1966b): "Hume's Law and Hare's Rule," *Philosophy*, 41, 75-8.

Sen, A. K. (1967): "The Nature and Classes of Prescriptive Judgements," *Philosophical Quarterly*, 17, 46-62.

Sen, A. K. (1970a): *Collective Choice and Social Welfare*, San Francisco: Holden-Day(志田基与師監訳『集合的選択と社会的厚生』、勁草書房、2000 年).

Sen, A. K. (1970b): “The Impossibility of a Paretian Liberal,” Journal of Political Economy, vol. 78., pp.152-157.

Sen, A. K. (1973/1997): *On Economic Inequality*, London: Oxford University Press. (杉山武彦訳、『不平等の経済学』 日本経済出版社、1977 年、鈴村興太郎･須賀晃一『不平等の経済学　拡大版』、東洋経済新報社 2000 年).

Sen, A. K. (1976): “Poverty: An Ordinal Approach to Measurement,” Econometrica, 44, pp.219-31 (reprinted in Sen, 1982/1997, 353-369, 1997 に再録).

Sen, A. K. (1980): “Equality of What?” *The Tanner Lectures on Human Values*, Vol.1, Salt Lake City: University of Utah Press (reprinted in Sen, 1982/1997, 353-369 に再録).

Sen, A. K. (1981): Poverty and Famines: An Essay on Entitlement and Deprivation, Oxford: Oxford University Press (黒崎卓・山崎幸治訳『貧困と飢饉』（岩波書店 , 2000 ／岩波現代文庫 , 2016 年).

Sen, A. K. (1982/1997): *Choice, Welfare and Measurement*, Basil Blackwell, Oxford University Press（大庭健・川本隆史訳『合理的な愚か者—経済学

＝倫理学的探求―』、勁草書房、1990 に抄訳あり）.
Sen, A. K. (1983): “Poor, relatively Speaking,” *Oxford Economic Papers*, 35, 153-169(reprinted in 1984/1997, 325-345).
Sen, A. K. (1984/1997): *Resources, Values and Development*, Basil Blackwell, Oxford, republished Cambridge, Mass.: Harvard University Press)
Sen, A. K. (1985a): *Commodities and Capabilities*, Amsterdam: North-Holland. (鈴村興太郎訳、『福祉の経済学―財と潜在能力』、岩波書店、1988 年)
Sen, A. K. (1992): *Inequality Reexamined*, Oxford: Clarendon Press (池本幸生・野上裕生・佐藤仁訳『不平等の再検討：潜在能力と自由』岩波書店 , 1999 年).
Sen, A. K. (2000): "Merit and Justice," in Arrow K. S. Bawles, and S. Durlauf (eds.) *Meritocracy and Economic Inequality*, Princeton: Princeton University Press.
Sen, A. K. (2002): *Rationality and Freedom*, Cambridge: Harvard University Press（若松良樹･須賀晃一･後藤玲子監訳『合理性と自由』(上･下)、勁草書房 , 2014 年）.
Sen, A. K. (2009): *The Idea of Justice*, Allen Lane, Penguin Books（池本幸生訳『正義のアイデア』、2012 年）.
Townsend, P. (1979): *Poverty in the United Kingdom―A Survey of Household Resources and Standard of Living*, London: Penguin Books.
ヘア , リチャード (1963): *The Language of Morals*, Oxford: Oxford University Press (小泉仰・大久保正健訳『道徳と言語』勁草書房、1982).
マルクス , カール (1875): Karl Marx, *Randglossen zum Programm der Deutsuchen Arbeiterpartei: Mit einer ausführlichen Einleitung und sechs Anhängen* (herausgegeben von Karl Korsch), VIVA, 1922 (English translation in K. Marx and F. Engels, Selected Works, Voll. II. Foreign Language Pulishing House) *Critique of the Gotha Programme*, New York: International Publishers, 1938.
(望月清司訳 ,『ゴータ綱領批判』, 岩波文庫 , 1975).
鈴村興太郎・後藤玲子（2001）『アマルティア・セン：経済学と倫理学』、実教出版、(2002 改装新版)。
後藤玲子（2018）『潜在能力アプローチ：倫理と経済』、岩波書店。

第Ⅱ部　現代社会と平等

第 11 章　ジェンダーと平等

板井　広明

〔要旨〕
セックスとジェンダーの区別などの概念整理を行ない、日本の政治や経済、社会などの領域におけるジェンダー不平等について、数値を示しつつ、その現状を概観した。ジェンダーの不平等は人々の日常の意識にも浸透しているため、その「分類」の恣意性も明らかにし、その上で、フェミニズムにおける公私二元論批判などを検討し、ジェンダー平等の実現には、新たな公私区分や普遍主義かつニーズの再分配的枠組みが重要であり、そして苦痛の減少を企図する功利主義との関連を論じた。

はじめに

女子供と蔑むような男尊女卑は遠い過去のものとなり、今や逆差別、女尊男卑ではないかという声が響く一方で、封じ込められ、抑圧され、言葉や権力や直接的な暴力によって殴られる「女性たち」がいる。#MeToo 運動やフラワーデモのような異議申し立ては増えてきたものの、世界中で、ジェンダー差別という現実が厳然としてあるのはなぜだろうか。

女性を含む普通選挙権の実現は僅かの例外を除いて第 1 次世界大戦以降のことである。米国の黒人女性が選挙権を実質的に得たのは 1970 年代以降であり、サウジアラビアで女性の選挙権が認められたのは 2015 年である。世界は徐々に改善されつつあるようにも思われるが、ジェンダー不平等を助長する不当なジェンダー規範や制度としての性別二元制は相変わらず根強くあるし、障碍者 (1) やトランスジェンダー、難民など、従来の規範から排除されてきた人々への不当な、そして暴力的な処遇や差別、抑圧も後を絶たない。

本章では「入門」という書物の性格に鑑み、日本社会における「女性たち」をとりまく不平等に焦点を合わせ、その現状や理解のための概念枠組み、そして、ジェンダー平等を目指す際の理論枠組みを概観しようと思う。

1. ジェンダー秩序

1-1. セックス／ジェンダー

ジェンダーは統計的には、世界ジェンダーギャップ指数（Global Gender Gap Index[2]）など､男女の違いという本質主義的な意味で使われ､一般的には、生物学的性差としてのセックスと対比された文化的性差という意味で使われている。トランスジェンダーの説明には、体の性に対する心の性という、一見わかりやすそうでいて、よくわからない表現もある。

生物学的性差としてのセックスという女／男の分類は自明のように思われるが、女と男の二分法はあまりにも単純である。というのも、①遺伝子、②性腺（卵巣／精巣）、③外性器（ヴァギナとペニス）の点では、まず①遺伝子ではXX＝女、XY＝男以外にも、XXYなどの人もいるし[3]、XX・卵巣・ヴァギアの組み合わせをもつ存在が典型的な女とされるものの、様々な組み合わせがあるからである。典型的な女／男の間が連続的なスペクトラムをなす中で、典型的な女／男がノーマルなものと社会的に決定されているだけである（加藤 2006: 62-79）。生物の世界には、自然に性転換するクマノミや雌雄同体のカタツムリなど、その性の世界は多様であり（加藤・石田・海老原 2005: 21）、性別カテゴリー自体3つ以上の文化もある。

歴史を遡ると、性別を意味するセックスも、18世紀まではワンセックス＝一つであり、女性器官は男性器官の劣化したものとされ、女性は劣った男性とされていた。卵巣と睾丸に別々の言葉が与えられ、ヴァギナが新たな器官として分節化されることで初めて「新たなジェンダーの基盤としてのツーセックスが発明された」ように（ラカー 1998: 204）[4]、セックスという女／男の生物学的分類は自明なものではない。

このようにセックスの分類は恣意的・偶然的、そして歴史相対的であるから、セックスとジェンダーの二分法も単純に措定するわけにはいかない（バトラー 1999: 27-29）。ジェンダー概念も「人間を女や男などのカテゴリーに社会的に編成」・分類するという社会構築主義的なものであり（Striker 2017: 14-15）言説的、行為遂行的に反復・構築されるものだからである。

セックスとジェンダーに共通して言えるのは、それらが社会性を帯びていることであり、ジェンダーはそのような在り方を記述する概念でもある（舘 2014: 207-213）。米国精神医学会がセックスとジェンダーの二分法をやめて、割り当てられたジェンダー（assigned gender）と経験・表出するジェンダー

（experienced/expressed gender）としたのは示唆的で（GSM-5: 452/203）[(5)]、セックスとジェンダーの領域は社会的決定という特徴をもつ点で通底しているとも言えよう。

ジェンダー概念に目を向けると、①性別、②ジェンダー自認（性自認）、③ジェンダー差（性差）、④ジェンダー役割（性役割）の4点に分けられ、ここでも社会的に決定されているという共通の要素が指摘できる（加藤2006: 23-35）。①性別は、いかなる性別に分類されるのか、②ジェンダー自認はどのような性的存在として自己のアイデンティティーを見なすのか、③ジェンダー差は現実の社会において見られるジェンダーによる記述的差異とは何であるか、④ジェンダー役割は女らしさ／男らしさなどに基づく規範的役割とは何であるか、にそれぞれ関わる。したがって、単純に人間を女／男と二分して済む問題ではない。

つまりジェンダーとは当該社会の常識や習慣、信念、制度、構造といったものが反省的・再帰的に現われたものであり、人を性的にいかなるものとして分類するかの全体に関わるものである。性的指向性としてのセクシュアリティーとは区別され、巷間クローズアップされているLGBT（あるいはSOGI）という範疇については、LGBはセクシュアリティーに、Tはジェンダーに関係する点で異なる。しかしジェンダー概念が1950年代半ばに文法用語とは違う意味で使われ始めた契機が「トランスジェンダー」をめぐる問題だった点は指摘しておきたい（ストライカー2020）。

1-2. ジェンダー不平等の現状

日本の政治におけるジェンダー不平等としては、女性の代表性が低いことが挙げられる。2018年に政治分野における男女共同参画推進法（日本版パリテ）が成立したものの、努力義務に過ぎないこともあって、女性議員比率は衆議院10.2%、参議院20.7%（2018年）と低く[(6)]、生理用品が軽減税率対象外となるなど、政策形成・意思決定の男性独占により、女性向けの政策は後回しにされている。政治的な意思決定の場に人類の半数を占める女性がいないし、往々にして排除され、軽んじられている。

法律分野では、国連の女子差別撤廃委員会が、男女で異なる結婚可能年齢を問題視し[(7)]、夫婦同氏を要求する民法第750条が女性に夫の姓を選択せざるを得なくしていること、ハラスメントや暴力の対象となる女性に対する交叉的な差別を対象とする包括的な差別禁止法がないことなどを、国際労働機関（ILO）とともに指摘してきた。殺人55.6%、傷害92.7%、暴行90.8%、DV79.4%（2018年度）の被害者が女性である（内閣府2019: 142-143）。

経済分野では、企業組織の編成や原理が（生理も出産もない）男性の稼ぎ手モデルに基づいており、企業管理職の女性割合は、係長級18.3%、課長級11.2%、部長級6.6%、上場企業の役員4.1%と低い（内閣府2019: 112）。1986年の男女雇用機会均等法施行後も、女性に適用される総合職／一般職というコース別人事管理、一般労働者の男女間賃金格差74.3%（厚労省2020）など、女性には非合理な差別的制度が存続している（川口2008）。

現状では、女性がキャリアを積むには出産や育児を諦め、男性と同様の働きが求められる。そうしない限り、責任ある仕事は任されず、不安定で安い賃金に甘んじなければならない。共稼ぎ世帯では、世帯全体の収入をより多く確保するために、差別的に賃金の低い女性側が育児短時間勤務制度を利用して育児などのケア労働を全面負担（ワンオペ）することが「合理的」な選択になってしまい、ジェンダー差別的な状況が再生産されている。

「飼いならされた主婦」という根深い問題もある。国際フェミニスト経済学会のメンバーでもあるセンが問題にしたように（セン1991）、たとえば専業主婦を選択した女性について、本人が主観的に幸せならばその人生選択は望ましいとしてしまってよいのか、むしろ個人の力では如何ともし難いジェンダー不平等に対して自分の望みを切り詰め、自由を奪われてしまったのではないかという適応的選好形成の問題がある（玉手2018: 353）。既存の差別的な環境や制度が女性の選択を方向付けているとすれば、それは構造的な不正義でもあろう。

日常的な場面では、ケア労働や感情労働への女性の強制的な包摂がある（竹信2013）。男女の賃金格差に加え、長時間労働ゆえとは言え、日本の男性の家事労働時間は極端に短い。夫稼ぎ世帯では約9割、共稼ぎ世帯でも約8割の夫が家事を担っていない（内閣府2019: 120-121）。女が下、男が上という偏見に基づくハラスメントも蔓延しており、男性が女性を無知な存在と見てお節介な説教をするマンスプレイングや、女性が発言しているのを一方的にさえぎるマンタラプションもある（前田2019: 25-28）。

性暴力では、生涯にわたって恐ろしく深刻な傷を心身に負う被害者の「落ち度」が責め立てられる傾向が強く、被害を訴えても、女性の割合が低い警察署や裁判所、メディアで二次被害（セカンドレイプ）を受けがちである(8)。2017年、強姦罪は強制性交等罪に変わり、被害者による告訴なしに起訴できる犯罪となった。しかし刑法第177条に「暴行又は脅迫を用いて」とあるように、同意の有無は条件とされていないし、性交同意年齢が13歳以上という規定も改善すべきである。性暴力の際、恐怖に慄き、声すら上げられない存在を守るため、災害時にも生じる性暴力被害を防ぐため、性的同意の条件を制度的にも確立し、同意を尊重する意識を普及させなければならない。

教育分野では、国公私立の教員の女性比率が、小学校62.2%、中学校43.3%、高等学校32.1%、高等専門学校10.7%、短期大学52.3%、大学24.8%と徐々に少なくなることによって（内閣府2018: 74-78）、高度な専門知識を持つ者は男性であるという意識を子供は抱きやすい。大学の物理や数学、法律や経済領域では女子学生の割合が低いし、男性医師と女性看護師・薬剤師といった差異は、聖マリアンナ医科大学医学部入試での女子受験生への一律80点引きという不当な差別的対応ともなって現われた。

映画やテレビ、漫画、広告で、女性を性的な存在やケアする主体としてだけ描くと、そのような女性役割が当然視され、女性を苦しめる。女性を性的シンボルに見立てて「炎上」する事件は後を絶たないし、ノーベル賞受賞者の妻が内助の功を称賛されることはその典型である。これはメディア従事者の女性割合の低さや(9)、男性による意思決定、男性視点での取捨選択によって、女性に関わる問題が矮小化される傾向と関係があるだろう。

以上、日本社会のジェンダー不平等を見た上で、なお男性の方が差別されていると言う人がいるかもしれない。しかし女性専用車両は痴漢行為に対する被害者のゾーニングという防御策であるし、居酒屋での女子会割引などは経済学で言う価格差別と賃金差別、酒も煙草も男が嗜むものであって、女が嗜むものではないという男社会の規範が（館2011）、顧客としての女性を酒場などから排除してきた結果である。女性も男性と同様にお酒を嗜んでよいというジェンダー平等な在り方へのインセンティブが女子会割引である。

性差別的な社会構造の中で、支配的地位にあるべしという役割規範に男性も苦しめられているのは確かである（ペリー2019)。しかし社会が男性支配的特徴を持ち、女性には抑圧的に作用していることは認識すべきである。「男性がいかに差別する性格につくられてきたか」（水田1984: 260）を自覚した上で、全ての人へ強制されている役割規範への異議申し立てが重要である。

1-3. ジェンダー役割と抑圧

あらゆる社会に性別役割規範があり、「人は女に生まれるのではない、女になるのだ」と『第二の性』で記したボーヴォワールは、「男にとって女は性（セックス）である。ゆえに女は絶対的に性（セックス）であるというのだ。女は男を基準にして規定され、区別されるが、女は男の基準にならない。女は本質的なものに対する非本質的なものなのだ。男は〈主体〉であり、〈絶対者〉である。つまり、女は〈他者〉なのだ」（ボーヴォワール 1949: 15）と指摘した。

女性は男性に消費され隷従するモノ＝客体として、男性は主体および指導する存在として表象されがちな社会では、ジェンダーに従った役割があるのだという性別役割規範は根強い。実際、「女の子」は花屋や保育士といったピンク・カラーの職業を選択しがちである（堀越 2016）。

ジェンダー役割が社会的に決定されたものではなく、自然に現れたものだという主張もある。ジェンダー・バックラッシュ[(10)]では、女と男の違いや役割は進化で生じた自然なもので、脳科学的にも証明されているとされ、ジェンダー平等は誤謬だという言説が蔓延った（石 2016: 第 4 章）。しかし女脳／男脳があるとは脳科学で明らかにされておらず、女性と男性で異なった役割を担うことは自然でも合理的でもなく[(11)]、望ましいわけでもない（筒井 2010）。

歴史を振り返ると、女性は劣位なジェンダーとして、まさに社会的に構築されてきたことが窺える。ミースによれば、「女性は**いつの時代にも**新しい女や男の生産者であり」、「男性がさまざまな形態の女性の生産力を利用し、隷属させ」てきた（ミース 1997: 86）。女性の技術は道具を使って生産することにあったが[(12)]、男性狩猟者の技術は武器を使って獲物を獲得し、戦争さえ行ない、女性たちを支配し、社会を統治してきた。資本主義の成立前夜には、植民地における奴隷狩りと文明国における魔女狩りによって、男性に依存し馴致された主婦が誕生した（ミース 1997: 92-103）。

フェデリーチが指摘したように（フェデリーチ 2017）、封建制から資本制への移行過程で生じたのは女性（「魔女」）の排除とその労働の価値の引き下げであった。男性資本家が男性労働者を包摂する際に女性がその秩序から排除され、社会の資本主義的再編成が行なわれた。自然の力を担う「魔女」が統治エリートによって狩られ、再生産機能の象徴であった女性が社会の表舞台から排除された。産業化が排除されていた女性たちを新たに包摂し、資本家からも男性からも搾取される「女工哀史」の世界が現出したのである。

20 世紀後半には、新国際分業下、女性労働者の需要が激増した「労働力の女性化」が進行し、「男は仕事、女は家庭」から「男は仕事、女は仕事も家庭も」となり、離婚率の上昇と出生率の低下が結果した。21世紀のグローバル金融危機以降は、過剰包摂（足立 2016）と社会的排除にとどまらない「放逐」という新たな次元が登場した（サッセン 2017）。放逐のダイナミクスは、極端な不平等、失業、貧困、自殺、追立、難民化、収監、露骨な残忍さの表出であった。日本経済を支える不可視化された外国人労働者のように（出井 2016）、「経済的安寧もセキュリティも、良い生を生きていない人々によって達成されうる」（バトラー 2018: 253）という過酷な状況である。

「家父長制と帝国主義、主体の構築と客体の形成のはざま」で二重に抑圧される女性の在りようも問題化され（スピヴァク 1998）、ブラック・フェミニズムが「性と人種と階級の抑圧の相互関係」に着目したように（フックス 1997）、資本主義の問題にとどまらず、帝国主義と家父長制、「人種」などの交叉的問題が「女性たち」の苦境を浮かび上がらせてきた。

ここで言及した交叉性（intersectionality 交差性、複合的差別）を最初に用いたクレンショーによれば、それは人種差別や性差別の交叉的な視点から黒人女性の従属状況を認識するための概念であった（Crenshaw 1989: 140）。抑圧され差別される「女たち」の経験は多様であり、個々の女性や個々の集団としての女性が被る抑圧は、「人種」、階級、国籍、宗教、障碍、セクシュアリティー、市民権などによって複雑に交叉している（Stryker 2017: 5）。当然のことながら、白人／黒人、中心／周縁、本土／沖縄など、さまざまな権力・分断的な関係・状況が存在し、「女性たち」を一枚岩的に把握することはできない。個々の経験を何らかの集合的なアイデンティティーに回収することもできない一方で、しかし、それらを超えた「女性」としての連帯やつながりの方途はありうるだろう（藤高 2020）。

またジェンダー不平等な社会の在りようを反映して、父子家庭よりも母子家庭が、男性同性愛カップルよりも女性同性愛カップルの方が経済的に苦境に陥りやすい。社会的弱者への抑圧は「男」よりも「女」により重く影響するため、被抑圧者集団内でも男性より女性の方へ何重にも抑圧が交叉的にのしかかっているのが現状である。

2. ジェンダー平等

2-1. フェミニズムと功利主義

人間性が謳われた18世紀末に、女性解放の思想が顕著に現われてくる。

神から与えられた理性を男女ともに有する故に権利も平等に与えられるべきだと『女性の権利の擁護』（1792年）で主張したウルストンクラフトがその代表例である。

この時期の思想はフェミニズム(13)の嚆矢とも言われるが、一般に、フェミニズムの歴史は実践的な運動面から整理されてきた。18世紀末から20世中葉までの第1波フェミニズムは法的な権利獲得運動として、1960年代からの第2波フェミニズムは公私二元論批判から社会的平等を達成しようとする運動として、1990年代からの第3波フェミニズムはやや反動として女性性や、時には母性を前景化した運動として、2008年の金融危機以降の第4波フェミニズムは、環境的正義やテクノリテラシー、スピリチュアリティーへの方向性をもった運動として現われた（Stryker 2017: 2）。第2波フェミニズム以降は、リベラリズム、マルクス主義、ラディカリズム、精神分析、エコロジーなど、さまざまなフェミニズムの分類も生まれた。

ここでは、18～19世紀の女性解放運動の思想的一翼を担ったベンサムなどの古典的功利主義者の（功利主義フェミニズムとも称される）思想を取り上げる。ベンサム自身も女性の境遇をはじめ、様々な被抑圧者への抑圧を批判したことからも、その思想は重要である。

ベンサムは善悪と正不正を区別し、快楽を善、苦痛を悪と定義し、個々の行為や政策から生じる快苦を比較して、快楽が超過する場合を幸福と定義する。行為や政策が正しいのは幸福の増大が結果する場合であり、快楽よりも苦痛が超過する不幸を結果する場合は、それらは誤っていると判断される。

ここでは、よい生き方は各人に任せられ、統治の在り方は、各人が他者の幸福を損なわず、善の自由な追求を可能にする枠組みを整備することに向けられる。しかも、幸福の享受主体として、あらゆる人々は肌の色や性別、障碍などによって差別されず、平等に尊重され、権利を有する主体と見なされる。これが、女性を権利主体から排除していた社会に異議申し立てし、女性に権利を認めよとベンサムが主張した哲学的根拠である。しかも私的な場面での抑圧についても誰が苦痛を被っているかに着目し、その苦痛や不幸をもたらしている行為や政策を改めさせるべしとした（板井2015）。

ベンサムによれば、女性を権利主体から排除してきたのは、肉体的強者である男性が権力を握り、女性を劣った存在と見なし、支配の道具たる法律を作成してきたからであった。「子供を産むだけの受動的な機械」（Thompson 1825:192）と女性を見なし、彼女らには判断能力がないゆえに参政権は認められないという議論に対して、ベンサムは因果関係は逆で、参政権の欠如が判断能力の欠如という女性の劣位を生じさせており、「知的能力に関して、人類の半数を占める女性がその適性能力において男性よりも劣っていると判断されるべき理由はそもそも何もない」(Bentham 1989: 97) のだから、法的政治的主体としての権利を女性が享受すべく法改正すべきであった(14)。

2-2. 公私二元論再審

功利主義が関わった第1波フェミニズムの女性解放の思想と運動は、一般にリベラル・フェミニズムと特徴づけられてきた。それを批判した第2波フェミニズムは、家庭内の私事、夫婦間や親子間での不平等や暴力の問題に、リベラリズムは無関心であると指摘し、いわゆる公私二元論という前提を批判したのだった。しかし、リベラル・フェミニズムにおいて親密圏は私的な事柄として不問にされたのだろうか。

「私的領域の問題とされてきたことは、実は政治的問題なのだ The personal is political」という第2波フェミニズムの告発に見られるリベラリズム批判は(15)、井上達夫によれば、次のように整理される。リベラリズムは、①親密圏を私的領域とし、②女性への家父長的支配や性暴力、性別分業観が再生産されているにもかかわらず、③私的領域における女性への抑圧や暴力を放置し、公的領域では自律的な個人や平等といった脱ジェンダー化された制度や規範の外観によって、それら抑圧や暴力を隠蔽している、と。一見、的確な告発のように思われるこの批判は、しかし飛躍論証ではないかと井上は指摘する(井上 2003: 216-217)。

人を意味する言葉として man ではなく person を使うべきだと主張した J.S. ミルの『女性の隷従』(1869年)(16) を参照しつつ、井上は、ミルが『自由論』(1859年) で主張した「文明社会で個人に対して力を行使するのが正当だといえるのはただひとつ、他者に危害が及ぶのを防ぐことを目的とする場合だけである」という他者危害原理が「法的干渉の正当化理由を限定するものであって、法的干渉の領域を限定するものではない。抑止さるべきなのは他者危害であって、それが起こるのが家庭の中か外かは原理的にはイレレヴァントなのである」と言う(井上 2003: 220-221)。

実際、ベンサムは結婚制度が奴隷制へと転落する危険について、「女性の利益はしばしばあまりにも無視されてきた」がゆえに、離婚可能な法整備の必要性を訴え、同棲を結婚の代替案とした(Bentham MSS: lxxxxvi 197)。さらに男性による主要な職業の独占が女性の就労機会の減少と男性への経済的依存を生み出している状況を改善すべしとも主張した（板井 2015）。

私的領域である家庭内の性別役割分業も当然視せず、「男性も女性と同様に家庭での義務をもっているわけであるから、女性の政治参加が男性以上に女性をその義務から遠ざけることにはならない。女性が料理や家の掃除、子供の面倒を見たりすべきだということは、多くの男性が仕事場などでの労働の時間を等しく共有すべきであるということよりも、なお必然的なものではない」と言う（Bentham MSS: clxx, 145）。

女性への抑圧は社会全体の幸福の減少を結果するため、したがって「最大多数の最大幸福」の観点から、当の抑圧状況は是正されるべきなのである（板井 2017）。リベラル・フェミニズムに不当に帰されていた公私区分（公を政治経済社会、私を家庭内とする）における私への不干渉という論点、および私を女性が、公を男性が担うという性別役割分業については、19 世紀の古典的功利主義が批判的に捉えていたことを見返す必要があるだろう。

この点について、功利主義とは異なる位相から、野崎綾子が「リベラル・フェミニズムの再定位」として丁寧に掬い上げている。反本質主義と自己解釈的存在としての人間という立場から、リベラル・フェミニズムの基本理念を、①善の構想の多様性を支える正義の基底性、②ジェンダーやエスニシティ ― などの様々な社会的アイデンティティーを包含する新しい公共的なシティズンシップ、③自由に選択するとともに自由に選択されていない人間の相互依存関係をも包含する自律の尊重、④公共的な決定が正義に基づくための公私区分の再定位、⑤ケアやジェンダーの問題を適切に取り扱えるケイパビリティー論からなるものとしてまとめている（野崎 2003: 31-49）

田村哲樹は野崎の「公」理解について、「「政治」を「国家」と同一視する傾向があること … は「私的領域における政治」という第 2 波フェミニズムの主張とは、少なくとも力点の置き方が異な」り、「政治概念については、むしろオーソドックスな理解、…「制度的な」政治に止まる傾向がある」と指摘している（田村 2009: 87）。

田村が提案するのは、領域を固定した公私区分とは異なる「活動様式」としての公私区分である。「判断」と「説明責任」を求められる活動様式を公的と定義すれば、それは従来の公的領域でも私的領域でも存在し得るものとなり、例えば結婚という私的な事柄も、「複数の人間に関わる「公的な」問題へと転換されること」を通じて、「公的営みとしての政治」となり得る（田村 2009: 92, 97)。そして「領域横断的に存在する「公的営みとしての政治」を通じて新しい秩序を形成していくための手がかりともなり得る」と提唱している（田村 2009: 97-98)。

またリベラリズムの公私区分の徹底を企図する野崎の契約アプローチに対して、山根佳澄はミノウの「自律の前提条件としての関係性」という関係的権利、すなわち「他者との関係の中で「自律」を育む権利」という観点から、女性の人権尊重にとって重要なのは、「女性の価値や認識枠組みを転換させ、エンパワーしていくための公的援助、資源の再分配である」と主張している（山根 2010: 43)。

田村と山根の議論から得た示唆を新たな公私区分とするならば、日本語の公私に含まれる上下関係[(17)]に対して、そのような権力関係を相対化し、私の領域を閉じられたものと見なさず、常に公的な議論へと開き（功利主義的には監視や統治の対象となし)、政策的な援助によって改善される領域と捉え返すべきなのであろう。

2-3. ジェンダー平等の枠組み

ジェンダー平等を志向する理論枠組みについて、フレイザーはまず、資本主義における男性家父長のヘテロセクシュアルな核家族に基づく家族賃金というモデルを脱し、様々なセクシュアリティーの人々による脱工業化した家族を基盤に、福祉国家のフェミニスト的ヴィジョンとして、２つのモデルを挙げる。①国家が女性の雇用を可能にするサービスを提供して、「女性を男性の今の在り方により近づけることを目指す」普遍的稼ぎ手モデルと、②女性が担うケア労働に報酬を与え「女性の差異を犠牲を払わずにすむようにする」ケア提供者等価モデルである。

しかしこの２つのモデルでは、反貧困、反搾取、平等収入、平等余暇、尊重の平等、反周縁化、反男性中心主義の点で「完全なジェンダーの公平を与えることはできない」。そこでフレイザーが提案するのが「現在の女性のライフパターンを皆にとっての規範にする」「普遍的ケア提供者モデル」である（フレイザー 2003: 78-92)。この実現のためには、「十分に、あるいは全く賃金を支払わないで、労働者の労働にただ乗りしている企業、及びケアワークと家庭内の労働を回避している、あらゆる階級の男性たち」の「ただ乗りを阻む政策を展開すること」であり、「ジェンダーの公平の達成は、ジェンダーの脱構築を必要とする」（フレイザー 2003: 94）[(18)]。

ジェンダー規範によって男も辛いのだという訴えも、この普遍的ケア提供者モデルには賛成するだろう。女性のライフパターンを規準・規範にして社会や組織の編成を行なうことは、男性にとっても、より豊かな選択肢が提供されることにつながり、さらに一家の大黒柱たれとか、勤勉であれとか、弱音を吐くなといったジェンダー役割の抑圧からの解放になり得るからである。

フレイザーの普遍的ケア提供者モデルに適合的な人間観は、キテイが捉える、ケアされ、ケアする関係にある「依存的存在」であろう。人間の自律と社会的協働に依拠するロールズ正義論では障碍者やケア提供者が不可視化され、排除されるとし、依存とケアとの入れ子状の関係における平等を主張する議論である（キテイ 2010）[(19)]。

依存の関係も千差万別であり、既存の秩序から不利益を被る人々の利益や幸福を考慮する観点では、2013 年に成立した障碍者差別解消法で要請される「合理的配慮」が重要である。これは①人種差別などに見られる「等しい者を異なって扱う型の差別」に対して、②障碍者差別に見られる「異なる者を異なって扱わない型の差別」への対応として生まれた（川島 2016）。

②「異なる者を異なって扱わない型の差別」は、たとえば音声言語社会で音声案内を「平等に」行なっても、聴覚が不自由な人にとっては②の差別に当たる。そこで文字による案内という「異なった扱い」をすることで、差別は解消され、聾者にも平等にその案内が届く。これは特別扱いではない。視力の劣る者がメガネをかけることが特別ではないのと同様である。

いわば「障碍者」に典型的に生じるような、複合化され、複層化（交叉化）された不利益の集中という現象に焦点を合わせ（星加 2007: 194-203）、異なる者には異なる扱いをすることの重要性、すなわち女性をはじめとして、多様で異なった生の条件をもつ個々人の在りように適切な対応を促すことで実質的な平等の実現を目指すわけである。

ジェンダー平等（あるいはジェンダー公平 (equity)）には、個人がジェンダー的属性から人生の選択肢を不当に縮減されない①の平等と、身体的精神的に多様な人々の境遇に配慮した②の平等の実現が重要となる。

かくして、成人男性や理性的・自律的主体を包摂する従来のあり方から排除されてきた、感情的・依存的と見做されてきた人々を適切にすくい上げ、ジェンダー平等を目的とした普遍主義的かつニーズに応じた分配によって、実質的平等を志向する多様な社会の実現に近づくことが可能になる。

おわりに

フレイザーは「私たちの性差別批判が、いまや不平等と搾取の新しい形式のための正当化を供給しているのではないか」と問い、第2派フェミニズムが「グローバルなネオリベラリズム」の侍女になり、「ジェンダーの解放が参加型民主主義や社会的連帯と同時に実現する世界」に至らなかった趨勢を自省している(フレイザー 2019: 17)。

実際、民主制や連帯、平等といった諸価値はカルトでしかないと言い放つ、弱肉強食の資本の論理たる加速主義に基づく「暗黒の啓蒙」としての新反動主義(ランド 2020)が、男性優位主義とともに跳梁跋扈し始めている。

この状況に対して、ジェンダー規範から全ての人々が解放され、「支配をなくし、自由にあるがままの自分になること」という「フェミニズムはみんなのもの」(フックス 2003 : 205)だというフェミニストの主張を力強く支える思想としての古典的功利主義の意義を最後に強調しておきたい[20]。

黒人でなく白人を、女性でなく男性を、障碍者でなく健常者を、外国人でなく日本人を優先せよと、人々を分断し、序列化し、差別することに対して、国家の枠組みを超え、誰もが平等に配慮に値し、対等な関係で連帯し、不平等を是正する民主制を支える根拠とは、誰もが社会的に了解可能な受苦的人間のありようである(むろん、この論理は動物にも適用される)。しかも自己責任として過去の行為を問われることなく、人格の軛から解放され(安藤 2007 : 279)、いまここなる時所で苦しみを被っていること自体で配慮され、生活保障を受けるに値する根拠と見るのが功利主義である。このような平々凡々たる事実に立脚し、その幸福の最大化を志向することが、現存の秩序や制度を改善して、ジェンダー平等の世界へと進み得る一つの道と言えよう。

【注】

(1) 本章では、障害の社会モデルを背景にして、当事者によって使われるようになった「障害」の字ではなく、同意味の二語を繋げる伝統的な用法に準じて「障碍」の字をあてる。

(2) 2019年、日本は総合順位で153国中121位(経済115位、教育91位、健康40位、政治144位)と酷い有様である(http://www3.weforum.org/docs/WEF_GGGR_2020.pdf)。

(3) クラインフェルター症候群（47, XXY）などがあり、46対の遺伝子の組み合わせは、多数派の代表例に過ぎない。

(4) 18世紀の博物学者リンネの哺乳類という分類は、乳母育児ではなく、生みの母による母乳育児が望ましいという考えに基づいており、そのことは女性に母親としての役割を要請し、男性「大卒内科医による女性の健康管理の専門化」が帰結した（シービンガー 1996：53, 80-88)。このように「科学者が自然のなかに発見したと称する秩序というものは、客観的に、文字通り自然の中に存在するものではなく、それは人間精神の働きの主観的な想像物にすぎない」(鈴木 1992: 60)。

(5) GSM-5では、性同一性障碍（GID）が性別違和（Gender Dysphoria）となり、障碍の範疇ではなくなった。2019年にWHO総会で承認された『疾病及び関連保健問題の国際統計分類 第11版』（ICD-11）では、「精神および行動の障碍」に含まれていた「性同一性障害」も、「性の健康に関連する状態」の「性別不合（Gender incongruence)」となった。

(6) 2019年の参院選での女性候補者比率は自民党15%、公明党8%であり（総務省 2019)、これらの政党のジェンダー平等への取り組みは極めて弱い。各国の女性議員の割り当て制（ジェンダー・クオータ）の状況は、三浦・衛藤 2014を参照。

(7) 女性の結婚可能年齢が18歳に引き上げられるのは2022年4月1日の予定である。

(8) 多くの社会で婚姻外の性交渉で罰せられてきたのも女性であった。1947年に廃止された旧刑法183条の姦通罪は妻の姦通のみを犯罪行為としていた。

(9) 2018年の新聞・通信社における女性割合は、管理職6.6%、記者20.2%で、民間放送の管理職14.7%、NHKの管理職8.4%であった（内閣府 2019: 100)。

(10) バックラッシュとは「ジェンダー平等教育・性教育とジェンダー平等の法律・施策がすすむことに対する組織的な批判・反撃のこと」である（石 2016: 9)。

(11) ヴェーバーが合理性／非合理性について、「つねに特定の「合理的」な立場からして言われている」と注意を促しているように（ヴェーバー 1989：49-50)、ある行為が合理的かどうかは、その目的や価値抜きには語れない。

(12) 現在の狩猟採集経済にあっても、食料供給の大部分は女性に依存している（ミース 1997: 87-88)。

(13) オクスフォード英語辞典（OED, 2nd）によれば、feminismは1895年、feministは1852年が初出のようである。

(14) 上野千鶴子は、近代主義的なブルジョア女性解放思想が自然権に基づきながら、女性を「二流市民」に陥れる「抑圧の構造」を分析する「女性解放の理論」をもたない故に、フェミニズム理論足りえないと批判した（上野 1990: 12-13)。しかしベンサムはコモンロー批判によってイングランド的伝統と決別し、一方では自然権思想に対しても徹頭徹尾批判し、個々の実定的権利しか認めない立場を採り、人々の権利を適切に保障するためにも、社会の最大幸福を指標にした統治システムの功利主義的再構築を主張した（板井 2017）。人々が同性愛行為という不品行をある種の生贄として糾弾し、有徳な己の確証を得るような機制を、ベンサムが言語の誤用や修辞学的転換として指摘したことは、後にバークのスケープ・ゴート・メカニズムに採用されるイデオロギー暴露の方法そのものであった（土屋 2015）。女性への抑圧分析と解放の理論は、ベンサムにおいては、言語論と統治論によってなされている。

(15) リベラリズムの自律的・抽象的人間像にジェンダー・バイアスがあるという指摘については、岡野 2012 を参照。江原由美子はリベラリズムとフェミニズムの関係について、両者が重なり合いつつも、フェミニズムはリベラリズムの男性中心主義的な「ジェンダー・バイアスを含んだ「暗黙の価値前提」」を批判し、リベラリズムは「フェミニズム自体「特定の価値前提」に立」ち、「社会的公正」の確立を二義的にしていると批判する形で、両者を闘いとして描いている（江原 2001: 254-255）。

(16) J.S. ミル『女性の隷従』は、板井広明・小沢佳史・山尾忠弘訳として、京都大学学術出版会から翻訳準備中。

(17) 日本語の「おほやけ」／「わたくし」には① people を含意せず、②「大と小の包摂·被包摂」という上下関係が含まれていて、漢語の「公／私」、英語の「public ／ private」とは異なった概念であるという点は重要である（渡辺 2001）

(18) フレイザーの議論は、マイノリティーの承認と再分配に関するフェミニズムの論争を背景にしているが、「社会的連帯を優先した運動がいまや女性の起業を称揚」したり、「「ケア」の相互依存の価値を発見した世界観がいまや、個人の達成や能力主義を奨励する」（フレイザー 2019: 16）状況は、日本政府の「女性活躍」などを顧みるに、深刻である。

(19) 人間を間柄の関係として捉える木村敏に触発されつつ、小林敏明は自己と他者の在り様を、さまざまな関係性から浮かび上がる「関係論的認識のモデル」である「虚焦点」として論じている（小林 1994: 187-188）。

(20) 本章で捨象した功利主義の統治像については、板井 2017 を参照。

【参考文献】

Bentham J. MSS, ロンドン大学 University College London 所蔵のベンサム草稿。

Bentham J. 1989, *First Principles preparatory to Constitutional Code*, ed. P. Schofield, Clarendon Press.

Crenshaw, K. 1989 “Demarginalizing the Intersection of Race and Sex: A Black Feminist Critique of Antidiscrimination Doctrine, Feminist Theory and Antiracist Politics” *University of Chicago Legal Forum*, vol. 1989, Iss. 1, Article

8, 139-167. http://chicagounbound.uchicago.edu/uclf/vol1989/iss1/8
GSM-5 2013, *Diagnostic and Statistical Manual of Mental Disorders*, ed., American Psychiatric Association, Amer Psychiatric Pub Inc.『DSM-5 精神疾患の分類と診断の手引』高橋三郎・大野裕訳、医学書院、2014 年。
Stryker, S., 2017 *Transgender History: The Roots of Today's Revolution*, revised edition, Seal Press.
Thompson,W.,1825 *Appeal of One-Half the Human Race,Women*, Longman.
足立眞理子 2016「金融排除／包摂とジェンダー」『ジェンダー研究』第 19 号。
安藤馨 2007『統治と功利』勁草書房。
板井広明 2015「功利主義とマイノリティー」深貝保則・戒能通弘編『ジェレミー・ベンサムの挑戦』ナカニシヤ出版。
板井広明 2017「古典的功利主義における多数と少数」若松良樹編『功利主義の逆襲』ナカニシヤ出版。
井上達夫 2003『普遍の再生』岩波書店。
上野千鶴子 1990『家父長制と資本制』岩波書店。
ヴェーバー , M. 1989『プロテスタンティズムの倫理と資本主義の精神』大塚久雄訳、岩波文庫。
江原由美子 2001『フェミニズムとリベラリズム』勁草書房。
岡野八代 2012『フェミニズムの政治学』みすず書房。
加藤秀一・海老原暁子・石田仁 2005『ジェンダー (図解雑学)』ナツメ社。
加藤秀一 2006『知らないと恥ずかしい　ジェンダー入門』朝日新聞出版。
川口章 2008『ジェンダー経済格差』勁草書房。
川島聡 2016「権利条約における合理的配慮」川島・飯野・西倉・星加『合理的配慮』有斐閣。
キテイ , E, F., 2010『愛の労働　あるいは依存とケアの正義論』白澤社。
厚生労働省 2020『令和元年賃金構造基本統計調査』
小林敏明 1994「虚焦点としての他者」池上哲司編『自己と他者』昭和堂。
サッセン, S. 2017『グローバル資本主義と〈放逐〉の論理——不可視化されゆく人々と空間』伊藤茂訳、明石書店。
シービンガー , L. 1996『女性を弄ぶ博物学 リンネはなぜ乳房にこだわったのか？』小川眞里子・財部香枝訳、工作舎。
鈴木信雄 1992『アダム・スミスの知識＝社会哲学』名古屋大学出版会。
ストライカー , S. 2020「「トランスジェンダー」の旅路」『ジェンダー研究』第 23 号。
スピヴァク , G. C. 1998『サバルタンは語ることができるか』上村忠男訳、みすず書房
セン , A. 1991「一億人以上の女たちの生命が喪われている」川本隆史訳『みすず』1991 年 10 月号。
石 橋 2016『ジェンダー・バックラッシュとは何だったのか』インパクト出版会。
竹信三恵子 2013『家事労働ハラスメント』岩波新書。

舘かおる 2011『女性とたばこの文化誌』世織書房。
舘かおる 2014『女性学・ジェンダー研究の創成と展開』世織書房。
玉手慎太郎 2018「解説『酸っぱい葡萄』の背景と射程」エルスター『酸っぱい葡萄』勁草書房。
田村哲樹 2009『政治理論とフェミニズムの間』昭和堂。
土屋恵一郎 2015「2014 年のジェレミー・ベンサム」『法律論叢』第 87 巻第 4・5 合併号。
筒井晴香 2010「通俗的「男脳・女脳」言説がはらむ問題――性差をめぐる脳科学と社会の中の性別」『脳科学時代の倫理と社会』UTCP Booklet 15。
出井康博 2016『ルポ　ニッポン絶望工場』講談社＋α新書。
内閣府男女共同参画局 2018『女性の政策・方針決定過程への参画状況調べ』。
内閣府男女共同参画局 2019『男女共同参画白書』。
野崎綾子 2003『正義・家族・法の構造転換』勁草書房。
バトラー , J. 1999『ジェンダー・トラブル』竹村和子訳、青土社。
バトラー , J. 2018『アセンブリ』佐藤嘉幸・清水知子訳、青土社。
フェデリーチ , S. 2017『キャリバンと魔女』小田原琳・後藤あゆみ訳、以文社。
藤高和輝 2020「インターセクショナル・フェミニズムから／へ」『現代思想』第 48 巻第 4 号。
フックス , B. 1997『ブラック・フェミニストの主張』清水久美訳、勁草書房。
フックス , B. 2003『フェミニズムはみんなのもの』新水社。
フレイザー , N. 2003『中断された正義』仲正昌樹監訳、お茶の水書房。
フレイザー , N. 2019「フェミニズムはどうして資本主義の侍女となったのか」菊池夏野訳、『早稲田文学』2019 年冬号。
ペリー , G. 2019『男らしさの終焉』小磯洋光訳、フィルムアート社。
ボーヴォワール , S. 1949『第二の性　第 1 巻』井上たか子ほか訳、新潮文庫、2001 年。
星加良司 2007『障害とは何か』生活書院。
堀越英美 2016『女の子は本当にピンクが好きなのか』P ヴァイン。
前田健太郎 2019『女性のいない民主主義』岩波新書。
三浦まり・衛藤幹子 2014『ジェンダー・クオータ』明石書店。
ミース , M. 1997『国際分業と女性』日本経済評論社。
水田珠枝 1979『女性解放思想史』筑摩書房。
水田珠枝 1984『ミル「女性の解放」を読む』岩波書店。
山根佳澄 2010「人権は誰の権利か」『人権論の再構築』法律文化社。
ラカー , T. 1998『セックスの発明』工作舎。
ランド , N. 2020『暗黒の啓蒙書』五井健太郎訳、講談社。
渡辺浩 2001「「おほやけ」「わたくし」の語義」佐々木・金編『公共哲学 1　公と私の思想史』東京大学出版会。

第12章　健康と平等
――健康格差の不当さについて考える

玉手　慎太郎

〔要旨〕

健康と平等の関係について論じる本章では、社会問題としてますます注目を集める「健康格差」について哲学的な検討を加える。まず、健康格差の是正を求める主張の有する道徳的正当性について明らかにすることを目的として、「差異に基づく不利益の不当さを強める条件」を整理する。その上で、健康格差の是正を求める主張が有する現実的な射程について明らかにすることを目的として、健康格差の是正を政策的に遂行する上で直面する一つのディレンマを指摘する。本章を通じて示されることは、私たちがいかなる価値を優先し、いかなる社会を望むのかという哲学的議論が、健康と平等について考えていく上で不可欠だということである。

はじめに

近年、「健康格差」が人々の間で広く論じられるようになっている。このことから示唆されるのは、健康をめぐる不平等が重大な社会問題として捉えられるようになっているということだろう。私たちにとって健康はとても大事なものであり、健康格差は明白な社会的不正義である、ということにはすでに広い同意があるように思われる。しかしそれゆえに、「健康格差は不当だ」という訴えは当然のものとされ、深く考えることなく用いられてはいないだろうか。本章では以下、健康格差とは何かを明確化した上で（1節）、健康格差はなぜ不当なのか（2節）、および健康格差はどこまで是正されるべきか（3節）について、哲学的な検討を加えていく。

1. 健康格差とは何か

健康格差という言葉の直接の意味は、読んで字のごとく、ある集団の内部で人々の健康状態に差がある（平等ではない）ということである。しかし現在広く論じられている「健康格差 health inequalities」[1] はもっと限定的な意味を持ち、単に人々の健康状態に差があるということではなく、人々の「社会経済的状況（socioeconomic status: SES）」に関連する形で健康に差があるという事態のことを指す。

社会経済的状況とは、職業、学歴、家族関係、居住地域、利用可能な社会保障制度など、各人の生活に影響を及ぼす様々な背景のことである。かなり広い概念だが、医療が基本的に患者の身体に注目してきたことに対比して、そのような視点では捉え損なってきた要素全体が、ここで指摘されているものである[2]。そういった要素に関連する健康の不平等、たとえば、所得の低い人は所得の高い人に比べて平均寿命が短いとか、糖尿病にかかっている人には正規雇用にある人よりも非正規雇用あるいは無職の人が多いとか、そういった健康の不平等を指して「健康格差」と呼ぶのである[3]。このことを明示するために、「社会階層による健康格差」あるいは「健康の社会的格差」と述べられることもある（川上・橋本 2015,1）。また厚生労働省の資料でも、健康格差は「地域や社会経済状況の違いによる集団における健康状態の差と定義される」と述べられている（厚生労働省 2012, 25）。

医学および物質的豊かさの面で大きく発展した現代においても、すべての人々が等しく不健康を免れているわけではない。とすれば、そのような発展の恩恵を得ている人と得ていない人がいるわけである。これは人々の暮らしている社会的・経済的な背景によるものであると考えられる[4]。人々の社会経済的状況と健康の間の関係を実証的に明らかにし、健康格差の原因と対策について探究する学問分野が「社会疫学（social epidemiology）」である（Berkman *et al*. eds., 2014, ch. 1-2）。社会疫学の知見に基づき不健康の社会経済的な要因に広く対処していくことが、現代では広く求められるようになっている（狩野・藤野 2015）。日本でも、たとえば国の定めた「健康日本 21（第二次）」において健康格差の縮小がその目標の一つに位置づけられている（厚生労働省 2012）。

2. 健康格差はなぜ不当なのか

2-1. 社会正義の課題：すべての個人の等しい尊重

「健康格差」がただ単に人々の健康に差があるということを示す言葉ではない、ということの意味は、それが各人の社会経済的状況と結びついた健康の差異を指摘するものであるということにとどまらない。健康格差が論じられる際には、それが不当な差異であることが含意されている。言い換えれば、健康格差は解消すべき問題として、社会正義の文脈で捉えられている。しかし、ある不平等が社会正義の問題となるのは、いったいどのような場合においてだろうか[(5)]。

人々の状態が等しいものではない（状態に差がある）ということは、それ自体としては必ずしも道徳的な問題にはならない。たとえば、筆者はある程度アルコールに強いが、友人のY氏はお酒が一滴も飲めない。この違いは、それ自体としては社会正義の問題ではないだろう。一般に、問題となるのは差異そのものではなく、差異が当人あるいは社会に対してもたらす不利益である（ここで言う不利益は経済的不利益に限定されない）。もしアルコールに弱いことに実生活上の損失がある場合、たとえばアルコールに弱いことによって雇用において不利に扱われることがあるといった場合には、アルコール耐性の差異は社会正義の問題となり、その不利益の是正（あるいは補償）要求が道徳的な正当性を有することになる（たとえばアルコールに弱い人に対する待遇上の差別を禁じることが考えられるだろう）。

しかしながら、話はここで終わらない。そもそもなぜ、不利益をもたらす差異は社会正義の問題になるのだろうか。ここで考察のための一つの足場として、社会正義の問題について現代の議論の土台を作ったと言えるジョン・ロールズ（John Rawls）の議論を参照したい。

ロールズによれば、正義の中でも特に（行為や人格についての正義とは異なる）社会についての正義とは、社会制度の基本的なあり方が正しいものであることを意味する。そして社会制度の基本的なあり方が正しいものであるとは、すべての個人を等しく尊重し、対等な市民として認めるものであることを指す。これは社会が他の何にもまして第一に満たさなければならない条件であるとして、ロールズは次のように述べる。「すべての人々は正義に基づいた〈不可侵なるもの〉を所持しており、社会全体の福祉を持ち出したとしても、これを蹂躙することはできない。・・・正義にかなった社会においては、〈対等な市民としての暮らし〉を構成する諸自由はしっかりと確保されている。・・・右のような諸命題は、正義の至上性に関する私たちの直観的な確信を表現しているもののように思われる」（Rawls 1999: 3-4, 訳6）。

もちろん、社会制度の具体的なあり方には様々なものが考えられる（それについて考えることが政治哲学の重要な課題である）。ここに論じられているのは、各種の社会制度に共通する理念的基盤としての社会正義である。そしてそれが意味することとは、一部の人々が理由なく不利益を被ることがない、ということなのだとまとめることができよう。

2-2. 不利益の不当さを強める条件

以上より、私たちは人々を対等な存在として取り扱うことを求める社会正義の下に、人々の間の差異に基づく不利益を不当なものとみなすのだということが確認された。しかしもちろん、差異によってもたらされる不利益にも様々なものがあり、すべてが等しく不当であるとみなされるわけではない。ある不利益は不当なものとみなされる程度が大きく、また別の不利益はその程度が小さい、ということがあるだろう。ではそのような違いは何に由来するだろうか。本稿では試論的に、差異に基づく不利益の不当さを強める条件、言い換えれば、差異に基づく不利益の是正要求の道徳的正当性を強める条件として、5つの条件を提示したい（議論構成の都合上、本章ではまず4つの条件について論じ、5つ目の条件については後述とする）[(6)]。

第一の条件として、その差異によってもたらされる不利益が深刻なものであることが挙げられる。これはシンプルな議論であり、当の差異によってもたらされる不利益が、たとえばその人の命にかかわるといった形で深刻なものであるほど、それを是正すべきだとする道徳的要求の説得力は高まる、ということを述べている[(7)]。

ここで述べられている深刻さは医学的な深刻さに限定されない。たとえば、その社会においてまっとうとみなされる生活を送ることができないほどの貧困は、たとえそれが現時点では当人の生命にかかわるものでなくとも、深刻な不利益であるとみなすことができるだろう。ただし、深刻さの高低の基準は明確ではないことに留意する必要がある。たとえば喫煙者にとっての禁煙の苦しみがどの程度の深刻さを有するのかということは、おそらく非喫煙者には理解が難しい。それは多大な身体的苦痛なのかもしれないし、そうではないのかもしれない。判断の難しいケースはあるものの、不利益の深刻さに応じてその道徳的重要度が異なることは間違いないだろう。

第二の条件として、その差異が当人の選択に由来するものではないことが挙げられる。ある差異が不利益を生み出していたとしても、それが当人の自律的な選択の結果であるならば、是正や補償を要求できるものとはみなされづらい。当人には選択不可能な属性に基づく不利益（たとえば性別や人種に基づく差別）は明白に不当だと考えられているが、自ら選択したライフスタイル（たとえば健康被害があることを認識しながら喫煙を重ねること）に基づく不利益は、ある程度まで個人が引き受けるべきである（すなわち是正要求の道徳的正当性は弱い）と論じられるだろう。

ただし、自律的な選択の結果であるからといって、是正や補償を求める要求の正当性が消え去るわけではない。その正当性が相対的に弱まるというのがこの条件の示すところである[(8)]。また、何が当人の選択に由来するのかという線引き自体が論争的であることには注意が必要である。当人が選択したように見えるライフスタイルも、実際には生まれ育った環境や社会階層によって一定程度制約されていると考えるのは自然である（たとえば青年期に形成された喫煙習慣はかなりの程度まで社会経済的状況に起因するものかもしれない)。ここで論じているのは1かゼロかという話ではなく､問題となっている不利益について、当人の自己選択に帰せられる余地が小さいほど、その不利益を不当なものとみなすことの説得力が強まるということである。

第三の条件として、**その差異によってもたらされる不利益が現実に是正可能であること**が挙げられる。ある差異が不利益を生み出していたとしても、それが是正不可能なものであるならば、是正を要求できるものとはみなされづらい。たとえば、先進国においては一般的に女性の方が男性よりも平均寿命が長いが、この点において男性が被る不利益は不当なものとはみなされていない。おそらくその理由は、この差異を是正する、すなわち男性の平均寿命を女性相当に引き上げることが実質的に不可能だからである（Daniels et al. 2000: 14-15, 訳 15-18)。これに対して、いくつかの途上国において女性の方が男性よりも平均寿命が短いことは明らかな不正義とされ、是正が強く求められるが（Sen 1999, Ch, 8)、これは適切な介入によって是正することが十分に可能だからであると考えられる。

ここで是正可能であるということの意味には、個別に対応可能であるというだけでなく、社会制度によって対応可能であるということも含まれる。たとえばある個人が天災によって家財の一切を失ってしまったとき、その状況は当人にとっては改善不可能だとしても、適切な政策を通じて改善できるのであり、その不利益は不当なものだと論じられうる。むしろ実際のところ私たちは、社会制度や政策の不備に起因する不利益を、よりいっそう正義にもとるものと考えるだろう（Anand 2004: 19、Sen 2004: 25）[(9)]。もちろんここでも、どこまでが是正可能かという線引きには論争の余地が残る[(10)]。とはいえ問題となっている不利益について、何らかの形でそれを是正することが可能である（そして容易である）ほど、その不利益を不当なものとする主張が説得的になると言って良いだろう。

第四の条件として、その差異がさらに別の不当な差異を導くものであることが挙げられる。ある差異がそれ自体として不利益を生じさせているのみならず、さらに別の差異を生み、そこに不利益が生じているとすれば、最初の差異はよりいっそう是正すべきものとみなされるだろう。最初の差異を是正することで、それ自体の不利益だけでなく派生的な不利益も是正できることになるからである。たとえば教育機会の格差は、教育が人生を豊かにするという見解を受け入れるならば、それ自体として不利益をもたらすが、同時に、教育機会の格差はしばしば所得の格差に結びつくものであり、そして所得の格差もまた人々に不利益をもたらす。そのような不平等の是正要求はよりいっそう強く正当化されるだろう。

この４つ目の条件が論じているのは不利益それ自体ではなくその関連性であるため、先の３条件とは次元が異なることに注意してほしい。また不平等の連鎖の関係をすべて捉えることは、社会の複雑性を考えれば極めて困難であることはもちろんである。しかしすべての関係を網羅せずとも、派生的に生じる不当な不平等を何かしら挙げるだけで、議論の説得力には変化が生じる。ある特定の不平等についてどれだけ不当かを問う際には、その不平等自体の不当さと、それが派生的にもたらす不当さの双方を視野に入れて考えることが必要になる、ということが、この４つ目の条件の述べるところである。

2-3. 健康格差と社会正義

前項の議論をまとめると次のようになる。《当人に選択の余地のない差異によって、深刻な不利益がもたらされており、その不利益は何らかの形で是正可能である（にも関わらず放置されている）》という場合、さらに《その不利益が派生的に他の不利益ももたらすことが明らかである》という場合には、私たちはこれを不当なものであると強くみなすことになる。そして、その不利益は何らかの形で是正されることが社会正義にかなうと考える。

ここで改めて健康格差に目を向けてみよう。すると、健康格差の是正要求の説得力は非常に強いものであることがわかる。まず、大きな健康格差が存在し、その中で不健康な状態にあることが、人々の人生に深刻な不利益をもたらすことは明らかである（条件１）[(11)]。もちろん健康よりも大事な価値があると考える人もいるだろうが、健康には一切の価値がないと考える人はおそらくほとんどいないだろう[12]。また、健康格差に関連する各人の社会経済的状況（SES）は、その多くが当人の選択によるものではなく（条件２）、そして社会的な対処によって是正可能なものである（条件３）。個人の生活と健康とを左右するが個人的な対処をこえた対策が必要なものに目を向けることが、社会経済的状況に注目するそもそもの動機であった。最後に、健康格差は他の多くの格差を引き起こすものであると考えられる（条件４）。それは多様な社会経済的状況の網の目の中で、就職機会の格差や所得の格差などに容易に結びつきうる。

以上が、健康格差はなぜ不当なのかという問いに対する答えである。

このことは、また別の角度から見れば次のように述べることができるだろう。人々の間の健康状態の差異は、各人の社会経済的状況に関連するものとして把握されることを通じて、深刻な社会的不正義の問題として捉え直される。もちろんこれまでも、不健康は社会的に対処すべき問題とされてきた。しかし現代における健康格差への注目は、これまで個々人のライフスタイルの問題、あるいは端的な「運」あるいは「運命」の問題であるとされてきた部分にも社会経済的な背景があると指摘されたことによって、是正要求の正当性と説得力がいっそう強まったことに起因しているのだと言えよう。

3. 健康格差はどこまで是正されるべきか

3-1. 従来の政策アプローチの問題点

前節では、健康格差の是正を求める主張の有する道徳的正当性について見てきた。つづいて、健康格差の是正を求める主張の現実的な射程について明らかにするために、健康格差の是正のためにいかなる手段が求められるかについて考えていこう。

これまでの健康増進政策の基本は、当人の自発的な行動変容を求めるものであった。たとえば健康診断の受診率向上のために広く呼びかけを行ったり（情報提供）、その受診にかかる費用を安価にしたり（経済的インセンティブの付与）といったように、個々人が自らの健康について配慮し行動を改善する、その手助けをするようなアプローチが実施されてきた。この背景には、人々は自律的存在であり、自分の人生については自分で熟慮し決定してゆくことができるし、またそれが認められるべきだという考え方がある。

しかしこのようなアプローチは、不健康の背後に社会経済的状況があるということを考慮に入れると、疑問の余地が生じる。というのも、不健康のリスクがあらかじめ社会経済的に規定されてしまっているとするならば、自発的に健康状態を改善することに困難を抱えている人も少なからずいることになるからである。たとえば、所得が低く長時間労働の仕事に就いており、キッチンのない小さなアパートに暮らしていて、バランスの良い食事について十分な教育を受けられなかった人に対して、「食事に野菜を一品増やそう」というアピールをしてもおそらく有効性は低い。そんなことにまで気を配って生活スタイルを変更する余裕はないだろう(13)。

より細かく見ていくならば、個々人の社会経済的状況の差異を考慮せずに自発的な生活改善を強調するアプローチには、大きく３つの倫理的問題が指摘されている（Goldberg 2012)。（１）非効率的である：社会経済的状況のゆえに不健康な行動を変えることに困難を抱えている人は、個人の自発的な行動変容を求めるアプローチには的確に応答できないため、十分にサポートされない。希少な資源を成果の見込めない用途に用いることは分配的な正義の観点から望ましくない。（２）不平等を深める：このようなアプローチは、実際に行動変容をなす個人にのみ効果を発揮するが、そのような個人は大抵の場合よりよい社会経済的状況の下にある。それゆえ、すでに好ましい健康状態にある人ばかりが改善され、そうでない人は不利な状況に取り残されることになり、健康状態の差異がむしろ広がってしまう。（３）差別を助長する：健康への個人的な取り組みを強調することは、個人の道徳的責任をも強調することになり、そのことは不健康である人に対する道徳的非難を誘発する。すなわち、政策に対して反応しなかった（できなかった）人に対して、健康対策を怠っただらしない人間であるというスティグマが付与されうる(14)。行動を変えることがそもそも難しい個人は、そのようなスティグマによっていっそう苦しめられることになってしまうだろう。

3-2. 健康格差対策をめぐるディレンマ

前節の議論をふまえれば、健康格差の縮小のためには、人々の自発的な生活改善に訴えるのではなく、より直接的に人々の生活に介入する（つまりは行動そのものをトップダウンで変えてしまう）政策アプローチが求められる、ということになるだろう。そのようなアプローチは、生活習慣の改善と疾病予防の文脈においてすでに注目されてきたものである（Marteau et al. 2012)。

興味深い例を一つ挙げれば、イギリスにおいて、国内で販売されるパンの食塩含有量を少しずつ減らしていくことで、人々の平均食塩摂取量が大きく下がり、さらに平均血圧、心筋梗塞や脳卒中の死亡率も低下したことが報告されている（He et al. 2014）[15]。ここではパンに含まれる塩分をはじめから減らしてしまうことで、個々人が食塩を控えようと努力することなしに、食塩摂取量の低減に成功したわけである。このように人々の自発的な選択を経ずに作用する政策は、社会経済的状況に関係なく（つまり自発的な行動変容が難しい人に対しても的確に）効果を発揮し、それゆえ健康格差の縮小に関しても有力と考えられる[16]。

しかしながら、このような政策を推し進めていけば良いという結論で話は終わらない。ここで先に言及しておいた、差異に基づく不利益の不当さを強める第五の条件について考えたい。第五の条件とは、その差異が何らかの重要な価値を尊重することの結果として生じたものではないということである。これだと少し分かりにくいので、不当さを（強めるのではなく）弱める条件として書き直せば次のようになる。その差異を是正することで他の重要な価値が損なわれる場合には、是正要求の道徳的正当性は弱まる。

例えば、いかに健康に害があるとしても、私たちは「大容量の加糖飲料の販売禁止」のような厳しい規制を必ずしも適切なものとはみなさない[17]。なぜなら、そのような介入は人々の「自律」という重要な価値を大きく損なうものだからである。私たちは健康な生活を送ることに価値をおいているが、同時にまた、自由に自分の生活を選び取っていくことができることにも価値をおいている。それゆえ、健康格差を効果的に是正するような介入だったとしても、それに伴う自律の侵害の方が一層深刻であるとみなされうる場合には、価値の比較考量の上に、その介入の正当性は弱まることになる[18]。

より極端な例をあげれば、私たちはすべての個人の食生活を政府が統制する、すなわち、バランスのとれた食事をすべての家庭に毎日配送すると同時にあらゆる外食店舗を閉鎖しかつ一切の菓子の販売を禁止するような、そのような社会を望むだろうか。そこでは、人々の社会経済的状況に関係なくすべての人に健康状態の改善がもたらされ、健康格差は大きく縮小されるだろう。しかしまた、食生活をめぐる人々の自己決定権は徹底的に損なわれることになるだろう[19]。私たちがこのような社会を望まないのは、健康およびその平等と他の価値を秤に掛けたとき、必ずしも前者を優先するわけではないからである[20]。

ここに健康格差対策をめぐる一つのディレンマを認めることができる。一方で、私たちは個々人の自律を尊重しており、個々人の生活に対する権力の介入に対しては慎重で、あまりに強制的なものは望ましくないと考える。他方で、私たちは健康格差を不当なものだとみなしているが、いっそう強権的な介入をしない限り健康格差は解消できず、それどころか強制的でない介入はむしろ健康格差をいっそう悪化させてしまうかもしれない。

ここには私たちが大切だと考える２つの価値の対立があり、それゆえディレンマは容易に解決できるものではない。1かゼロかという話ではなく、人々の自律の尊重と健康格差の解消をうまくバランスさせる道を探るのが最善であると思われる(21)。ここで必要となるのは、私たちにとっていかなる価値がどれだけ大事なのかという、価値をめぐる問いについて考えること、さらにそれについて社会的合意を得ることである。

健康格差の是正を真剣に考えるとき、個々人の自発的・主体的な行動をバイパスしてしまう方法は、間違いなく一定の説得力を有する。しかし、個々人の意識の外に問題を丸投げしてしまえば、健康とそれ以外の価値との間のバランスについて熟慮し議論する契機を、見失ってしまうことになるかもしれない。そして、価値の重要性をめぐる議論がなされず一方の価値のみが追求されてしまえば、その先には理想の反転としてのディストピアが待っているのかもしれない。このことを私たちは忘れるべきではないだろう。健康への努力を誰かに肩代わりしてもらうことは魅力的かもしれないが、どんな社会に暮らしたいかという選択を誰かに肩代わりしてもらうことも同じように魅力的だとは言えないのだから。

おわりに

本章では次のことを論じた。第一に、健康格差という問題は、社会正義の文脈で是正を強く要求するものである。しかし第二に、不当さが明らかであるからといって、健康格差の解消を無限に追求していくべきだとは言えない。それゆえ健康格差という問題に真剣に取り組もうとするならば、私たちは健康や平等といった価値（さらには他の様々な価値）の重みについて考え、議論を重ねていかなければならない。これは困難だが、取り組むに値する課題である。私たちが本当に暮らしたいと思える社会は、ただ誰もが健康なだけでも、ただ平等なだけでもない、もっと意味の豊かな社会であるはずだ。

【注】

(1) 英語では health disparities あるいは health gaps とも言われる。

(2)「社会経済的 socio-economic」という言葉の意味は論者によって異なり、職業や所得は原則として含むが、人種（race）やジェンダー、宗教は含まれる場合も含まれない場合もある。本稿ではこれらすべてを含み入れ、医学的・生物学的なアプローチでは対象とならない背景（広い意味での「社会的特徴」）全般を指すものとして用いる。

(3) 健康格差の様々な具体例についてはたとえば Marmot (2015) を参照してほしい。

(4) このように、集団内部の健康の違いの原因を探ることは必然的に人々の健康状態に影響を及ぼす社会経済的状況へと目を向けることとなる（集団内での健康の系統的な差異を分析するとなれば、その要因は個人的なものではありえない）。このことを踏まえるならば、健康格差を「社会経済的状況に関連する形で健康に差がある事態」だとわざわざ限定することは不要であるとも言える。

(5) 本稿は以下、平等が有する規範的価値を検討するにあたって、現実に人々がいかなる規範的価値を認めているかという観点から分析を行う。言い換えれば、不平等はそれ自体として端的に悪である（そして平等は端的に善である）という主張については考慮しない。その理由は、（メタ倫理学的な意味での）実在論的な価値の論証はそれ自体が困難な課題であるため、ひとまずそれを想定しない立場から平等主義を考えることが少なくとも議論の出発点として有意義であると考えられるからである。

(6) 以下に提示するのは、差異に基づく不利益の不当さを強める条件として、ほぼ問題なく人々の同意が得られるだろうというもののリストであり、これらによって条件を網羅したと主張するものではない。また論じる順番に論理的な優先順位を想定するものでもない。

(7) この第一の条件および次に挙げる第二の条件は、医療資源配分の倫理をめぐる議論の中で緊急性の要件および責任への配慮の要件として考察されてきたものを再整理したものである。Bognar & Hirose (2014) を参照してほしい。

(8) 当人の自己選択の余地がゼロでなかったことをもって是正要求を完全に却下するのは極端な判断であり、当人の責任を不当に強調する「自己責任論」である（玉手ほか 2017）。ただし健康をめぐる自己責任論と個人の選択可能性との関係は一見した以上に複雑である（玉手 2018）。

(9) そのように考えられる理由は、先に提示した第二の条件に照らせば明白である。ある不利益が当人自身の手で是正しうるものである場合、その不利益の原因が当人に帰せられる程度は大きくなり、その分だけ不当さは弱まるだろう。

(10) 現状では実現不可能とみなされているものについて要求をしていくことが、そのような要求を実現可能にする上で必要なことである、という議論もありえる。たとえば女性が男性と同じように政治に参加することはかつて端的に不可能だとされていたが、権利要求の積み重ねによって徐々に可能だと考えられるようになった。権利要求と実行可能性の関係については、以前アマルティア・センの議論に依拠しつつ論じたことがある（玉手 2017）。

(11) 厳密に言えば、健康格差が存在することと、その格差の下位にある人が不健康な状態にあることは別の問題である。人々がかなりの程度の健康を実現した上で、なおその上に差がある（ものすごく健康であることとそこそこ健康であることの差である）ということはありうるからである。しかし現在の議論の文脈において「健康格差」が問題視される場合には、基本的にその下位にある人々が健康に大きな問題を抱えているということが含意されている。また健康が基本的に限度のある概念である（無限に健康になり続けることはできない）以上、格差があればその下位の人々の状況が劣悪なものであることはある程度必然的でもある。以上より、ここでは健康格差は重大な不健康の問題を伴うものとみなす。

(12) 本稿では「健康」とは何かをめぐる議論には踏み込まず、ほとんどの人々は健康に価値をおいているということのみ前提して議論を進める。健康概念をめぐる論争を整理したものとして、杉本 (2019) が有益である。

(13) Cutler et al. (2006) は、様々な実証データの検討から、社会経済的状況による不健康の主たる要因を「教育」に帰し、教育レベルの高い層ほど健康の向上に資する新しい知識や技術を容易に利用できることが、社会経済的状況に基づく健康の相違の根本的な原因であるとしている。このことが含意するのは、さらなる医学研究の発展も、それが個人を対象とするものである限り（また人々の社会経済的状況の相違が残存し続ける限り）、人々の間の健康の相違を（少なくとも短期的には）拡大する傾向を有するということである。

(14) スティグマとは、特定の集団に対して差別や偏見が存在する際の、その非差別集団を特徴づけるしるしのことを指す（武内 2010）。

(15) 厳密に言えば、このプログラムは企業の自発的協力による食料品の食塩含有量の低減、食塩含有量の明記（ラベリング）の促進、過剰な塩分摂取が健康にもたらす悪影響についての情報提供を組み合わせたものである。このプログラムはその後、政治的な事情などによって、当初のような成果を上げられなくなっているとも報告されている（He et al. 2019）。

(16) このようなやり方とは別に、Goldberg (2012) の指摘を受けいれた上で、自発的な行動変容を期待せずより直接的に介入する（本文で言及した）アプローチではなく、様々なサポートを通じて人々の自発的な行動変容の余地を拡大するアプローチを取る可能性も残されている。これについては Tengland (2012) や Wardrope (2015) を参照してほしい。

(17) 加糖清涼飲料水の規制をめぐって実際にアメリカで生じた議論とその倫理的論点については、東京大学医学部健康総合科学科編（2016）の第 15 章を参照してほしい。

(18) これに対して、たとえば教育の格差を縮減するための奨学金制度の充実は、それとトレードオフの関係にある別の価値を見出しづらいものであり、第五の条件に照らしても介入の正当性は弱められないとおそらくは判断されるだろう。

(19) 厳密に言えば、食生活の選択の機会を縮減することで人々が健康になり（あるいは食事について考えたり準備したりする時間が単純に短くなることで）、食生活以外の選択の機会が拡大するために、トータルで見れば自己決定権は損なわれていない、と論じる余地はある。しかしこのような議論には、そもそも自己決定権は差し引きできるのか、またできるとしてもどう評価・計算するのかという難しい問題が生じる。これらの問題に踏み込まずとも、少なくとも食生活について選択の機会が縮減されることには無視できない水準で権利侵害がある、ということが言えれば、本稿の議論は成立する。

(20) ここでは個人の自律という価値との衝突を論じたが、対立するのは個人の自律に限られない。たとえば、平等主義的な政策は人々の労働意欲を低下させることで経済成長を鈍化させるという主張は、平等と「経済成長」あるいは「効率性」との対立を指摘するものだろう。

(21) 近年、認知科学の知見に基づいて人々の自律を大きく損なうことなく介入を行う、「ナッジ」と呼ばれる政策手法が注目を集めているが、ここで論じたディレンマがその背景にあると見ることもできるだろう。健康増進政策におけるナッジの利用とその倫理的論点については別稿にて論じた（玉手 2019）。

【参考文献】

Anand, Sudhir. 2004. “The Concern for Equity in Health”, Sudhir Anand, Fabienne Peter & Amartya Sen (eds.) *Public Health, Ethics, and Equity*, New York: Oxford University Press: 15-20.

Berkman, Lisa F., Ichiro Kawachi & M. Maria Glymour (eds.) 2014. *Social Epidemiology*, Second edition, New York: Oxford University Press. 高尾総司・藤原武男・近藤尚己（監訳）『社会疫学』上下巻、大修館書店 2017.

Bognar, Greg & Iwao Hirose. 2014. *The Ethics of Health Care Rationing: An Introduction*, New York: Routledge. 児玉聡（監訳）『誰の健康が優先されるのか：医療資源の倫理学』岩波書店 2017.

Cutler, David, Angus Deaton & Adriana Lleras-Muney. 2006. “The Determinants of Mortality”, *Journal of Economic Perspectives*, 20(3): 97-120.

Daniels, Norman, Bruce Kennedy & Ichiro Kawachi. 2000. *Is Inequality Bad for Our Health?*, Boston: Beacon Press. 児玉聡（監訳）『健康格差と正義：公衆衛生に挑むロールズ哲学』勁草書房 2008.

He, Feng J., Hannah C. Brinsden & Graham A. MacGregor. 2014. “Salt Reduction in the United Kingdom: A Successful Experiment in Public Health”, *Journal of*

Human Hypertension, 28(6): 345-352.

He, Feng J., Mhairi Brown & Monique Tan. 2019. "Reducing Population Salt Intake: An Update on Latest Evidence and Global Action", *The Journal of Clinical Hypertension*, 21(10): 1596-1601.

Goldberg, Daniel S. 2012. "Social Justice, Health Inequalities and Methodological Individualism in US Health Promotion", *Public Health Ethics*, 5(2): 104-115.

Marmot, Michael. 2015. *The Health Gap: The Challenge of an Unequal World*, London: Bloomsbury. 栗林寛幸（監訳）・野田浩夫（訳者代表）『健康格差：不平等な世界への挑戦』日本評論社 2017.

Marteau, Theresa M., Gareth J. Hollands & Paul C. Fletcher. 2012. "Changing Human Behavior to Prevent Disease: The Importance of Targeting Automatic Processes", *Science*, 337: 1492-1495.

Rawls, John. 1999. *A Theory of Justice*, revised edition, Cambridge, MA: Harvard University Press. 川本隆史・福間聡・神島裕子（訳）『正義論 改訂版』紀伊國屋書店 2010.

Sen, Amartya. 1999. *Development as Freedom*, New York: Knopf. 石塚雅彦（訳）『自由と経済開発』日本経済新聞社 2000.

Sen, Amartya. 2004. "Why Health Equity?", Sudhir Anand, Fabienne Peter & Amartya Sen (eds.) *Public Health, Ethics, and Equity*, New York: Oxford University Press: 21-33.

Tengland, Per-Anders. 2012. "Behavior Change or Empowerment: On the Ethics of Health-Promotion Strategies", *Public Health Ethics*, 5(2): 140-153.

Wardrope, Alistair. 2015. "Relational Autonomy and the Ethics of Health Promotion", *Public Health Ethics*, 8(1): 50-62.

狩野恵美・藤野善久. 2015.「国際的な政策対応や取り組み」川上憲人・橋本英樹・近藤尚己（編）『社会と健康：健康格差解消に向けた統合科学的アプローチ』東京大学出版会 : 253-267.

川上憲人・橋本英樹. 2015.「社会階層と健康への学際的アプローチ」川上憲人・橋本英樹・近藤尚己（編）『社会と健康：健康格差解消に向けた統合科学的アプローチ』東京大学出版会 : 1-17.

厚生労働省. 2012.「健康日本２１（第２次）の推進に関する参考資料」厚生労働省ウェブサイトより PDF ファイルをダウンロード（最終確認 2020 年 4 月 20 日）：https://www.mhlw.go.jp/bunya/kenkou/dl/kenkounippon21_02.pdf

杉本俊介. 2019.「健康の必要十分条件を与える試み：アリストテレス的全体論の提案」*Contemporary and Applied Philosophy*, 10: 66-92.

武内克也. 2010.「スティグマ」酒井明夫・中里巧・藤尾均・森下直貴・盛永審一郎（編）『新版増補 生命倫理事典』太陽出版 : 509-510.

玉手慎太郎・吉田修馬・中澤栄輔・瀧本禎之・赤林朗. 2017.「健康増進のための肥満対策が有する倫理的課題」『東北学院大学社会福祉研究所研

究叢書』XI: 95-127.
玉手慎太郎 . 2017.「民主主義と自由への権利」田上孝一（編著）『権利の哲学入門』社会評論社 : 193-207.
玉手慎太郎 . 2018.「健康の自己責任論に対する２つの反論とその前提」『医学哲学・医学倫理』36: 42-51.
玉手慎太郎 . 2019.「公衆衛生・ヘルスプロモーション・ナッジ：健康のユートピアへの道」『現代思想』47(12): 161-168.
東京大学医学部健康総合科学科（編）. 2016.『社会を変える健康のサイエンス：健康総合科学への 21 の扉』東京大学出版会 .

第13章　障害と平等
――障害者のシティズンシップはいかに否定されてきたか、いかに正当化しうるか

寺尾　範野

〔要旨〕
「障害者差別はよくない」との認識が今日では共有されているにもかかわらず、なぜ障害者への差別や偏見は未だに根強くあるのか。本章では、この問いへの一つの回答を、障害者のシティズンシップの否定、すなわち「障害者は健常者と同等の市民ではない（ゆえに差別してよい）」との認識に求め、そうした認識が、近代リベラリズムによって連綿と維持されてきた事実を示す。その上で、①障害当事者運動の言説、② M. ヌスバウムのケイパビリティ論、③ E.F. キテイおよび T.H. グリーンの「関係性の倫理」の検討を通して、障害者のシティズンシップの正当化のためにいかなる論理が有効であるかを考察する。

はじめに

平等は、きわめて多義的な、ある哲学者のことばを借りれば「本質的に論争的な概念」（W.B. Gallie）である。ゆえに望ましい平等のあり方を哲学的に考える際には、「誰による何の平等を問題にしているのか」を、最初にはっきりさせておく必要がある。本章のテーマは「障害と平等」であるが、本章ではとくに、①障害者と健常者のあいだの、②シティズンシップの平等、について考えたい[(1)]。このように議論を限定する理由は、障害者と健常者のあいだに存在してきたさまざまな不平等の背景に、障害者を健常者と同等の「市民」とはみなさない言説、すなわち障害者のシティズンシップを否定する言説の影響があると考えるからである。

現代は、一方では障害者の権利が法的に承認され、差別や偏見を克服すべくさまざまな公共政策が実施され、「障害者差別はよくない」との認識も共有されるに至った時代である。しかしその一方で、一般社会において障害者への差別や偏見は根強く残り続けている。障害者は、教育、雇用、住まい、

結婚など、人生の各面でしばしば差別に直面し、暴力の被害にあうこともある。障害には否定的・悲劇的なイメージがつきまとい、障害者であることは本人や家族に不幸をもたらすとの偏見は今なお強い。障害者の権利と尊厳が承認されているとはまったくいえない状況が続いているのだ。

健常者の側のこうした差別や偏見は、歴史的にみた際、どのような言説によってこれまで補強されてきたのだろうか。またその逆に、いかなる議論が障害者と健常者間のシティズンシップの平等を正当化するものとして有効たりうるだろうか。本章では、これらの問いを、社会思想史と哲学の双方の観点から考察したい。まず、障害者への差別を正当化し、偏見を強化してきた言説として、近代においてもっとも影響力あるシティズンシップ論を展開してきたリベラリズムに注目する。リベラリズムの社会思想史においては、「市民間の平等の肯定」とあわせて「障害者のシティズンシップの否定」も行われてきた事実を示す（第1節）。続いて、かかる障害者排除の言説への対抗がいかなる論理によって可能かを考察する。ここでは、障害当事者による権利獲得運動、およびリベラリズムを修正または批判する政治哲学から、重要な議論をいくつか取り上げ、その意義と課題を検討する（第2節）。

1. リベラリズムによる障害者の排除

近代リベラリズムは、その歴史のはじめから、障害、とりわけ知的障害および精神障害を、みずからの理論枠組みから排除する姿勢を示してきた。それは「理性を用いて自立した生を送る能力のある個人」というリベラリズムの人間観に、これらの人がそぐわないとみなされてきたからである。こうした見方の先駆けを、ジョン・ロックの思想に見出すことができる。ロックは人間の平等について次のように述べた。「人間は、生まれながらにして、他のどんな人間とも平等に、あるいは世界における数多くの人間と平等に、完全な自由への、また、自然法が定めるすべての権利と特権とを制約なしに享受することへの権限をもつ」（ロック 1690=2010: 392）。ここには、生命や財産への平等な権利が保障され各自が生のあり方を自由に選び取ることのできる社会こそが倫理的に正しい社会だとする、リベラリズムの中心原理が示されている。

こうしたロックの議論の前提には、自由を「権利が守られた状態」のみならず「選択能力がある状態」ともみなす、いわば「能力としての自由」観がある。ロックによれば、「われわれは、理性的なものとして生まれたからこそ、生来的に自由なのである」。人が自由になるのは、理性をもつことによってであるから、逆にいえば子供など理性を十分にもたないとされる存在は、親や教師など理性をもつとされる他者への「服従」が義務づけられる（ロック 1690=2010: 363）。そしてこのことは、知的障害者および精神障害者にもあてはまるとロックはいう。「精神を病む者や極度な愚者はその両親の支配から決して解放されることはな」く、自由な存在とはみなされない（ロック 1690=2010: 362）。ステイシー・シンプリカンによれば、こうしたロックの議論は、「能力を前提とした契約論（capacity contract）」と呼びうるものである（Simplican 2015）。ロックら古典的社会契約論者によれば、市民社会の基礎は、各自の生存と所有権の安全な確保のために社会の構成員が結ぶ契約にあった。契約が樹立する政府権力によって各自の権利は平等に保護される。ところが契約参加者＝市民となるためには理性という能力が必要であるから、知的障害者・精神障害者には、シティズンシップおよびそれに付随する平等な地位と権利は与えられないのである。

ただしシンプリカンは、キリスト教の影響によって、ロックが神の前での人間の平等な「脆弱さ」や、障害者と健常者の「連続性」へのニュアンスある洞察を示していたとも指摘している（Simplican 2015: 31-40）。それに対して、18 世紀啓蒙の時代のリベラリズムになると、理性へのより強い信頼がみられるようになり、知的障害者・精神障害者の権利を否定する言説もより鮮明なものとなる。そうした障害観をよく示す哲学者として、カントを挙げることができる。

カントの平等論は第 4 章でくわしく論じられているが、障害との関係でいえば、彼の思想の「光と影」ともいうべき両義性に注目すべきである。「光」の面でいえば、カントは理性的存在としての人格の尊厳を重視し、他者を単なる手段としてでなく常に目的としても扱うべしとの普遍的義務の存在を説いた。人格の尊厳というカントの理念は、人間や行為の価値を卓越性や帰結に基づいて判断する倫理から、人間存在そのものが価値をもつという普遍主義的で平等主義的な倫理への転換を示すものである。これは今日の社会福祉実践上の倫理原則の一つともなっている（バンクス 2012=2016: 48-51）。

しかしながら、カントはこの「人格」および「市民」の範疇から、知的障害者・精神障害者を排除した。これが彼の思想の「影」の面である。ルーカス・ピンヘイロによれば、カントは知的障害者・精神障害者について、施設で「他の人の理性によって秩序づけられる」定めにあり、シティズンシップから排除される存在だとみなした。さらにカントは、後天的な精神障害に限ってリハビリによる治癒可能性を認めた（すなわち「市民」となりうる可能性を認めた）一方で、最重度の知的障害（idiocy）については「魂の欠如（absence of soul）」した状態にあるとみなし、「市民」はおろか「人間」の範疇にも入らない存在と位置づけた（Kant 2007: 317; Pinheiro 2016: 65）。

19世紀末になると、都市部での貧困・失業・スラムなど、資本主義経済のひずみに由来するさまざまな「社会問題」が関心を集めるようになった。イギリスでは、市場経済の自由を重視するそれまでの古典的自由主義に代わり、市場への国家介入によって社会問題の解決を図るべしとする「ニューリベラリズム（New Liberalism）」が現れた。ニューリベラリズムは、「働く貧困層」の人びとの「市民」としての地位の承認と社会権の保障を主張し、20世紀の福祉国家体制の思想的な足がかりを築いた。だがその一方で、障害者のシティズンシップについては否定的であった。ニューリベラリズムの代表的な思想家の一人L.T. ホブハウスは、世紀転換期に流行した優生学について論じる中で、知的障害者については優生政策が適用されうる典型的なケースと位置づけた。すでに生存している知的障害者については健常者の「博愛精神（humanity）」に基づきケアすべきだとしつつ、その人口が増えないように、男女を分離したうえで施設に隔離収容すべきだとホブハウスは主張した（Hobhouse 1911: 45-46）。

20世紀の現代リベラリズムにおいては、社会に貢献する「能力」の有無に基づく障害者排除の正当化もしばしばみられた。その代表としてジョン・ロールズの議論が挙げられる。『政治的リベラリズム』でロールズは、公正な社会を成り立たせる市民の範疇に障害者は入らないことを次のように説明している。

> 出発点は協働の公正なシステムとしての社会という観念にあるため、われわれが想定する市民としての個人とは、社会で他者と協働する構成員であり続けるために必要な能力をすべて備えた個人である。…このようなわれわれの目的にかんがみて、通常の意味において社会で他者と協働する構成員となることを困難にする、一時的あるいは重度の障害および精神病を、私は当面のあいだ脇におく。（Rawls 1993: 20）

「当面のあいだ」とは、社会の憲法的基礎としての正義原理を構想しているあいだ、という意味である。ロールズは、障害をはじめ重篤な病気や事故によって身体能力が「ある一線」以下となる人びとについては、正義の次元ではなく、「彼らを処遇するコストを確定し、政府の総支出とのバランスを考慮に入れた立法の段階」で個別的に対処すべきと述べている（Rawls 1993: 184）。正義の原理は、あくまで「正常（normal）」で、互いに利益を与え合うことができ、自己の社会的役割を認識する能力をもつ理性的主体によってのみ享受されると、ロールズは想定したのである。

ここでロールズが、「市民としての個人」の範囲から排除されるべき存在に、従来リベラリズムが重視してきた知的障害・精神障害のみならず、身体障害も含めている点にも着目すべきである。ロールズは、「社会で他者と協働する構成員であり続けるために必要な能力」の十分さを「市民」カテゴリーへの包摂の条件とした。こうしたロールズの議論は、障害学や障害当事者たちの運動が批判してきた「能力主義（ableism）」に基づく障害者排除論の典型だとみなすことができる。たとえばイギリス障害学の先駆者であるマイケル・オリバーは、資本主義の進展にともない労働市場への参入能力がないとみなされた人が一様に「障害者」としてカテゴリー化され、一般社会から排除されるに至ったと述べている（オリバー 1990=2006: 93-94）。

以上のように、リベラリズムはその初期から「人間」および「市民」の権利の平等を掲げた一方で、さまざまな言説を用いて障害者のシティズンシップを否定してきた。あるときは理性の有無が重視され、理性が十分でないとみなされた場合は「市民」の範囲から、理性をもたないとみなされた場合は「人間」の範囲から、それぞれ外された（ロック、カント）。障害者のケアは「健常者の博愛」の問題であるとパターナリスティックに解釈され、障害者福祉は市民権の問題の範疇外とされた（ホブハウス）。障害者はシティズンシップの条件である社会貢献能力をもたないとされた（ロールズ）。このようにして、障害者へのシティズンシップの否定は、リベラリズムによってある種の「お墨付き」を与えられてきたのである。

2. シティズンシップの平等にむけて

前節では、リベラリズムが、「人間の条件」を理性に見出す人間観、および「市民の条件」を社会貢献への能力に見出す市民観をそれぞれもち、これらが欠けているとみなされる障害者については、権利を正当に否定しうるとみなしてきた事実を確認した。本節ではいかなる論理によって障害者のシティズンシップの平等を正当化しうるかを考察したい。とくに、①障害当事者による権利獲得運動の知見、②リベラリズムの修正を試みる政治哲学、③リベラリズムに対抗する政治哲学、の三点を取り上げ、それぞれの理論的な意義と課題を示したい。

2-1. 障害の社会モデル＋能力主義

まず①については、「障害の社会モデル＋能力主義」の論理と捉えることができる。これは20世紀以降の米英における障害当事者の権利獲得運動の中でみられた議論である。かれらはしばしば能力主義の論理を「あえて」引き受けた。たとえばアメリカで1880年に設立された全米ろう者協会(National Association of the Deaf）や1940年に設立された全米盲人連盟（National Federation of the Blind）は、聴覚障害者・視覚障害者が労働者としての十全な能力・生産性を備えていると主張したうえで、健常者との平等な雇用機会の創出を要求した（Patterson 2018)。こうした「障害者の能力」を戦略的に強調する運動は、個人でなく社会の側の変革を求めるラディカルな主張と、個人の能力を重視するリベラリズムの「調停」をもたらしたという点で、特筆すべき政治的有効性をもっていた。障害当事者たちは、平等な雇用機会創出のために必要な法・制度・アクセシビリティなど社会の側の全面的な改革を要求した。これは「障害の第一義的な問題は個人の身体的な機能不全（インペアメント）ではなく、社会が個人に課す障壁（ディスアビリティ）である」との「障害の社会モデル」の成立と軌を一にしていた[(2)]。1990年にアメリカで制定された「障害をもつアメリカ人法」(Americans with Disabilities Act: ADA）は、「合理的配慮（reasonable accommodation)」の理念を導入するなど､社会モデルに基づく差別禁止法の先駆として知られる。ジョセフ･シャピロは、ADAを推進する障害当事者運動において、社会モデルが能力主義と結合し、共和党保守派をも味方につける説得的な政治的言説となったことを示している[(3)]。かれらの主張は､「自立した健常者」と「依存した障害者」を対比させる二項対立的な障害観を突き崩す上で大いに有効であった。健常者が当たり前に享受している制度やアクセス環境、財、サービスを障害者にも保障することは、差別の解消にとどまらず、障害者の自立・能力発揮・社会貢献にもつながるとの、ポジティブな意味合いが付与されたのである。

他方、こうした「社会モデル＋能力主義」の論理は、いくつかの理論的課題をはらんでもいた。第一の課題は、社会モデルが個人のインペアメントに由来する経験をうまく理論化できないことである。社会モデルは、障害が身体のみならず社会の側にもあることを鋭く指摘し、障害者間の連帯および社会変革の論理たりえたが、その反面、個人のインペアメントに由来する経験の多様性は軽視されがちであった。杉野（2002: 260）が指摘するように、インペアメントそのものが当人の生きづらさの原因である場合には、社会モデルによって「障害者の政治的連帯に基づく集合的アイデンティティを確立できたとしても、肯定的な個人的アイデンティティは確立できない」という事態がみられたのである。インペアメントに由来する個人の経験の多様性をいかに社会モデルに組み込めるかは、今日の障害学の理論的課題の一つであり続けている。

第二に、この論理は、能力主義に「乗れる」障害者と「乗れない」障害者のあいだに、分断をもたらしかねないものであった。アメリカのADAはじめ、能力主義に基づく差別解消法の効果をもっとも享受できたのは、比較的軽度の身体障害当事者たちであった。「市民」に求められる能力として一定水準の知的能力が重視される今日の知識集約型社会において、能力主義の論理に依拠し続けることは、とりわけ知的障害者の人びとの周縁化を持続・強化させることにもなりかねない。

2-2.「尊厳ある生」の再定式化

次に、②リベラリズムを修正し、「尊厳ある生」の観点からシティズンシップの平等を正当化する議論として、政治哲学者マーサ・ヌスバウムのケイパビリティ論を検討したい。ヌスバウムはアリストテレスに依拠しつつ、人間の尊厳の基礎を理性ではなく「身体的ニーズが満たされた状態」に見出し、カントによる尊厳概念の修正を提唱した。「動物性は合理性と対比させられる何かというよりは、私たちの尊厳のひとつの側面である。」（ヌスバウム 2006=2012: 184）尊厳ある生にとって身体的ニーズの充足が必要である理由は、それによって個人の「なしうることの幅」すなわち「ケイパビリティ（潜在能力、可能力）」がもたらされるからである。ケイパビリティこそ「尊厳ある生＝自由な生」の条件であるとヌスバウムは説く。このように「尊厳ある生」を「ニーズの充足＝ケイパビリティの獲得」として再定式化することは、政治実践上も大きな意義をもつ。これによってニーズが充足されない個人や集団が存在し続ける社会は、不公正な社会であるとの批判が可能になるからである。さらに、こうした批判を具体的な社会改革へと有効につなげていくために、「いかなるニーズの充足（＝ケイパビリティの獲得）が尊厳ある生の条件か」を問うこと、つまりケイパビリティの内容のリスト化が必要であると、ヌスバウムは主張する。それは哲学と民主的熟議によって同定される「尊厳ある生の条件」のリストであり、時代や地域をこえた普遍性を志向するものだと位置づけられる。

ヌスバウム自身も、修正の余地があるとした上で、次の十項目を「尊厳ある生」の条件として挙げている。(1) 正常な長さの人生、(2) 栄養・住居・リプロダクティブ・ヘルスの享受、(3) 移動の自由・暴力からの自由、(4) 感覚・想像力・思考力の発達、(5) 愛情・悲哀・切望・感謝・怒りなど諸感情の発達、(6) 善の構想を自由に選択し、選択した構想について批判的に省察できる実践理性、(7) 他者を認め関心をもつこと・社会的交流に携わる能力・差別や屈辱を受けないこと、(8) 動物・植物・自然界とかかわりこれらを気遣う能力、(9) 笑うことや遊ぶことができること、(10) 参政権、言論・結社の自由、資産をもつこと、他者と平等な所有権を持つこと。（ヌスバウム 2006=2012: 90-92）このようにリストを具体化し、これに社会的合意が与えられることで、項目の多くが満たされていない障害当事者の人びとの状態を尊厳が毀損された状態であると正当に批判することができるようになる。と同時に、リストの存在そのものによって、人びとのあいだに人間としての共感能力が育まれるとヌスバウムは主張する。リスト化されたケイパビリティを欠いたある他者の痛みを、わが痛みとして受け取る共感能力を、リストは促進するであろう。そうした共感はさらに、痛みをかかえた人びとのケイパビリティを回復させるための公共政策への同意という正義の感覚にもつながるであろう。ケイパビリティのリスト化は、共感と正義という二つの道徳感情の獲得を促す道徳的卓越化の役割も担うのである。（ヌスバウム 2006=2012: 220）

ヌスバウムのケイパビリティ論は、カントの尊厳論を、その理性中心主義を相対化させつつ、能力主義への対抗原理として打ち出したことに特徴があるといえる。それは社会貢献の有無にかかわらず、人間ならば無条件に保障されるべき人権を公共政策の基礎原理に据えその内容を具体化させることで実践的指針としての役割も担保するという、理論的・実践的意義を備えていると評価できるだろう。しかしながら、「尊厳ある生」の内容を具体化させたことで、ヌスバウムのケイパビリティ論は一定の理論的課題をはらむことともなった。それは、いかに社会が変革してもなお、ケイパビリティを獲得できない一定数の障害者を排除する論理をヌスバウムの議論がはらんでいるという課題である。ヌスバウム自身の示す上述のリストにも、「実践理性」はじめ、重度の知的障害者には達成が困難と思われる項目がみられる。エヴァ・フェダー・キテイはこの点について、「人間の機能を規範的に擁護する議論は…真に人間的な生なるものの範疇、尊厳ある人間の生なるものの範疇から、特定の人びとを排除することになってしまうだろう」と述べ、ヌスバウムを批判している（Kittay 2005: 108-111）。能力主義に依拠する第一の論理ほどではないにしても、ヌスバウムの議論もまた、障害者内部に「人間／非－人間」の分断をもたらしかねない論理を含んでいるといえるのである。

2-3.「個人」から「関係」へ、「自立」から「依存」へ

最後に検討するのは、「自立した個人」を社会と権利主体の基礎においてきたリベラリズムの論理からはもっとも離れ、③「依存とケアを介した個人間の関係性」を平等論の理論的基礎に据える議論である。ここではその提唱者として、前項で言及したキテイと、19 世紀半ばのイギリスの哲学者トマス・ヒル・グリーンの二人を取り上げたい。

キテイは、リベラリズムが、児童や要介護高齢者、障害者など、ケアを必要とする依存者と、依存者をケアする依存労働者をとりまく諸問題を、政治哲学の対象でなく私的な問題とみなしてきたことを批判する。依存の問題を私的領域におしやったことで、リベラリズムは、「公正な社会」の構成員たる「市民」を、他者から自立し他者に無関心で（＝自己利益のみを考えることが許される状況にあり）、社会的協働を行う能力（＝理性）を備えた個人としてモデル化することができたのである。だが、キテイによれば、これは個人と社会の存立にとっての依存とケアの重要性を不当に軽視した市民観である。第一に、ケアを担うべきか否かが当人の社会的地位に大きな影響を与える現実があること（＝育児や介護を担う女性は、そうでない男性よりもキャリア上の不利益を蒙りやすい）、第二に、誰しも人生のある時点では依存状態に必ずおかれること (4)。これらの事実を踏まえると、リベラリズムの正義論は不十分である。人はいっけん自立しているように見える場合でも、これまで多くの他者やモノに依存してきたし、今も依存しているし、これからも依存し続ける存在である。他者への依存が必要なとき、それは私をケアしてくれる誰かを必要とするときでもある。「自立した個人からなる社会」と

いうリベラリズムの個人観・社会観をひと皮むけば、そこには依存しあい、他者をケアする人びとによってつくられた、もう一つの社会の姿が浮かび上がる。このことをキテイは、「誰もが「お母さんの子どもである」ということ」という印象深い言葉であらわしている（キテイ 1999=2010: 71）。

自立に代えて「依存とケア」を人間存在と社会関係の基礎におくと、シティズンシップの平等の正当化根拠もまた、「能力」や「ケイパビリティ」とは異なるものになる。キテイは、「依存とケアの正義論」においては、(1) 依存労働者が公正に扱われること、(2)（障害者を含めた）あらゆる依存者が十分なケアを受けること、(3) 依存とケアの関係性が社会的に尊重されること、の三点が社会設計の基礎になると主張する（キテイ 1999=2010: 245）。キテイはこれを「ドゥーリアの原理」と呼ぶ。これは母親が赤ん坊のケアをしなければならないあいだ、他の者が母親のケアや他の家事を引き受けるドゥーラという慣習をアレンジしたものである。ドゥーリアの原理は、「尊厳ある生」の道徳的根拠を「自立した個人」にではなく「個人間の依存とケア」に見出すがゆえに、リベラリズムの限界を越えるラディカルな正義論として提起されているのである。

19 世紀イギリスの哲学者グリーンもまた、市民であることの基礎を個人の自立よりも他者への関心・配慮に基づく道徳性においた点で、障害との関連で注目すべき議論を展開した人物である (5)。グリーンは、社会改革が目指すべき理想社会の原理を「クリスチャン・シティズンシップ」という言葉であらわした。これは、他者に関心を寄せ、他者が必要とする時はケアを担う「道徳的市民」どうしの関係性の原理である。グリーンは、この原理への接近こそが社会改革や個人の行為に倫理的な正当性を付与すると主張した。ここからグリーンは、市民を「道徳的市民」へと高めるための条件整備として教育や雇用面での社会政策を唱えた一方で、重度障害者もまた「受動的機能」という独自の貢献を果たす、と述べた。それはケアの対象となること、存在そのものによって他者にケアへの義務感を喚起するというものである。他者の道徳感情を喚起し、ケアの実践をうながす重度障害者は、他者の人格を道徳的に陶冶するという独自の「機能」を担う／担いうる存在である。このような高度な社会貢献への正当な見返りとして重度障害者にも平等な権利が保障されるべきだ、とグリーンは主張したのであった。

以上のような、障害の種別や程度を問わず、人間という存在性そのものと、それが織りなす依存とケアを介した関係性に尊厳や権利の基礎を見出すキテイおよびグリーンの議論は、能力主義やケイパビリティ論にはない包摂性をもっているといえるだろう。他方で、それは近代社会の思想的基礎となってきたリベラリズム――私たちの常識となってきた個人観・社会観――を覆すラディカルな議論であるがゆえに、政治的実践へとつながる思想的影響力をどれだけもちうるかは、未だ不明である。とはいえ、実践的影響力の追求は、政治の課題であって哲学の課題ではないといいうるかもしれない。平等なシティズンシップの正当化根拠を依存とケアに見出すこの第三の論理は、「いかなる論理が障害者の平等なシティズンシップを有効に正当化しうるか」という本章の問いにとっては、もっとも考慮に値するものだとひとまず結論できるだろう。

おわりに

障害者の権利の平等が法的に定められるようになったにもかかわらず、なぜ未だに障害者差別が根強く存在し続けているのだろうか。本章ではその一因を、近代社会の思想的基礎であり続けてきたリベラリズムによる「理性を備え、自立した、社会貢献する能力をもつ存在」としての「市民」概念に見出した。この概念に基づき、近代リベラリズムは「障害者は健常者と同等の市民ではない（ゆえに差別してよい）」との言説を連綿と示し続けてきたのである。この思想史的事実をふまえた上で、本章は障害者の平等なシティズンシップを正当化する対抗言説として、①障害当事者の権利獲得運動でみられた「障害の社会モデル＋能力主義」の論理と、②ヌスバウムのケイパビリティ論を検討した。いずれも一定の理論的有効性をもつ一方で、障害者内部に分断をもたらす論理もまたはらんでいることが分かった。これに対して、③依存とケアを尊厳とシティズンシップの基礎に据えたキテイとグリーンの議論は、障害の種別や程度を問わない包摂性を備えるものであることが明らかとなった。以上より、障害者の平等なシティズンシップの正当化根拠としては、③が哲学的にもっとも有効な議論となりうるといえるだろう(6)。そしてこの第三のシティズンシップ思想に基づく具体的な制度設計が、障害者差別解消のための次なる課題となるであろう。

【注】

(1) 本章では、「障害者」は四肢や感覚、脳など身体部分に何らかの機能不全（インペアメント、impairment）をもち、かつそうしたインペアメントに関連した人間関係面の困難や日常生活面の不便を蒙っている人を、「健常者」はそうしたインペアメントに関連した困難・不便を蒙っていない人を指すものとする。「障害」の一般的な英訳はディスアビリティ（disability）であるが、第2節でみるように、インペアメントとディスアビリティの関係は、それ自体が障害と平等について考える上で重要な論点の一つとなっている。なお、本章では後述の「障害の社会モデル」を、障害を考察する際に不可欠の視点であるとの認識に基づき、表記を「障害」に統一する。

(2)「障害の社会モデル」をもっとも早く唱えた組織として、イギリスの障害者団体「隔離に反対する身体障害者連盟（Union of the Physically Impaired Against Segregation: UPIAS）」がよく知られている。UPIASの1975年のパンフレットには、次のように社会モデルの原型が明快に記されている。「我々の見解においては、身体障害者を無力化しているのは社会である。ディスアビリティとは、私達が社会への完全参加から不当に孤立させられたり排除させられることによって、私たちのインペアメントを飛び越えて外から押しつけられたものである。このことを理解するためには、身体的インペアメントと、それをもつ人々のおかれている社会的状況との区別が不可欠であり、後者をディスアビリティと呼ぶ。」（UPIAS 1975=1997: 3-4）UPIASについての本格的な研究として、田中（2017）を参照。

(3)「差別禁止法に敵対的な見方をしがちな企業家たちの不満や苦情に、これ以上耳を傾けないでほしい。ケンプ〔＝障害者運動のリーダーのひとりEvan J. Kemp〕はこの目的のため、ブッシュ副大統領との交渉の場で保守派のレトリックを使った。障害者は自立を求めている。福祉による依存から脱却して仕事を得たがっている。行政からのパターナリスティックな援助はいらない。…ブッシュの目からうろこが落ちたのは、今の障害者は従来の利益集団のように官僚を説き伏せて言いなりにさせることを求めていない、自分たちの力をつけたい（セルフ・エンパワーメント）のだと言われたときだった。」（シャピロ 1993=1999: 180）

(4)「現代の複雑化した社会においては、個人を訓練して「十分に社会的協働が可能な成員」にするためにほぼ20年の歳月がかかる。…また、寿命が長くなるにつれ、私たちの人生のうちの老年期の割合は次第に大きくなり、その期間は再び社会的協働が十分にできる成員ではなくなってしまう。さらには、医療の進歩にもかかわらず、アメリカの人口の約10％が重度の障碍を負っている。だとすると、私たちの人生のこの基本的な特徴が、「正義の環境」に含まれると考えるのは自然だろう。」（キテイ 1999=2010: 194-195）

(5) 本段落のグリーンの思想について、くわしくは寺尾（2020）を参照されたい。

(6) 本稿では検討する余裕がなかったが、リベラリズムを擁護する側からの、キテイへの反論や、障害と平等についての考察も行われている。ロールズの正義論を修正することで障害者の包摂を図るCynthia StarkやSophia Isako Wong、後見人制度の活用によって知的障害者のケイパビリティ保障を模索するヌスバウムの議論など。かれらの議論を含む重要な論文集として、Kittay&Carlson (eds.)(2010) を参照。

【参考文献】

Hobhouse, L.T. (1911) *Social Evolution and Political Theory*, Columbia Univ. Press.

Kant, I. (2007) *Anthropology, History, and Education: The Cambridge Edition of the Works of Immanuel Kant*, Cambridge Univ. Press.

Kittay, E.F. (2005) 'Equality, Dignity, and Disability', in M. A. Lyons and F. Waldron (eds.) *Perspectives on Equality: The Second Seamus Heaney Lectures*, Liffey Press, pp. 93-119.

Kittay, E.F. and L. Carlson (eds.) (2010) *Cognitive Disability and its Challenge to Moral Philosophy*, Wiley-Blackwell.

Patterson, L.（2018）'The Disability Rights Movement in the United States', in M. Rembis et al. (eds.) *The Oxford Handbook of Disability History*, Oxford Univ. Press.

Pinheiro, L.（2016）'The Ableist Contract: Intellectual Disability and the Limits of Justice in Kant's Political Thought', in B. Arneil and N.J. Hirschmann (eds.) *Disability and Political Theory*, Cambridge Univ. Press.

Rawls, J. (1993) *Political Liberalism*, Columbia Univ. Press.

Simplican, S. (2015) *The Capacity Contract: Intellectual Disability and the Question of Citizenship*, Univ. of Minnesota Press.

UPIAS (1975=1997) *Fundamental Principles of Disability*, London: UPIAS&DA.

オリバー、M.（1990=2006）『障害の政治　イギリス障害学の原点』三島亜紀子ほか訳、明石書店

キテイ、E.（1999=2010）『愛の労働あるいは依存とケアの正義論』岡野八代・牟田和恵監訳、現代書館

シャピロ、I.（1993=1999）『哀れみはいらない　全米障害者運動の軌跡』現代書館

ヌスバウム、M.（2006=2012）『正義のフロンティア　障碍者・外国人・動物という境界を越えて』神島裕子訳、法政大学出版局

バンクス、S.（2012=2016）『ソーシャルワークの倫理と価値』石倉康次ほか監訳、法律文化社

ライト、D.（2011=2015）『ダウン症の歴史』大谷誠訳、明石書店

ロック、J.（1690=2010）『完訳　統治二論』加藤節訳、岩波書店
杉野昭博（2002）「インペアメントを語る契機――イギリス障害学理論の展開」石川准・倉本智明編著『障害学の主張』明石書店所収
田中耕一郎（2017）『英国「隔離に反対する身体障害者連盟（UPIAS）」の軌跡』現代書館
寺尾範野（2020）「倫理的なシティズンシップのために――T・H・グリーンは障害者の権利をいかに認識したか」『政治思想研究』第20号
星加良司（2007）『障害とは何か　ディスアビリティの社会理論に向けて』生活書院

第14章　動物と平等

田上　孝一

〔要旨〕
平等とは通常、人間の平等を意味し、人間社会内部での個々人の不平等な取扱が問題にされるのが常である。これに対して現代の倫理学では人間と動物との平等が重視される。それは応用倫理学の一分野である動物倫理学の問題提起が無視できない重みを持つものと考えられているからである。現代の動物倫理学はピーター・シンガーの『動物の解放』の出版を嚆矢とする。この本でシンガーは苦痛を感じる存在への平等な配慮を説き、同じように苦痛を感じるのに人間の苦痛のみに配慮し動物の苦痛を無視するのは、人種差別と同じ論理の種差別だとした。このようなシンガーの告発は人間中心主義の旧弊を正しく指摘してはいるが、シンガーの依拠する功利主義では動物の平等を適切には説けない。動物の平等を理論的に確立するには動物を権利主体とする視座が必要であり、こうした動物権利論によってこそ、人間と動物の平等が適切に説けるというのが本章の結論である。

はじめに

平等の哲学的基礎を問う論文集の中に動物と平等の章があることは、多くの人々には奇異に写ることだろう。本書の各章で論及されているように、平等には様々な局面があり、平等に関する多くの話題があるが、それらはいずれも人間の社会でのことであり、平等とは直ちに人間の平等のことのみを意味すると思われているからだ。ところが数的には少ないものの、世間一般の表象とは裏腹に、平等を哲学的な深みにおいて考えるに当たっては、動物を数に入れないなどありえないと考えている人々もいる。しかもそれらの人々は単なる少数者ではなく、この場合は重要な識者でもある。平等とは人間が重んじる規範であり、規範をそれ自体として研究する学問分野は倫理学である。そして規範を考えるに当たって動物が重要だと考えている人々とは、他ならぬ現代の倫理学者たちだからである。

であるならば、平等の哲学入門を謳う著書に動物を扱った章が含まれていないのは、理論的には致命的な遺漏になるはずである。ただし、動物の問題が倫理上決定的に重要であり、動物倫理学が応用倫理学の不可欠な一部分だと広く認知されているのは、主として英語圏の倫理学研究の世界でである。このことは、現代の倫理学研究が常に英語圏の研究者によって先導されているという外在的理由のみならず、彼の地での議論が理論内在的に適切であり、英語圏の議論が先進的であることをも意味する。

対して我が国では、動物倫理学研究は全く低調であり、英語圏では既に常識的な前提として受け止められている議論ですら、大学で講義を担当しているような、倫理学を専門としているはずの人々にとっても、未だに新奇な目で見られ続けているという始末である。本書の多くの読者がそうであるような、政治学や経済学の領域で平等の問題に関心を持っている場合ならばなおさらだろう。

本稿は動物倫理を扱った先行二論文(田上 2017a、田上 2019)に後続するものだが、我が国読書会の現状を踏まえて、動物倫理に関する新たな論点を打ち出すよりも、平等という視点から動物倫理学の基本観点を明確にするというスタンスで、動物と平等についての規範的な議論を整理することにしたい。

1. 平等の根拠——人間の平等について

動物の平等の問題とは、動物を動物であるからという理由だけで差別せず、人間と同じように平等の原則が適用されるかをどうかを問うことである。このため、動物の平等の前提には、人間の平等がある。人間は平等であるべきならば、同じ理由で動物もまた人間のように平等な扱いをしなければいけないのかという問いである。動物の平等を問うためには先ず、人間の平等とは何かを考えなければいけない。

ここではそもそもの大前提として、人間は平等であるべきだという規範それ自体の正当性は疑えないものだとするところから始めたい。もしこれを認めないとすると、生まれながらの身分の上下や、戦争で捕虜にされたというような理由で、ある個人が別の個人を臣下として従属させたり、奴隷として隷属させたりしてよいということになる。しかしこれは、我々の生きる社会の基本的な価値観に反する。我々は日本国憲法に体現されているような、人間の普遍的な平等の観念を正しいものとして受け入れ、これに反しない範囲で、平等のあるべき姿を考えるようにしたい。

すると、人間は平等であるべきことが正しいとして、その平等のあり方は機械的に均等でもなければいけないのかということである。確かに基本的には誰に対しても社会的な財が平等に行き渡るのが望ましい。しかしだからと言って、財を機械的に誰に対しても同様に割り当てればいいというものではない。各個人は性別や年齢等、様々な属性によって多様であり、その器質や能力も各個人によって異なる。一日 3000 カロリーの食事は大食漢にとっては少ないが、子供や小柄な人には多すぎる。誰でも大学院に無料で行けることは望ましいが、誰もが修士以上の学位を取るように強要されるのは望ましくない。博士以上の学位を得て研究を極めたい人もいれば、本を読むのは苦痛だという人もいる。どんなよいことであっても、望まない者に押し付ける社会のあり方は、我々のよしとしない前提になる。

しかしながら、誰にも必要な最小限はある。過剰なカロリーは要らないが、必要なカロリーが得られなければ健康どころか生存自体を維持できない。高等教育を望まない人でも、読み書きや四則の習得のための、最低限の初等教育は義務的に受けて貰う必要がある。自分の名前が書けず、10 の位の足し引きができないようでは、社会生活それ自体を送るのに重大な支障が生じるからだ。

更には、様々な条件により、多くの人ができることができず、またそれができることが直ちに当人の幸福に直結するとは言い難い多数の人々が存在する。先天的及び後天的な何らかの障害により、健常者には必要とされない挑戦が課せられている人々がいる。これらの人々のニーズは健常者と異なるため、障害を配慮しない機械的な分配は、抑圧的な押し付けに転じてしまう。個々の障害に合わせた、本当に必要な配慮がサポートされることが、この場合は平等の本質的な構成要素となる。

まさに動物の平等とは、障害者の平等とアナロジカルな問題である(1)。

動物は多様であり、決して一概に語ることはできない存在である。小さな昆虫も動物であり、生物学的には我々人類も同じグループに入る大型類人猿(2)も、動物であることには変わりない。ゴリラやボノボと昆虫を同列に語れないのは、理論以前的な直観にあっても明らかだろう。どの動物が平等に取り扱うべき存在の範囲に入るのかということそれ自体が大きな問題ではあるが、動物への倫理的な擁護を説くどのような理論家にあっても念頭に置かれている、まさに大型類人猿を例に取りたい。

大型類人猿を平等に扱うべきだといっても、人間と全く等しく扱う必要はない。大型類人猿は我々同様に情感豊かで徳のある存在（田上 2019）だが、複雑な音声言語や書き言葉の使用に立脚する人間同様の文化は有しないし、こうした文化の習得は必要としていない。このため、文化的存在としての人間に必須の諸権利の多くは、彼ら動物には不要である。教育の権利は無用だし、政治参加の権利も要らない。動物に投票権を与えても意味がないのである[(3)]。動物は社会的な存在ではあるが、政治的な存在ではない。

動物が人間同様に平等に分け与えられるべきなのは、もっとずっと基本的な権利である。それは社会権という意味での生存権ではなく、字義通りの、ただ単に生きるということができるという意味での生存権である。この権利は、自然の経過の中で野生動物が受けるであろう苦痛や災難以外の形で、動物の生命が侵害されないという権利である。進化の過程で得たようなあり方以外の形で強制的に繁殖させられたり、自然の経過で起こる以外のあり方で交配が行なわれ、遺伝的性質が変化させられたりしないこと。狭いところに監禁されて絶え間ない苦痛が与えられたりしないこと。元々住んでいた場所から遠く離れた地に連れて来られて隔離されたりしないこと等である。

これらの権利を人間のものだとすれば、誰一人としてそのあり方に反対する者はいないだろうし、仮にこれらのことを人間に対して実行したら、かつてはともかく現在ではどの国でも極悪人と見なされて厳罰に処されるだろう。しかし人間は今まさにこれらの悪事を動物に対してやり続けているのである。今念頭においている大型類人猿で言えば、遠いアフリカの地から浚ってきて、動物園という名の監禁施設に収容し、人間の好奇の視線に晒させている。動物の範囲を少しだけ広げれば、同じ哺乳類である牛や豚を強制的に繁殖させて、狭い場所に監禁して苦痛を与え、自然寿命よりはるかに短くその生を遮断し続けている。つまり殺して食べるのである。

これは一体どうしたことであろうか。どうして人間ではありえないことが動物だと許されるのだろうか。

その答えも明らかである。それは彼らが人間ではなくて動物だからである。しかし動物であるということは、その存在が全く道徳的に配慮されない理由になりうるのか。

ここにこそ動物倫理学の問題意識がある。

2. なぜ動物なのか——人間中心主義と種差別の問題

動物倫理学において、人間は動物を虐待してはならず、優しく配慮すべきだと議論されていると聞けば、誰もが好意的に受け取るだろう。しかしその内容が、畜産動物や実験動物を無くす若しくは大幅に減らすというような話だと知った際には、戸惑いや反発が表れるのが少なくない。これはつまり、我々人間が一般に、大事にすべき動物の種類を予め決めているからであり、その種の動物の話だと思ったらカテゴリー違いだったりするためである。

我々が大事にしようと心がけている動物の代表が愛玩動物であり、犬猫といったペットである。ではなぜ犬猫であり、愛玩動物なのか。

それは結局人間がそうしたいからであり、犬猫を途中で殺して食べるよりも、家族の一員として共に過ごすことの選好が優勢だからに過ぎない。犬猫は食べようと思えば食べられる動物であり、本当に食べる文化もある。いうならば、我々が犬猫を愛好するのは、我々が宝石や美術骨董品は元よりお気に入りのクルマやカバンを愛好するのと本質的な差がないということになる。実際我が国の民法では動物は器物であり、動物を殺害することそれ自体は器物損壊に当たると見なされる。

しかしこれは明らかに直観に反する。愛犬や愛猫を物と同一視されるのに憤るのが飼い主大多数の心理だろう。

そこで今では民法でのみ処理するのではなく、動物愛護の特別法が設けられて、単なる器物損壊とは見なさないようにしている。しかしその罪は殺人に比べて比較にならないほど軽く、動物虐待者が実刑判決を受けるのは稀という現状がある。どうしてこうなるのか。これはつまり、論理的な一貫性がなく、代わりにあるのが理論的な恣意性だからである。

動物を物ではないと見るのならば、動物を基本的に人間と同様の存在と考えて、人間において守られている権益を動物にあっても守るというのが論理的な一貫性になろう。ところが、人間は動物を単なる物ではないと正しく直観しながら、なお動物は動物である限り人間以下の存在であると見なし続けているということである。このため、動物の処遇は人間の都合一つでどうにでもなる。人間自身には適用すべきではないと思われている恣意的な基準変更が、無造作に行なわれ続けているのである。

どうしてこのようなことになっているかといえば、人間は一般にこの世界を自分たちのためのものだと考えているからである。人間は自分たちの都合のために、自分たちの周りの世界を自己の利害実現のための手段と見なして利用し続けてきた歴史的経緯がある。このため現代社会のパラダイムとなった西洋文明にあっては、その精神的支柱である聖書の冒頭で、人間を主として動物を僕として神が創造されたという、実に人間にとって好都合な神話化がなされている。人類の願望がイデオロギー的に反映されているわけである。

つまり人間は自らを世界の中心かつ目的とし、自らの周りの環境を手段とすることによって自らの営みを続けている存在だということである。この人間中心的な世界観とこの世界観を上部構造とする人間中心主義的な生活様式が、これまでの文明の主潮流だということである[(4)]。このため動物は常に人間という中心に対する周縁的な手段として位置付けられ、人間のようにそれ自体としての内在的価値を有さないものと見なされ続けていた。これが動物に対する価値判断が恣意的な根拠である。何であれ、内在的ではない価値の軽重を真面目に考量する動機は持ち難い。動物がその都度の状況や雰囲気によって軽んじられたりある程度は重んじられたりもし続けてきたのは、動物を真実には重要だと考えていなかったからである。

確かに誰もが聖書の物語を真実だと思い続けていれば、人間中心主義の神話に新たに何も加える必要はなかった。しかし世俗化された現在世界にあっては、神話を真実だと押し通せるはずもなく、科学的知見に裏打ちされた、もっともらしい正当化が必要だった。人間と動物は宗教的次元においてのみ異なるのではなく、科学的事実としても異なるのであると。高度な知性や社会性は一人人間だけのものであって、一見人間と類似しているように見える動物には共有されてないことが、最新の科学的研究からも確かめられると。

しかしまさに最新の科学的知見によってこそ、伝統的に考えられてきた人間と動物のはっきりとした境界線など存在せず、人間は動物と異なる特別な生物ではなくて、人間という動物に過ぎないことが確かめられてしまうのである。勿論人間は動物には決してできない、偉大なことが数多できる。今こうして行なっている、人間と動物の本質的違いとは何かのような抽象的な哲学的議論ができること自体が人間ならではだ。

もっとも人間を個人単位で見れば、こうした高度な知的操作は愚か、基本的な精神活動にも挑戦を受けている数多い人々がいる。ではそれらの人々は人間ではないというのだろうか。決してそうではないだろう。どんなに障害はあろうとも、人間は人間だからだ。

だが、ここには大きな理論的罠がある。どんなに欠損があろうともただ人間であるだけでもう動物よりも尊いのだという思考は、個人の内在的価値の究極根拠をその個人が帰属するグループに由来させるものだからである。究極的根拠であるため、そのグループの一員であることが自体が、他のグループの者より尊いことの最終的な理由になっている。

しかしこれは明らかに差別の論理である。差別をする者は、自らの行いに合理的な外観をもたらそうと、もっともらしい理由を拵えようとするが、所詮はアド・ホックな言い訳であって、結局はただそれが自分自身が属するグループに共通の要素なだけに過ぎない。白人差別者は有色人種の人格や体格の劣等性にそれらしい理由を言い立てたが、結局は疑似科学であって、最終的な論拠は皮膚の色の濃淡が人間の価値を上下するという、自らに都合のいい虚妄でしかなかった。

なるほど障害者差別を糾弾するに当たって同胞としての共通性を強調するのは有効な戦略ではある。しかしこの論理を人間はこれまでの歴史の中で無造作に人間以外の存在にも適用してしまい、人間以外の存在者に対する人間の絶対的優越性の論拠にしてしまっていた。これが差別の論理であるのが気付かれなかったのは、差別問題の外延自体が人間社会に限定されていたためである。このため、人間同士では常識として否定されるようになった差別の論理が、人間と人間以外の存在者との関係ではそれとは意識されることなく適用され続けた。人類はこれまでの歴史的経緯により、人種差別や女性差別などの対人間間の差別には問題意識を広く共有させ得たが、種を超えた差別には無頓着だった。しかし種をまたがっていても、差別はなお差別である。種差別は自らが人間であるだけの理由で人間でない存在者を差別することである。差別がよくないというのならば、種差別もまた退けるべきだというのが、論理的な一貫性である(5)。

そうすると、障害者もまた人間だから健常者と差別すべきではないという論理ではなく、障害は差別を何ら正当化するものではないというように、論理構成がなされるべきということになる。重度の障害により読み書きができなくても、なお自我があり、快苦の感覚があるのならば、もうそれだけで健常者と等しく配慮されるべきだということである。動物もまた読み書きはできないが動物ならではのあり方でその個体ごとの自己意識があり、快苦の世界を生きている。こうした基礎的な精神活動が共有されているというただそれだけで、等しく配慮されるべきである。これが、障害者と動物を共に救う論理のあり方になる。

3. 利益に対する平等な配慮――功利主義的動物平等論の検討

まさにこのような理由で、人間と動物の平等を説いたのがピーター・シンガーであり､そのマニフェスト的な著作が『動物の解放』（1975 年）なのだった[(6)]。シンガーはこの著作及び以降のどの著作にあっても、平等に配慮されるべき唯一の基準はその存在が快苦の感覚を持ち得ることのみなことを強調している。

> もし苦痛を感じるならば、苦痛を配慮に入れないというのは道徳の立場からは許されない。どのような本性の存在であれ、平等の原理が要求するのは、その苦しみは、他のどんな存在の苦しみとも……同等に計算されるべきだということである。もしある存在が苦痛、喜びや幸福を楽しむことができなければ、考慮に入れるべきものは何もない。まさにこの理由で、感覚を備えている……かどうかということが、利益を配慮すべき存在とそうでない存在とを分ける境界線としてただ一つ弁護できるものである。……奴隷制を支持する白人人種差別主義者は典型的に、アフリカ人の苦痛に彼らがヨーロッパ人の苦痛に与えたのと同じ重みを与えない。同じようにスピーシーシスト（種差別主義者）は、お互いの利益が衝突した場合に、自分たちの種に属するものの利益のほうを他の種に属する者の利益よりも重視する。人間優先の種差別主義者は、苦痛は豚やマウスが感じる場合にも人間が感じる場合と同じように悪いということを認めないのである（Singer 1980,1993,2011: 50-51)。

つまり、その存在がどういう種の存在であるか、人間であるか人間以外の動物であるかに関係なく、その存在が苦痛を感じるかどうかだけが、その存在を道徳的に配慮すべき唯一の理由だというわけである[(7)]。

このような思考は現在の一般常識からすれば奇異に見えるが、シンガーに拠ればこの結論は功利主義それ自体から論理内在的に帰結するものだという。それだから今はよく知られているように、古典的功利主義の定礎者であるベンサム自身が､功利原則を人間に限定することに反対していたのである。

> 人間以外の被造物である動物が、圧制の手によって与えられないでいる

諸権利を得られるだろう日が来るかもしれない。フランス人は既に、皮膚の黒さは苦しめる者の気まぐれを防がなくてよい何の理由にもならないことを発見していた。足の本数、皮膚の毛深さ、あるいは仙骨の末端が、感覚のある存在に同じ運命を与える理由としては等しく不十分であると、ある日認識されるかもしれない。一体どこに越えられない一線を引けるのか？思考能力か、あるいは、多分、言語能力か？しかし成長した馬や犬は、生後一日や一週間、あるいは生後一箇月の新生児ですらよりも、比較を絶して理性的であるのはもちろん、より意思疎通ができる動物である。……問題は理性的であるかでも話せるかでもなく、苦しむことができるかどうかである (Bentham 2001: 284)。

シンガーによって有名になったこの文章(8)が、フランス革命の年である1789年に発表されていたことに驚かされる。まさに驚嘆すべき先進性である。が、やはり人間は時代を乗り越えることはできないのか、残念ながらベンサムは自らの理論の素直な帰結を表明し、実践することはしなかった。黒人を奴隷にしてはならないように、動物も奴隷にしてはならない。この立論から素直に帰結する具体的結論は、動物を隷属させることを前提とする様々な習慣を辞めることであり、とりわけその代表例である畜産を廃止することである。従って個人的な実践としては当然、畜産の目的である肉及び卵乳製品の消費を断ち、食以外にも様々な動物利用に反対するということになる。今風に言えばビーガニズムを実践するということになったはずである。しかし残念ながらベンサム自身は肉食や動物利用を退けることはなかった(9)。

シンガーの独創性は、ベンサムが囚われていた種差別的思考を脱し、ベンサムの問題提起の素直な帰結を敷衍したことにある。

シンガー以前の功利主義は当たり前のように功利計算を人間社会内部に限定してきたが、シンガーはベンサムの示唆どおりに計算対象を人間に限定することなく、感覚的存在者一般に外延を広げて見せた。その結果、種差別主義に立脚することによって人間が動物に巨大な苦痛を与え続けてきたことを告発し、人間に適用されている平等な配慮の原則を動物にまで拡張するべきことを説くこととなった。こうして人間の動物に対する振る舞いは種差別主義によって無制限に許容されることはなく、人間社会内部での取り扱い同様に功利原則によって判断されることになる。人間が動物を利用することによって得られる便益と、それによって動物に与えられる苦痛を比較考量し、動物と人間を含めた最大多数の幸福が目指されることになる。

しかしこのシンガー流功利主義によってもたらされる具体的提案は、現行秩序と習慣に真っ向から対立するものであった。功利計算の対象を動物にまで広めるや否や、現在主流の動物利用方法は全く許容できないものになってしまうからである。

現行の動物利用は、膨大な地球人口に対応して、動物を大量に繁殖させて飼育し、動物に多大な苦痛を与え続けた上で自然寿命よりはるかに短く生命を遮断することによって成り立っている。工場畜産によって生産される肉が代表である。

この結果、多くの人々が安価で肉を得ることができるのだが、この便益はシンガーに拠れば、それがために動物に与えられる苦痛と比べれば、全く釣り合わないものだという。何となれば我々は肉を食べなくても生きていくことができるし、栄養学上の常識としても肉にのみ含まれる必須栄養素などないからだ。こうしてシンガーは功利主義に依拠して、我々に肉食を断念すべきことを説くのである。

肉食以外にも、現行の動物利用方法のことごとくが人間による一方的な苦痛の付与に当たり、抜本的に改められなければいけないとされるのである。

このような提言に対しては、当然にも夥しい理論以前的反発が引き起こされた。こうした生理的拒否反応に関して考慮すべきなのが、シンガーの提案が原理的に実行可能なのかどうかである。どんなに道理のある規範でも、現実に実行が困難ならば絵に描いた餅である。しかしシンガーの提案は動物の利用を一切辞めろということではなくて、人間の便益を上回る苦痛を動物に与えないことに留まる。これまで動物に苦痛を与える形で動物を利用してきた殆ど全ての領域で、動物を使わない代替手段が確立されている。肉食に慣れた多くの人々には肉食習慣を諦めるのは苦痛だろうが、大抵の場合は苦痛は一時的なもので、食べないことに慣れれば苦痛ではなくなる。シンガーの見立てでは、肉の味覚の快楽は、それがために動物に与えられる苦痛とは絶対に釣り合わないと判断される。

この判断に同意できない人でも、毛皮の場合は納得できるだろう。今や毛皮よりも防寒性の優れた外套が開発されているし、ファッションの面でも精巧なフェイクファーがある。動物の皮を剥いで作られる服に倫理的な正当性はない。他の動物利用も毛皮と同様な状況にある。代替手段があるのに惰性で動物を用いているということだ。ましてやエンターテイメントに動物を使うことは、人間の基本的なニーズと何ら関係しない。つまり、シンガーの提案は原理的に実行可能であり、理論以前的な反発は真剣な考慮に値しないということである。

シンガーの言う通り、功利原則を人間に限定しなければいけない理由は功利主義それ自体には内在しない。快楽功利主義にせよ選好功利主義にせよ、行為主体が快感や選好を有するかどうかだけが問題なのであって、主体が人間であるかどうかは非本質的な付帯条件に過ぎない。もし功利主義を一貫した倫理原則として人間社会全般の事象に適応したいのならば、種差別主義に囚われて人間を例外と見なすことは理論の首尾一貫性を失わせることになる。言うまでもなく功利主義は代表的な規範倫理学上の立場の一つである。この意味で、シンガー及びシンガーを継承する功利主義に依拠した動物解放論には確かな理論的意義があると評価せざるを得ない。

しかしシンガー流の功利主義的動物倫理にはまた、明らかな理論的限界がある。それもまたその拠って立つのが功利主義なところにある。それはどういうことか。

4. 目的的存在としての動物——功利主義から権利論へ

シンガーはベンサムが囚われていた種差別主義を脱し、功利原則を動物にまで拡張して適用することにより、人類による現行の動物利用の不正を説いた。ここには大きな理論的意義がある。だが、シンガーが依拠するのはあくまで功利原則であり、快苦の感覚である。悪いのは苦痛を与えるような動物利用であり、動物利用それ自体ではない。

そもそも功利主義においては動物に限らず人間であっても手段として利用すること自体は問題ではない。問題は利用のあり方が利用された当人に苦痛や不満を残すようなやり方なことにある。各人を平等に扱うべきなのも、人間は平等であるのが当然だという社会に生きている人々にあっては、不平等な扱いは確実に扱われた人々の功利性を低下させるからである。同じことは自由にも言える。功利主義では自由はそれ自体が究極目的ではなく、功利主義が自由を重視するのは自由が重要だと思われている社会においては各人の自由を制限することが確実に功利原則に反するからである。つまり功利主義にあっては平等や自由は手段的なものに過ぎないのである。

このことはしかし、動物の取り扱いに重大な欠陥をもたらすことになる。

というのは、動物は人間と異なり、平等や自由それ自体の価値を理解することができないからである。

広い庭のある豪邸に軟禁されて、豪華な食事を与えられ続けられることは、大抵の人間にとっては苦痛であり、耐えられないことである。たとえ豪華な屋敷で安楽な生活ができても、外に出られないことは自由がないからである。狭い場所に監禁されて直接的に苦痛を与えられることがなくても、自由がないことそれ自体が苦痛であり、我慢できない。またたとえ移動の自由があり、かつ安楽な生活が送ることができても、自らの生命が予期なく遮断されることが分っていたら、自由で安楽な現在の生活を堪能できるはずもない。人間には空間的にだけではなく、自分の人生の趨勢を他者に支配されないという時間的な自由が必要なのである。つまり人間にはそれ自体としての自由が必要である。功利主義は自由をそれ自体として価値とは認めないが、それ自体としての自由の欠如は直ちに人間に苦痛をもたらすため、実際には自由をそれ自体として求めざるを得ないのである。

しかしこれは人間だからである。動物は違う。たとえ檻に囲まれていても、その檻が十分な身体運動を妨げることがないまでに広いならば、動物にとっては苦痛にならない。死の瞬間までにどんなにストレスのない日々を送れていても、自分が望むことなく途中で生を中断されることは人間にとっては耐え難い苦痛だが、動物はそうではない。動物に処刑日を伝えることはできない。人間の苦痛はもたらされるはずの未来が奪われることによって人生物語のシナリオを狂わされることに由来するが、動物は人間のような物語的存在ではなく、現在の持続を生きている。

ここから、功利主義に基づけば、動物を広い飼育場で苦痛なく育て、苦痛を与えることなく殺すことは、大きな害悪ではないことになる。実際シンガーも畜産それ自体を反対しているのではなく、動物に苦痛を与えざるを得ない工場畜産を批判している。膨大な消費人口と利潤原則の支配する資本主義では実現可能性は希薄だが、苦痛の最小化された畜産ならば、人間の肉の味覚の便益が動物の苦痛を上回る可能性を認めている。だがこれは、功利主義の理論的帰結であるはずの動物解放の理念それ自体を毀損する。

シンガーが依拠していたベンサムの理念では、功利原則を考慮しないことは人間同様の感覚的存在である動物を黒人奴隷のような不当な状態に貶めるとした。ベンサム自身は種差別主義に囚われていたために、自らの問題提起と矛盾した結論に陥ってしまったが、種差別主義を脱したはずのシンガーもまた、あくまで快楽原則に固執することによって、動物の隷属を正当化させる余地を残してしまったのである。たとえ苦痛が与えられることがなくても、動物を専ら手段として利用し続ける限り、動物は人間の奴隷であり続けるのである。悪辣な奴隷主から良心的な奴隷主に変っても、奴隷制度という本質はそのままなのである。

このことから言えるのは、功利主義は動物を解放するための真実の理論的基礎にはなり得ないということである。動物を人間による隷属から解き放つためには、奴隷はそれ自体が悪いとする理論構成を取る必要がある。それはつまり動物もまた人間同様に目的的存在であり、人間が好き勝手に隷属させてはならないということである。目的的存在である人間には不可侵の権利がある。同じように動物にも権利があると認めることである。こうした言葉本来の意味での動物の権利論が、動物に対する適切な倫理的アプローチになる。

勿論どの動物にも権利があるわけではない。多様な動物それぞれの権利の有無を腑分けすることは、それ自体が論争的な難問であるが、少なくとも人間が主要に隷属させている動物、大型類人猿は元より、牛豚鶏といった家畜、犬猫のような伴侶動物は、人間と全く同質ではないが、人間同様に快苦の感覚があり、人間ほど明瞭ではなくてもなお自己意識的存在だと考えられる。人間はその存在が自己意識的な「人間」であれば、その存在に権利を認めるのに全く吝かではない。しかしその存在に権利を認めるのがその存在が自己意識的であるからではなくて人間という生物種に属しているからだとすれば、それは種差別である。差別がいけないのならば、種差別も避けるべきである。であるなら、その存在が人間でなくても感覚的で自己意識的であるならば、なお権利を認めないといけない。つまり動物にもまた、権利があるのである。

動物にも権利があるということは、動物は人間の奴隷ではないということである。なぜなら奴隷の本質とは一般にそれが「生きた道具」なことにあるからである。道具であるから、値札を付けて売買することもできたのである。つまり動物を解放するためには、功利主義的に動物の快苦や選好を考慮する前に、制度的に動物を道具として扱うことをできなくさせることである。奴隷の待遇改善ではなく、奴隷制度そのものを全廃することが、動物解放の王道となる。

このような動物権利論の視座は現在ではまさに奴隷解放の一立場になぞらえてアボリッショニスト（廃絶主義者）と言われているが、このような動物利用のアボリッションが動物に対する人間の責務なのである。

我々の社会は資本主義であるため、動物利用を廃絶することの実際的な内容は､動物を商品として売買しないことである。畜産にせよ動物実験にせよ、現在主流の動物利用は基本的に動物を物として売買し、商品として流通させることを前提としている。動物が商品でなければ、動物を本格的に利用することはできない。動物の売買を禁じることは、動物解放のための制度的条件になる。

しかし当然こうした提言には大きな反発があろう。たとえそれが理論的に正しくとも、実際には不可能だと。

ここでもまた、何が不可能なのかを考える必要がある。現在の状況において動物売買を廃し、動物利用を禁ずるのが困難なのは当然のことである。何となれば我々の生きる資本主義はあらゆるものを商品化しようという衝動に衝き動かされている社会であり、動物は人間のために存在するという人間中心主義的偏見の蔓延が、動物の道具視を常識にしているからである。ではしかし動物の解放は原理的にも不可能なのかということである。原理的に克服可能な困難は大きな挑戦課題になるが、原理的に不可能ならば無謀な徒労に終わる。

動物利用を辞めることが原理的に不可能だということは、動物を利用しないことが文明の基盤を揺るがし、文明生活の維持を不可能にするということである[(10)]。これはつまり、動物が生産力と交通の主要な構成要素になっていて、動物が主要な動力源になっている社会のあり方である。

かつては確かにそうだった。「馬力」という言葉が horse power の訳語であるように、馬を中心とした動物は産業や交通に不可欠であったし、文明の暗黒面である戦争も、馬なしではありえなかった。社会全体の基礎である農業も馬の他に牛を中心とした動物利用によって支えられていた。間違いなくこれまでの文明は動物利用をその維持と発展の主要な手段としていた。

「動物には権利がある」という規範は普遍的に正しく、今現在正しいだけではなく 1000 年前も正しかった。しかしこの規範は 200 年も前だったら、実現不可能な絵空事に近かった。なぜなら動物を生産力の主要な構成要素とする社会にあっては、動物使用の禁止と生活の維持がトレード・オフになってしまうからである。この意味で、ベンサムが自らの問題提起の論理的帰結を一貫できなかったのには、時代的な制約条件があったわけである[(11)]。

ところがこの歴史条件と同じ理由で、現在は全く状況が変った。今では想像しがたいが、自動車が販売された当初の定番的な宣伝文句は、それが疲れを知らない「鉄の馬」なことにあった（ザックス 1995）。まさに馬がクルマになったのである。馬鍬や牛鍬はトラクターに換わり、馬力は機械の出力を示す目安になった。つまり動物は全く以って機械に取って代わり、動物は生産力の主要な構成要素から排除されたのである。今や動物利用と文明生活の維持は少しもトレード・オフの関係にはない。

このことは、確かに動物利用を廃することの現状での困難は言えても、原理的に不可能とまでは言えないことを意味する。

困難ではあるが原理的に不可能ではない望ましい規範に対して我々が取るべき態度は、いかにしたらその規範を実現できるかを考え実践してゆくことである。だから我々はどうすればこれまでの惰性から脱して動物利用を辞めることができるかを未来に向けて問う必要があるのである。

おわりに

人間は平等であるべきであり、平等を妨げる差別は許されない。この同じ理由で動物もまた平等であるべきであり、動物であるというだけの理由で差別すべきではないことを見てきた。そして動物が平等に扱われるためには結果的な効用の平等では足りず、動物もまた人間同様の目的的存在として予め権利が付与されるべきだということを説いた。

動物に権利を与えるといっても、その権利というのは人間に当てはめれば権利とすら言えない程に基本的なものである。それは単に生きることができるという意味での生存権であり、その主要な内容は監禁されて苦痛を与え続けられないということや自然寿命よりもはるかに短く生命を遮断されないといったことである。人間では考え難いこの基本的な権利の侵害も、動物利用を当然視する現行の常識ではその除去が困難なハードルに写る。

そこで次に考えるべきなのは、いかにすれば各個人が動物利用習慣から脱することができるかである。これは徳の陶冶の問題であり、ここに動物倫理学と徳倫理学を接合する必要性が生じる。動物の倫理において徳の問題はどう扱われるべきか、旧稿で不十分ながらも考察した（田上 2019）が、ここでも言及する必要がある。しかしそのための紙枚は尽きた。今後の課題として稿を改めることとしたい。

【注】

(1) ここだけ読んで「障害者と動物を一緒にするのか」と憤る人は、まさに自らが人間中心主義的な偏見に囚われていることに無自覚な証拠である。なお、障害者と動物という問題設定に関しては、本書第 13 章の寺尾論文から示唆を受けた。

(2) サル目ヒト科はヒト亜科とオランウータン亜科で構成され、ヒト亜科はヒト族とゴリラ族より成る。現生人類ホモ・サピエンス・サピエンスはチンパンジーやボノボと共に、ヒト族に含まれる。生物学的には人間は大型類人猿の一種である。

(3) ドナルドソンとキムリッカによる Zoopolice（動物政治共同体）の提起は、動物を政治的な主権者でもあると捉えて、従来の動物権利論を刷新してゆこうとする意欲的な試みであるが、政治的な権利を与えるという名目の許に家畜動物の存在を永続化させようという意図を含んでいる。動物に人間同様の自律した平等な市民関係を前提とする政治的権利を与えようとしても余計な押し付けだし、「動物の政治」を実現させたという人間側の自己満足を担保に家畜動物の縮小と廃絶に力を割かなくなれば、現実には動物は救われない。「正義は、家畜動物にも、すべての市民と同様に、すべての市民の基本的自由を尊重することをも求める」（ドナルドソン、キムリッカ 2016: 206) というのは、無理な空語である。動物は人間の仲間ではあるが、人間と同じ政治的主体としての市民ではない。

(4) 人間中心主義の歴史的経緯とそのイデオロギー的な本質について詳しくは、(田上 2006) 第二章「人間中心主義批判の真意」を参照。

(5) 種差別という概念について、本稿での説明だけでは誤解を招く恐れがある。より細かく正確な説明を (田上 2017a) でしているので、併せて参照されんことを希望する。

(6) この本の冒頭章が “All Animals Are Equel...” なのは象徴的である (Singer 1975,1990,2002,2009)。全ての動物は平等に扱われるべきなのにそうなっていないというプロテストの表明である。まさに平等の問題から現代の動物倫理学が始まったのである。

(7) シンガーは師のヘアと共に選好功利主義者として有名であったが、近年に至って快楽功利主義に宗旨替えした（デ・ラザリ＝ラデク、シンガー 2018)。このことは本稿の主旨に何ら変更をもたらさない。というよりも、快楽功利主義者になったことで苦痛のみが重要だという年来の主張がより強化されることになるだろう。なお、シンガーの理論が障害者差別であるというよくある誤解については、（シンガー 1999) の「ドイツで沈黙させられたこと」を参照。

(8) 今やベンサムの中でも非常に有名になったこの文章はしかし、我が国ではシンガーが広く知られる以前には研究者にすら殆ど注目されることがなかった。その証拠として、最も普及した翻訳である中央公論社「世界の名著」の抄訳（1979 年）では、省略されて訳出されていない。今ならば考えられないことだろう。ただし、この文章は動物擁護の論陣を張っていた古典家には知られており、ヘンリー・ソルトの『動物の権利』(初版 1892 年、Salt 1922: 17) やハワード・ウィリアムズの『食の倫理』(初版 1883 年) といった、シンガー以前の動物倫理学を代表する文献にも紹介されている (Williams 2003: 329)。もっともこうした古典家自体が、今でも一般には殆ど知られていないのであるが。

(9) この文章に示されているベンサム動物論の問題点は、(フランシオン 2018) の第六章「牛を飼って牛を食べる ── ベンサムの過ち」で詳しく検討されている。また (田上 2017b: 37-39) で、動物の擬人化と動物園幻想の問題点に絡めて議論をしているので、参照されたい。

(10) もっとも環境倫理学の世界では文明自体を否定する思潮も有力な一立場になっており、その代表がディープ・エコロジーである。しかし、私は文明否定論には組しない。ディープ・エコロジーの問題点については (田上 2017b) 第三章「アルネ・ネスと反文明の倫理学」参照。

(11) しかしベンサムの同時代人であるルイス・ゴンペルツは、既に 1824 年初版の本において動物利用の全廃を訴えていた (Gompertz 1992)。勿論これは傑出した例外である。

【参考文献】

Bentham, Jeremy 2001 An Introduction to The Principles of Morals and Legislation, in: *Selected Writings on Utilitarianism*, Wordsworth Classics of World Literature.

Gompertz, Lewis 1992 *Moral Inguiries on the Situation of Man and of Brutes*, Fontwell Sussex: Centaur Press.

Salt, Henrey S. 1922 *Animals' Rights: Considered in Relation to Social Progress: Revised Edition*, London: G.Bell and Sons.LTD.

Singer, Peter 1975,1990,2002,2009 *Animal Liberation: The Definitive Classic of The Animal Movement: Updated Edition*, New York: HarperCollins Pnblishers.

Singer, Peter 1980,1993,2011 *Practical Ethics: Third Edition*, Cambridge University Press.

Williams, Haward 2003 *The Ethics of Diet: A Catena of Authorities Deprecatory of the Practice of Flesh-Eating, Introducing by Carol J. Adams*, Urbana and Chicago: University of Illinois Press.

ヴォルフガング・ザックス 1995 土合文夫・福本義憲訳『自動車への愛──二十世紀の願望の歴史』藤原書店

ピーター・シンガー 1999 山内友三郎・塚崎智監訳『[新版] 実践の倫理』昭和堂

カタジナ・デ・ラザリ＝ラデク／ピーター・シンガー 2018 森村進・森村たまき訳『功利主義とは何か』岩波書店

スー・ドナルドソン／ウィル・キムリッカ 2016 青木人志／成廣孝監訳『人

と動物の政治共同体 ──「動物の権利」の政治理論』尚学社
ゲイリー・L・フランシオン 2018 井上太一訳『動物の権利入門 ── わが子を救うか、犬を救うか』緑風出版
田上孝一 2006『実践の環境倫理学 ── 肉食・クルマ・タバコ社会へのオルタナティヴ ──』時潮社
田上孝一 2017a「動物の権利」、田上孝一編『権利の哲学入門』社会評論社
田上孝一 2017b『環境と動物の倫理』本の泉社
田上孝一 2019「動物と徳 ── 徳倫理学的アプローチの可能性と限界 ──」、菊池理夫・有賀誠・田上孝一編『徳と政治 ── 徳倫理と政治哲学の接点 ──』晃洋書房

第 15 章　情報と平等
——情報の平等を推進するものと阻むもの インターネットと資本の論理

平松　民平

〔要旨〕

情報は財であるが、分けても使っても減らない、効用を消耗することはない。これは物的エネルギー的財と比べてきわめて特異な性質である。一方、財の平等な配布は文明の目標の一つだが、情報財はその特異な性質から無条件での完全な平等配布が可能であることは明らかである。しかし、現実にはそうなっていない。それは資本主義メカニズムの中に情報財が組み込まれているからである。本章では情報の理解に必要な原理的な事柄について述べ、つづいて情報の平等を推進するものと阻むものとして、インターネットと資本の論理を考察する。

はじめに

すべての人の平等（性別、身体差、年齢、などの多様性を前提した）は今日の文明の目標の一つであろう。たしかに「健康、教育、雇用、福祉、税」などは平等であるべきと考えても異論は少ないが、「情報の平等」はどうであろうか。健康、教育などは効用と引き換えに有限な資源を消費するので無条件な平等は困難だが、情報は分けても使っても減らない、一人へのプラス給付が他者へのマイナス給付にならない、本来的に無条件な平等が可能な財である。個人の自由な利用が互いに衝突しない、自由と平等が両立する財である。

しかし、現実社会では情報は必ずしも平等に分配されているわけではなく、情報を持つ人と持たない人の間に大きな格差と不平等が生まれている。情報を持てるか、持てないかでの不平等と、獲得した情報を利用できるか、できないかによって生じる不平等とがあり、両者を合わせてデジタルデバイドと呼んでいる。例えばバス停に向かう人は「バスの現在位置情報」を持っていれば、このまま歩くか、走るか、諦めて次のバスを待つか、を正しく決められる。情報は物質とエネルギーを制御する、これが情報の本質的効用であり、情報の不平等は物質とエネルギー利用において不平等を生む。これがデジタルデバイドの結果である。

現代社会では情報の生産から流通、蓄積、消費までの全過程がインターネットと資本主義経済の二つの基盤上で機能している。インターネットは物理的基盤で、資本主義は経済的基盤である。インターネットの非集中的、非垂直的、非階層的、な物理的構造は情報の本来的性質である「自由と平等の両立」に適合的である。一方、資本主義は資本による剰余価値の獲得を目的に情報を生産力として活用するが、情報が持っている「分けても減らない」という性質は、資本主義の合理性である「所有が利益を生む」と対立する。その結果、情報は資本主義が用意した合理的枠組み、「所有なき財にも擬制的所有権を与える」の中に組み込まれて機能している。

本章では情報の本来持っている「平等性」を推進するものとこれを阻むものとは何かを主要な論点として考察する。はじめに情報の財としての性質について、健康や教育など他の財とどこが同じでどこが違うのか、など、情報の理解に必要な原理的な事柄について述べ、つづいて情報の平等を推進するものと阻むものとして、インターネットと資本の論理を考察する。

1. 情報とは何か

情報は歴史的にどのように役立ってきたか、どこに存在しどのような性質があるのか、どのような労働によって生産され、どのような形態で生産物となっているか、などを概観する

1-1. 情報の歴史

情報は物理的には「あいまいさを減少させるメッセージ」として、量的にはあいまいさ（確率）の対数として定義されている。例えばサイコロを振って出る目数は確率 1/6(0.16) で、これを知らせる情報は -log0.16=2.6bit である。しかしここでは情報を物理量としてではなく「知識（intelligence)」と「知らせる（information)」として、つまり人にとっての意味的な面から見て、情報の具体的な効用と形態の変遷を、産業革命以前、産業革命時代、ICT 時代、に分けて整理する。また労働によって生み出された情報は、大別すれば、物質的なモノ、知的生産物、低エントロピー、として結実するので、それが

生産物としてどのような形態をとるのかを図１にＡ～Ｅで示す。

産業革命以前の情報には次のようなものがある。

第１は「知らせる情報」である。例えば、川の近くに敵がいる、あの山に獲物がいる、隣の村まで歩いて半日かかる、私はそれには反対だ、私はあなたが好きだ、など世界の状態や意見や感情を「知らせる情報」がある。これらの情報は言語（声や文字や絵）や身振りで、体外で実体化され他者に伝えられ、共同体の内部でのコミュニケーション手段として分業、分担、協調などを実現する。

第２は「モノの形状情報」である。例えば､脳で考えられた「モノの形状」が材料の形状や属性として物質的モノに埋め込まれて、食器や道具など有用なモノが作られる。「モノづくり」は知識情報のモノへの固定である。

第３は「道具の使い方情報」である。例えば、ノミ、カンナ、のこぎりなど道具の使い方は「技」として労働力を構成する要素の一つであり、産業革命以前は技と道具は一体となって生産力を担う中心であった。「技」は時間と費用を使って身体内に作られた情報財であり、物質的身体と協調して労働力としての効用を生む。ただし、技は道具と人に固着した財であり、それ自体は独立した商品として売買されることはなかった。

産業革命以後の情報には次のようなものがある。

第１は「知的生産物として体系化された知識情報」である。例えば、アルキメデスの浮力、三角測量法、多桁の加減乗除法、引力の法則、鉄の製法、作物の栽培法、３６５日で１年、などは人の活動によって得られた「知識」である。マルクスの『資本論』では、「科学法則は発見されてしまえば以後は費用のかからない生産力である」（マルクス .1867: 訳 407）と捉えていた。科学法則を無形の知的生産物とする認識の一歩手前にいた。知識はその後、科学として体系化され、使っても減らない生産力要素として機能するようになった。知識は書物となって、モノとして売買できる商品となり、知識を教える行為は「サービス」商品となった。

第２は「機械やモノに組み込まれた知識情報」である。科学法則など科学的知識を使って機械を作り、19 世紀産業革命の機械制大工業の発展がもたらされた。マニュファクチュア時代は身体内にあった「道具の使い方情報＝技」が、機械の構造として、機械の中へ埋め込まれた。機械を使ったモノづくりは「道具と技によるモノの加工」から変容した。例えば、光学計算により「レンズの形状情報」を得ることと、工作機械による「物質材の加工」、とに分化して発展した。これは、情報生産と物質生産への分化であり、今日まで続くモノづくりの基本である。

第３は「エントロピーを低下させる情報」である。エントロピーとは無秩序さの度合いを現す物理量で、エントロピーは無秩序なほど大きく、秩序があれば小さい。例えば、清掃整理された部屋、整えられた髪、仕立てられた服地、気温の分離による冷暖房、意思統一された集団、など秩序ある状態は低エントロピーであり、人や組織にとって有用な場合が多い。エントロピーを低下させるには労働を要し、放置すれば、高エントロピー化し、乱雑化、無秩序化する。無秩序な状態を秩序ある状態にすることは情報を与えることと等価である。『資本論』の時代には、「情報」と「エントロピー」の概念はなかったので、物質的なモノに結実しない労働は物理的な意味があいまいなまま「サービス労働」と扱われていた。ただし、エントロピーの高低に関しては、エネルギー生産は上記の逆で、低エントロピー資源の高エントロピー化によって有用エネルギーを得ている。石油と空気は地球が太陽エネルギーを受けて生成した低エントロピー資源であり、これを燃焼（高エントロピー化）させて熱と動力を得ている。

ICT（情報通信技術）革命以後の情報はつぎのように変容した。

第１は「知識情報として機械から分離し独立した」ことである。機械の構造として埋め込まれていた知識が機械の外にプログラムとして分離、独立して、知識はプログラムとして外から機械を制御するようになった。モノの有用性を、モノの形状や属性によらず、コンピュータとプログラムで実現させたのが、今日のICT革命である。ゼンマイやバネや水銀を使わない時計や秤や温度計が生まれた。機械からの知識の分離と独立が、産業革命時代の機械とICT機械の分水嶺である。プログラムは、非物質的な財であることを意味する「ソフトウエア」として、物質的な機械「ハードウエア」と区別される独立した生産物となり、さらに機械を制御するプログラムは、音楽や映像や文字までを含む広く一般的な情報＝知的生産物として格上げされた。

第２は、情報はインターネット上で生産、循環し、インターネットの外で物質的モノに埋め込まれる。機械から分離された情報は生産から利用までの全過程がインターネット上で機能する。情報は原材料としてインターネットから生産者にダウンロードされ、加工（生産）され、知的生産物としてインターネットにアップロードされ、別の生産の原材料として使われ、循環する。インターネット上では情報は非物質のまま、すり減ることなく集積、結合、伝搬、拡散し、価値を増大させながら循環し、必要に応じて情報財として利用される。また、インターネットの外で物質的モノづくりにおける設計情報として利用される。

第３は、上記１，２の条件を使いこなすことで得られるメリットは巨大だが、これをオポチュニティとして享受できるものと、できないものとのあいだで格差が拡大している。これをデジタルデバイドと呼んでいる。

図１：生産物としての情報の形態A～E

A:モノの形状：モノに埋め込まれモノの形状を規定する静的情報。
B:コンピュータプログラム：モノの動作を規定する動的情報。
C:モノ抜きの純粋情報：A,B,Dで実体化する以前の知的生産物。
D:人の身体の実演：パフォーマンスによる情報の実体化
E:エントロピー財：清掃／冷暖房／美容／ゴミの分別労働に物理的意味を与える。
生産物の有機的構成は→　【情報】＋【物質】
労働の有機的構成は→　【j：情報の生産】＋【r：物質への情報の埋め込み】
具体例は↓
A:メガネ：【光学で計算された形状情報】＋【ガラスの形状加工】
A:書物：【言語、図形情報】＋【紙面にインクで文字情報を印字】
B:電子ブック：【言語、図形情報】＋【画素単位で半固定的に発光表示】
B:ＩＴ機器：【プログラム】＋【コンピュータ動作によって効用を生成】
C:純粋情報：【算法、知識、文学、理論】＋【広義の言語表現、物質的モノから独立】
D:パフォーマンス【音楽、踊り、落語】＋【人の身体実演による情報の実体化】
E:エントロピー財【秩序化＝情報の付加】＋【清掃などエントロピーの減少】

注：情報の産出形態の分類であって、農水林鉱産物は含まれていない。

出所：筆者作成

1-2. 経済面から見た情報の本質

情報は物質なのか、そうでないのか、分けても使っても減らない特異な性質はどこから生じているのか。ここでは経済的な面から見た、情報財の本質と考えられる非物質性と非所有性について述べる。

第１は情報の非物質性である。情報は、ハードディスクの磁化パターン、脳細胞の活動パターン、空気振動のパターンとしての音声、踊りなど身振り手振り、書物や壁画の文字や図形、コップや皿など、モノの形状、モノやエネルギーのパターンとして存在している。物質とエネルギーは常にパターンを持って存在し、パターンに担われているのが情報である。情報は物質から離れては存在できないが特定の物質には固着せず､物質から物質を渡り歩く、情報の本質は非物質性にあると言える。情報は物質であると言い切るとこの両面性を見落とす。ガラスのコップで言えば、ガラスのコップは「ガラスの粒子＝物質」と「粒子の位置情報＝物質のパターン」の統一物で、これはアリストテレスの「質料と形相」概念の今日的適用である。物質は情報を負荷し、情報は物質に負荷され、両者は不可分だが、物質と情報の統合は特定な値に限らない。つまりガラスでないコップ、コップでないガラスがある。そしてガラス粒子に与える位置情報によって、ガラスはコップや皿になり、コップを割ると粒子の位置情報が失われて非コップのガラスとなる。これをモノづくりの面から見れば、物質の形態変化としてのモノづくりは実は物質への情報の埋め込みであり、物質的モノとは設計情報を埋め込まれた物質的構築物である。

第２は情報の非所有性である。情報は利用しても減らない。それゆえ、情報は使っても、分けても効用が減らない財で、言い換えれば「所有」に物理的基盤を持たない、所有なき財と言える。例えば高さや距離を知る三角測量法は情報財で文字や図や音声で実体化していなければ他者は利用できないけれど、他者が何回使っても効用は減らない。所有と効用が分離した、非ゼロサム的な財である。これと対照的に例えばリンゴなどの物質財は分ければ、食べれば減り、所有なしには食べるという効用が得られない。効用が所有に宿る、一人の取り分のプラスが他者の取り分のマイナスになる、ゼロサム的な財である。資本主義は生産された財の交換と分配に一定の合理性を持った仕組みで、これは財の物質性によっているのだが、基本的人権はじめ社会全体が財の「所有」を介して関係づけられている。一方、情報財は所有なき、非ゼロサム財で、資本主義の合理性とは整合的でない財であると言える。

2. インターネット

インターネットは情報通信システムとしては「電話」の量的拡大に過ぎないけれど、ICT 革命による量と質の革命的発展が情報網としての万能性をもたらした。情報化が進む以前の経済社会は物質的財の生産から消費までを担い、原材料と生産物の運搬、生産手段としての機械、それらを設置する工場、多数の労働者など、物質的財の生産から消費までの全過程が物質･エネルギー的資源によって構成され機能していた。ICT 革命後、効用の源泉の多くが物質的なモノから情報にシフトし、生産から消費までの場が旧来のモノづくり世界からインターネットに移った。インターネットの構造と経済的社会的な機能を概観し、インターネットが「情報の平等」に適合的で、これを推進する環境であることを考察する。

図2：インターネット：中心をもたない巨大な通信ネットワーク

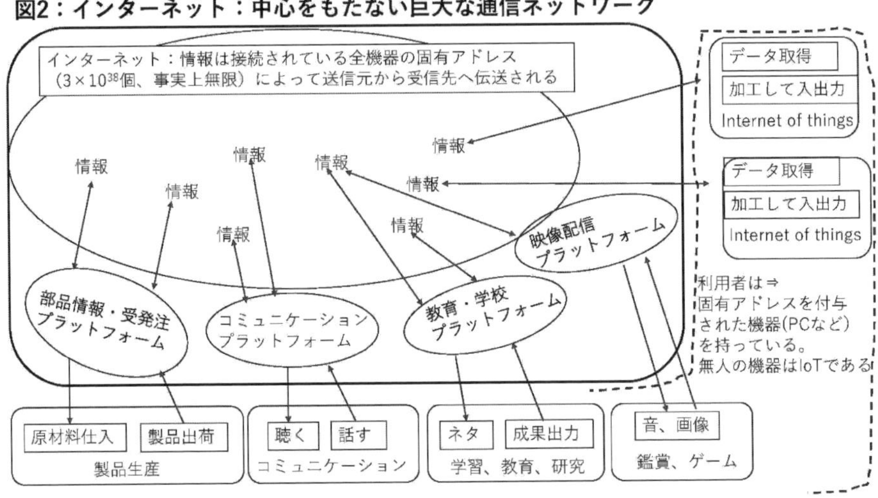

図３：情報はインターネットで生産され、工場で物質化される
⇒二つの生産過程が分離

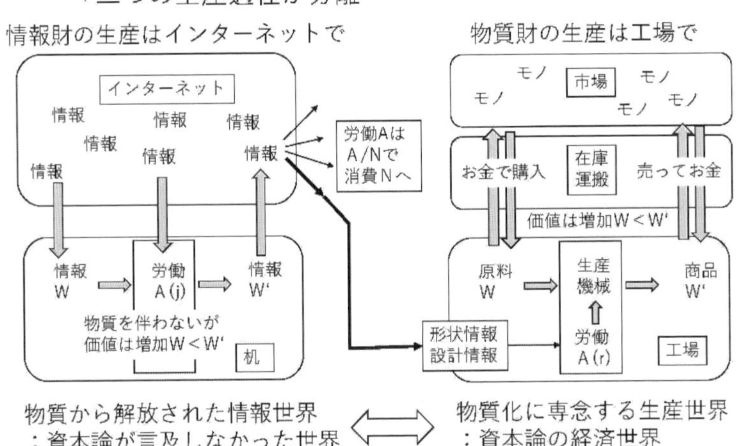

出所：筆者作成

2-1. インターネットとは

インターネットは接続されている機器間を各機器に付与された固有アドレス（3×10^{38} 個、事実上無限）によって送信元から受信先へ情報を伝送するネットワークであり、全体を管理する中央機関が存在しないので限界のない増殖可能性と開放性を持ち、全世界を包み込むほどに巨大化している。インターネットは中心を持たない点で市場と相似的である。図２はネットワーク内を情報が機器から機器へ伝送される様子を示し、生産者や消費者など利用者はインターネットに接続された機器（パソコンなど）を介してインターネット内の情報を送受信する。生産者は生産した情報をインターネットに送信(アップロード）し、消費者は利用する情報を手元に受信（ダウンロード）する。どちらも物質の移動を伴わない情報の伝送である。図３はその一部を取り出して、インターネットでの情報の生産とインターネットの外の工場での物質財の生産との関係を示している。

インターネットは情報財の生産から流通、消費までの全過程の物理的基盤（土台）として機能している。これは、マルクスが『資本論』において、物質的財の生産から流通までの経済過程を社会の物質的土台として捉えていたことと相似的である。したがって、ここではいくつかの論点を資本論の論理と対比させて考察してみよう。その意義はこうである。現代社会は資本論の論理が貫かれている面と、資本論が言及していなかった面がある。資本主義の終焉は前者で説明できるが、終焉後の社会は後者の中に我々自身が見出さねばならない。インターネットの考察は後者の具体例である。

第１に、インターネットは情報生産における共有の生産手段である。インターネットはミリ秒単位で各利用が分割利用する共有の生産手段である。生産者は分割された自分の利用時間を集積して一つの生産を完結する。生産手段の時間的な分割利用は工場の機械なら年単位、工具なら時間単位だがインターネットは千分の一秒単位での分割利用であり、個人所有の自由さと個人所有では実現できない巨大な能力を両立させている。生産手段を私的に所有せず、資本がなくても、生産過程の主体となれる。これは生産手段の実質的な平等利用であり、資本の蓄積を経ずに急速に立ち上がるベンチャー企業の駆動力である。資本論で語られている未来社会のイメージである「資本主義的生産は、自身の否定を生み出す……それは私有を再建しはしないが、資本主義時代の成果を基礎とする個人的所有をつくりだす。協業と土地の共同占有と労働そのものによって生産される生産手段の共同占有とを基礎とする個人的所有を再建する」（マルクス .1867: 訳 791）と符合する。「個人的所有の再建」とは生産手段の「物理的な所有」の復活ではなく、「生産主体たる個人の意のままになる関係」の再建と解すれば、疎外からの回復の一つの契機となるのではないかと思われる。また、インターネットは個人や団体などが社会的な関係を維持しつつ自由な運動や活動ができるので、「ネットワークされた個人主義の物質的基盤」（カルテス .2009: 訳 150）とも言われている。

第２に、インターネットにおける情報の実質無料ダウンロードは労働価値説に反しない。生産者は原料としての情報 W をインターネットからダウンロードして仕入れ、加工し、加工に要した労働分の価値Mを付加して生産物 W′（M + W）としてインターネットにアップロードして出荷する。出荷された生産物は情報財だから減らずに分配でき、Ｎ人で利用すれば単価は M／N、１００億円の労働 M を要した製品は１０億人で利用すれば単価１０円となる。労働価値説を適用すれば、これは投げ売りでない合理的な超薄利多売であり、供給側での生産費用の回収（利益）と、需要側での極小化された価格での効用の享受を意味する。極小化された価格は実質的な財の平等分配である。

第３に、インターネットは情報が循環する非物質代謝系である。『資本論』では人と自然の間の物質代謝をすべての生産活動の基盤としてこう述べている。「労働過程は使用価値をつくるための合目的的活動であり、人間の欲望を満足させるための自然的なものの取得であり、人間と自然とのあいだの物質代謝の一般的条件であり､､」（マルクス .1867: 訳 198）。しかし、インターネット上での情報生産は人と自然との物質代謝に位置付けるのは不適切である。インターネット上での情報の循環は、自然からの資源の獲得も自然への廃棄もない非物質代謝過程であり、インターネットがこれを担っている。

第４に、インターネットは物質生産とは別の情報生産を受け持つ（図３）。例えば、マイクロコンピュータチップの生産過程は、設計情報の生産とこれをチップ化する物質化過程からできている。前者はインターネットで生産され、後者の物質化過程に引き渡され、工場において半導体チップとなる。情報の生産とモノづくりがそれぞれインターネットとモノ生産工場に分離されていて、情報生産は物質財による媒介なしの、インターネット上での協業によってなされている。資本論時代は物質財の生産に媒介された協業で、労働者数や労働者の地域的､時間的集中といった物理的制約があったが､インターネット上の協業は物質財に媒介されない、物理的制約から解放された結合労働である。この新しい協業は工場を持たない企業、人間的付き合いを持たない労働、など企業と労働の意味を問い直す契機となるだろう。

2-2. デジタルデバイド

デジタルデバイドは現代社会の新しい社会的分断として、１９９６年ゴア氏が米大統領選挙で情報格差解消のために情報ハイウェイ（インターネット）の構築を訴えた中に使われ、日本では２０００年沖縄サミットで情報格差（デジタル・デバイド）として使われ始めた。デジタルデバイド（digital divide）とはインターネット等の情報通信技術（ICT）を利用できる者と、できない者との間にもたらされる格差である。

デジタルデバイドは技術の急発展によって生じているので、多くのデジタルデバイドは技術の普及につれて解消される、とも言える。しかし、ここをもう少し詳しく見ると、解消される格差と拡大する格差があることが分かる。情報を持っていること自体がメリットとなる場合の格差は技術の普及で解消されるが、情報技術の利用によってメリットを得る場合の格差は、常に新しいデバイドが現れて、解消と拡大が繰り返されることが多い。前者は情報の利用が主に消費過程にある場合であり、後者はそれが生産過程の場合である。

前者は、たとえば、時刻表や地図無しに見知らぬ土地でレストランを利用できるか、できないか、はスマホとアプリの有無により生まれるデジタルデバイドであるが、これはスマホと無料アプリの普及によって、解消される格差である。一般に消費の場でのデジタルデバイドは市場でのデジタル商品の普及によって解消される。

後者は、たとえば、生産過程におけるデバイドである。資本主義社会では、新技術獲得によるデバイドの生成が利潤の源泉になり、「ＩＴ革命に乗り遅れ、そこで生み出されるさまざまなメリットである『デジタル・オポチュニティ』を享受できるものとそうでないものとの間で、新たに生じた格差、又、拡大・強化されてしまった既存の格差を、『デジタル・デバイド』と呼ぶ、、、、デジタル・デバイドとデジタル・オポチュニティはコインの裏表である」（原田.2002:4）、とも言われている。生産過程には資本家と労働者がそれぞれ異なる（むしろ相反する）利害の元に活動していて、デバイドもオポチュニティも互いに異なる。資本家にとって、デジタルデバイドに限らず、デバイドは競争相手を打ち負かす競争手段なので、次々に新しいデバイドを生み出し続ける。これが起業家精神である。一方、新しいデバイドを生むのは労働者であるが、彼らは新しいデバイドに対応できる労働力を維持し続けなければ仕事を失う。したがって資本家とＩＴ技術者の両面を同時に持つ「起業家」が企業をスタートさせることが多い。

以下ではデジタルデバイドを、生産活動、消費活動、コミュニケーションの３つの場に分けて、デジタルデバイド以前のデジタルでないデバイドとも対比して考察する。

第１に情報の生産におけるデジタルデバイドである。まず、労働者にとってのデジタルデバイドについて考える。労働者が生産過程に参加できるか否かのデバイドとは労働力を発揮できるか、できないかの壁のことである。求められる具体的な労働力は時代とともに変化してきた。手工業時代はノミやカンナなどの道具の使い方としての「技」であり、産業革命後は機械と技術の知識であり、ICT 革命後はコンピュータの理解とプログラムの記述や解読の能力であり、今日のインターネット時代ではインターネット世界での情報のやり取り能力であり、この能力の有無がデジタルデバイドである。デジタルデバイドは多層的である。技術の発展につれて低度なデバイドの段差は低下しつつある。人の知的作業を支援するソフトウエア技術の進歩によって、ソフトウエアの専門知識のない労働者でも仕事ができるようになりつつある。例えば新規購入パソコンのインターネットやメールへの接続は専門的知識を持たなくても自動的に完了するようになっている。しかし新しい有用性の開発には、インターネット上の情報資源との高度なやり取りや、コンピュータサイエンスに関する深く広い様々な知識が必要であり、これが高度なデジタルデバイドであり、全体の技術水準の高度化に伴って求められる労働力も日々高度化しつつある。企業にとってデジタルデバイドはどうであろうか。企業は常にデバイドを拡大再生産する動機を持っている。フォードは他社が持っていない自動車の大量生産に必要なノウハウをデバイドとして持っていた。鉄鋼メーカーは高炉をもつことが他社との競争に勝つためのデバイドであった。今日、企業はインターネットを活用し、自らが作り上げた高度な技術にもとづくデジタルデバイドによって新しい事業を始め、発展させることができる。労働者も資本家も絶え間ないデバイドの拡大再生産を強制され続けている。ではデジタルデバイドをデジタル以前のデバイドと分ける根源は何なのか。デジタルデバイドはインターネット上での情報技術をベースにしたデバイドであり、物的モノを介さないデバイドである。それゆえ、企業のスタートアップに工場のような大きな設備や資本を要しない、ガレージでスタートして急速に巨大企業に成長することもまれではない。

第２に情報の消費（利用）におけるデジタルデバイドである。情報の消費とは情報の有用性を享受することである。これに要する費用と時間をインターネット時代と比べてみよう。例えば、演劇や音楽は生演技、生演奏だったのでこれの鑑賞は劇場に限られ、費用と時間に余裕のある貴族階級だけが味わえる、芸術の使用価値の実現であった。劇場での生演奏から放送による中継へ、これにレコードやＣＤやＤＶＤが加わり、さらにインターネットから無制限なコンテンツをスマホから無料に近い低費用で楽しむことができるようになった。芸術を楽しむためのデバイドは大きく低下している。例えば、目的地までの交通機関の乗り換えは分厚い時刻表で運行情報を調べていたけれど、今では目的地をスマホに与えるだけで瞬時に見つけられ、さらに紙のチケット購入なしにスマホによるｅチケット決済で機能する。例えば、百科事典なしに最先端の文化に簡単に接することができる。このように情報の授受によって多くの効用を享受することができ、旧来の多くのデバイドはより段差の低いデジタルデバイドに置き換えられた。

第３に社会的コミュニケーションにおけるデジタルデバイドである。インターネット以前には言論の社会的流通には放送や出版など一定の規模の物質的基盤が必要で、言論世界はこれら物質的基盤の所有者（資本や国家や党）からの社会的距離によって階層化され、これが旧来のデバイドであった。しかしインターネットは言論を物質的制約から解放し、同時に階層をも破壊した。個から社会へ、「個⇒多」のボトムアップ発信の爆発が生まれている。圧倒的多数の受け手とごく一部の発信者で作られていた言論世界が「受け手≒発信者」へ変化しつつある。言論世界の受け手と発信者の階層化デバイドは、より段差の低いデジタルデバイドに置き換えられつつある。しかし言論世界におけるデバイドは物質的基盤においては消滅しつつあるけれど、インターネットの実質的支配者によりつくられたデバイドがある。一つは非民主的国家によるネットの監視と規制で、一つは、GAFA など大企業によるプラットフォーム＝情報流通の非物質的基盤、の独占による世界の支配である。

3. 財としての情報の平等な分配

デジタルデバイドでの格差とは別に、情報そのものの使用価値としての平等な分配について考えてみよう。

財の平等が問題となるのは「財が有限であり」「使えば減る」場合であり、多くは物質・エネルギー的な財である。そうでない場合、例えば権利の平等はどうであろうか。権利それ自体は実体を持った財ではなく社会的な約束であるから有限でもなく、減ることもないが、権利の行使に「有限で、使えば減る」財の消費が伴う場合に平等が問題になる。財は労働によって生産されるのでこう言い換えられる。財の平等は、消費した財の再生産に労働を要する場合に問題となる。序章の「平等とは何か」によれば、様々な平等論も財の消費における効用と、生産における労働のトータルな平等の考慮を背景にしていると思われる。この視点で、つまり財の生産と労働の関係を、情報財について考察する。

3-1. 財の生産と支出される労働の関係

財の生産とそれに使われる労働との関係を二つの場合で考えてみる

第１は、財が純粋な情報と純粋な物質財の場合の比較で、三角測量法とリンゴを例に述べる。

高さや距離を知る三角測量法は情報財で、使っても減らない非ゼロサム的な財であり、リンゴなどの物質財は分ければ、食べれば減るゼロサム的な財である。情報財は一度作られたり発見されれば以後はコピーで済むので、労働の支出は「発見と創造」の時だけだが、リンゴは食べて減った分は再び耕作して収穫しなければならない。つまりゼロサム財は生産における負担と消費のトータルでの平等が考慮されるべきだが、非ゼロサム財は消費が増えても新たな生産は不要なのでそのような考慮は必要ない。分配的正義論と関連させて言えば、情報財は給付者数の増加や、給付回数の増加に対して、どちらも新たな生産労働が不要で、労働の支出は新しい別の情報の生産の場合に限られる。必要に応じて生産し、能力に応じて働き、必要に応じて利用できる財である。ただし物質財での人の生産能力は肉体的制約の範囲内だから産出／時間の差は高々数倍だが、情報財における産出／時間の能力差は数百倍を超えることも珍しくはない。そもそも情報財は産出を数量的に計量することが困難だから、産出に対する負担も労働時間では計量できない。この議論は本論の範囲を超えるのでこれ以上はここでは述べない。三角測量とリンゴはどちらも純粋な情報財 / 物質財なので、両者の中間の一般的な財について次に考えてみる。

第２は財が一般的財の場合の比較で、windows10 ソフトウエアとピラミッ

図４：労働の内訳（一般の財の生産で消費される労働の有機的構成）

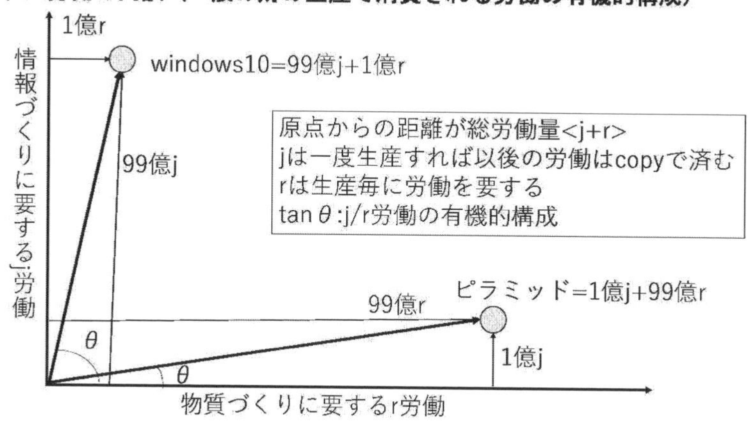

出所：筆者作成

ドを例に述べる。

生産過程を「情報の生産」と「情報の物質への埋め込み＝物質化」の２軸に分ければ、労働はこの二つの組成で構成されていると捉えられる。それぞれに要する労働を縦軸 j（情報の生産に要する労働）と横軸 r（情報の物質化に要する労働）とすれば、生産物１個を作るに要する労働 z は z=j ＋ r と表される。生産量Nでは全労働量は N×z=N×(j+r) となるが情報は一度生産されれば以後労働０でコピーできるので生産毎の労働は不要で j←(N×j) と置き換えられ、生産物１個当たりの労働は z=(j/N)+r になる。結局、情報生産労働はN分の一となって個々の生産物に転化される。図４はこのことをピラミッドと win10 で示している。ピラミッドも win10 も１個作るのに１００億円労働（費用換算）で労働の絶対量は同じとすれば、ピラミッドは何個作っても１個１００億円労働だが、win10 は最初の１００億円だけで、あとは何個でもコピーだからワンクリック１円とすれば１億個作れば１個当たり１０１円労働になる。j/r を労働の有機的構成と呼んで導入すれば、有機的構成の高い労働で生産する財は供給が増加すれば生産物１個に含まれる労働量は供給量に反比例（減少）する。したがって供給側の労働負担を考える場合は、労働の内訳、労働の有機的構成を考慮すべきである。余談だが、労働価値説の適用に当たっては労働の有機的構成を考慮すべきということでもある。

3-2. 情報財と資本主義

上記の考察で情報は原理的に平等を許容する、平等分配でも誰も不利益とならない財であることが分かった。しかし現実社会では情報の利用は不平等で、貧富の格差を生み出す元にもなっている。それはなぜか。情報が本来持っている平等性は資本主義にとっては合理的ではない、「分けても減らない＝非ゼロサム」財からは資本は利潤を得られず、このままでは情報財は資本主義経済の中で役立つ居場所がないからである。だから情報財を「分ければ減る＝ゼロサム」財とするために資本主義は情報財に擬制的所有権として特許など、著作権を与えてきた。特許は公開を条件に独占的使用権を与えるもので「技術の社会性と個の利益の確保」の両立を図るもので、「情報が本来もっている平等性」を「資本主義にとっての合理性」の枠組みの中に埋め込むに当たっての工夫である。資本主義は情報財の生産と社会的利用を発展させてきたけれど、インターネット時代にあってはすでに桎梏ともなっているのである。物質財では必ずしも鮮明ではなかったが、財の生産から分配における資本主義の合理性の限界を問い直す糸口の一つであろう。現代の資本主義でつくられた「情報の不平等」を本来の情報の持っている「情報は平等」に戻す、あるいは近づけるのは資本主義の改革を要するが、同時にそれはポスト資本主義のへ水路ともなるであろう。

3-3. 限界費用ゼロ社会

財が純粋情報の場合は給付量の増大に伴って、単位当たり給付に含まれる労働量は限りなくゼロに近づくことが分かった。これがリフキンの「限界費用ゼロ社会」（リフキン .2015）であり、スマホのアプリの多くが無料なのがこれである。供給側に換算した生産物当たりの労働量が限りなくゼロに近づけばベーシックインカムなど需要側での費用補償なしに無制限のサービスを受けられる。費用補償なしの、真に平等な財の当然な分配である。労働の有機的構成の高い財ほどこの傾向が強まる。さらにリフキンは労働量が限りなくゼロに近づいた生産物は資本主義が制御することができず、資本主義は自らの発展によって自らの存在基盤を掘り崩していると述べている。これは資本論での歴史認識の現代版であり、ＡＩによってこれは近未来の視野に入りつつある。

3-4. 貧しい平等と豊かな平等

今日の社会の情報化やサービス化は現代の生産力が人間欲望を吸収する財を物質財から非物質財にシフトすることを可能にしたことで現れた現象である。多くの未来社会論では0成長を条件として語られることが多いが、それは「自然との物質代謝＝自然からの／への収奪と廃棄」が地球の有限性に触れるからである。しかし0成長は地球環境にとっては望ましいけれど、人間自身の存在意義とも抵触するかもしれないので慎重に考えるべきである。一方、情報財は自然との物質代謝なしに人間欲望を吸収でき、自然からの／への収奪と廃棄が格段に少ないので、物質代謝は人間の生物学的生存に必要な最低ラインに限定し、それを超える欲望と成長は非物質代謝が引き受ける選択も環境問題への解決となりうるし、現代社会はこの選択を可能にしている。しかしこれは人と自然との距離を遠くするもので、それはそれで慎重であるべきだが、未来社会イコール0成長を選択する前に、「人間の自由な発展、解放は物的基礎の上に」を「人間の自由な発展、解放は自然との物質代謝の最小限化と非物質代謝の最大限化で」と修正して検討する余地があるのではないか。物質的資源は有限で、ゼロサムなので、豊かな平等はありえないけれど、情報的資源による効用は資源的制約がないので、豊かな平等をもたらす可能性がある。

3-5. コピーレフト運動：

資本による情報財の囲い込みへの反逆と、情報を生産する労働者の権利の擁護、の両面からコピーレフト運動が生まれている。資本家の「利益を生む資本としての著作権」ではない、生産手段を持たない生産者が「自分の労働によって生産した生産物に関わる」権利である。知的生産物は大がかりな生産手段なしにでも生産できるので、その面では、著作権から大きな利益を回収する必要はない。知的生産物の生産者の権利として、利用者に「あなたはこれを自由に使ってよろしい、ただしこれを使ってあなたが作った作品は他者へのコピーを禁止してはイケナイ」と強制する、所有権の放棄でない、ある意味でより強い権利の主張がある。これが積極的に「コピー禁止の自由を制限する」、コピーレフト copy left (all rights reserved の right の逆で left) と呼ばれている著作権で、「使っても減らない」「共有により効用が増幅される」情報財の合理的で積極的な共有ルールである。

おわりに

本章では財としての情報の平等について、平等を好ましいこととして、これを推進するものと抑圧するものを主な論点として検討し、あわせてこの検討に必要な「情報」の原理的な考察も行った。次のことが分かった。

第１に、情報が持つ性質、「使っても分けても減らない」と「共有により効用が増幅される」は、情報の非物質性と非所有性によっていて、それゆえ情報は本質的に平等と相性が良く、共有に積極的な合理性を持っている。

第２に、資本主義は物質財の所有を基礎に、「所有が利益を生み、利益が所有を拡大する」ことに合理性を持つ経済として発展してきた。したがって情報を「分ければ減る」財として擬制的所有権を与えて、資本主義の枠内に留める工夫と抵抗をしてきた。

第３に、インターネットは情報財に適合的な物理的構造であり、資本主義経済は物質財に適合な経済的構造である。両構造はもはや互いに合理的ではなくなっている。

第４に、インターネットの発展によって、GAFA など ICT 巨大企業は物質的財の所有の独占から情報の独占へ支配の手段と対象をシフトさせて世界支配を競っている。

インターネットを誰が、どのように支配するかが情報化の発展を格差、貧困、差別、支配の拡大に使わず不平等と不幸な格差の解消に向かわせるためのカギである。同時にそれは資本主義の根本治療に、終焉後の世界につながると思われる。

【参考文献】
木村忠正 2001『デジタルデバイドとは何か』岩波書店
C＆C振興財団 2002『デジタルデバイドー構造と課題』ＮＴＴ出版
ドラッカー 2007『ポスト資本主義社会』ダイヤモンド社
野口悠紀雄 1974『情報の経済理論』東洋経済新報
マニュエル・カステル 2009『インターネトの銀河系』東信堂
マルクス 1980『1861-1863 草稿抄：機械についての断章』大月書店
マルクス 1972『資本論』大月書店
三田宗介 1996『現代社会の理論』岩波新書
メイソン 2017『ポストキャピタリズム』東洋経済新報
吉田民人 2006『情報社会学会誌 Vol.1 No.1 2006』情報社会学会
リフキン 2015『限界費用ゼロ社会』ＮＨＫ出版

第16章　責任と平等
——帰結引き受け責任と行為者性行使責任

阿部　崇史

〔要旨〕

本章では、選択責任を組み込んだ運の平等主義を、従来とは異なる選択責任の構想を用いて再構築する。第１節では、従来の運の平等主義が組み込んできた選択責任の観念が、帰結引き受け責任であることを示す。第２節では、運の平等主義が応答すべき課題として、不運に基づく不利益を事後的に是正することに終始し、人々に開かれている選択肢集合の質を軽視しているという、是正の原理批判を提示する。第３節では、自律基底的運の平等主義という立場から、この是正の原理批判に応答する。この立場は、行為者性行使責任、すなわち、自らの選択によって生き方を左右する責任を、選択責任の構想として採用する。第４節ではこの自律基底的運の平等主義に基づき、制度的運の平等主義というアプローチと、リスクに対する補償というアプローチとを、併用した社会制度を構築すべきことを論じる。

はじめに　—平等と選択責任

現代における平等主義の社会構想は、選択責任という契機を取り込みつつ議論を展開することを、要請されてきた。その背景には、直接的に結果をより平等化しようとする単純な平等主義の哲学や現実の福祉国家に対して、無責任批判と呼ばれる課題が突きつけられたという経緯がある。無責任批判とはすなわち、人々が行った選択を反映せずに結果を平等化してしまえば、選択への権限と責任がないがしろにされるという批判である[(1)]。例えば、仕事を怠ける選択をしたが故に失業した人に対して、勤勉に働いた人が払った税金から福祉給付を行うとしよう[(2)]。無責任批判によれば、このような平等主義あるいは福祉国家の政策は、選択責任を無視した不公正なものである。そこで平等主義の側は、このような批判に応答する理論として、運の平等主義（luck egalitarianism）と呼ばれる、選択責任を尊重する立場を提示するようになった。

運の平等主義には様々な立場が存在するが、その基本的議論は以下のようなものである[(3)]。すなわち、一方で選択に基づく帰結に対しては、人々が責任を負うべきである。他方でどのような家庭に生まれるかといったコントロールできない社会的属性や、怪我や病気といったリスクの現実化など、運に基づく帰結に対しては人々の責任を問うことはできない。したがって一方で、選択の帰結を人々は引き受けるべきである。他方で、リスクなどの運に基づく不利益に対しては、再分配などによる補償を行うべきである。これが運の平等主義が提示する議論である。この運の平等主義に依拠すれば、無責任批判に応答することが可能である。なぜならば、先に提示した仕事を怠けたがために失業した人のような事例においては、その人が被る不平等を不公正ではないと判断できるからである。他方でこの運の平等主義は、福祉国家を規範的に下支えする理論を提供しうる。なぜならば、選択責任を問うことができないような失業や病気のリスクに対しては、その現実化による不平等を不公正であると捉え、補償などの対処を要請するからである。

しかしこの運の平等主義に対しては、関係論的平等主義と呼ばれる平等主義の構想から、是正の原理を提示しているにすぎない、という強力な批判が提示されている。この批判によれば、社会正義が関心を向けるべき問題は本来、人々が選択を行う際の背景的条件や、人々が有する選択肢集合の質である[(4)]。ところが運の平等主義は、人々が有する選択肢集合の質を確保することを軽視し、不運に基づく不利益を補償によって事後的に是正することに終始している。このような是正の原理批判に対して本章では、行為者性行使責任という、未来の選択に対する責任を尊重し、それ故に人々が有する選択肢集合の質に着目する立場として、運の平等主義を再構築する。

1. 運の平等主義と帰結引き受け責任としての選択責任

第1節では、先ほど簡単に説明した運の平等主義という立場を定式化して、この立場が有する特徴を示す。まず基本的な定式を示せば、運の平等主義とは以下のような立場である[(5)]。

> 運の平等主義：人々は自らの選択に対する責任を負うべきである。それ故に、各人が行った選択を反映した不平等は、不公正とは言えない。対して、運の影響に対しては人々の責任を問うことはできず、人々は不運の影響か

ら保護されるべきである。それ故に、運に基づく不平等に対しては、それを不公正であると捉え、補償による是正を行うべきである。

このように定式化した場合、運の平等主義は以下の３つの主張をその中心的特徴とする。まず第１に、最も重要な特徴として、帰結引き受け責任という意味での選択責任を導入している。つまり、選択がもたらす帰結がよいものであろうと悪いものであろうと、その帰結を自ら引き受けることが、選択責任の要請であると捉えているのである[(6)]。例えばサラという人物が、趣味のバンド活動を優先するために、就労時間が短く休みを取りやすい仕事を自ら選んだとしよう。サラが選んだ仕事は柔軟な働き方を可能とする一方で、この仕事によって受け取る報酬はあまり高くなかった。その結果としてサラは、あまり裕福な生活を送ることができなくなったとしよう。このようなケースにおいて運の平等主義は、この仕事を選択することの帰結、すなわち少ない報酬で生活を行わなければならないという帰結を、引き受けるように要請する。そしてそれ故に運の平等主義は、帰結引き受け責任を反映した不平等に関しては、これを不公正ではないと考えるのである。

次に第２の特徴として、運に基づく帰結に対しては、その帰結を引き受ける責任を負わせることはできないと、運の平等主義は論じる。ここでいう運という観念はテクニカルタームであり、個人にとってコントロールできない事柄を意味する。具体的には、次の２つのものが運という観念によって指し示されている。第１に、事故・病気・失業といった不利益のリスクである。この中には、例えば遺伝的な病気のように、各人の選択とは関係なく発生するリスクが含まれる。あるいは、例えば事故のリスクを伴うスキーという趣味を選択した場合など、選択した活動に付随して生じるリスクも存在する。運の平等主義は、これらのリスクが現実化した場合の不利益は人々の選択がもたらした帰結ではないと考え、その不利益を引き受ける責任を否定する[(7)]。そしてそれ故に、リスクの現実化によって生じる不平等を、不公正なものと捉えるのである。第２に運という観念は、どのような家庭に生まれるかという、個人に関する偶然的な属性のことをも指し示す。ここでいう偶然的な属性とは、本人の選択やコントロールによらず個人が有している、身体的・精神的・社会的な性質や特徴を意味する。例えば、裕福な家庭に生まれてよい教育を受けたジョージという人物と、裕福ではない家庭に生まれてよい教育を受けられなかったメグという人物がいるとする。いま仮に、ジョージが高い報酬を得られる職に就き、メグが低い報酬しか得られない職に就いたとしよう。このとき、ジョージとメグとの間に存在する不平等は運に基づく帰結であり不公正であると、運の平等主義は考えるのである。

第3の特徴として、平等主義に基づく社会が行うべき政策として、不運の影響から人々を保護することを要請する。このような不運の影響からの保護として典型的なものが、不運の影響に基づく不利益に対して補償を行うことである。例えば、ケントという人物が交通事故によって足に怪我を負い、適切な治療なしでは歩行困難になってしまうとしよう。このとき運の平等主義は、交通事故という不運によってケントが負った怪我を治療し、ケントが被る不利益をできる限り緩和しようとする。あるいは先のメグのように充分な教育を受けられず貧困に陥った人に対しては、充分な生活を送れるような金銭補助をしたり、職に就くための職業訓練を提供したりすることを、運の平等主義は要請する。このように運の平等主義は、交通事故に遭うリスクの現実化や、充分な教育を受けられない家庭に生まれるという偶然的な属性、これらがもたらす不平等を是正するために、不利益に対する補償を行う。

以上で説明した特徴によって運の平等主義は、以下のような意義を有すると言えるだろう。それは、一方で選択に基づく不平等は不公正ではないと論じることで、単純な平等主義とは異なり、選択責任を反映した形で公正な社会のあり方を判断することができる。それによって、冒頭で提示したような無責任批判への応答が可能となっている。他方で運の平等主義は、運の影響によって生じた不平等や不利益を不公正だと捉えることによって、福祉国家的な政策を正当化することができる。つまり、選択責任を重視したとしてもなお、公正さの観点から対処すべき、運ないしリスクに基づく不平等や不利益が存在する、ということを指摘できるのである。これは、福祉国家がさまざまなリスクから人々を守る政策を展開してきたことに鑑みれば、福祉国家に対する強力な哲学的擁護になると言えるだろう。

2. 関係論的平等主義による是正の原理批判

以上のような運の平等主義の議論に対してはしかし、関係論的平等主義(relational egalitarianism)と呼ばれる立場から、いくつかの批判が提示されている[(8)]。ここでは、是正の原理批判と呼ぶべき議論を扱い、関係論的平等主義が提示する積極的な主張やその他の批判に関しては、註での説明や別稿に譲る[9]。運の平等主義が是正の原理にすぎないという批判は、論者によって細かな差異があるものの、基本的には以下のような議論である（Freeman 2007: 132-135; Scheffler 2010:193-203; Young 2011: 27-41）。関係論的平等主義によれば、社会正義の要請は本来、人々が選択を行う際の背景的条件に目を向けるべきである[10]。すなわち、人々に開かれた選択肢集合の質に大きな影響を与える、社会の法的制度や社会的実践（両方をあわせて社会構造と呼ぶ）こそを、社会正義の原理は統制すべきである。ところが運の平等主義は、既存の社会構造において存在する選択肢集合を前提にする。その上で、人々に帰結引き受け責任を問い、不運に基づく不利益への補償のみを社会正義の要請であると捉える。それ故に運の平等主義は、発生してしまった不利益を事後的に補償するだけの、是正の原理 (principle of redress) に留まっている。このような是正の原理批判を理解するために、以下のような事例を想定してほしい。

> 強固なジェンダー分業社会における選択肢集合の例：エリカという女性は、強固なジェンダー分業が存在する社会に住んでいる。エリカは大学において非常に優秀な成績を収め、子どもの頃からの夢であった建築士になろうと考えた。しかしエリカが住む社会の慣習では、女性が子どもを育てることが自明視されていたため、保育園や育児休暇制度などが整備されていなかった。それ故に、仮にエリカが子どもを持つという選択をした場合、エリカは子育てと建築士の仕事を両立することができず、仕事を辞めざるを得ないことが明らかであった。さらに、エリカが住む社会の慣習では、女性の建築士は男性の建築士に比べると重要な仕事を担うことができず、また同じ仕事をしたとしても報酬を低く抑えられてしまっていた。

この事例においてエリカは、女性であるという自己の選択によらない偶然的な属性に基づいて、選択肢集合の質を低下させられるという不正を被っている。このような選択肢集合の質の低下は、２つの要素によって説明できる。第１にエリカは、子どもを育てながら建築士として働き続けるという選択肢を、そもそも奪われてしまっている。それ故にエリカに開かれた選択肢集合は、適切な幅を有していない。第２にエリカは、確かに建築士として働くという選択肢自体は有しているが、女性が建築士として働くという選択肢に対して、男性よりも重要でない仕事しか担えないという、不公正な帰結が割り当てられている。これはつまり、建築士として働くというエリカに開かれた選択肢が、適切な帰結を伴っていないことを意味する。

是正の原理批判に基づけば、運の平等主義はこのような不正に対してどのような対応をするのだろうか。まず第１に、仮にエリカが子どもを持つ選択をした場合、エリカが自ら子どもを持つ選択をしたことに着目して、仕事を辞めざるを得ないという帰結を、エリカが引き受けるように要請する。そしてその上で、仕事を辞めることによってエリカが被った不利益、例えば仕事を辞めたことによる金銭的不利益などを、補償するに留まる。第２に、エリカが重要な仕事を担えないことや、エリカが受け取る報酬が低く抑えられることに対しても、金銭的な補償を行うだろう。すなわち、男性が重要な仕事を担った場合に得られる報酬と同じ金銭をエリカに与えたり、あるいはエリカが望むような仕事をこなせなかったことによる精神的損害に対して補償を行ったりするだろう。なぜならば、エリカが被った不利益は、女性であるか男性であるかという、建築士として働くという選択にとって恣意的な属性に基づく不利益であるため、運の平等主義はこれらの不利益に対して補償を行うのである。

しかし、これらの対応は適切ではない、というのが是正の原理批判の趣旨である。まず第１の対応に関しては、仕事を辞めざるを得ないという帰結をエリカに引き受けさせることが､そもそも適切ではない。そうではなく､ジェンダー分業という社会的実践・慣習を変革することで、子どもを育てつつ建築士として働くという選択肢を確保すべきだと、関係論的平等主義の論者は主張するのである。そうでなければ、エリカが有する選択肢の幅が不公正に狭められているという不正を、解消することはできない。次に第２の対応に関しては、確かに補償によってエリカは、不利益を埋め合わせるような金銭を得ることができるだろう。しかしエリカは依然として、自分が担いたいと思うような重要な仕事を担当することができない。また、自らの仕事を適切に評価される形で報酬を得ることもできない。このように、選択肢の次元において被った不利益に対して、結果的に得られる利益という次元で補償を行ったとしても、適切な選択肢集合それ自体を実現することにはならないのである[(11)]。

3. 自律基底的運の平等主義と行為者性行使責任としての選択責任

事後的に補償を行う是正の原理に留まっているという批判に対して、運の平等主義はどのように応答することができるだろうか？　ここでは、帰結を引き受ける要請という意味での選択責任とは異なる、自律的行為者性を行使する責任という意味での選択責任をも尊重する立場として、運の平等主義を再構築する。そしてそれにより、是正の原理批判に対する応答を行う。

運の平等主義の立場はまず、デレク・パーフィットの議論を引き継ぎ、目的論的平等主義 (telic egalitarianism) の形態と義務論的平等主義 (deontic egalitarianism) の形態とに大きく区分することができる (Lippert-Rasmussen 2016: Ch. 5)。この２つの形態の平等主義が有する根本的な相違は、どのような平等がなぜ要請されるのかを論じる際の、議論を正当化する仕方に存在する。そして､具体的な立場もこの正当化の相違によって大きく異なってくる。そのため運の平等主義の立場を評価する際にも、この２つの形態を区別することが重要となる。

まず目的論的運の平等主義は、特定の結果状態 (end-state) ないし事態 (state of affairs) が、それ自体として公正あるいは不公正であると論じる。具体的には、人々が結果的に得る利益が、帰結を引き受ける要請としての選択責任のみを反映し、運の影響を反映していない場合に、そのような結果状態が公正さを満たしていると考える。したがって目的論的運の平等主義に依拠する場合、適切な選択肢集合の中から選択を行うこと自体は必ずしも重要ではない。それ故に、結果的に得られる利益という次元において充分な補償が存在すれば、選択肢集合の次元における不正を解消できると捉えるのである。先のエリカのケースを例にとれば、エリカが重要な仕事を担えないという選択肢集合の次元における不利益を被っている場合でも、その仕事で得られたであろう利益やその仕事を担えなかったことによる精神的損害などを結果的利益の次元で事後的に補償すれば、それで公正な事態が達成されると捉えるようになってしまう。つまり、結果的に得る利益の公正さに着目する目的論的運の平等主義の特徴が、是正の原理批判を招いてしまうのである。

これに対して義務論的運の平等主義は、人格を平等に尊重する義務という、直接には結果状態ないし事態に着目してはいない義務に依拠して、運の平等主義を構築する立場である。この立場は、尊重されるべき人格の特徴をどのように捉えるのかによって、異なる議論を提示しうる。ここでは、人格を自

律的行為者 (autonomous agent) として捉える、自律基底的運の平等主義という立場を提示する。自律的行為者とは、自らの選択によって生き方を選択する責任を有する人格であり、リベラリズムによる代表的な人格の捉え方である(12)。この人格観によれば、自らの生き方や自らが置かれる状況を自律的選択によって左右することが、各人に課された選択責任となる。このような選択責任をここでは、行為者性行使責任と呼ぶことにする。なぜならばこの選択責任は、自律的行為者としての性質を発揮する責任だからである。

ここで、自らの選択によって生き方を決定していくことは、確かに人々が関心を向けることであり、人々が有する権限である。だが、これを選択責任という観念で説明することには、違和感を覚えるかもしれない。しかしそれは選択責任という観念を、すでに行った選択への過去志向的な責任として捉えているからである。選択責任という観念にはそれに加えて、他者の指示ではなく自らの判断で適切な選択を行う責任という、未来志向的な側面も存在するのである。例えばリサという女性が、新しい商品を展開するプロジェクトに対する責任者を務めていたとしよう。このときリサは、確かにこのプロジェクトが失敗した場合に、その帰結に対する責任をとって降格人事を受け入れることを要請されるかもしれない。しかし同時にリサは、このプロジェクトに関して自ら適切な決定を行うという、未来志向的な選択責任をも有すると言える。このように、選択責任という観念には、すでに行った選択に対して問われる責任という過去志向的な側面と、これから自らの判断で適切な選択を行うという未来志向的な側面との、両方の側面が含まれているのである。

では、行為者性行使責任という意味での選択責任を尊重する自律基底的運の平等主義は、どのように、帰結を引き受ける要請と、不運から人々を保護する要請とを、正当化するのだろうか？まず帰結引き受け責任が要請されるのは、帰結引き受け責任を満たした結果がそれ自体として公正だからではない。それは、人々が自らの行為者性を発揮して自律的に選択を行う責任を認めるならば、それと表裏一体の要請として、人々が置かれる状況を選択に依存させるべきだからである。次に不運からの保護が要請されるのは、貧困家庭に生まれるという不利な社会的属性や、病気や怪我といったリスクの現実化によって状況を大きく左右される場合、人々は自律的選択によって生き方を形作ることができなくなってしまうからである。つまり、自らの選択によって状況を左右していく行為者性行使責任を実質化するためには、実際に自らの選択によって状況を左右することができる、そのような選択肢集合が存在することが必要となるのである。

このような自律基底的運の平等主義は、エリカが被る不正に対して、以下のようなスタンスをとる。この立場にとって重要なことは、エリカが結果的に得られる利益から不運の影響を除去することではない。そうではなく、エリカが自らの選択で生き方を決めていく、行為者性行使責任を実質的に行使できることである。したがって、女性に対して不利な社会的実践が存在するが故にエリカが有する選択肢集合の質が低下している場合、エリカに適切な選択肢を与えるような対応を直接に要請する。そうでなければエリカの生き方は、エリカ自身の自律的選択ではなく、ジェンダー分業という社会的慣習によって決定されてしまうのである。このように、自律基底的運の平等主義に依拠し、行為者性行使責任という意味での選択責任を尊重するならば、運の平等主義は適切な選択肢集合を実現することに重要性を見いだし、是正の原理批判を乗り越えることができるのである(13)。

4. 自律基底的運の平等主義による社会構想

それでは、行為者性行使責任を尊重する自律基底的運の平等主義は、どのようなアプローチに基づいて、人々が有する選択肢集合を不運の影響から保護すべきなのだろうか。ここでは、以下の２つのアプローチを併用すべきことを示す。第１に、制度的運の平等主義というアプローチである。これは、選択に基づかない偶然的な属性が、社会的な不利益へと変換されないように、社会構造を構築する。第２に、人々が直面するリスクの現実化に対して補償を行うことで、人々が有する選択肢集合の質を保つアプローチである。

人々が有する選択肢集合を運の影響から保護するためには、まず、コク―チョウ・タンが提示した制度的運の平等主義というアプローチに依拠することが有効である(14)。タンによれば、社会正義の原理である運の平等主義が目標とすべきことは、「(運の問題としての) 自然的属性を、諸人格に対する実際の社会的利益や不利益へと、諸制度が変換しないようにする」ことである (Tan 2012: 103)。ここでいう自然的属性とは、どのような人種や性別に生まれるかといった、当人が選択することのできない偶然的な属性のことを意味する。タンはこのような自然的属性が、それ自体では人生における人々の機会を決定するものではないと論じる。それは、このような属性に基づいて社会が人々の機会を差別することによって、初めて社会的な不利益が生じるからである。

このようなタンの議論は、先の事例においてエリカが被っている不正の性質とそれに対して取るべき対処とを、適切に説明できる。エリカが女性であることは、確かに選択には基づかない偶然的な属性であり運の問題であると言えるが、しかしそれ自体で何らかの不利益をもたらすものではない。エリカが有する機会や選択肢が不公正なものとなっているのは、女性であるという属性に基づき、社会的実践や慣習がエリカに開かれた選択肢集合の質を低下させているからである。したがって運の平等主義に依拠する場合も、関係論的平等主義と同様に、社会的実践や法的ルールといった、選択の背景となる諸条件に着目すべきである。つまり、エリカが有する選択肢集合が偶然的な属性によって不利益を被らないように、社会構造を構築ないし変革するべきなのである。

またこのような議論は、例えばどのような家庭に生まれるか、あるいはどのようなエスニシティを有するかという、社会的属性に基づく不利益にも適用できる (Tan 2012: 131-132)。あまり教育に熱心ではない家庭に生まれたとしても、それが実際の社会的不利益になるか否かは、どのような教育制度を構築するのかに依存する。あるいは特定のエスニシティに基づく文化を有することが雇用に不利な影響を与えるか否かは、雇用に関する社会的実践に依存するのである。例えば前者の教育の場合、公的な教育が充実していることによって、教育熱心ではない家庭に生まれることの不利益を、低く抑えることができる。

しかし、制度的運の平等主義に依拠するだけでは、人々が有する偶然的属性に付与される不利益にしか対処できない。運の平等主義が伝統的に着目する、怪我や病気といった不利益のリスクに対しては、補償という手段で別途対処する必要がある。これに対しては、是正の原理批判によって補償というアプローチは否定されているという異論があるかもしれない。しかし、運の平等主義が是正の原理に留まっているという批判が否定しているのは、特定の選択肢を奪われていることなど、機会や選択肢集合の次元における不利益を、結果的な利益の次元における事後的な補償で補うことができる、という考え方である。それとは異なり、直接的に不利益という結果をもたらすリスクの問題に対しては、補償アプローチで対処することが依然として有効である。さらに言えば、リスクの現実化に対する補償が存在することは、人々に開かれた選択肢集合の質を不運の影響から保護する効果を持つ。これに対しては、以下のような事例を考えてほしい。

外出して交通事故に遭う事例：スーパーに買い物に出かけたケントは、その途中で自転車と衝突して、足に怪我を負ってしまった。ケントが負った怪我が適切に治療されなかった場合、ケントは１カ月後に行われる草野球の大会に出場することができない。しかし、ケントが負った怪我を充分に治療するためには、高額な医療費が必要であった。

このような事例において、治療のための補償が用意されていることは、ケントの選択肢集合の質を２つの意味で確保する効果を有する。まず第１に、交通事故による怪我に補償が用意されなければ、ケントはそれ以降の生活において充分な質の選択肢集合を有することができない。なぜならば、補償が存在しなかった場合ケントは、趣味である草野球の大会に出場するという選択肢を奪われてしまい、適切な幅の選択肢集合を持てなくなるからである。あるいは怪我の影響によって、買い物などの日常生活上の行動に対して、追加的なコストが課されるようになるかもしれない。したがって、怪我や病気といったリスクに対する補償が用意されることは、リスクの現実化以降に人々が有する選択肢集合の質を保つために不可欠となる。第２に、交通事故による怪我に対して補償が存在しない場合、買い物に行くという選択肢に結びつけられる帰結そのものが悪いものとなってしまう。つまり、ケントが買い物に行くという選択肢に対して、交通事故という不運による怪我の後遺症にさいなまれるという帰結が結びつけられてしまうのである。そこで自律基底的運の平等主義は、不運に基づく不利益というコストをケントが有する選択肢に負わせないように、リスクの現実化に対する補償をあらかじめ用意することになる。

おわりに

最後に結論として、本章で提示された立場を簡単に整理しよう。本章では、選択の帰結を引き受ける責任という意味での選択責任だけではなく、自律的行為者性を行使する責任という意味での選択責任をも尊重する、自律基底的運の平等主義という立場を提示した。この自律基底的運の平等主義は、人々が有する選択肢集合の質を、偶然的な属性に対して制度的に付与される不利益からも、また様々な不利益のリスクからも、保護しようとする。それ故にこの立場は、運の平等主義が是正の原理に留まっているという批判に応答可能な、より魅力的な運の平等主義の社会構想を提示できるのである。

【注】

(1) 平等主義や福祉国家に対する無責任批判の内実、およびそれに対抗する理論として運の平等主義が登場してきたという歴史的経緯、これらに関してはヤシャ・モンクの議論 (Mounk 2017) を参照されたい。ただしモンクは、運の平等主義に対して批判的な立場を取っている。なお無責任批判としてくくられる議論には、現実政治における保守派の言説 (Cf. Young 2011: Ch. 1) と、哲学上のリバタリアンによる分配パターン批判に起因するもの (Nozick 1974) と、2 種類の異なるものが存在する。

(2) ただしこの例に関しては、後の議論で提示するように、なぜこの人が仕事を怠けたのか、という事情も重要である。例えば、シングルマザーが子育てと仕事を両立しにくい社会環境が存在するとしよう。このとき、利用可能な選択肢が限定されていたが故に、子育てのために仕事を怠けざるを得なかった可能性もある。この場合、後に論じるように、帰結引き受け責任を課すことが適切ではなくなる。

(3) 運の平等主義には様々なバリエーションが存在することを示す議論として、カスパー・リッパート―ラスムセンのものがある (Lippert-Rasmussen 2015)。そこでは様々な論点に関して、運の平等主義が取り得る多様な立場が提示されている。

(4) 本章が用いる選択肢集合の質という観念には、2 つの側面が含まれている。第 1 に、銀行員、警察官、医者、といった複数の職業から選択ができることを意味する、選択肢の幅という側面である。第 2 に、特定の選択肢に伴うコストなどが適切であることを意味する、選択肢に結びつけられる帰結の適切さという側面である。例えば、育児休暇制度を使用することで社内における昇進に悪影響が生じるケースを想定してほしい。このとき、育児休暇制度を使用する選択肢自体は存在するため、選択肢の幅が狭められているとは言えない。しかし、育児休暇制度の使用に対して昇進への悪影響という帰結が結びつけられることによって、このケースでは依然として選択肢集合の質が低下していると考えるべきである。

(5) 代表的な運の平等主義者としては、ジェラルド・コーエン (Cohen 2011) やロナルド・ドゥオーキン (Dworkin 2000; 2011) を挙げることができる。

(6) ここでは責任としての側面に着目するが、選択がもたらすよい帰結を引き受ける場合、それはよい帰結を享受する権限として捉えることもできる。

(7) ただし運の平等主義は、例えば投資やギャンブルにおけるリスクなど、人々が選択した活動の本質的な構成要素となるようなリスクに関しては、人々にその帰結を引き受けさせるべきである。このようなリスクは選択的運と呼ばれ、どのようなリスクを選択的運のカテゴリーに入れるべきかが争われてきた。この問題に関する論争や著者自身の立場に関しては、別稿（阿部 2020c）を参照されたい。

(8) 運の平等主義に対する関係論的平等主義からの批判としては、他に、過酷性批判 (harshness objection) と呼ばれるものが重要である。この批判は、選択や選択に伴うリスクによって貧困や病気などの苦境に陥った人々に対して、運の平等主義が過酷な対応を行ってしまうという批判である（Anderson 1999: 295-302）。この過酷性批判に対しては、それが選択に基づく帰結の領域を過度に拡大していると反論することができる。これに関しては、別稿での議論を参照されたい（阿部 2018; 2020c）。

(9) 関係論的平等主義の積極的な主張は、以下の３つの要素に整理できる。第 1 にこの立場は、平等者からなる社会という理念 (Scheffler 2015) や、諸人格が平等な関係に立つ社会秩序という理念 (Anderson 1999) など、人格間の関係に着目した抽象的な理念を正当化の基礎に据える。第 2 に、従来の平等主義的正義論が着目してきた財の分配に関する平等に加えて、対等な社会関係の実現をも目指す。それは、消極的には人種や性別に基づく差別や排除をなくすことを意味し、積極的には市民として、あるいは経済的協働への参加者として、対等な条件で関わり合うことを意味する (Anderson 1999: 312-313)。第 3 にこの立場は、相互行為そのものに加えて、相互行為により構築され相互行為に影響を与える、社会構造における正義／不正義に着目する (Young 2011: Ch. 1-2; 宮本 2020a)。関係論的平等主義に与する様々な立場を詳細に検討しつつ独自の構想を提示する議論としては、森悠一郎 (森 2019) とリッパート―ラスムセン (Lippert-Rasmussen 2018) の議論を参照されたい。ただし、森やリッパート―ラスムセンによる関係論的平等主義の特徴付けに対しては異論も存在し、本稿における説明は一部その異論に依拠している（阿部 2020a; 2020b; 宮本 2020a）。

(10) 従来の関係論的平等主義の議論に対しては、社会構造の維持・変革を重要視することを、関係論的平等主義が与すべきオルタナティブな責任の観念から正当化してこなかった、という批判もある（宮本 2020b）。宮本によれば関係論的平等主義は、社会構造や背景的条件を維持・変革する責任という、他者に対して果たすべき責任という観念に基づいて、議論を展開すべきである。

(11) このように結果の次元における補償が機会の次元における不正を解消し得ないことは、アレクサンドラ・コウトによる議論など運の平等主義の側からも主張され始めている (Couto 2018)。ただしコウトの議論は、機会すなわち選択肢集合の幅にのみ着目するため、選択肢に割り当てられる帰結における不正を捉え損なっている。

(12) 自律的な選択によって自らの生き方を形作ることを重視する人格観は、リベラルな平等主義に属する複数の論者によって共有されている (Dworkin 2011: Ch.9; Rawls 2001: 18-24; Scanlon 1998: 251-256)。本章で着目する行為者性行使責任にあたるものを基礎に運の平等主義を正当化する試みは、代表的な運の平等主義者であるロナルド・ドゥオーキン (Dworkin 2000; 2011) や、運の平等主義を社会構造に対する構想として捉えるコク―チョウ・タン (Tan 2012: 88-91) の議論によって、萌芽的に行われている。本章の議論は、このような試みをさらに発展させるものである。

(13) ここでは詳しく扱うことができないが、自律基底的平等主義というより広い構想からは、運の平等主義以外の要請も提示される。これに関しては例えば、自らの選択によって貧困などに陥った場合にも、自律的行為者性を保障する原理などが要請される（阿部 2020c)。つまり自律基底的平等主義の社会構想は、運の平等主義と他の原理とを、自律的選択を行う行為者性を基礎に併用する、原理の多元主義に与する。

(14) タン自身が制度的運の平等主義として提示する社会構想は、様々な要素で成り立っている複雑な社会構想である。本章で制度的運の平等主義と呼ぶものは、そのうち、人々が有する偶然的な属性を社会的な不利益に変換しないような社会構造を構築する、というアプローチのみである。

【参考文献】

Anderson, E. 1999 "What Is the Point of Equality?" *Ethics* 109-2: 287-337.

Cohen, G. A. 2011 *On the Currency of Egalitarian Justice, and Other Essays in Political Philosophy*, Princeton University Press.

Couto, A. 2018 "Luck Egalitarianism and What Valuing Responsibility Requires", *Critical Review of International Social and Political Philosophy* 21-2: 193-217

Dworkin, R. 2000 *Sovereign Virtue: The Theory and Practice of Equality*, Harvard University Press.

Dworkin, R. 2011 *Justice for Hedgehogs*, The Belknap Press of Harvard University Press.

Freeman, S. 2008 *Justice and the Social Contract: Essays on Rawlsian Political Philosophy*, Oxford University Press.

Lippert-Rasmussen, K. 2016 *Luck Egalitarianism*, Bloomsbury Publishing.

Lippert-Rasmussen, K. 2018 *Relational Egalitarianism: Living as Equals*, Cambridge University Press.

Mounk, Y. 2017 *The Age of Responsibility*, Harvard University Press.

Nozick, R. 1974 *Anarchy, State, and Utopia*, Basic Books.

Scanlon, T. M. 1998 *What We Owe to Each Other*, The Belknap Press of Harvard University Press.
Scheffler, S. 2010 *Equality and Tradition: Questions of Value in Moral and Political Theory*, Oxford University Press.
Scheffler, S. 2015 "The Practice of Equality" in *Social Equality: On What It Means to Be Equals*, edited by C. Fourie, F. Schuppert, and I. Wallimann-Helmer, Oxford University Press.
Tan, K. C. 2012 *Justice, Institutions, and Luck: The Site, Ground, and Scope of Equality*, Oxford University Press.
Young, I. M. 2011 *Responsibility for Justice*, Oxford University Press.

阿部崇史 2018「運の平等主義・過酷性批判・仮想保険－選択と併存する不運にいかに対処すべきか」、政治思想研究第 18 号 .
阿部崇史 2020a「潜在能力の充分主義と分配の充分主義－その関係を問う」、相関社会科学第 29 号 .
阿部崇史 2020b「書評：Kasper Lippert-Rasmussen, *Relational Egalitarianism: Living as Equals*, Cambridge University Press, 2018」、社会科学研究第 71 巻 1 号 .
阿部崇史 2020c「活動内在的運と活動外在的運－自律基底的運の平等主義と選択的運／厳然たる運の区分」、法哲学年報 2019.
宮本雅也 2020a「関係的平等主義のさらなる発展に向けて―行為と構造の区分を中心に」、相関社会科学第 29 号 .
宮本雅也 2020b「分配的正義論における構造変革責任―運の平等主義に対する責任の観点からの批判」、法と哲学第 6 号 .
森悠一郎 2019『関係の対等性と平等』、弘文堂 .

謝辞

本章の原稿やその原案となる研究報告に対しては、多くのコメントをいただいた。現代規範理論研究会および東京大学での報告に対してコメントをくれた方々、原稿に対する詳細なコメントをくれた新村聡氏および宮本雅也氏に、この場を借りて感謝を申し上げる。また本章は、上廣倫理財団による助成（平成 30 年度 A 申請・課題番号 2）を受けた研究成果の一部である。

第 17 章　教育と平等

宮崎　智絵

〔要旨〕
日本国民は、幅広い知識と教養、真理を求める態度、豊かな情操と道徳心、健やかな身体を養うなどの目的を実現するため、学問の自由を尊重しつつ教育が行われている。なぜなら、教育を受ける権利が平等にあり、無償で義務教育を受けることができることが憲法で保障されているからである。本章では、教育機会均等、分配、能力、選抜から教育における平等と不平等の構造を、そして、不平等を再生産する構造としてピエール・ブルデューとジャン＝クロード・パスロンの理論を紹介する。また、日本とインドの事例から教育の平等と不平等の実態を見ていき、教育における平等と不平等、そして不平等を再生産する構造について論じていく。

はじめに

現代社会において教育を受けるか受けないかということは、人生を大きく左右する要素の一つとなっている。例えば、教育を受けないで文字が読めない場合、就ける仕事はかなり限定されてくるし、収入にも大きな影響が出てくる。特に、学歴社会といわれるような社会においては教育の有無だけでなく、どのような教育を受けたかなど質やレベルなどが問われるのである。さて、日本では 2020 年度からの共通テストの英語に英検など民間の検定を導入しようとしたが、地方格差や収入格差の問題などが指摘された。この問題の根底にあるのは、教育における平等とは何か、ということである。

そこで本章では、教育における平等と不平等、そして不平等を再生産する構造について論じることとする。

1. 教育における平等と不平等の構造

1-1. 教育機会均等

日本国憲法第二十六条では、「すべて国民は、法律の定めるところにより、その能力に応じて、ひとしく教育を受ける権利を有する。2 すべて国民は、法律の定めるところにより、その保護する子女に普通教育を受けさせる義務を負ふ。義務教育は、これを無償とする。〔勤労の権利と義務、勤労条件の基準及び児童酷使の禁止〕」とされている。日本国民は、教育を受ける権利が平等にあり、無償で義務教育を受けることができることが憲法で保障されているのである。そして、教育基本法第二条では、「教育は、その目的を実現するため、学問の自由を尊重しつつ、次に掲げる目標を達成するよう行われるものとする。」とされており、幅広い知識と教養、真理を求める態度、豊かな情操と道徳心、健やかな身体を養う、個人の価値を尊重、創造性を培う、自主及び自律の精神を養うなどが規定されている。教育の目的と教育によって達成する目標が掲げられ、日本国民はこれらの目標を達成するために教育を受ける権利を平等に有しているのである。また、教育基本法第四条には、「すべて国民は、ひとしく、その能力に応じた教育を受ける機会を与えられなければならず、人種、信条、性別、社会的身分、経済的地位又は門地によって、教育上差別されない。」などと規定されている。第二条とともに教育の機会均等の理念をあらわすものであり、障害や経済などの理由から十分な教育を受けられない、または修学が困難な者に対しても対処しなければならないことを規定している。さらに、「義務教育の段階における普通教育に相当する教育の機会の確保等に関する法律」が平成28年に公布された。この法律は、教育機会の確保等に関する施策に関し、基本理念を定め、並びに国及び地方公共団体の責務を明らかにするとともに、基本指針の策定その他の必要な事項を定めることにより、教育機会の確保等に関する施策を総合的に推進することを目的としている。

教育の機会均等とは、教育を受ける機会が、人種、信条、性別、社会的身分、経済的地位または門地により差別されず、能力に応じてひとしく保障されるべきであるという考え方である。そこで日本では憲法や教育基本法において教育の機会均等を保障し、小・中学校や盲・聾・養護学校への就学・通学援助や奨学金などの制度があるのである。

しかしながら、この教育の機会均等は、教育の資源が限られているため、どのように分配するか、どのように分配すれば教育の機会均等を実現することができるのかという問題を抱えている。

1-2. 分配

教育的資源は、資源としての希少性や機会のコストとの関係を配慮しなくてはならない。例えば、優れた物理学の教授が優れた幼稚園教諭となることもあるが、同時に最先端の研究に寄与することも可能である。多くの場合、最大の利益がどのかたちで実現できるかは決定できない。しかし、最も利益を受ける人に、あるいは最もそれをよく利用できる人に分配するという原則まで含めることは能力主義そのものの持つ問題へと関わってくる (東 2000:4)。だが、分配を受ける子どもたちが分配の当事者となることができないため、自分でもよく分からないうちに、有利な教育環境が誰かに独り占めされてしまっているような事態も起こり得るし、実際起こっている。それだけに、教育の分配については透明性、公開性、相互性、公平性などの配慮、つまり「分配の公正さ (Equity)」がいっそう丁寧に求められなければならないのである (宮寺 2006: ⅱ)。かぎりある資源をどのように分配するかは、単純に経済的視点からだけでは限界があり、どのように平等に公正さを保つかという課題は、能力や学力、環境など多面的に考慮していかなければならない。

ところで、森田孝は、配分的正義について、「価値に相応の」、すなわち実質上の差異に応じた平等な取り扱いを規定するものであり、「等しきものは等しく、等しからざるものは等しからざるように扱う」ことを規定する原理であるとしている（森田 1967:39）。この配分的正義からも実質上の差異をどう測るか、平等とはどのような状態をいうのかなど多くの課題を含んでいることがわかるだろう。

1-3. 能力

能力は、生まれつきのものもあれば、成長する過程で生じてくるものもある。また、人間の能力は、数量化できるものから数量化することが困難な能力まで多種多様である。しかも意欲と結びつき、感性、知性、徳性を合わせた人間の能力として育成、発揮されるものであることから子どもを見る場合に、ペーパーテストで測れる偏差値的能力だけで判断・評価してはならないのである (星野 1992:15)。能力が多種多様であるため、その差異を平等に評価し、教育していくことは困難である。

そして、宮寺晃夫は、「平等論では、生得的に優れた才能を賦与された人、あるいは才能と能力の開発に有利な初期環境に生まれ落ちた人と、それらの優位性に恵まれなかった人との差が、できるだけ縮められることが望ましいとする (宮寺 2006:105)。」としている。能力という測定の難しいものをどのように評価するか、能力があってもそれを開発、実現するための環境などの条件を含めたうえでの平等を考えていかなければならないなど多くの問題がある。

1-4. 選抜

学校は社会的序列を作り出す、選抜制度となる側面もある。教育は、社会的序列化を、生徒の家庭の階級的背景に基づいて作り出すが、学校は教育的中立性を装いながら、実際、生徒の出身の階級 的背景により獲得された文化資本を、生徒個人の学力・才能・努力と評価することによって、出身階級の差異を進学・学力などの学校的差異に変換を行うのである (天沼 2013:5)。つまり、学校は、子供の社会階級の位置に合わせて仕立てあげ、選択や選抜を通じて、明らかに公平な教育を施すことによって、実質的には不平等を是認する。学校は、子供に学問的、文化的不平等をもたらす保守的な「場」なのである (天沼 2013:6)。教育の機会に対する平等と結果に対する平等、またはその両方を実現することは不可能である。人は個人個人で能力、才能、家庭環境など様々に条件が違う。また、教育が逆に選抜ということにもつながって行くものであり、教育が選抜の側面を伴う限り、教育における平等は困難であるといえよう。

2. 不平等を再生産する構造

2-1. 再生産の構造

フランスの教育社会学者であるピエール・ブルデュー (Pierre Bourdieu) とジャン＝クロード・パスロン (Jean-Claude Passeron) は、フランスの社会を分析する手がかりとして階級格差に着目する。本人が自由に選択していると思われている文化的な好みや親しんでいる文化活動の内容に関して、文化資本、界、象徴闘争などの概念装置を用いて、実は大きな階級格差があり、支配的な階級の文化は高く評価され、従属的な階級の文化は低く評価されるということを明示した。この文化的差異は、家庭内で世代から世代へと伝達され、文化の優劣は教育制度を通じて学歴の差異へと変換される。つまり、文化的再生産が教育システムを通じて学歴の差異へと変換されるのである。さらに、この文化的再生産が教育システムを通じて階級・階層の社会的再生産に寄与していると分析している。

ブルデューは、社会的出自・性別、就学経歴のような基準で学生を分類して得られるカテゴリーは、すでにそれ以前の就学の過程で不均等に選別されていると指摘している。言語を事例として挙げているが、言語は、単なるコミュニケーション手段ではなく、豊かな、あるいは貧しい語彙を提供するものであり、それ以上に、複雑な、またはそうでない範疇の体系をあたえてえくれるものだからである。複雑な構造と解説し操る能力は、ある程度まで、家族から伝達される言語の複雑性のいかんにかかっているのである。それゆえ、高等教育に進む民衆階級および中間階級の学生たちは、言語にかんする学校的要求を必要最小限満たすため、異文化適応の企てを成功させなければならなかったので、過去にいやおうなしに〔上流階級の学生〕より大きな度合の選別をこうむってきたとしている。そして、ブルデューらは、居住地と結びついた差についても指摘している。パリの学生たちは、どんな階層に属していても、地方の学生よりも高い成績を収めているのである(Bourdieu1970:90-92, 訳 104-106)。地方格差は階層格差よりも不平等を作り出しているということである。

2-2. 文化資本

ブルデューは、文化資本を「種々の家族的教育的働きかけによって伝達されてくるもろもろの財のこと」と定義している (Bourdieu1970:46, 訳 51)。言語をたくみに操ったり、正統的な芸術への趣味をもっていたりする能力を、社会の成員個々人のレベルではなく、集団あるいは階級の総体としての有利・不利という面でとらえようとしているのである (宮島・藤田 :13)。そして、文化資本 3 つに分類した。まず 1 つ目は、個人に蓄積される言語、知識、教養、技能、趣味、感性などの身体化された文化資本で、獲得には長い時間が必要とされ、隠蔽度が高く、また、親から子への相続の確実性はもっとも低く、獲得には家庭が果す役割が大きい。2 つ目は、書物、絵画、楽器、道具、機械など物質として所有できる客体化された文化資本で譲渡は容易だが、本人が身体化された文化資本を保有するか、保有している人の手ほどきがなければ実際上は使いこなせず、文化資本を獲得する場は家庭と学校であり、家庭ではごく早期に自然な形で始められる。3 つ目は、身体化された文化資本が公的な承認を得た学歴や資格などの制度化された文化資本で、学校では遅く始まり、体系性と効率性が重視される。文化資本の所有は、父親の職業が目安となる (Bourdieu1970:92, 訳 106)。ブルジョア的特権の相続者は、血の権利や自然の権利にうったえることもできないため、才能と能力を保証してくれる学校的証明にうったえなければならない。そこで学校制度は、文化資本の収益性を確かなものにし、この資本の伝達を正統化するのであるが、そうした機能を果たしていることを包み隠しながら、これらを行う、とブルデューはしている (Bourdieu1970:253, 訳 229)。文化資本は、その階級に蓄積され、それは階級意識として受け継がれていくことによって、社会において隠れた影響を与えるものとして機能しているのである。

2-3. ハビトゥス (habitus)

ブルデューは、ハビトゥスについて『実践感覚』で、「持続性をもち変換可能な心的諸傾向のシステムであり、構造化する構造として、つまり実践と表象の産出・組織の原理として機能する事前に傾向性を与えられた、構造化された構造である (Bourdieu1980:88, 訳 63)。」と定義している。また、『国家貴族』では、「自己生産の条件を再選産する傾向をもっているし、多面的な実践行動の領域において、再生産様式によって規定され、客観的に首尾一貫した、システマティックな戦略を生み出すのである (Bourdieu1989:386, 訳 495)。」と述べている。ブルデューは、再生産戦略を語るにあたって現象的にみればきわめて多岐にわたる実践行動の多くが、客観的にみて、所有する資本の再生産に寄与するように組織されていることを確認するために、これらの実践行動がハビトゥスの原理にもとづいているとしている (Bourdieu1989:386, 訳 495)。宮島喬は、「ハビトゥスとは、実践、表象をうみだすものとされるが、この意味ではそれはなかば無意識の中に作用するものと定義づけられる」とし、意識されないままに形成された知的・身体的能力が、社会における支配と差別の構造を再生産し、被支配者・被差別者側の是認をうみだしていると言うのである (宮島・藤田 1991:15)。

以上のようにブルデューによると、どの階層に生まれるかにより、すでに人生の有利・不利が決定されているということである。どのような趣味をもち、どのように振舞うか、どの学校にするかなど自分で選択して行動し、決定しているかのように思われていたものが、実はどこに生まれるかによって、その多くは内包化した行動様式に意識しないまま決定していたのである。そして、ブルデューは、「経済資本の学歴資本の転換は、実業ブルジョワジーがその相続者たちの一部または全部の位置を保持することを可能にする戦略のひとつである (Bourdieu1979:155, 訳 213)。」としている。これは利益の一部を給与にすることにより所得を私有化し、学歴資格でその地位を得る管理職や上級技術者、知識人に転換しているしくみをブルデューは指摘しているのである。

ブルデューにとって教育は非常に重要である。教育は、ある世代から次の世代へ受け継がれる社会的空間を作り出す価値基準を通したしくみと関係するからである (Jenwebb,TonySchirato and GeoffDanaher2002:105)。教育的働きかけ、教育的権威、教育的労働、教育システムが相互に関連し影響しあいながら文化的再生産が行なわれる構造がシステム化されているとブルデューは論じているが、教育を中心として社会を見るからこそ社会的空間の価値基準や構造を解明することができたのである。それが、教育における平等をどのように実現していくかという課題につながり、解決する一助となるのである。

3. 事例からみる教育の平等と不平等

現実社会において教育の平等を実現することは非常に困難である。だが、不平等の実態を分析し、原因を把握することで平等に近づける努力をすることは可能である。その根底にあるのはどのような社会であるかということである。なぜなら、ブルデューによると不平等は階層など社会的背景が影響を及ぼすからである。そこで、先進国の事例として最も身近な日本と、発展途上国の事例として、経済や IT の発展が著しいインドの教育について見ていくこととする。インドは、カースト制という身分制度が伝統的に大きな格差を生み、教育にも大きな影響を与えている。歴史的に教育格差が続いてきたインドは、今、発展の過程にある。この状況において教育の格差をなくし、国民の教育をより平等にすることが大きな課題となっている。このようなインドの教育における平等への取り組みについて見ていくことは意義があるだろう。

3-1. 日本

日本では、同和地区に在住する子どもたちの学力実態を把握するために、大阪府下の小中学校、十数校ずつを対象として実施した阪大調査 (1989 年実

施) と東大関西調査 (2001 年実施) によって、「できる子」と「できない子」への分極化傾向が見られた。その二極分化は、家庭環境と密接に結びついている (志水 2005:61)。そして、1955 年から 10 年ごとに行われてきた戦後日本社会の階層調査 (SSM) が 2015 年に行なわれた (2015SSM)。2015SSM では、父が大卒であると本人 (子) が大卒である傾向が確認された (松岡 2019:36)。また、出身地を三大都市圏 (東京、千葉、神奈川、埼玉、愛知、京都、大阪、兵庫)・都市規模 (大都市・市部・郡部) に分類し、それぞれの分類で地域格差が確認できたが、都道府県が三大都市圏、また、市町村が大都市であった人々の大卒割合が高い (松岡 2019:43)。いつの時代にも地域格差があるが、地域格差を縮小する制度があっても、15 歳時点の居住都道府県によって大卒学歴の獲得に格差が存在することを示している。総じて、地域による学歴格差は、出身階層による学歴格差と同じ傾向である (松岡 2019:46-48)。このような地域による教育意識の格差は、大卒割合と教育熱の関連を繋げるものは身体化された文化資本である (松岡 2019:61)。フランスでもブルデューらの調査でパリと地方の格差を指摘している。居住地域を基準とした規範を判断基準として教育を選択し、教育意識を形成するため、地域格差として現われている。

ところで、「OECD 諸国における所得分配と貧困」と題した「ワーキング・レポート 22」(2005 年) では、所得が国の中央値の半分以下の層を「貧困」と定義する指標を用いて各国の「貧困率」を割り出している。それによれば、日本の貧困率は 15.3% で第 5 位であり、経済格差の大きさで知られるアメリカ (17.1%) と比べても、わずか２％の違いもない。1990 年代以降は、貧困率の増大傾向も OECD 全体の平均より高く、日本の貧困率は急速に上昇しつつある。この間の日本の貧困率の高さの背景には、社会保障や税による格差縮小の薄さが指摘できる。社会保障等を除いて計算した場合にはむしろ他の先進諸国のほうが高い貧困率を示すのに対して、社会保障等を含めて計算した場合には、日本のほうが貧困率が高くなるという逆転現象が見られるからだ (岩川直樹・伊田広行 2007:13-15)。また、ユニセフ (UNICEF) の『豊かな国の子どもの貧困』(Child Poverty in Rich Countries、2005) によれば、収入が国の中央値の半分以下の家庭で暮らす子どもの割合 (貧困率) は、日本の場合 14.3% とかなり高く、20% 台のアメリカやメキシコほどではないものの、３％未満のデンマークやフィンランドとのあいだには大きな開きがある。しかも、この 10 年間でその割合は 4 ポイントも上昇している (岩川直樹・伊田広行 2007:15-16)。アマルティア・センによれば、貧困とは単に所得が低いというだけでなく、人間の潜在能力、すなわち人間として為す諸活動を実現する力の欠如である (Sen1999: 訳 19-20)。日本は、貧困率が高く、格差社会であり、人々が潜在能力を剥奪された状態であるといえよう。

また、最近の研究から「日本で文化資本を比較すると、親であっても父親と母親とで、あるいは子どもであっても男子と女子で、文化資本の持つ意義や受ける影響はことなる」という指摘もある (橋木 2010:69)。

3-2. インド

インドの教育制度は、州により若干の相違はあるが、就学前教育、前期初等教育 (1 年 -5 年)、後期初等教育 (6 年 -8 年)、前期中等教育 (9年 - 10 年)、後期中等教育 (11 年 -12 年)、高等教育の 5･3･2･2 制を基本としている。この国内の枠組みの中で、初等中等教育と中等教育の区分は各州の政府によって決定される (Tsujita.ed2014:122)。インド憲法では、教育は連邦と州の協同事項とされているが、連邦政府による基準を採択するか否かは州政府に任せられており、教育の実質的所管は州政府にある。そのため、州によって教育制度に違いが見られるのである。そして、インドの学校は、統計上、政府立学校、地方自治体立学校、政府認可を受ける私立 (認可補助有校と補助無校)、無認可校の 4 種類に分類されている。認可補助有校は、政府の財政補助を受ける代わりにカリキュラム、教授語、スタッフ人事などについて比較的厳格な政府による統制下におかれている公立学校に準じた教育機関である。認可補助無校は、財政補助を受けない代わりに政府からのコントロールが弱い。無認可校は、設備、人事、教育内容、すべてにわたって政府の管理・統制の外で経営をしている学校で、制度上は私塾的だが、実態としては学校として機能しており、National Council of Educational Research and Training(NCERT) も「通常の学校と同じ形態の無認可の教育機関 (塾を除く)」と定義している (佐々木 2011:35-36)。4 種類の学校の中では、公立学校に通う生徒が最も多く、就学人口のおよそ 6 割が在籍している。公立学校では、州法にしたがい、女子、農村出身者、指定カースト・部族出身者、障害者に対する優先枠が設けられている (杉本・小原 2007:15)。インドは、家庭環境、地域環境、民族、カーストなどさまざまな相違を内包している社会であり、全国一律に公立と私立学校というように設立することは難しいのである。さまざまな形態の学校があることで、子どもの家庭環境などにあわせて学校に行きやすくすることができるからである。しかしながら、公立学校の質が悪く、教員に問題があることは指摘され続けている。学校にいないことも多く、勤務状況が悪く、予定された日数の３分の２しか授業をしなかったということも多い。1993 年の調査では、「先生が毎日 学校に来ている。」としている生徒は、アッサム州では 58%、ハルヤナ州では 62% であった。他方、初等教育が普及しているケララ州では 99% であった (中村 2006:19)。この状況は現在も続いているのである。さらに、インドでは、初等教育の普及にむけて、2011-2012 年の間に、194,714 の小学校、148,991 の上等初等教育を開校したため、126 万人以上の小学校教師が不足していると言われている (Jayendrakumar2016:113-116)。そこで、訓練を受けていない教師の対策としてインド政府は 2011 年から小学校の教師に対し、Central Teacher Eligibility Test(CTET) に合格することを義務付けている。さらに、正規のルートである教師養成課程についての課題もある。教師養成は OECD 諸国の水準と同じであり、多くの州で教師養成入学前に 10-12 年間の教育が基本的な要件である。だが、国語、算数などの基礎科目について、教師の多くは 8-10 年生までしか履修しておらず、教師予備課程でも基礎科目の勉強にあてられる時間は十分ではない。90% のインドの教師は 2 年間の教師予備課程を履修しているが、教師の多くは講義を行う知識が不十分である (中村 2006:18)。知識不足の教員が、きちんと出勤せず、質の低い授業しかできない実態が調査から明らかになっている。

また、2002 年 憲法改正が行われ、第 21A 条に６-14 歳のすべての子どもは教育を受ける権利を有することが明記された。また、教育を受けることが憲法の第３章 fundamental rights(第 12 条 - 第 35 条) として明記され、国民の基本権と位置付けられた。それに伴い、これまで６-14 歳までの無償義務教育について規定していた第 45 条が「６歳未満の子どもへの乳幼児保育及び教育についての規定」に改められた。第 51A 条 (基本義務) には「(k) 親・保護者の６歳から 14 歳までの子に対する教育機会を提供する義務」が加えられた (牛尾 2012:66-67)。子どもが就学しない理由の一つは、親が教育に対して意味を見出していなかったり、労働力としているなど親側が原因となっていることも多い。2009 年には、インド憲法 21 条に基づき「無償義務教育に関する子どもの権利法 (Right of Children to Free and Compulsory Education Act、RTE)」が制定された。RTE は、6-14 歳までのすべての子どもが学校で無償の義務教育を受ける権利を有することを認めている。

さらに、本来、インドの公的な教育は、憲法により基本的には各州の担当となっていたが、1976 年の憲法改正や 1986 年 の国家教育政策 (National Policy on Education) により、中央政府は初等教育の一部分を負担することとなった。現在、州は、初等教育支出の 90% を負担し、10% を中央政府が負担している。中央政府は、10% のみの財政負担であるが、中央政府主導の政策が追加的なものとして推進されるため、州の実行する初等教育政策にかなりの影響をもっている (中村 2006:13)。政府の影響をどこまで受けるのか、あるいはどのような教育状況にあるのかなど、州によって対応が違うということは、どの州に居住しているかによってどのような初等教育が受けられるかが違ってくるのである。

インド政府が公表している 1999-2000 年のデータによると、全インド、指定カースト、指定部族のそれぞれの粗就学率は、前期初等教育 (1 年 -5 年) では、96%、92.4%、97.7%、後期初等教育 (1 年 -8 年) では、58.8%、62.5%、58.0% となっている。初等教育段階では、数値を見る限りでは、被差別集団に対する均等な教育機会の提供が徹底されていることが分かるが、ドロップアウトが、前期初等教育が 39.7%、後期初等教育が 56.8%、前期中等教育が 71.3% と、上級学年にあがるにしたがい高くなっている。また、全インド、指定カースト、指定部族別に見ると、全インドよりも指定カースト、指定カーストよりも指定部族の中でドロップアウト率が高く、結果の平等が保たれていないことが分かる (杉本・小原 2007:14)。地域別に見ると、都市部では、28.67% の子どもが貧困や経済的理由により「学校外」の状態にあるのに対して、農村部では 23.33% である。また、都市部の世帯では、20.74% は子どもが家計を助ける必要があるために「学校外」に置かれていると答えているが、農村部では 20.24% は子どもが勉強に無関心であることをあげている (針塚 2015:11)。学校外に置かれている子どもたちの理由は、経済的理由、学校での勉強に関心がない、保護者が教育を必要だと考えていないなどである。インドの所得上位 20% の純出席率 (net attendance) は 59%、下位 20% で 44% と貧富による格差は大きい (中村 2006:16)。このことからも貧困は、出席率に深刻な影響があり、ドロップアウトにつながるのである。また、SRI IMRB-International 2014 では、「学校外の子どもたち」の推定規模について、全国的には 6 歳から 13 歳の推定児童数約 2 億 410 万人のうち、約 600 万 6400 人が「学校外の子どもたち」と推定されている。この人数は全インドの該当年齢人口の 2.97% に該当するが、2009 年調査では 4.53%、2005 年調査では 6.94% であり、かなり減少している。農村部と都市部の比較では、「学校外の子どもたち」は、農村部で 3.13%(約 469 万 5000 人)、都市部で 2.54%(約 136 万 9000 人) となっており、都市部より農村部で割合が高くなっている。6 歳から 13 歳の男子の全人口の 2.77%(約 316 万 6000 人)、同じく女子の全人口の 3.23%(約 289 万 8000 人) である (針塚 2015:10)。地域による格差も大きい。粗就学率を州ごとにみると、1999-2000 年 にもっとも低かったのはウッタル・プラデーシュ州で 65%、高かったのはシッキム州で 139% であった。地域格差は州ごとだけでなく、州内の格差もかなりある。(SRI IMRB-International 2014:10)。農村部ではまだ伝統的価値観を維持している人も多く、都市部以上に配慮が必要である。

インド社会は、伝統的には、保護とケアを必要とする子どもを、拡大家族、カースト集団、村のコミュニティ、宗教的な組織が面倒を見てきたのである。しかし、都市化と産業化の拡がりによって、家族構造や宗教的な規範が崩壊し、人口爆発が起こり、刺激的な都市生活への期待が生ずるにつれて、子どもの環境は歪められてきた。現代のインド社会では子どもにとって、幸せで快適な家庭に生まれることは特権であり、多くの子どもが享受できることとは考えられていないという (Bttpai2003:1)。

ところで、インドには特定のカーストや少数部族を対象とした留保制度がある。これは、インド憲法で不可触民に属するカースト集団と、一部の少数部族に対して公務員の採用や公企業での雇用、連邦下院や州議会の議席などに一定の割合の留保枠を設けることが規定されているのである。ダリット、部族は国会議員の議席枠 22%、大学の優先枠 22% が割り当てられている。その他後進諸階級 (OBC) には 1990 年に新たなクオータ制 (割り当て制度) を付与された (実施は 1993 年)。OBC は、シュードラであることが多く、最大で人口の 50% とみられ、中央管轄の高等教育機関の入学枠のうち 27% を割り当てられている。

1968 年に「国家教育政策 (National Policy on Education)」と題した教育基本計画を打出して、国家統合と文化経済的発展の ために教育機会の平等を強調し、1976 年 の憲法改正で第 246 条、第 7 附則 J が修正されて、教育は 連邦政府 と州の共通管轄事項 になった (Sripati and Thiruvengadam2004:151)。しかしながら、留保制度に対しては上位カーストからは不平等であるという批判と反発も多く、カースト制、民族、地域、経済など多くの問題を抱えており、それが格差や不平等につながっている。だが、経済成長を続けていくためには教育の普及は必要であり、その先には教育の平等という問題が横たわっているのである。

おわりに

教育社会学の分野では、教育における平等の問題の発生は今日の社会構造そのものの持つ内的要因から生じてきているとする指摘がある (柴野他編 1999:202)。それは、分業制度とそれぞれの職域の高度の専門分化という近代産業社会の特徴が、同時にそれは今日の社会構造の中で生きていく人々に、それぞれの人が特定の職業に限定的に自分を埋没させていくことを求める。なぜなら、その結果、総和としては社会全体の生産性の水準を高めていくことができるからである。この生産性の向上はそれが分化という方向に進むだけに、ただちに平等の考え方と対立してくる (東 2000:1)。日本の近現代における教育は、まさにこのような構図をとっており、職業の専門化により教育の平等の実現が困難になっている。また、インドはジャーティ制により職業選択の自由があまりなかったという歴史的経緯がある。それに加えて産業の近代化により日本以上に教育の平等が困難な状況にある。

さて、教育において平等とは何かと考えると、そもそも平等とは何を、どのような状態を指すのかなどさまざまな課題が出てくる。教育の機会が誰にでも開かれていれば平等なのか、教育の結果が同じであれば平等なのかなどさまざまなレベルでの平等を想定することができる。悲観的に考えるならば、教育における平等は実現できないし、そもそも平等な理想的な教育というものを定義することは難しいのである。このことは、日本とインドの事例からもわかるだろう。日本は、教育の機会、結果、ジェンダー、地域などさまざまな側面の平等を志向しているが、インドは、まず教育の機会の平等を、それから教育の機会の平等を実現する上で顕在化したジェンダーなその問題を解決することを志向している。各社会それぞれに求められる平等は、その社会を反映しているのである。

【参考文献】

Bajpai,Asha 2017 *Child Rights in India*,third edition,oxford university press

Bourdieu,Pierre&Passeron,Jean-Claude 1970 *La Reproduction,élément pour une theorie du systeme d'enseignement,* Paris,Éditions de Minuit ／ピエール・ブルデュー／ジャン・クロード・パスロン、宮島喬訳『再生産―教育・社会・文化』,藤原書店、1991 年

Bourdieu,Pierre., 1979,La Distinction,Critique sociale du lugement,(Paris,Minuit). ピエール･ブルデュー、石井洋二郎訳『ディスタンクシオン I』藤原書店、1990 年

1980,Le Sens pratique, Paris,Éditions de Minuit. 今村仁司／港道隆訳『実践感覚 1 』みすず書房、1988 年

1989,*Nobless d'Etat-Grandes écoles et esprit de corps*,éditions de Minuit.『国家貴族Ⅱ - エリート教育と支配階級の再生産』藤原書店、2012 年

Coleman,J 1968 *The Concept of Equal Opportunity of Education*,in Harvard Educational Review,Vol.38.No.1:16f.

Jayendrakumar N.Amin 2016 Two Year Duration of B,Ed.and M.Ed. Courses:Constrains and Expcted Solution The International Journal of India Psychology 3(2)

Jencks,C.et al.1972 Inequality:reassessment of the effect of family and schooling in America、Basic Books. 橋爪貞雄／高木正太郎訳『不平等―学業成績を左右するものは何か』黎明書房、1978 年

Jenwebb,TonySchirato and GeoffDanaher 2002 *Understanding Bourdieu* SAGE Publications Ltd

OECD 2004 *Education Policy Analysis* OECDPublishing

Sen,Amartya 1999 *Deveropment as Freedom* Alfred A.Knopf,New York. 石塚雅彦訳『自由と経済開発』日本経済新聞社、2000 年

SRI IMRB-International 2014 *National Sample Survey of Estimation of Out-of-School Children in the Age6-13 in India*

Tsujita.Y,ed 2014 *Inclusive Growth and Development in India:Challenges for Under developed Regions and the Underclass* IDE-JETRO Series

Vijayashri Sripati and Arun K. Thiruvengadam 2004 *Constitutional Amendment making the Right to Education a Fundamental Right*,International Journal of Constitutional Low,Vo12(1)

東敏徳 2000「教育における平等の原理と構成について」『聖徳大学研究紀要』短期大学部第 33 号

天沼英雄 2013「ピエール・ブルデュー教育社会学論―階級・権力・不平等の観点―」、『山梨学院大学　現代ビジネス研究』第 6 号、山梨学院大学現代ビジネス研究会

岩川直樹・伊田広行編著 2007 未来への学力と日本の教育 8『貧困と学力』明石書店

牛尾直行 2012「インドにおける「無償義務教育に関する子どもの権利法 (RTE2009)」と社会的弱者層の教育機会」、『広島大学現代インド研究－空間と社会』第 2 号 , 広島大学現代インド研究センター / 人間文化研究機構地域研究推進事業「現代インド地域研究」広島大学拠点
佐々木宏 2011『インドにおける教育の不平等』明石書店
柴野昌山他編 1999『教育社会学』有斐閣
志水宏吉 2005『学力を育てる』岩波新書
杉本均 , 小原優貴 2007「産業化インドにおける教育制度と教育選抜」、『京都大学大学院教育学研究科紀要』53
橘木俊昭 2010『日本の教育格差』岩波新書
中村修三 2006「インドの初等教育の発展と今後の課題」、立命館大学国際地域研究所『立命館国際地域研究』第 24 号、
針塚瑞樹 2015「インド都市部の「学校外の子どもたち」に対する平等な教育機会の提供に関する一考察－「無償義務教育に関する子どもの権利法」施行後の特別教育とノンフォーマル教育の事例から－」、アジア教育学会『アジア教育』第 9 巻
星野安三郎 1992「平等化 (共育) の拡大・深化・発展を」『現代教育科学』426 号 , 明治図書出版
松岡亮二 2019『教育格差』ちくま新書
宮島喬・藤田英典編 1991『文化と社会―差異化・構造化・再生産』有信堂
宮寺晃夫 2006『教育の分配論―公正な能力開発とは何か』勁草書房
森田孝 1967「教育における平等の原理とその問題」『教育哲学研究』第 16 号

第18章　グローバリゼーションと平等
――「デモス境界線」問題の批判的考察を通じて

内田　智

〔要旨〕

本章は、グローバリゼーションが不可逆的に進行する現代世界において、従来閑却されがちであった「誰の平等か」という問いへの応答が差し迫った哲学的課題となっていることを明らかにする。規範的・経験的の如何を問わず、大半の議論がこの問いを後景に退けがちであった。これを確認した上で、現代デモクラシー論における「デモス境界線」問題――「被治者原理（all-subjected principle）」対「被影響者原理（all-affected principle）」論争――への批判的考察を通じて、グローバル化する世界において「誰の平等か」という哲学的問いを我々が共に探究していくためには、終局、その問いが「正義」の問題として再定位されなければならないことを示そう。

はじめに

いまやヒト・モノ・カネそして情報は、国境を越えて広がっている。それに伴い、金融・財政や経済格差、気候変動や安全保障、公衆衛生など数多くの問題がもはや一国単位では対処ないし制御できない課題として浮上していることもまた、論を俟たない。

実のところ、これらの課題が我々にとって難問となる要因は、単にそれらが人類にとって新奇な課題だからではない。それ以上に、グローバル化は我々がこれまで自明視してきた認識枠組み自体の再考をも要求している。すなわち、「平等」な存在として形式的に位置づけられた「独立した個々の主権国家」から成る「国際社会」という既存の古典的な秩序認識そのものが再検討の対象となっているのだ。こうした課題こそが、「平等」ならびに「デモクラシー」をめぐる従来の理解に対する再検討を我々に要請している（cf. Rodrik 2011）。

例えば、リーマン・ショック以降のギリシャ債務危機から難民問題、そしてイギリス離脱問題にいたる欧州連合をめぐるここ十数年の「欧州危機」の変遷を鑑みてほしい。ここ半世紀以上にわたり試みられてきた、この「壮大な社会実験」の過程のうちに見出される事態は、先述の課題が既存の古典的秩序認識ではもはや対処できないものでありながら、同時にその超克が極めて困難な企てであることを示す典型的な証左であろう（遠藤 2016）。

これらの危機と併行して、ここ数年、欧州をはじめ先進国においては「右派ポピュリズムの台頭」と称される「民衆のパースペクティヴの内向化」が観察されてきた（Müller 2016, 水島 2016）。彼／彼女らは、グローバル化がもたらす諸課題に対する「我々の」憤懣の元凶を、同一化された我々であるはずの「平等な」一般市民が排除され、ごく限られたエリート層のみに「不平等な」参与が許されたかのように投影される国際機構・地域機構による政策誘導の産物とみる。これを「主権国家への回帰」と考える向きもあろう。だが、あたかも現実的であるかのように描かれる「主権国家という秩序認識」に根差した「淡い幻想」も、当の国家・国際機構の能力不全が露呈するや否や「手ひどい幻滅」に容易に転化することは既に丸山眞男が指摘した通りである（丸山 1958）。

もっと言えば、現在のグローバル社会において、否、いついかなる時代にあっても「完全な統制能力を備えた主権国家」は実在しなかった。ましてや「平等な主権国家からなる国際社会」が実在したわけでもなければ、この擬制がグローバルな諸課題を完全に統制できたことすら一度たりともなかった。この点は「ウェストファリア神話」のまさしく虚構性として強調してもし過ぎることはない(1)。

「グローバリゼーションと平等」という標題の下、本章は「国際社会」という観念に随伴してきた「平等な主権国家からなる社会」という理念を問い直すことをも企図している。この狙いの下、一方で「平等」をめぐる哲学的諸構想、他方で近年注目を集めるグローバル・ガヴァナンス論という二つの理論潮流を批判的に検討し、双方の難点ないし隘路を指摘する。その上で、現代デモクラシー論における「デモス境界線」問題をめぐって論争が重ねられてきた「被治者原理」と「被影響者原理」を対比的に検討することを通じて、グローバル化する世界における「誰の平等か」論争の可能性と限界を詳らかにしよう。

1.「何の平等か」から「誰の平等か」へ
——「平等」をめぐる哲学的諸構想において前提とされてきた秩序認識

哲学・政治学において「平等」は確かに重要な主題の一つである。「平等」概念（concept）をめぐっては様々な理論家により多彩な構想（conceptions）が提示され、活発な論争が展開されてきた[(2)]。その焦点は当初、人々の間でいったい「いかなる財の平等」が達成されるべきか——資源か効用か、権利かそれとも能力（capability）の平等か——という論点、すなわち「何の平等か」という問いに合わせられていた。現在この論争は、「そもそも平等概念の意味とは何か」をめぐる分析哲学的視座の下、「どのように財を分配することが平等であるか」という分配原理をめぐる問いへとさらなる転回をなしつつある。「何の平等か」という問いに発するこうした哲学的探究はいまや高度な理論的洗練を見せており、その論争は確かに多くの知的貢献をはたしている[(3)]。

しかしながら、グローバル化という現象を視野に入れるならば、「何の平等か」を論じるだけでは議論は完結しない。これに加えて、もう一つの重要な論点として「財の分配の対象ないし射程」をめぐる問い、すなわち「誰の平等か」という問いへの応答が求められている。

この論点をいち早く提起したナンシー・フレイザー（Nancy Fraser）が指摘する通り、いわゆる分配的正義論においては、「何」が平等に分配されるべきなのか、あるいは、いかなる原理に従った分配が平等の名の下に正当化されるべきなのかに関心が集中してきた。他方、いったい「誰」の間での平等が追求されるべきかという問いは後景に退けられてきたのである。否、より正確にいえば、財の分配の対象となるのか誰かをめぐる枠づけ（frame）に関する一定の想定が、従来の分配的正義論では無批判に暗黙の前提としておかれてきたのではないかと思われる（Fraser 2008: 18-20, 訳 19-21）。

その暗黙の前提とは、端的にまとめれば、主権国家という政治単位、さらには平等な主権国家からなる「アナーキーな社会としての国際社会（International Society as Anarchical Society）」という古典的秩序認識である（Bull 1977）。この秩序認識の下では、世界は境界画定された主権国家によって分割され、それらの主権国家が並存する状況として捉えられる。各主権国家は自己完結的で独立した政治的共同体であり、それぞれ排他的な主権を行使することが「平等」に認められる対等な行為主体である。「主権平等原則」とも呼ばれるこうした秩序認識の原型を提示し、主に国際法学・国際関係学の領域において近代から現在までこの点で大きな影響を与えたエメール・ヴァッテル（Emer de Vattel）は、「平等な主権国家からなるアナーキーな国際社会」という認識枠組みの要諦を次のように表現している[(4)]。

> 「小人も巨人も等しく人間である。同じく、いかなる小共和国も最も巨大な王国と同等に一つの主権国家である」（Vattel 1758: Préliminaires, §18.）

国内社会における独立した個人間の関係と、国際社会における独立した国家間の関係を類比的に捉える思考様式のことを「国内類推（domestic analogy）」という（Bull 1977）。この類推に基づいて、主権国家からなる国際社会は、国内社会と異なり、その上位に財の分配を実行する何らの政治的権威も機構も存在しないという意味においてアナーキーであると理解される。それゆえ、国内社会では議論の主題となるような「何の平等か」をめぐる問いは、国際社会において議論の主題となりえないと長らくみなされてきた。マーティン・ワイト（Martin Wight）が嘆息を込めつつ指摘したように、政治理論・政治哲学が市民の等しく「あるべき善き生」をめぐる問いを探究してきたとすれば、国際理論・国際関係学はもっぱら各国家がアナーキーな状況下でいかに生き残りうるのかという「他ならぬ生存の理論」をめぐって激しい論争を繰り広げてきたのである（Wight 1966）。

以上のような秩序認識は、財の分配の対象・射程を規定する前提としても暗に作用してきた。つまり「平等」をめぐる哲学的構想の多くは、財の分配がなされる際の背景条件として「国内類推」という思考様式にのっとって国家あるいは国家のような諸制度の存在を想定してしまう「方法論的国家主義（methodological statism）」に囚われがちであった（田村 2018: 59）。その結果、分配対象となる人々は国家市民であることが前提とされ、「誰の平等か」という問いが批判的精査の対象からは外されたのである。

2. グローバル・ガヴァナンス論とその隘路
――「機能と必要性」の論理の背後に閑却される平等への関心

「平等」をめぐる大半の哲学的構想のうちに暗黙裡に潜在してきた方法論的国家主義という認識枠組みは、グローバル化の進展とともに噴出してきた越境的な問題群への哲学的／理論的な応答において、いまや再考を迫られている。こうした問題意識に基づき、グローバルな諸課題への対応策を模索しようとする新たな思考様式として 90 年代以降登場してきたのが「グローバル・ガヴァナンス（global governance）」論である。

グローバル・ガヴァナンス論は、一国単位ではもはや対処しえない越境的な問題群に対して、たとえ世界政府不在であっても多様なアクターが関与することで適切かつ正しく対処しうることを示そうとする、野心的な理論的企てであった。その思考法は、国家を統御する中央集権的な政府以外に、地方自治体や国際機構、民間企業やＮＧＯ、社会運動などもまた、ガヴァナンスに関与するアクターとして捉え直す展望をひらく。これら多様なアクター間の関係性は階層的な性格を帯びず、ことさらに主権国家が「中心」としての役割を担うとも観念されない点を強調するところに、この新たな思考様式の特徴は見出される [(5)]。

このような「政府なき統治（governance without government）」を志向するグローバル・ガヴァナンス論に顕著な特性の一つが機能主義への肯定的評価である。かなり大まかに要約するならば、個別の政策分野・争点ごとに「必要性」の論理に基づいて課題を設定し、その課題の解決をめざすという発想志向がグローバル・ガヴァナンス論には看取される。この観点によるならば、課題解決にあたって、誰がどの次元でどう処理するのかは重要な問題ではなくなる。あくまで、必要性から設定された課題の解決が何より先決されるという傾向が、グローバル・ガヴァナンス論の全般的特徴として浮かび上がる（遠藤 2008: 13-14）。

グローバル化は不可逆的な現象でありそれに伴って次々に生じる越境的問題群への対処が機能的に要請される。グローバル・ガヴァナンス論が抱いてきたこうした問題意識とその理論的進展は無論、簡単に棄却できるものではない。だがその思考法のうちには、グローバルな次元において顕在化している「政治の情況」（the circumstances of politics）を理論的に包摂できているとは思われない。

ここでいう「政治の情況」とは何か。まず確認しなければならない点は、現代社会においては、何が正義に適った政策であるか、何が望ましい善き政策であるかをめぐり人々の間で見解の不一致が生じることが不可避であるという事実である。人々の間に生じる不合意を前提とした上で、いかに自分と異なる見解を抱く他者と向き合うか。この点を念頭に置きつつ、人々の間でそれでもなお、何かしらの共同の意思決定を行っていくことが求められる。「政治の情況」とはこのことを意味している。そうした「政治の情況」から引き出される重要な含意は次の点にある。仮にある意思決定過程において包摂されるべき意見とパースペクティヴが、特定の哲学的・文化的・倫理的価値のみを反映した「包括的教説（comprehensive doctrine）」に基づくものに限定されてしまった事態を想起してほしい。その場合、意思決定に服することが強制されるにもかかわらず、決定過程からは実質的に排除される人々と当該の教説を内面化する人々との間で分断と不寛容、さらには流血を伴う暴力までもが立ち現れうる。「政治の情況」が示唆するのはこの峻厳な「不合意の事実」である[(6)]。

グローバルな次元においてこそ「政治の情況」は常に生じていることは容易に想像がつくことだ。ただしそこではより厄介な課題がたちはだかる。すなわち、誰の活動ないし決定が誰に対して影響を及ぼすのかがいよいよ不確定（indefinite）となるという難題だ。

「グローバル相互依存（global interdependence）」と称される昨今の事態は、「あたかも一元的な共通空間や単一の均質的状況」を生んでいるとみなされがちである。だが、すべての人々が一様に同じ「運命」を等しく共有するような共同体としてグローバル社会を考えることはできない。様々な活動が、空間的にも時間的にも離れた人々に対して、それぞれ濃淡の異なった影響を及ぼしあっているのが実状である。

この対象と程度の両面で影響が不確定であるという点が、ここで深刻な問題となる。つまり、一方でその影響関係を確定することができないにもかかわらず、他方でそうした影響可能性に不可避的に曝されているという事態がグローバル化の進展のなかで発生しているのだ。この意味で、我々は、不確定な影響を与えるにもかかわらず逃れることもできないような様々な社会的協働の枠組みのなかへと否応なく包摂されている（Bohman 2007: 24-5）。

グローバル・ガヴァナンス論は、機能主義を基調とするがゆえに、そもそも当のガヴァナンスがいかなる課題に対処すべきであるか、課題解決のためにいかなる手法が採用されるべきかをあたかも既定、自明であるかのように提示しがちである。だが、先に述べたグローバルな「政治の情況」を鑑みるならば、その傾向のうちには、ガヴァナンスの問題設定と解決手法の両面における「政治性」それ自体を隠蔽してしまう恐れを看取できる（遠藤 2008: 14-15）。グローバル・ガヴァナンス論という思考法といえども、こうした政治的問いをめぐる不合意の可能性から目を逸らしてしまう懸念を免れてはいない。つまり、現行のガヴァナンスを規定する支配的な言説とは異なる意見やパースペクティヴを取り込んでいく視点の欠落した「ポスト政治的」構想ではないかという疑念は否応なくつきまとうのだ（Späth 2005: 39）。

グローバル・ガヴァナンス論が抱える問題点とは、要するに、ガヴァナンスの課題設定、解決手法、その両面に関する意思決定過程に誰が包摂されるべきなのか、あるいは誰がそこから排除されているのかをめぐる規範的な問いが議論の埒外におかれてしまいがちなことにある。グローバル・ガヴァナンス論は自らが提示する目的と政策遂行を道具的に正当化することには積極的であった。しかしながら、翻って、そうしたガヴァナンスに対する統御が政治的に平等な条件で実行されるためには何が要請されるべきかといった規範的関心は、閑却されがちである。グローバルな次元における「誰の平等か」をめぐる論点は、この議論の展開において十分には主題化されず、規範的正当化を要する課題とはみなされてこなかった。端的にいえば、「平等」と「デモクラシー」が問題の射程に収められてこなかったのである（Erman & Näsström 2013: 6）。

3. グローバルな次元における平等とデモクラシー
――デモス境界線問題の再検討

グローバル・ガヴァナンス論において閑却されがちであった、グローバルな次元における「平等」と「デモクラシー」をめぐる問いに関する規範的探究の構想をいかに描くべきか。この点を展望する上で導きの糸となるのが、現代デモクラシー論の分野において論争の的となっている「デモス境界線」問題である。

デモス境界線問題とは、端的にいえば、集合的自己決定としてのデモクラシーにおいてその決定主体となる「デモス」にいったい誰が平等に包摂されるべきかを問う哲学的難問（アポリア）である。この問いは、フレデリック・ウェラン（Frederick Whelan）によってはじめて明示的に指摘され（Whelan 1983: 16)、「デモス構成員資格をデモクラシーの手続き内で確定することは可能か」という反語的問いとしてロバート・ダール（Robert Dahl）によって定式化された（Dahl 1989)。

このデモス境界線問題への再検討を通じて、主権国家の構成員間での政治的平等という既存の図式を問い直し、民主的意思決定の集合的主体としての「デモス」に誰が包摂されるのかに関するグローバルな基準を再定式化しようとする理論的試みが近年、注目されている。その一方の潮流は被治者原理と呼ばれ、他方の潮流は被影響者原理と呼ばれてきた（Näsström 2011, 福原 2018)。

被治者原理とは、何らかの集合的意思決定に服する人々はみな、その主体であるデモスへと平等に包摂されるべきであると考える構想である。この原理の規範的正当化根拠は、当該意思決定によって拘束される人々こそがその作成者でもあるべきだという観念に依拠している。これをふまえると、平等とは、拘束力ある意思決定の共同作成者としての政治的平等の法的地位を意味すべきであると理解されることになる（Erman & Näsström 2013, Erman 2014, Dahl 1989)。

対して被影響者原理は、ある意思決定によって影響を被るか否かにデモス境界線の規範的正当化根拠を求め、当該の意思決定によって影響を被るすべての人々がデモスへと包摂されるべきであるという構想である。この原理に従うならば、平等とは、何らかの意思決定によるすべての被影響者に対する平等な顧慮（equal concern）として把握される（Goodin 2007, Gould 2004, MacDonald 2008)。

両者の原理の再検討に根差した「平等」と「デモクラシー」をめぐる論争は、グローバルな次元におけるデモクラシーの構想を描くための探究として、以下の点において、確かに評価されるべきだろう。一方で被治者原理を是認する諸構想は、グローバル化する世界にあって国境を越えて形成されつつあるガヴァナンス構造のうちに生じている「デモクラシーの欠損」、すなわち統治者と被治者の間の政治的非対称性を再度「治者と被治者の合致」という仕方で克服する試みと位置づけられる。他方で、被影響者原理を是認する諸構想は、グローバル化する世界のなかで「治者と被治者」がもはや一元的に合致しえないことを事実として受けとめつつ、規範的にも合致すべきではないと判断する。現在のグローバル・ガヴァナンス論に見出されがちな「平等」と「デモクラシー」をめぐる問いの軽視という傾向性に潜む真の課題は、個別の政策分野・争点ごとに影響を被る人々の不確定性であったのではなかったか。ならば、その都度生起する多元的争点に応じて、デモスは機能的に再編されてしかるべきであり、それを可能とする尺度こそ「影響の度合」であるという指摘は、確かにグローバルな「政治の情況」を鑑みるならば的を射た洞察と思われる。

だが、いずれの原理も検討を要する問題を含み持っていることもまた否定しえないところである。被治者原理に依拠しつつグローバルなデモクラシーの構想を描く際に直面する問題は、例えばエヴァ・エルマン（Eva Erman）の議論のうちに端的に見られる。エルマンは、デモス境界線問題は規範的正当化の対象となる重要な問題であることを強調した上で、グローバルな次元においてデモクラシーの主体となる「デモス」の構成原理を次のように定式化している。すなわち、何らかの意思決定機関が定める法や政治的決定に体系的かつ長期にわたって服するすべての人々は、当該の意思決定機関に対して「平等な影響力」を行使できるべきである（Erman & Näsström 2013: 68-74）。

彼女の構想における論争的な問題は、意思決定に服する人々が平等な影響力を行使できるために充足されるべき条件に関して特定の経験的説明とそれに付随する包括的教説の想定が潜んでいるのではないか、という疑念である。素直に彼女の議論を受け止めるならば、およそ集合体がデモクラシーであるためには、政治的権利をはじめ一連の基本的権利からなる憲法体系が事実上、経験的に先行して実定化されていなければならない。加えて、その権利体系を通じて確立されるフォーマルな決定手続きならびにインフォーマルな意見形成過程に対して被治者たちが実際に参加できなければならない。それがグローバルな次元におけるデモクラシーの条件となる（Erman 2014: 137-9）。

こうした彼女の見解は、一方で常にデモス境界線は再編可能性に開かれているとしつつも、他方で既に存立し機能している民主的集合体のみを「デモス」として同定することへと実質的に帰着してしまっている。つまり、デモスに包摂される人々の間の政治的平等の内実を具体的に特徴づけようとするあまり、経験的にすぎない特定の「国家性（statehood）」というさらなる規範的正当化が要請される想定を密輸しているのではないかという疑義を回避しえないのだ（Forst 2014: 200）。

他方、被影響者原理を基礎とするグローバル・デモクラシー論が直面する課題は、「ステイクホルダー・デモクラシー（stakeholder democracy）」論のうちに指摘することができる（MacDonald 2008: 松尾 2019）。これは、端的にいえば、多様な政策分野・政策争点ごとに共通の利害関心を抱く「ステイクホルダー共同体」を同定し、それらの集合体が個々の意思決定に対して答責性を求めていくという発想である。ここでいうステイクホルダー共同体は、法的管轄権の下で一元化されたデモスではなく、あくまで個別の政策分野・政策争点をめぐる意思決定の影響を被る人々から構成されるという意味で機能的デモスであるといえる（MacDonald 2008: chap. 1; 松尾 2019: 40-46）。

この原理に基づくデモクラシー構想が妥当性をもつか否かの試金石となる論点は、ステイクホルダー共同体をいかに同定すべきなのかという規範的正当化の根拠が定位できているか否かにある。意思決定に対する民主的統制の主体となる機能的デモスを同定するためには、それに先立って、意思決定とその被影響者との間の影響関係が明らかにされなくてはならないはずである。だが、既に指摘したように、グローバルな次元において意思決定による影響の射程と程度は常に不確定でありうる。こうした影響関係の不確定性をふまえると、さらなる次の問いが提起される。いかなる影響関係が機能的デモスを同定する際の有意な根拠となるのか。デモス境界線を同定するにあたり考慮されるべき影響関係に関する基準はいったい「誰」によって設定されるべきか。これらの論点に対してステイクホルダー・デモクラシー論の擁護者たちは、いまのところ、十全な応答を提示できてはいない。

被治者原理と被影響者原理はともに、グローバルな「政治の情況」を前提として、なおも集合的意思決定に参加する主体として誰が平等に包摂されるべきか、その際の正当化根拠とは何か、という問いへの有力な一つの応答ではある。だが、いずれの「平等」と「デモクラシー」の構想も、その規範的正当化の根拠はいまだに十全には解明できていない。では、この根拠を示しうる洞察としていかなる展望がありうるのか。最後に、この点を詳らかにするためには、終局、「正義」概念への着目が求められることを示し結論としたい。

4. グローバル化する世界における平等
——そのさらなる「哲学的」探究の展望を開くために

平等概念をめぐる多くの哲学的諸構想のなかで前提化されてきた「主権国家からなる国際社会」という認識枠組みは、越境的な諸課題の噴出という事態を前にしてはもはや自明視されえない。他方で、こうした事態への対処をめざすグローバル・ガヴァナンス論には、平等という価値自体への関心の希薄さが見受けられる。いずれの立場も、グローバルな次元における「平等」と「デモクラシー」をめぐる問い——「誰の平等か」問題——を正面から受け止めてこなかった。

この哲学的探究に向けた道筋を展望するにあたって、デモス境界線問題に根差した近年のグローバル・デモクラシー論の展開が一つの有力な手がかりとなりうることは確かであろう。とはいえ、この論争自体には決着がついているわけではなく、今後も被治者原理と被影響者原理それぞれに依拠する理論家の間で論争が続いていくはずだ。加えて、本章の考察がデモス境界線問題に対して何か最終的な解答の提示を企図するものでもないことは、論を俟たない。

とはいえ、本章の考察をふまえたうえで、なおもこの「平等」と「デモクラシー」の関係をめぐる論争に対して、少なくとも道具的価値と内在的価値の観点から二つの洞察を導き出すことができる。第一に、デモクラシーがいかなる認知的な帰結を生み出すのかという道具主義的観点からみるならば、「被治者原理／被影響者原理」論争を超えて、論理的には「民主的な意思決定手続きのうちに等しくすべての人が包摂されるべきである」という結論を導きうる(7)。こうしたデモクラシーの道具的価値に着目する論議は、グローバルな次元における「平等」と「デモクラシー」の関係をめぐる哲学的探究に新たな視座を提供するだろう。

第二に、デモクラシーの内在的価値という観点からみるならば、デモス境界線問題がまさしく論争として一義的な結論に陥ることなく、議論の的となっているというそのこと自体に、決して粗略に棄却されえないだけの規範的な重みが認められる（Fraser 2008: chap. 4）。むしろ、デモス境界線を確定させる基準を観察者／哲学者の視点から一方的に専断しようとする試み自体そもそも不可能であることを積極的に評価できるのではないか。この不可能性を強調することは決して「グローバリゼーションと平等」をめぐる探究を相対主義的、冷笑主義的に評価することに帰着しない。むしろ逆である。

本章で強調してきたように、「政治の情況」を現代社会において不可避の事実として受け容れなければならないのであれば、デモスに誰が等しく包摂されるべきかという問いをめぐって人々の間で不合意が生じざるを得ないこともまた了解されよう。その意味でデモス境界線問題は、優れて「政治的」な問いであるといえる。この問いに対して特定の観察者／哲学者が一義的な解を強弁することは、むしろ「グローバリゼーションと平等」をめぐる問いが備える探究のポテンシャルを不当に押し下げていると言わざるを得ない。

デモクラシーの主体であるデモスの構成それ自体もたえず我々の間での論争を通じた批判的な再審可能性に開かれている、否、開かれるべきである。それでは、デモス境界線をめぐるこの批判的問い直しを可能とするための規範的条項とは何か。そしてまた、その規範的条項において、いかなる意味での平等が「誰」の間で要請されるのだろうか。

本章を閉じるにあたり、これらの問いについて若干の展望を示そう。今後も正／負の如何を問わずグローバル化が不可避の世界において、平等をめぐる哲学的思索がさらに探究すべき課題とは何か。これについての導きの糸として、ライナー・フォルスト（Rainer Forst）によって展開される「カント的共和主義」ならびに「正当化への権利を平等に保持する人格間の相互尊重」に基づいて展開される（グローバルな）デモクラシー構想をここで挙げておこう（Forst 2012, Forst 2013）。

紙幅の関係から彼の構想についての詳細な検討は別稿に譲りたい（内田 2020）。ただし、彼の構想を批判的に再構成するならば、デモス境界線をめぐる問い直しの実践を支える規範的基礎は「道徳的平等者として、そしてまた正当化をなす主体としての互いによる諸人格に対する尊重」のうちに見出されるはずだ（Forst 2013: 157-60）。

だが、「平等」概念への哲学的探究だけでは「正当化主体である人格間の平等な相互尊重」を規範的に根拠づけることは、おそらく叶うまい。その正当化理由を解明するためには、「正義」概念の探究へと歩みを進めることが求められるはずだ。これが、本章の考察を通じて導き出される「さしあたりの」哲学的結論である(8)。

おわりに

グローバル化の進む世界において「誰の平等か」という問いはいよいよ差し迫った政治的、経済的、社会的課題として我々に突きつけられている。だが、それらの課題に対する「発見されることを待つ唯一の結論」は存在しえない。ありうる応答は「我々が共に探究することでさしあたり再構成され続ける暫定的な我々の洞察」を可能ならしめる規範的条項の提示にとどまる。とはいえ、「平等」をも含めてその条項を改めて探究することが「いまここにある」世界を生きる当事者としての我々にとって「第一の哲学的課題」であり、今日こそ、求められている一つの徳目（a virtue）なのではなかろうか。

【注】

(1)「ウェストファリア体制」とされる「平等な主権国家からなる国際社会」という見方がもつ「神話性」については、Teschke 2003、明石 2009 を参照。

(2) 単一の概念に対して複数の構想が成立し、それらの間で解釈の妥当性をめぐり論争が生じうるという見解については、Gaus 2000、玉手 2017 ならびに山岡 2019 を参照。

(3) この分析哲学的な「平等概念の意味」の解明と、その解明された意味内容に基づく「最も正当な分配原理とは何か」をめぐる熾烈な論争は、大別して、平等主義、優先主義、充分主義という三つの見解を生み出してきた。平等主義とは、同種の財を同程度、人々に対して均等に分配することが「平等」であるとする見解である。対して優先主義は、最も不利な境遇にある人々に対して優先的に財を分配することが「平等」の意味するところであるとみる。他方、充分主義は、社会生活に参与していくために必要となる財をあらゆる個人が充分に保持することこそ「平等」であるとみなす。分配原理という論点もふくめ「平等」概念の意味をめぐる哲学的論争に関する詳細は、Hirose 2014、広瀬 2018 を参照。

(4)「相互に独立した対等な主権国家からなるアナーキーな社会」として国際社会を理解するという認識枠組みの原型がヴァッテルによって明確化されたことについては、Hurrell 1996 を参照。また、こうした国際社会観が今日までに自明視されるにいたった史的背景については、柳原 1998 ならびに篠田 2012 を参照。

(5) グローバル・ガヴァナンス概念については、Rosenau 1992 を参照。

(6)「政治の情況」と「不合意の事実」については、Waldron 1999 を参照。

(7) このテーマは近年、認知デモクラシー論（epistemic democracy）と呼ばれる分野で盛んに論争が繰り広げられている論点である。論争の要諦は、意思決定における集計の観点（集計モデル）であれ、意見形成における熟議の観点（熟議モデル）であれ、「等しく諸人格を処遇すること」を求めるデモクラシーの手続きが、結果的に、それ以外のいかなる手続きをも凌駕する認知的パフォーマンスを示す価値をもつか否かにある。詳しくは、内田 2019 ならびに小林 2019 を参照。

(8) グローバルな正義をめぐる学術的展開については、宇佐美 2014、押村 2008 ならびに『思想』2020 年 7 月号を参照。

【参考文献】

Bohman, James 2007 *Democracy across Borders: From Dêmos to Dêmoi*. The MIT Press.

Bull, Hedley 1977 *The Anarchical Society: A Study of Order in World Politics*. Palgrave Macmillan Press. 臼杵英一（訳）2001『国際社会論：アナーキカル・ソサイエティ』、岩波書店。

Butterfield, Herbert and Martin Wight eds. 1966 *Diplomatic Investigations: Essays in the Theory of International Politics*. Oxford University Press. 佐藤誠ほか（訳）2010『国際関係理論の探究：英国学派のパラダイム』、日本経済評論社。

Dahl, Robert. A. 1989 *Democracy and Its Critics*. Yale University Press.

Erman, Eva and Sofia Näsström eds. 2013 *Political Equality in Transnational Democracy. Palgrave* Macmillan.

Erman, Eva 2014 'The Boundary Problem and the Right to Justification', in Rainer Forst, *Justice, Democracy and the Right to Justification*. Bloomsbury Academic.

Forst, Rainer 2012 *The Right to Justification*. Columbia University Press.

Forst, Rainer 2013 'A Kantian Republican Conception of Justice as Nondomination' in Andreas Niederberger and Philip Schink eds. *Republican Democracy: Liberty, Law and Politics*. Edinburgh University Press.

Fraser, Nancy 2008 *Scales of Justice: Reimagining Political Space in a Globalizing World*. Polity Press. 向山恭一（訳）2013『正義の秤（スケール）：グローバル化する世界で政治空間を再想像すること』、法政大学出版局。

Gaus, Gerald F. 2000 *Political Concepts and Political Theories*. Westview Press.

Goodin, Robert 2007 'Enfranchising All Affected Interests, and Its Alternatives', *Philosophy & Public Affairs*, Vol. 35, No. 1, 40-68.

Gould, Carol C. 2004 *Globalizing Democracy and Human Rights*. Cambridge University Press.

Hurrell, Andrew 1996 'Vattel: Pluralism and its Limits' in Ian Clark and Iver. B. Neumann. eds. *Classical Theories of International Relations*. Palgrave Macmillan Press. 押村高（訳）「ヴァッテル：多元主義とその限界」、押村高、飯島昇藏ほか（訳者代表）2003『国際関係思想史：論争の座標軸』所収、

新評論。

Hirose, Iwao 2014 *Egalitarianism*. Routledge. 齊藤拓（訳）2016『平等主義の哲学：ロールズから健康の分配まで』、勁草書房。

MacDonald, Terry 2008 *Global Stakeholder Democracy: Power and Representation beyond Liberal States*. Oxford University Press.

Müller, Jan-Werner 2016 *What is Populism?*. University of Pennsylvania Press . 板橋巧己（訳）2017『ポピュリズムとは何か』、岩波書店。

Näsström, Sofia 2011 'The Challenge of the All-Affected Principle', *Political Studies*, Vol. 59, 116-134.

Rodrik, Dani 2011 *The Globalization Paradox: Democracy and the Future of the World Economy*. W. W. Norton and Co. Inc. 柴山桂太、大川良文（訳）2013『グローバリゼーション・パラドクス：世界経済の未来を決める三つの道』、白水社。

Rosenau, James N. 1992 'Governance, Order, and Change in World Politics', in James N. Rosenau and Ernst-Otto Chzenpeil eds. *Governance without Government: Order and Change in World Politics*. Cambridge University Press.

Späth, Konrad 2005 'Inside Global Governance: New Borders of a Concept' in Markus Lederer and Philipp S. Müller eds. *Criticizing Global Governance*. Palgrave Macmillan Press.

Teschke, Benno Gerhard 2003 *The Myth of 1648: Class, Geopolitics, and the Making of Modern International Relations*. Verso. 君塚直隆（訳）2008『近代国家体系の形成：ウェストファリアの神話』、桜井書店。

Vattel, Emer de 1758 *Le Droit des Gens: Ou Principes de la Loi Naturelle, Appliqués à la Conduit et aux Affaires des Nations et de Souverains*. Londres.

Waldron, Jeremy 1999 *Law and Disagreement*. Oxford University Press.

Whelan, Frederick G. 1983 'Prologue: Democratic Theory and the Boundary Problem', in *NOMOS*, Vol. XXV. New York University Press.

明石欽司 2009『ウェストファリア条約：その実像と神話』、慶應義塾大学出版会。

伊藤恭彦 2017『タックス・ジャスティス：税の政治哲学』、風行社。

宇佐美誠（編著）2014『グローバルな正義』、勁草書房。

内田智 2019「現代デモクラシー論における熟議の認知的価値：政治における「理由づけ」の機能とその意義をめぐる再検討」、『政治思想研究』第十九号所収、風行社。

内田智 2020「もうひとつのグローバルな「批判的＝政治的」正義論の可能性」、『思想——特集　グローバル・ジャスティス』2020年7月号、岩波書店。

遠藤乾（編著）2008『グローバル・ガバナンスの最前線：現在と過去のあいだ』、東信堂。

遠藤乾 2016『欧州複合危機：苦悶するEU、揺れる世界』、中央公論新社。

押村高 2008『国際正義の論理』、講談社現代新書。
小林卓人 2019「政治的決定手続きの価値：非道具主義・道具主義・両立主義の再構成と吟味」、『政治思想研究』第十九号所収、風行社。
篠田英朗 2012『「国家主権」という思想：国際立憲主義への軌跡』、勁草書房。
玉手慎一郎 2017「民主主義と自由への権利」、田上孝一（編著）『権利の哲学入門』所収、社会評論社。
田村哲樹 2018「グローバル・ガバナンスと民主主義：方法論的国家主義を超えて」、グローバル・ガバナンス学会（編）『グローバル・ガバナンス学Ⅰ　理論・歴史・規範』所収、法律文化社。
広瀬巌（編・監訳）2018『平等主義基本論文集』、勁草書房。
福原正人 2018「民主主義の境界画定：正当性と正統性」、日本政治学会（編）『年報政治学　２０１８－Ⅱ』、木鐸社。
松尾隆佑 2019『ポスト政治の政治理論：ステークホルダー・デモクラシーを編む』、法政大学出版局。
丸山眞男 1958「政治的判断」、松本礼二（編注）2014『政治の世界　他十編』所収、岩波書店。
水島治郎 2016『ポピュリズムとは何か：民主主義の敵か、改革の希望か』、中央公論新社。
柳原正治 1998『ヴォルフの国際法理論』、有斐閣。
山岡龍一 2019「政治哲学はどのようなものとなりうるか」、デイヴィッド・ミラー（著）、山岡龍一・森達也（訳）『はじめての政治哲学』所収、岩波現代文庫。

＊本稿は、日本学術振興会科学研究費助成事業（課題番号１８Ｋ１２７１５）による研究成果の一部である。

第19章　賃金と平等

遠藤　公嗣

〔要旨〕

賃金における平等とは何かについて、現在の国際標準と呼べる「同一価値労働同一賃金」原則と、現在の日本でなお根強い「生活給」思想ないし年功給に、大きな違いがあることを指摘する。ついで、その違いの理由、あるいは、その違いが形成された歴史はどうであったのか、を考察する。そして、まとめとして、国際標準の考え方と日本で根強い考え方のどちらに持続可能性があるのか、について考察する。

はじめに

賃金における平等とは何かについて、現在の国際標準と呼べる「同一価値労働同一賃金」原則と、現在の日本でなお根強い「生活給」思想ないし年功給に、大きな違いがあることを指摘する。これを指摘するための前提として、最初に、本章における賃金の意味を確認し、また、賃金の決め方に二大分類があることを確認する。国際標準の考え方では、平等な賃金と好ましい賃金は概念としてほぼ重複していると考えられ、両者をとくに区別して考察する必要がない。しかし現在の日本では、両者は分離している。そのため、両者の区別を意識することが理解の助けになる。そして、まとめとして、国際標準の考え方と日本で根強い考え方のどちらに持続可能性があるのか、について考察する。

1. 賃金の決め方の二大分類

労働者に支払われる賃金総額は、複数の賃金項目から構成される。賃金項目のうちのもっとも主要な「基本給」を、本章では単に賃金と呼び、これを考察対象とする。

賃金は、世界のどこでも、「何か」を基準にとって賃金額を決め、それを労働者に支払う形式をとる。この「何か」は多様であり、「何か」を分類することで、賃金の支払い形式を分類できる。本章では、これを賃金の決め方と呼ぶ。さて、現在の日本で賃金の決め方を考察するには、世界中の「何か」を二大分類できること、すなわち賃金の決め方を二大分類できること、これを認識することが必要である（遠藤 [2014]: 第 2 章）。

賃金の決め方の第 1 は、労働者が従事する仕事を基準にとる。仕事を意味する専門語を職務というので、この決め方の賃金を、私の言葉で「職務基準賃金」と呼ぶ。職務を基準にとる、の意味も、ア）とイ）の 2 つに細分できる。ア）それぞれの職務の内容につき値段を何かの方法で決め、その値段を賃金額として、その職務につく労働者に支払う。たとえば、旅客機の客室乗務という職務の内容を月給 23 万円とか時給 1400 円と決め、その職務につく労働者（客室乗務員）にその額を支払う。イ）職務を遂行すれば数値で結果がでる職務が存在するが、その数値を金銭換算して賃金額とし、その職務につく労働者に支払う。たとえば自動車ディーラーの販売員が、自動車 1 台を 250 万円で販売できたとすると、その 2% である 5 万円を賃金額としてその販売員に支払う。ア）もイ）も世界中の職務や労働者に存在するが、欧米諸国だけでなくアジアのインドや中国を含めて、ア）が多数である。その意味で、もっとも普通の賃金といってよい。イ）は少数である。またイ）は、他の決め方による賃金項目との併用であり、イ）単独は非常に珍しい。

賃金の決め方の第 2 は、労働者に備わっている特徴を基準にとる。特徴とは、年齢、勤続年数、「職務遂行能力」などである。たとえば、労働者が 23 歳であれば、あるいは勤続年数が 5 年であれば、あるいは労働者の「職務遂行能力」を△△と使用者が評価すれば、月給 20 万円と決める。年齢ないし勤続年数を基準とすると年功給と呼ばれ、「職務遂行能力」を基準とすると職能給と呼ばれることが多い。この決め方の賃金をまとめて、私の言葉で「属人基準賃金」と呼ぶ。属人基準賃金は、現在の日本の正社員には普通の賃金であるけれども、正社員以外では、あるいは日本以外では、かなり珍しい。正社員以外で、あるいは日本以外の世界で、もっとも普通で多数の賃金は、決め方の第 1 のア）である。

賃金の決め方の第 1 のア）と第 2 のどちらにも、使用者による評価によって、個々の労働者間で昇給額に差をつける制度がともなう。この制度が「基本給」の中にあることも、その外の付加給にあることも、どちらもあり得る。この制度を人事査定とか人事考課とか人事評価などと呼ぶ。この制度についても、賃金の決め方の第 1 のア）と第 2 の間で大きな違いがあり、それは賃金における平等の考え方にも関係する。しかし本章では、議論を簡素にするために、これを議論しない。この制度については、違いの比較と歴史に日本ではじめて注目し解明した研究（遠藤 [1999]: 第 2 章第 3 章）を参照してほしい。

2. 国際標準としての賃金平等原則

賃金における平等とは何かについて、国際標準と呼べる考え方がすでに存在している。その考え方は、決め方の第 1 のア）を前提にしているが、その理由は、それが世界でもっとも普通で多数の決め方だからである。国際標準の第 1 原則は、労働者がつく職務の内容が違うときの「同一価値労働同一賃金」原則であり、第 2 原則は、労働者がつく職務の内容が同一（類似）のときの「比例賃金」原則である。理論的には第 1 原則が難しいけれども、実際の歴史では第 1 原則が先行して確立した。その後に、第 2 原則が明示された。第 1 原則が先行していれば、第 2 原則は理論的に当然となるので、難しくない考え方である。

2-1. 職務の内容が違うときの「同一価値労働同一賃金」原則

この原則は、内容が違う職務の間でも、各職務の内容の価値を評価して、価値が同一ならば、同一の賃金率（時間単位あたり賃金額）を支払うべきである、との考え方である。当然にも、価値が違うならば、価値に比例する賃金率を支払うべきである、となる。比例的平等（序章）の原則である。

職務の内容の価値を評価することを、職務評価という。職務評価は賃金管理の方法として発達した制度であり、また、先述の人事査定とはまったく異なる制度である。職務評価では、職務の内容を、評価要素（4 大評価要素は、労働環境、負担、責任、知識・技能であり、それぞれに複数の小評価要素がある）毎に段階評価し、段階を点数化する。それぞれの点数を合計すると、合計点が職務の価値の点数となる。点数に比例した値段を職務につけ、それを職務の賃金額とすると、この原則に従ったことになる。職務評価にも多様な手法があるが、この原則に特有の手法としては、ここで説明したところの、高度で精緻な 4 大評価要素の得点要素法という手法が、推薦されている。

この原則を定めるのは、ILO100 号「同一価値労働同一報酬」条約（1951 年）である。同条約を批准した加盟国は 173 であり、批准していない加盟国は 14 である（ILO のホームページ、2020 年 3 月 27 日閲覧）。100 号条約では手法を特定しないで職務評価が推薦されたが、ILO は 2008 年に、上記の手法の推薦を公式に決定した。したがって、この原則は国際標準と呼ぶにふさわしいだろう。

この原則には歴史がある。

第一次世界大戦中の英国で、製造業における男性労働者の出征と増産のための労働者不足を、はじめて多数の女性が生産労働者として雇用され充足した。経営者は、男性より低い賃金率で女性を雇用した。労働組合はこれに反対し、男女「同一労働同一賃金」を主張した。この問題解明のために通称アトキン委員会が設置され、その検討結果は報告書にまとめられた。この議論がパリ講和会議に伝わって、1919 年のベルサイユ条約第 427 条第 7 項と ILO 憲章に「同一価値労働同一報酬」が記述されたのであろう（居城 [2009]）。もっとも、いわば言葉だけの記述であり、その意味は明確でなかった。

第二次世界大戦中の米国で、英国と同様の問題が起こった。しかし英国と違い、米国政府の全国戦時労働委員会（NWLB）は公式命令によって「同等な質と量の労働（comparable quality and quantity of work）」に男女同一賃金率を支払うことを奨励し、また職務評価の活用に言及した。職務評価は、1920 年代以来、もっぱら米国で開発され発達した制度であった。さて、NWLB の公式命令の内容を立法化する同一賃金法案が、1945-50 年の連邦議会に継続して議員から提出されたが、議会通過しなかった。戦中の命令も戦後の法案も、その実質的推進者は労働省女性局（1920-44 年の局長はアンダーソン、1944-52 年の局長はミラー）であったと思われる（遠藤 [2019]）。

ILO は、「同一価値労働同一報酬」の意味の明確化をめざして、1949 年後半に 100 号条約案の公式審議をはじめ、1951 年 6 月に総会で採択した。採択された 100 号条約の内容に影響したのは米国政府の見解であり、実質的には労働省女性局長ミラーの役割が非常に大きかったと思われる（遠藤 [2017]）。採択された 100 号条約は、米国連邦議会の 1945 年同一賃金法案の構想に類似する。

2-2.「同一価値労働同一賃金」の米国での開発と衰退および欧州諸国での発展

米国では、1970-80 年ころに、「同一価値労働同一賃金」原則に特有の職務評価の手法がさらに開発された。それが、先に説明した得点要素法である。そして、原則と合わせて、それはコンパラブルワース（comparable worth）

と呼ばれた。コンパラブルワースは米国で普及するかに見えたが、結局は、早期に廃れた。また米国は、ILO100号条約を未批准の珍しい国である。

他方、欧州諸国では、EUの法律にあたる男女同一賃金指令（1975年）が、ILO100号条約の内容をEU法化した。さらにEUの憲法にあたる基本条約の改訂（アムステルダム条約、1997年）が、同内容を基本条約条文に採用した。これら立法は、「同一価値労働同一賃金」原則とそれに特有の職務評価の手法が欧州諸国で普及することを促進した。現在、英国、スウェーデン、ベルギーなどで、原則を定める個別法があるほか、特定産業レベル以上の労働協約によって、原則に特有の職務評価の手法が導入され普及している。欧州諸国での普及を受けて、ILOは2008年に、この手法の推薦を公式に決定したといってよい。

「同一価値労働同一賃金」はもともとは男女間の賃金平等原則であったが、欧州諸国での普及とともに、あらゆる差別や偏見のない賃金平等原則として強調され理解されるようになった。これは当然の帰結である。この原則は、「女性」という、ある特徴で区分される労働者グループの賃金率を、その職務に関係なく、低くすることを不平等とする考え方である。ここで「女性」にかえて、ある人種、ある出身国、ある年齢、ある宗教、ある信条、などとしても、同じ論理で不平等となる。そもそもであるが、この原則に従って賃金を是正する実務を想定すれば（遠藤[2016]）、「女性」の低賃金のみを是正しつつ、たとえば「ある人種」の低賃金を是正しないことは不可能である。

さて、ここで疑問が生じる。「同一価値労働同一賃金」原則とそれに特有の職務評価の手法が米国作成とすらいえるにもかかわらず、米国では廃れ、欧州諸国では普及した。これは何故かの疑問である。その解答は、生活保障（広い意味での社会政策・社会保障・社会福祉　大沢[2013]）の充実度が、米国は低く、欧州諸国は高いことであろう。理論的に考えると、賃金が「同一価値労働同一賃金」原則に従う社会では、たとえば子供のケア労働や高等教育や引退した労働者の生活や介護などが、税金と社会保険料で主要に負担される必要がある。「同一価値労働同一賃金」の社会では、個々の労働者の賃金算出にこれら負担を考慮せず、また社会における賃金格差が小さいため、すべての労働者の賃金がこれらを負担できるとは限らないからである。理論的に考えられるこの社会に、現実に存在する社会としては、欧州諸国が米国よりはるかに近い。だから欧州諸国で普及したのではないか（遠藤[2020]）。

2-3. 職務の内容が同一（類似）のときの「比例賃金」原則

「同一価値労働同一賃金」原則を前提すると、内容が同一（類似）の職務の間では、職務の価値が同一なので同一の賃金率を支払うべきである、との考え方となる。この考え方は当然すぎるが、あえて指摘されるのは、パートタイム労働者と有期雇用労働者の数が増加したからである。ここでいうパートタイム労働者とは、フルタイム労働者と職務が同一（類似）だが、1日（1週、1月）あたり労働時間が短い労働者のことであり、有期雇用労働者とは、無期雇用労働者と職務が同一（類似）だが、雇用期限がある労働者のことである。どちらも同一の賃金率を支払うべきであるから、パートタイム労働者の賃金はフルタイム労働者の賃金の「時間比例」となるべきであり、有期雇用労働者の賃金は無期雇用労働者の「期間比例」となるべきであるとの考え方となる。これを「比例賃金」原則と呼ぼう。「比例賃金」原則は、「同一価値労働同一賃金」原則の一部に過ぎないといってもよいだろう。

「比例賃金」原則を法で定める例は、EUパートタイム指令（1997年）とEU有期労働指令（1999年）である。これらが、EU男女同一賃金指令（1975年）に重ねて制定された理由を推測すると、1つは、これら労働者の増加にたいして原則を明示することであろう。もう1つは、「基本給」以外の付加給や諸手当も、「比例賃金」原則になるべく従わせることであろう。というのは、フルタイム無期雇用の労働者には付加給や諸手当が支払われるのが普通であるが、パートタイムまたは有期雇用の労働者には支払われないことが多く、それが格差の無視できない理由となっているからである。

2-4. 未確立の国際標準

派遣労働者の賃金には、現在のところ、平等についての国際標準はない。欧米諸国の実情としては、同一職務であっても、派遣労働者の賃金率がフルタイム無期雇用の労働者の賃金率より高いことがある（たとえば米国の派遣看護師　早川 [2015]）。この場合に、賃金平等原則を合意することは容易でない。「同一価値労働同一賃金」原則ないし「比例賃金」原則をそのまま適用すると、派遣労働者の賃金率を引き下げることになりかねないからである。

さらに、たとえばウーバーの運転手など、形式は自営業であるが実態は雇用類似の働き方をする「独立労働者」が近年増加しているが、その賃金における平等についての国際標準の考え方もない。

派遣労働者と「独立労働者」の働き方は、使用者が労働者を直接雇用し指揮命令する伝統的雇用関係でないことが特徴である。こうした働き方の増加が予想され、そこでの賃金における平等の国際標準を確立することは、これからの課題であろう。

3. 日本の正社員における好ましい賃金と平等

日本の正社員については、労働者が従事する職務の内容と無関係に、労働者の年齢ないし勤続年数を基準に賃金に支払うことが好ましく平等な賃金であると、使用者も労働者も認識することが根強い。年功給が好ましく平等であるとの認識である。いわば純粋な年功給では、同年齢の労働者同士では賃金は同額となり、加齢は労働者全員が同じ速度だから、この面のみに限ると、年功給は単純平等（序章）の原則といえるかもしれない。

年齢と勤続年数の関係は､大企業で普通の新規学卒採用であれば当然にも､また中途採用であっても前歴換算との制度や慣行があれば、基準として相当に同じ意味となる。「職務遂行能力」は年齢（勤続年数）とともに伸張すると想定されるので、この点で職能給は年功給に近いが、同じく「職務遂行能力」は使用者の評価で定められるので、これは人事査定を明示的に組み込んでいることを意味し、この点で職能給は年功給と違う。

労働者が従事する職務の内容と無関係に、労働者の年齢（勤続年数）を賃金の基準とすることは、そのことだけで、賃金における平等についての国際標準からは疑問となる。実際、たとえば外国人研究者の中には、年功給を年齢差別と判断する人がいる。しかし、日本では異なり、年功給こそが好ましく平等であるとの考え方がある。何故なのか。歴史をふり返って考える。

3-1.「生活給」思想と平等観の展開

日本に根強い考え方の基盤には､「生活給」思想がある。賃金は労働者とその家族の生活を保障すべきであり、そのために、労働者の加齢とともに賃金は増加すべきである、との考え方である。若年の単身労働者は、加齢とともに、やがて結婚し子供が生まれ、扶養家族の増加のため、必要な家族生活費もしだいに増加する。そこで賃金が労働者の年齢（勤続年数）を基準にするならば、すなわち年功給であるならば、生活費の増加に賃金の増加が対応するので、賃金は生活を保障する。だから好ましい賃金である。

年功給の歴史をふりかえろう（孫田編［1970］)。

1922年の伍堂卓雄（呉海軍工廠、のち海軍造兵中将、商工大臣等を歴任）の論文が､職工（現在の生産労働者）への「生活給」思想を最初に提唱した[(1)]。伍堂は、扶養家族の必要生活費の増加が職工の加齢に並行することを詳細に数値分析し､具体的な年功給モデルを提案した｡伍堂の提唱は､職工の思想｢悪化」防止を目的としていた。また伍堂は、賃金における平等をとくに意識していなかった。

なお、伍堂の提唱が最初だったということは、当時の実際の賃金が年功給でなかったことを示している。それは「職務基準賃金」の一種だったと考えられる。また、職工の賃金と職員（現在のホワイトカラー）の賃金の決め方はまったく別のもので､職工の賃金は職員の賃金よりずっと低い水準だった。職工は職員から差別される存在だった。職工と職員の区別は学歴がつよく影響し、学歴は出身家庭の経済状況がつよく影響したので、職工自身はこの差別を不当であると感じていた。

実際の賃金が年功給に近づいたのは、第二次世界大戦期であった。戦時下の「皇国勤労観」は、労働は国家への奉仕活動であって、賃金は労働の対価でなく､労働者の生活維持は国家の責任であり､それを実現するのが｢生活給｣思想であり年功給であるべきことを強調した。また戦時下の政府による賃金額統制は、職工の年齢階層別で実施されたから、これらは年功給の強力な推奨ないし強制となった。｢皇国勤労観」も賃金額統制も、職員へも同様に適用されたので、職工と職員の賃金の決め方は年功給の方向で近づいた。戦争末期になると、物価上昇で職工と職員の実質賃金水準は低位で近づいた。

第二次世界大戦後の1946-47年に、電産（略称であり、電力産業の労働組合)が新しい賃金体系を要求し､ほぼ要求通りに実現した｡この賃金体系では、生産労働者とホワイトカラーを含む全労働者に同一の制度を適用し、労働者の一歳刻みの年齢のみで賃金額が自動的に決まる「本人給」が、平均で賃金総額の50％近くを占めていた｡｢本人給｣はいわば純粋な年功給であって､｢生活給」思想を具現した賃金であった。あるいは、戦時中にあった年功給の方向を、その「皇国勤労観」との考え方のみを変更して[(2)]、戦後の状況に適応させ実現した賃金であったともいってよい。

「本人給」の存在に依拠して、当時の電産は、この賃金体系が平等であることを宣伝していた。平等とは、生産労働者同士の平等はもちろんだが、ホワイトカラーとの間での平等を電産はとくに強調した。たとえば、小学卒の職場の給仕も帝国大学卒の電力技術者も、同年齢なら「本人給」は同額だ、と[3]。この宣伝は、電産組合員にも一般社会にも相当に受け入れられた。そして、年功給が賃金全体のかなりの部分を占める賃金体系と、その全労働者への平等な適用は、他産業の賃金体系にも急速に広まった。これら賃金体系は「電産型賃金体系」と呼ばれた[4]。

さて「電産型賃金体系」は、その後の労使関係の変化にともなって相当に変容し、大企業では消滅したといってよいだろう。しかし、賃金として好ましく平等なのは、「生活給」思想を具現した年功給を同一社内の全労働者に平等に適用することである、との認識は2020年現在でも日本に根強い。

3-2.「生活給」思想ないし年功給が想定するもの

「生活給」思想ないし年功給を同一社内の全労働者に平等に適用すること、この考え方はいくつかの想定を前提とする。主要な3つの想定は下記である。

第1に、労働者は男性を想定している。夫婦と子からなる家族を想定すると、男性である夫が賃金収入を得て家族生活費を負担し、妻と子を扶養するのである。妻は収入がないので扶養される必要があり、夫は扶養できる十分な額の賃金収入を得られる必要がある。同じことであるが、既婚女性は相当な長期間で収入がない、すなわち無職の専業主婦である、と想定している。

「生活給」思想ないし年功給は、男女をとくに区別しないから、男女ともにあてはまる考え方だ、との主張が過去にあったが、それは形式論理に過ぎる。労働者本人だけの生活費を考慮するなら、「生活給」思想ないし年功給はとくに必要ない。家族を扶養するから必要なのである。そして事実として、妻が収入を得て夫と子を扶養する夫婦は、日本だけでなく世界中でかなり少数である。「生活給」思想ないし年功給がそうした夫婦も想定内であるというのは、不適切な社会認識であろう。なお1960年代までの欧米諸国の夫婦では、片働きが両働きよりもかなり多数であったが、その時期まででも、かなり多数が男性片働きであった[5]。

第2に、労働者は正社員を想定している。家族生活費の負担ないし妻と子の扶養を継続できるためには、十分な額の賃金収入が安定して継続している必要があり、そのような雇用の労働者は正社員である。同じことだが、労働者に非正社員を想定していない。というよりも、非正社員は存在しないことになっている。したがって「同一社内の全労働者に平等に適用」は、正確には「同一社内の全＜正社員＞に平等に適用」である。

第3に、男性正社員の賃金が、子供のケア労働や高等教育や引退した労働者の生活介護など、これらすべてをカバーすることを想定している。いいかえると、これらをカバーすべき政府の生活保障が充実せず、これに代行して、男性正社員の賃金がこれらをカバーすることを想定している。この想定のために、男性正社員の加齢とともに賃金額は増加すべきであり、さらにいえば、その増加率の傾きは急であるのがよいのである。

3-3. 想定の適切と不適切

主要な3つの想定は、2020年現在の日本でどれほど適切なのか。現状を検討しよう。

第1に、女性労働者が急増している。1982年と35年後の2017年を比較してみると（『就業構造基本調査』）、女性労働者は急増（1450万人から2590万人）して、増加率で見ると、男性労働者の増加（2520万人から3000万人）をしのぐ。もし仮に女性労働者の賃金収入が増加し、また仮に結婚後も雇用され続けるならば、労働者である妻は夫に扶養される必要がなくなるはずである。もし仮にそうであるならば、男性正社員の「生活給」思想ないし年功給を好ましいとする理由はなくなるだろう。

第2に、しかしながら、急増の内訳が重要である。1982年と35年後の2017年を比較してみると、女性労働者は非正社員で大幅増加（460万人から1460万人）して、正社員では微増（990万人から1120万人）である。女性非正社員の過半はパート労働者（2017年で920万人）であり、その多数は主婦パート労働者と思われる。パート労働者など非正社員の賃金が低いことはよく知られているが、それに加えて、正社員の賃金でも、女性は男性よりかなり低い（遠藤[2014]:127）。このため実際は、妻が労働者であっても低い賃金のために、妻が夫に扶養されなくなったわけでない。したがって、男性正社員の「生活給」思想ないし年功給を好ましいとする理由がなくなったわけではない。

第3に、たとえば1950年と2020年を比較してみると、日本の生活保障が発展したことはあきらかである。しかし、2020年の欧州諸国の生活保障と比較すると、日本の生活保障は充実しているとはいえない（遠藤[2020]）。日本で充実していない理由は、生活保障にあたる内容は政府でなく家族の責任で負担すべきであるとの考え方が根強く、それが政府の生活保障施策に影響しているからである。この考え方を「日本型福祉国家」観といってもよい。ここでいう家族の責任で負担とは、端的にいえば、金銭としては男性正社員の賃金が負担することを意味し、サービスとしてはその妻の労力が負担することを意味する。この考え方は、「生活給」思想ないし年功給に親和的である。

さらに正社員では、生活保障は充実度が高く、企業の福利施設を享受できる。非正社員では、生活保障は充実度が低く、企業の福利施設も享受できない。しかし非正社員は、賃金が低く生活保障の必要度は高いので、充実度と必要度の関係は逆転している。

第4に、非正社員はながく労働統計で調査されず存在が認識されなかった。[6] しかし、労働統計で調査をはじめた最初の1982年にすでに670万人との多数であって、2017年では2130万人となり全労働者の38%を占めるほどに増加した。非正社員に「生活給」思想ないし年功給は適用されず、非正社員の賃金は正社員の賃金より低いことがあきらかである。そのため、年功給が「同一社内の同年齢の正社員であれば賃金は同額」であり、単純平等の原則に合致していたとしても、それが日本社会における賃金平等原則を示すとは、あまりに「木を見て森を見ない」考え方であり、公然と述べることができない考え方となった。それが人々の心中では現在なお根強いかもしれなくても、である。

おわりに

賃金における平等については、国際標準の考え方が日本のそれよりも、持続可能性があるだろう。未確立の国際標準があるとしても、そうである。その理由は簡単であり、日本に根強い「生活給」思想ないし年功給は、現在では、日本社会における賃金平等原則を示さないからである。現在の日本に、賃金における平等は存在しない。実際、このことは法で承認されているといってよい。というのは、パートタイム・有期雇用労働法は2018年に制定され、2020年4月1日から大企業で施行されたからである。日本の賃金が不平等だからこそ、その是正すなわち賃金における平等をめざすために同法は制定されたのである。

同法には、是正に有利な規定も不利な規定も、混在している。同法が是正にどれほど有効かに議論もあろう。しかし、その第8条を読めば、改正前の条文になかったところの、国際標準への志向を「密かに」意識した新しい規定になっていることがわかる。すなわち第8条は、是正対象に「基本給」を明記し、その是正に考慮すべき事情を列挙しつつも、「事情のうち」適切ならば「職務の内容」だけを考慮して「基本給」を是正してもよい文言解釈が可能な規定である。「職務の内容」を評価するのが職務評価だが、そのために、厚生労働省は2019年4月から『職務評価を用いた基本給の点検・検討マニュアル』を公表している。厚生労働省が推薦する職務評価は「同一価値労働同一賃金」に特有な手法のものでないにしても、第8条の規定の新しさは注目に値するだろう(7)。

さて前述のように、「生活給」思想ないし年功給を好ましいとする理由は、なくなっていない。そのため、これらを好ましいと考える人々はなお根強く存在する。それは男性にも女性にも存在する。その心情をあえて指摘すれば、男性は自己を家父長とみなす心情から、女性は専業主婦を高い社会的地位とみなす心情からであろうか(8)。

とはいえ、好ましいから賃金における平等を無視する、このことは現在の日本でどれほど持続できるのであろうか。賃金における平等が強調されるほど、好ましいとする理由と心情は崩壊せざるを得ない、こう私は考える(9)。

〔補論〕

年功給を正当化する理論として、新古典派経済学の人的資本論に親和的な理論がある。すなわち、労働者は勤続のうちに配置転換などで能力を開発されて自己の生産性を高めるから、賃金は生産性の代価なので、賃金は年齢（勤続年数）とともに上昇する、との理論である。私見では、これは逆である。「生活給」思想によって年功給がまず形成され、「電産型賃金体系」普及後に、年功給によるコスト増にみあう人事管理の一環として、配置転換などの人事管理上の工夫が進展したと考えられる。

原理主義的な新古典派経済学者の主張によれば、賃金における平等とは、自由な労働市場で決定される賃金率が支払われることである。この主張によれば、「同一価値労働同一賃金」原則も、年功給も、自由な労働市場の機能を人為的にゆがめて、賃金における平等をそこなっていることになる。私見では、職務の内容の価値にかかわりなく労働市場の需要供給関係のみで賃金率が決定されると、社会における賃金率分布の低水準部分で、職務の内容からみて賃金率が下がりすぎる。また賃金率分布の高水準部分で、職務の内容からみて賃金率が上がりすぎる。

【注】

(1)「生活給」思想の提唱に関連する当時の状況についての最新の研究は、野依 [2017] である。なお、野依 [2017] は「家族賃金」の語を使用する。英語「家族賃金（family wage)」は、日本語「生活給」に近い意味であるけれども、「家族賃金」に、加齢とともに賃金額が増加すべきである、との意味はない。英語「家族賃金」と日本語「生活給」の意味の違いに留意すべきであろう。

(2) 変更とは「皇国」を「企業」「会社」に取り替えただけである、との指摘（濱口 [2015]:78-81）は説得的である。

(3) この宣伝の語句に誤りはないが、もう 1 つの賃金項目である「能力給」(初期は平均で賃金総額の約 20%）の実態を考慮に入れると、違う特徴がみえる。たとえば「能力給」額が「本人給」額を上回るのは、小学校卒では勤続年数 38 年だが、大学卒では 6 年で大差があり、さらに「本人給」が昇給しなくなる 40 歳以降の大学卒管理職者では、「能力給」額が「本人給」額の数倍になった。電産の賃金制度は、「本人給」だけでなく、「本人給」と「能力給」をあわせて理解すべきである（遠藤 [1999]: 第 4 章)。

(4)「賃金体系」との用語が普及したのは、この時からであって、それは「電産型賃金体系」の影響の強さを示すと考えられる。

(5) 英語「家族賃金（family wage)」は、その同義語として、英語「男性稼ぎ主型賃金（male breadwinner wage)」がある。なお、妻が収入を得て夫を扶養する夫婦が少数である理由について、本章では考察しない。

(6) したがって、1960 年代半ばから 1980 年代まで、日本の労働者は正社員だけであるかのような認識が、とくに疑問を持たれることなく、研究者の間で普通であった。現在からみれば「なさけない」ことである。

(7) 第 8 条にある国際標準への「密かな」志向が、現在の日本でどれほど認識されているのか、私は疑問である。たとえば禹は、第 8 条を詳細に考察しながらも、「事情のうち」以下の規定の存在と意義を看過している（禹 [2020]:22-23）

(8) 年功給とそれを是認する意識の形成について、1950 年代半ばの近江絹糸人権争議に関連して研究した最新の成果は、梅崎ほか [2020] である。

(9) Lurie［2018］によれば、職務基準賃金の国であるイスラエルで 1923-1954 年に、ユダヤ人労働組合 Histadrut の主導によって、「家族賃金」（この場合は、扶養家族の状況によって額を決める付加給）を労働協約に含めた。Lurie［2018］は、本章によく似た問題意識から、「同一価値労働同一賃金」原則の欧州諸国での普及に言及しつつ、イスラエルの「家族賃金」を批判的に考察している。

【参考文献】

Lurie, Lilach［2018］" Unions and unequal pay: The establishment of the 'family wage'." *International Labour Review; Geneva* 157(1), (Mar 2018): 153-167.

居城舜子 [2009]「ヴェルサイユ条約における同一価値労働同一賃金原則の含意」『常葉学園大学研究紀要 教育学部』第 29 号：27-50。
禹宗杬 [2020]「「一億総活躍」と身分制雇用システム」『社会政策』第 11 巻第 3 号：14-28。
梅崎修・南雲智映・島西智輝・下久保恵子 [2020]「「家族賃金」観念の形成過程：近江絹糸人権争議後の交渉を対象に」『社会政策』第 11 巻第 3 号：113-125。
遠藤公嗣 [1999]『日本の人事査定』ミネルヴァ書房。
遠藤公嗣 [2014]『これからの賃金』旬報社。
遠藤公嗣 [2016]「社会経済からみた「同一（価値）労働同一賃金」と法律家の言説」『季刊・労働者の権利』第 315 号：32-41。
遠藤公嗣 [2017]「ILO100 号条約の審議過程と賃金形態」『季刊労働法』第 256 号：41-56。
遠藤公嗣 [2019]「男女同一賃金と米国労働省女性局（1942-1951 年）」『（明治大学）経営論集』第 66 巻第 1 号：147-162。
遠藤公嗣 [2020]「「同一価値労働同一賃金」原則の定義とそれに特有な職務評価の手法：それらを「アメリカ製」となぜ呼べるのか、そして、それらは欧州諸国でなぜ普及しているのか？」『（明治大学）経営論集』第 67 巻第 1・2・3 合併号：1-19。
大沢真理 [2013]『生活保障のガバナンス』有斐閣。
野依智子 [2017]「「家族賃金」観念の形成と歴史的意義：1920 年代を中心に」『大原社会問題研究所雑誌』第 699 号：21-32。
濱口桂一郎 [2015]『働く女子の運命』文春新書。
早川佐知子 [2015]『アメリカの看護師と派遣労働：その歴史と特殊性』渓水社。
孫田良平編［1970］『年功賃金の歩みと未来』産業労働調査所。

第20章　福祉国家と平等

佐々木　伯朗

〔要旨〕

本章は、福祉国家において「平等」はどこまで達成可能かを考察した。ロールズの提唱する「財産所有制民主主義」は、人間が自分のことを他人より優先して考える限り実現しない。現実の福祉国家では、スウェーデンやデンマーク等の社会民主主義的福祉国家が財産所有制民主主義に最も近い形態であり、平等化の上限を画する。経済のガバナンスの形態の一つである共同体は、市場の失敗と政府の失敗が存在する領域で効果を発揮するが、貨幣によって媒介される人や物の流通によって、常に外部からの影響に晒されるという問題があり、この点でも財産所有制民主主義は実現困難である。

はじめに

現代の主要国は、財政支出の相当部分が社会保障のために使用されていることから、福祉国家と呼ばれている。この福祉国家において、「経済的な不平等を是正すること」は、最も基本的な役割である。これは、最小限の福祉国家、すなわち「残余主義的」な、あるいはエスピン－アンデルセンの類型論(1)で言えば「自由主義的」な福祉国家においては、対象が限定されているとはいえ、貧困者に対する給付が中心となっているからである。では逆に、福祉国家において経済的な平等はどこまで達成されうるのだろうか。本章では、福祉国家の「上限」すなわち平等化の限度と、平等化に内在する問題を考察する。また、「平等」について、国家と市場の二分法以外の可能性を考える。

1.「財産所有制民主主義」と福祉国家

規範理論の視点からこの問題を考える上での重要な基準として、ジョン・ロールズは『正義論』の改訂版で、自らの提唱する「財産所有制民主主義」(Property-owing democracy) と福祉国家との違いを強調している(2)。前者が富すなわち財産を平等化し、その下で競争が行われるようなシステムを考えているのに対し、後者は個人の財産に政府が介入せず、毎期生み出される所得の再分配のみを行うシステムである。そして、彼が提唱する「格差原理」の効力は、前者（ロールズの言い換えでは「リベラルな社会主義政体」）の制度上の脈絡において理解される、としている。個人の財産への一般的な課税は富裕税 (wealth tax) と呼ばれるが、これまで主要国においては、戦時の資本課徴 (capital levy) を除けば実施された例は少ない[(3)]。ロールズの理想とする政体と現実の福祉国家との間には、この政策の有無の点で断絶がある。

「財産所有制民主主義」と福祉国家との違いは、政治の面にも表れる。ロールズによれば、前者は「富と資本の所有権の分散を図り、そうして社会のごく一部が経済を支配し間接的に政治が関与する生活領域そのものを牛耳るという事態を防ごうとする」ものである。そして、「自由かつ平等な市民たちが世代を越えて協働する公正なシステムとして社会を捉える場合、格差原理は〔福祉国家が目指すような最低限度の生活水準の保障ではなく〕互恵性（助け合い）もしくは相互性の原理と同じものとなる。」と述べられる。つまり渡辺幹雄の言葉を借りれば、「ロールズの政治社会（財産所有制民主主義の国家）はひとつのコミュニティを形成する」[(4)]のである。それは、市民と国家が、対置された関係ではなくイコールの関係になっている社会と言い換えることもできよう。さらに言えば、ここでは国家の持つ特徴である強制性も存在しない。市民一人ひとりの自発的な行動が国家の活動と等しくなるのである。

2. 福祉国家の上限

次に、現実の社会においては、上記の「財産所有制民主主義」が達成困難であることを示していこう。まず、個人の自発性によって所得や財産の再分配が行われる社会は、達成可能であろうか。今、３人の個人から成り立つ社会を考える。ここで、個人１および２は裕福で、個人３は貧困であるとする。また、個人１と２は両方とも、個人３が貧困であり救済が必要と考えているとする。さらに、個人１と２の効用は、自分の所得や財産だけでなく、個人３の所得や財産にも依存するものとする。すなわち個人１と２は、個人３が豊かになることによって、自分の効用も上昇するのである。この場合、個人１および２は自分の自発的拠出によって個人３を豊かにできる[(5)]。しかし、自発的拠出がある金額を超えれば、自分の所得や財産を失うことによる効用の低下が、個人３が豊かになることによる効用の増加を上回るであろう。個人１および２にとってより望ましいのは、相手が個人３に拠出してくれる場合である。この場合、それぞれが相手の拠出にフリーライドすることになる。

表１　他人が拠出することを好む時の利得表（個人１の利得，個人２の利得）

	個人２が拠出	個人２が拠出しない
個人１が拠出	3,3	1,4
個人１が拠出しない	4,1	2,2

（出所）Hillman(2009), p.546 の数値例を参照

上記の状態を、簡単な数値例を用いて表してみよう。表１において、個人１と２は個人３のために拠出することによって自分の利得も増えるが、相手だけが拠出し自分は拠出しない時の利得はさらに大きい。逆に、自分だけが拠出し、相手は拠出しない時の利得は最低になる。この時の支配戦略（相手の戦略の如何によらず自分のとるべき最良の戦略）は、拠出しないことである。その結果、個人３の救済は行われない。これは、いわゆる囚人のジレンマと同じ状況であり、その結果実現する状態はナッシュ均衡（自分だけが戦略を変えた時に有利になることがない状態）である。よって、貧困者の救済は必要だが自分以外の誰かにその役目を果たしてもらいたい、と考えている人々によって社会が構成されているならば、自発的な再分配は結局実現しない。再分配のためには、強制的に所得や財産に介入しうる政府が必要なのである。

もっとも、個人１および２が、自分が他人に与える行為自体に喜びを見出すのであれば、上記の利得表は、相手の出方の如何に関わらず拠出したほうが大きな利得を得るように変化する。その結果、自発的な拠出が実現し、政府は必要なくなる。結局、この論理が示すことは、人間が利己的である限り、平等化のためには何らかの強制力を持った存在、すなわち政府が必要であるということだ。従って、互恵性を基本とするコミュニティとしての政治社会は、実現しない。

次に、政府が存在するという条件の下で、財産の平等が達成されるかという問題を考える。民主主義の下で多数の市民が存在する時、市民全体の意思によって政策を決定する手段は、選挙である。つまり、選挙を通じて財産の

再分配のあり方を決めることになる。選挙は多数をとったほうが勝つしくみであるから、他の再分配の方法よりも多くの支持を得た方法が選ばれる。この時、資産の分布が、多くの資産を持つ者が少数で、少ない資産を持つ者が多数であった場合、投票で選ばれる方法は、少数の富裕者から多額の資産を取り上げて多数の人々に分配するものであろう。もし、最終的な資産保有が全員平等となる条件がついたとしても、最も多く資産を持つものが最も多く取り上げられることに変わりはない。しかし、この方法は、富裕者がそれまでの経済活動によって積み上げてきた資産を収奪するものであるから、収奪される富裕者は、蓄積の努力を放棄して再分配を受ける側に回ることを選ぶであろう。これは集団全体の経済的な効率性を低下させることになる。よって、やはり人間が利己的である限り、資産の再分配は困難となる(6)。以上の二つの結果から、ロールズの理想とする「財産所有制民主主義」は、人間が自分のことを他人より優先して考える限り実現しない。これを、「第一の限界」としておく。

それでは、「財産所有制民主主義」が実現困難であるという前提の下で、福祉国家はどこまでそれに接近できるのであろうか。この問題については、分析的マルクス主義者のJ. E. ローマ―の、分配的正義や社会主義に関する議論が参考になる。ローマ―は、市場メカニズムの資源配分機能の有効性を認めた上で、生産手段（≒財産）は国有化されるよりも、民主的な選挙を通じて、国民一人一人にその処分に関する権限を与えたほうが、各人が自分に与えられた分の購入・売却を通じて企業に影響力を及ぼし得るという点で、望ましいとした(7)。これが、ローマ―の主張する「市場社会主義」である。そして、現実の社会においてこれを実現する手段として、労働者による企業の経営管理、企業の株式購入権のバウチャーやクーポン等の市民への分配、および累進課税等を通じた所得のより公平な分配を主張する(8)。さらに、ローマ―のかかる文脈の中では、これらの提案が一部実現している例として、北欧の社会民主主義国家が取り上げられている。

この社会民主主義は、2006年に一橋大学で行われたローマ―の公開講義を解説した吉原(2007)によると、社会の平等化を実現する制度として、市場社会主義に代替するものであるとされる。ただし、その実現の方法として、市場社会主義は資本所有の均等化と所得再分配的税システムの二つの装置を有するのに対して、社会民主主義は後者のみの装置を有するものとされる。この「資本所有の均等化」と、先述した「財産の平等化」とはほぼ同義と解されるから、ローマーの議論を通じて、われわれは、スウェーデンやデンマーク等の社会民主主義的福祉国家が、ロールズのいう財産所有制民主主義に最も近い形態であると推論することができる。実際、これらの国々は各種のマクロ指標、例えば再分配前後のジニ係数の変化の大きさ等から、平等化の程度が比較的大きな国であることがわかる。したがって、福祉国家の「上限」がこれらの国々にあたるといえる。

3. 平等化政策の問題

では、社会民主主義国家を上限とする現代の福祉国家において、「所得の平等化」はいかなるものとなるであろうか。民主主義の下では、基本的に投票を通じて民意が政策に反映される。したがって、所得の再分配においては、先に述べた少数の富裕者と多数の貧困者から構成される社会において発生する問題が、そのまま当てはまる。この社会における所得の分布は図1のように、各人を所得の高い順にならべた時に中央に位置する人の所得、すなわち中位所得が平均所得を下回る形状となる。この時、平均を下回る所得の人数が平均以上の所得の人数を上回るので、所得再分配の方法を決める選挙において、平均を下回る所得の人々は多数派を形成することになる。

図1　平均値が中央値を上回る所得分布

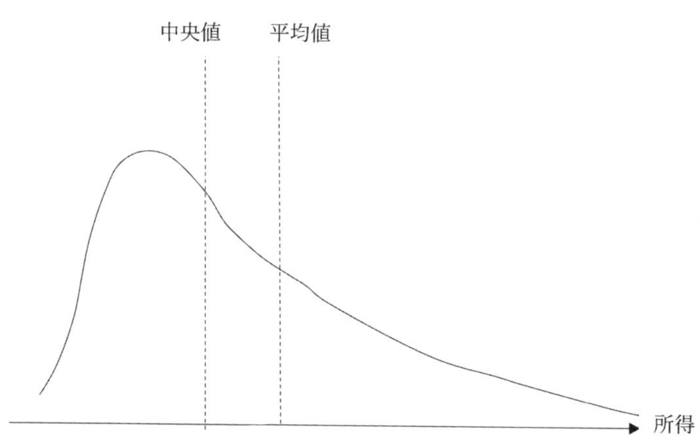

今、この社会に n 人の個人が存在しそれぞれの所得が y^i $(i=1,\cdots,n)$ である

とする。この時、所得の平等化のために、すべての人々に同率の所得税（比例所得税）を課し、その税額ですべての人々に同額の給付を行うものとする。その際、税率は投票によって決めるものとする。この時、一人当たりの給付額Sは次の式で表される。

$$S = t\left(\frac{\sum y}{n}\right) = t\bar{y} \qquad (1)$$

これは、一人当たりの給付額は平均所得に税率を掛けた額に等しいことを示している。また、再分配後の個人iの所得を y_a^i とすると、次の式のように表される。

$$y_a^i = (1-t)y^i + S \qquad (2)$$

この式のSに(1)の結果を代入して整理すると、以下のようになる。

$$y_a^i = y^i + t(\bar{y} - y^i) \qquad (3)$$

これは、各人の再分配後の所得は、再分配前の所得が平均所得を下回る場合には増加し、平均所得を上回る場合には減少し、平均所得に等しい場合には不変であることがわかる。この時、各人が再分配後の自分の所得を最大にするよう行動すると、平均所得を超える所得を持つ人は税率ゼロに投票し、平均所得を下回る人は税率100%に投票することになる。そして、先にみたように平均を下回る人数の方が多いので、投票の結果t=1となる。よって、課税はすべての所得を取り上げる収奪的なものとなり、再分配後の各人の所得は、課税前の平均所得に等しくなる。よって、このケースでは、多数決投票は再分配後の所得の完全な平等をもたらすのである。

以上述べた、比例所得税と一律給付の組み合わせは、ベーシック・インカム（BI）の一つの形態でもある。BIは、公的扶助に関する受給者の労働意欲やスティグマの問題、所得の増大に伴う実効税率の不連続的な変化等の問題を解決するものとして、近年盛んに研究され、またいくつかの国で実験的な導入が行われてきた。しかし、上記の結果をふまえると、民主主義国家におけるBIの導入には本質的な問題があることがわかる。一律の給付が無条件で全国民に保障されるとして、その源泉となるのは課税である。他の公共サービスも考慮して再分配の総額に限度を設けるとしても、多くの国では所得税は累進課税の形をとる。そうなると、再分配のための課税における高所得者と低所得者の間の負担の「格差」はより大きなものとなろう。収奪的な課税を受ける高所得者は給付を受ける低所得者の側に回るか、国外に逃避することが考えられるから、再分配自体が不可能となってしまう。所得に限った「平等化」を行うとしても、先に資産のところで述べた問題を回避することはできないのである。

4. 福祉国家における再分配

現実の福祉国家において、全国民に対する一律の給付はこれまで行われてこなかった(9)。BIを導入すれば他の多くの社会保障の給付が軽減されるとする主張があるが、高齢者や病人、障碍者等について、そうではない人々が生活するのに最小限必要な費用と同じ給付にするわけにはいかない。そもそも、ニーズが異なる人々を同一に扱うことは、「平等」の面からは許容されても、福祉国家の観点からは支持できないのである。福祉国家の性質の一つとされる「ニーズの充足」は、上記のさまざまな問題を持つ人々に対してそれらに対応した給付を行うものであるが、これは結果として、高所得者に対する累進課税等を通じた差別的な課税と、各種のニーズの軽重に応じた差別的な給付になる。同時に、それらの給付の認定は政府によって選別的(selective)に行われることになる。このような政策は、「平等」や「普遍性」とは相反するものであるが、全体として当該国民の支持を受けることによって、福祉国家の柱となっているのである。かかる選別的な政策に対する国民の支持は、上に述べたような社会的弱者にいつか自分がなるかも知れないというリスク回避の考え方や、そのような人々に対しては救済が必要であると考える、慈善的あるいは家父長的(paternalistic)な心理に基づいている。しかし、課税や社会保険料の負担には限界があるから、各国の政治状況に応じて、給付にも限度が生じることになる。

多様な形態で存在する「社会的弱者」に対して選別的に給付を行うことは、確かにそれらの人々が社会生活を送るうえでプラスになるであろう。しかし、給付の対象者やその家族、サービス提供者、政府の担当部局から成る利益集団ができると、それらは補助金や税制優遇など、政府からの支援を求めて競合することになる。また、自らの特別な地位を維持するために、集団外の企業や個人の参加を排除する傾向も生じる。経済学においては、市場で活動したときと同等の費用で、市場で活動したときよりも高い収益が得られた場合、その差分のことをレントと呼ぶ。このケースでは、社会サービスの事業者が政府からの認可を求めて活動すること、または自らの利権を維持するために他の事業者の排除を求めて政治的に活動することは「レントシーキング」と呼ばれ、市場経済で通常活動した場合財・サービスの生産に利用できたはずの資源が他の活動に利用され、所得分配に影響を及ぼすことになる。すなわち、レントシーキング活動によって生産効率が低下する結果、同じサービスを提供する場合でも市場経済の下で提供するよりも単位当たりコストが増加し、その費用を租税や社会保険料の形で支払う国民の負担が増大することになる(10)。

上記のレントシーキングは経済の効率性の問題であるが、各種の類型ごとに行われる社会サービスの給付は、公平性の点でも問題をもたらす。わが国の生活保護制度は、稼働能力を有しないと判断される者に対して、居住地その他の生活状況に基づき一定額の現金を給付する制度であるが、その給付額は労働市場の動向とは無関係に決定される。その結果、最低賃金が生活保護の受給額を下回ることとなり、生活保護受給者と一般労働者の間で再分配前後の所得が逆転する現象が続いている。そもそも、「労働する能力がない」状態と「労働したいが職がなくできない」状態を、老齢疾病等、外見上明らかな特徴以外でどれだけ識別できるかは疑わしい。こうした公的扶助の例に限らず、一般的に社会保障の各プログラムは認定の権限を政府の裁量に委ねており、国民の側から認定の可否の根拠が見えにくいという性格を持っている。また、これらの各プログラムは相互に独立しており、プログラム間の連携は乏しい。したがって、同じ所得であっても、あるプログラムの給付を認定された者と、認定から外れた者との間で「格差」が生じることになる。これは、「平等」とは相反する状況である。

社会保障に限らず、教育、住宅、中小企業、農業等の分野における給付まで含めれば、政治家や官僚を通じた政府に対するレントシーキング活動は、あらゆる民主主義国家において見られる現象だ。結局のところ、政府によってカテゴリー毎に行われる再分配は、全体として見た場合平等化には必ずしもつながらないのである。ノーベル経済学賞を受賞した財政学者で、政治家や官僚を通じて財政活動が歪められることを一貫して批判したJ. ブキャナンは、1998年に行われたR. マスグレイブとの討論会において次のように主張した(11)。

「再分配は政治が関わらざるをえないということは、なにが理想的再分配であるかを語ることとはまったく異なることがらである。政治が分配上の要素に関わりをもつことを一度許すならば、私の関心はもちろん常に、あなた方は自分たちが望ましいと考えるものを必ずしも手に入れることができない、ということであった。（中略）もしあなた方が政治的領域に移転もしくは再分配を公然と投げ込むならば、あなた方はほとんど間違いなく階級対立もしくは激しい混乱状態を作り出すことになり、富者から貧者への分配、もしくはあなた方が何を望むとしてもそれを手に入れることには必ずしもならないであろう。」

つまり、望ましい再分配のあり方は各個人または各集団によって異なるので、実際の再分配は結局政治によって決まることになる。その場合、特定の集団に利益をもたらす場合があるが、それは平等化とは異なる、ということをブキャナンは述べているのである。なお、この討論会の中で、ブキャナンが平等な再分配の方法の一つとして、BI 同様の全国民に対する一律給付とその財源としての比例課税を主張しているのは、その現実性はともかく、「政府の失敗」を重視する彼の学問的スタンスを考えれば当然と言わねばならない。ただし、レントシーキングなど「政府の失敗」を重視する論者は、「市場の失敗」に代表される、政府活動の厚生経済学的根拠を軽視する傾向がある。このことから、市場と計画をどのように組み合わせるべきかは、現代の政治経済学の中心的な課題となり続けている。もっとも、こうした対立図式の前提には、国家と市場の二分法的な経済観がある。この考え方が現実的ではないことについて、次節で説明しよう。

5. 経済システムにおける共同体

経済のガバナンスの形態において、市場、国家に加えて「共同体」(コミュニティ) を強調するのが、S. ボウルズである。すなわち、市場の失敗と国家（政府）の失敗の両方が存在する場合には、共同体が有効な役割を果たしうるというのが彼の主張である。先述したとおり、国家をめぐるレントシーキング活動の非効率性を強調する場合、もっぱら市場経済への依拠という主張がなされ、他方で市場の失敗を重視すると、ケインズ的その他計画経済的な主張がなされることになる。ボウルズは「これら二つの政治経済学の潮流は、コミュニティが統治構造として果たす重要な役割を見逃してきた。」[(12)] と批判する。ここでのコミュニティすなわち共同体とは、地域的なものだけでなく、職能的なものや趣味のサークル、友人、さらにはインターネット上のコミュニティなど、公式、非公式を問わない「互酬的」な集団と捉えることができる[(13)]。互酬 (reciprocity) とは、共同体の一員として相互扶助的に活動することであり、対価性のある交換活動や、国家等の権力を背景とした強制とは異なるものである。

表2は、この互酬的な集団の特徴を、市場および国家に対応する経済組織と比較したものである。この表では、「市場原理」に対応する経済組織が企業となっており、国家は「再分配原理」に対応する経済組織となっている。ここでの「再分配」は、本稿でこれまで述べてきた現金給付や課税によるものだけでなく、「公共サービス」を無償で提供する対象の個人や企業と、その公共サービスのための税を負担する個人や企業との間の所得分配の変化も含む。また「互酬的原理」の取引形態は相互扶助であるが、これは誰かに生じるリスクを全員で負担するものと言い換えることができる。よって、講や共済などがその原初的な形態であり、一般的には「保険」が互酬的原理に対応する経済組織となる。

表2　経済システムの種類と特徴

特徴 種類	取引形態	追求される価値	組織形態
市場原理	市場で評価された価格による取引	効率	企業
再分配原理	財政（租税、均一サービス）	公平	政府
互酬的原理	相互扶助（保険）	連帯	共同体

（出所）佐々木（2016）,p.46 の表を一部修正

さて、共同体が、市場の失敗と国家の失敗が存在する領域で効力を発揮する理由は、ボウルズによると以下の通りである[(14)]。まず、このような領域では成員の相互作用の頻度が高く常に再交渉の余地があるので、取引される財・サービスの完備契約が困難であるが、その点で、共同体においては情報が個々の成員に分散されている。このことから第一に、個々の成員には、「将来」の報復を避けるために、社会をより良い方向にするべく「今」行動する

誘因が働くとされる。第二に、成員の相互作用頻度の高さは、個々の成員の特性を知るためのコストが低くなることにつながる。第三に、ある成員は他の成員が反社会的な行動をとった時に直接罰することができるから、成員のフリーライド問題を回避できるとされる。そして、以上述べた成員の行動については、成員に所有権を付与するのではなく、彼らの行為の結果に対する残余請求権を与えるという共同体内の契約によって、成員にその通りに行動する誘因が働くとされる。この状況は、ロールズやローマ―の述べた財産所有の平等化に類似している。ボウルズも、一般論として、財産所有の平等化は残余請求権と管理権の効率的な分配を実現することで、生産の促進につながるとしている(15)。

6. 共同体と福祉国家

現代の福祉国家は、アングロ・サクソン諸国においてはW. ベヴァリッジやT.H. マーシャルなどの平等主義が元になっているが、他方で大陸ヨーロッパにおいては、先述の性質を持った共同体によって、その基礎が形成された。例えば、ドイツは19世紀後半にビスマルクによって世界初の公的社会保険が成立した国であるが、この社会保険制度の形成においては、それまで存在していた職域別の相互扶助団体の影響が大きかった(16)。すなわち、ドイツの公的医療保険は、共済金庫等の既存の相互扶助組織が法律によって公的な性格を付与されることで成立したのである。また、これらの職域別の医療保険については、政治的理由から公費負担を伴わない独立採算制がとられ、同時に「金庫自治」の視点から、その運営は労働者を中心とする被保険者によって行われた。この運営の自治という点については、当初から公費負担を伴って成立した年金（老齢廃疾）保険についても同様である。この結果、ドイツの社会保険制度は、職域別に給付および負担の差別化が生じると共に、就業時の平均所得に比例的な給付となったのである。こうした制度は、ベヴァリッジ報告で主張された「均一拠出、均一給付」の原則と異なることは明らかである。

しかし、このようなイギリスとドイツに代表される制度の相違を伴いつつも、現実の福祉国家に共通する特徴がある。それは、個人の救済の方法は「自助・共助・公助」の順に優先されるとする、いわゆる「補完性原理」である。個人における問題は、まずは自分で解決すべきであり、それが不可能であれば家族や近隣、友人等の手を借り、それでも難しい時に、政府（公）が救済すべきとする考え方である。このうち、自助・共助という点では欧米の福祉国家は共通しており、大陸ヨーロッパや北欧のように共助が公共部門に包摂されているか否かで、小さな福祉国家と大きな福祉国家との違いが生じてくる。逆に言うと、自助・共助の支えがないところでは、福祉国家を維持するためには政府の役割が強くならざるを得ない(17)。わが国では「企業内福祉」が政府による福祉を代替したという考え方があるが、長期雇用、年功賃金等、日本企業の特徴とされてきた性質は、主として大企業で生じたものである。これらは従業員の福祉の向上を目的として生じたものというよりは、わが国の企業の人的資本における「資産特殊性」から内生的に生じたものであり、「企業内福祉」もフリンジベネフィットの一種として生じたものであろう。専ら中央政府によって主導され、地方政府や民間における組織的基盤を欠いていたことが、「日本型福祉国家」の特徴である。

ここで「財産所有制民主主義」が成り立ちうる経済システムとしての共同体の将来に関連して、K. マルクスの叙述を、やや長いが引用しておこう(18)。

> 「物は、それ自身としては、人間に対して外的なものである。したがって譲渡しうるものである。この譲渡が相互的であるためには、人間はただ暗黙の内に、その譲渡されるべき物の私的所有者として、また、正にこのことによって相互に独立する人々として、相対することが必要なだけである。だが、このように相互に分離した関係は、自然発生的な共同体の成員にとっては存在しない。それが家父長的家族の形態を取ろうと、古代インドの村やインカ国等々の形態を取ろうと同じである。商品交換は、共同体の終わるところで、すなわち、共同体が他の共同体または他の共同体の成員と接触する点に始まる。ところが、物がひとたび外的な共同生活において商品となると、それは内的共同生活においても商品となる。」

この引用は、前半においては、物を私的に所有することが交換、すなわち市場の前提であることを示している。また、共同体の中では私的所有は存在しないことも述べられている。そして最後の部分は、商品交換が共同体の内部に浸透した時にはじめて、市場社会における個人と個人との一般的な関係が生じるということを意味している。現代社会においてこの命題の持つ意味は二つある。一つは、市場経済が全面化した現代においては、真の意味での共同体は、家族や友人など、小規模な集団の中にしか存在しないということだ。ロールズの言う互恵性や相互扶助は、明確な属性と強い連帯意識の形成が可能な共同体の中でしか実現しない。それらの共同体の個々の規模はわずかである。しかし、それらは無数に存在し、またインターネットやAI等の技術の発展と共に、いかような形態でもとり得る。高度な技術を成員間で共有化し生産性も兼ね備えた時、その共同体は経済全体の中で無視できない規模を持ち、その中で効率性と成員間の平等が共に達成されることになるだろう。

だが、先の命題の持つもう一つの意味は、共同体は常に外部から市場の影響に晒されるということだ。現代の共同体においては、それがいかに非営利的な目的で活動しているとしても、その成員や、共同体内部を流通する物は、個別に市場経済と接し、人であればより良い労働機会、物であればより良い販路を求めて共同体の外部に流出する危険が常に存在する。逆に、共同体の外部からより良い労働機会や販路を求めて人や物が入ってくる場合もあろう。このように、共同体の内外における人や物の流通を媒介するのが、貨幣である。それだけでなく、物よりも貨幣の獲得が重視されることで、共同体の富が再生産活動に利用されないことになり、人や物の利用が制限されることにもなる。結局、貨幣の存在が、共同体を市場の脅威に晒す大きな原因であり(19)、ロールズの「財産所有制民主主義」は、この点から見ても実現困難なのである。これが「第二の限界」である(20)。

おわりに

以上から、現代の福祉国家は、人間社会に存在する二つの限界の下で現実に可能な「平等化」が行われる場と言うことができる。もっとも、Goodin(1988)が整理しているように、福祉国家を構成する原理としては「平等」だけではなく、先述した「ニーズの充足」や恩恵的なパターナリズムも存在する。再分配の結果として所得分配は全体として平等化されるとしても、個々の政策を見た場合、平等化ではなく差異化の側面があることも、先述した通りである。現代の福祉国家は、市場、政府、共同体の組み合わせの一種として生じる、本質的に平等化に限度のある経済システムなのである。

【注】

(1) 福祉国家の類型論としては、労働力の「脱商品化」の程度を指標とするエスピン－アンデルセンの分類が代表的である。彼の主張においては、福祉国家は脱商品化の程度の大きい順に「社会民主主義型」（北欧諸国）、「保守主義型」（大陸ヨーロッパ諸国）、「自由主義型」（アングロ－サクソン諸国）という分類となり、財政支出に対する社会保障支出の割合も大体これに準じている。なお、日本は以上の分類には入らないとされる。

(2) 以下、本節におけるロールズの引用は、Rawls (1999), 邦訳、xvii-xviii より。

(3) 相続税は、相続人に対する所得課税の一種である。また、各国の地方税で広く見られる固定資産税は、不動産のみに対する課税である。主要国における財産課税の歴史については、Scheve and Stasavage (2016) を参照。

(4) 渡辺 (2004), p. 59.

(5) 自発的拠出は、「無知のベール」の下で行われるのではなく、各人が自らの富や社会的状態を知っている前提の下で行われることに注意されたい。

(6) わが国は、他の主要国と比較して再分配前の所得の平等度が高い反面、再分配による平等化の程度は小さいとされてきた。再分配前所得の平等化は 1940 年代以降急激に生じたが、その原因としては、第二次大戦中の国家総動員法等による生産活動の国家統制、および戦後の財閥解体や農地改革を通じて実現した資本所有の平等化に原因がある。特に戦後改革は、占領というきわめて特殊な社会的条件の下で実現した。

(7) Roemer (1994), pp. 18-24.

(8) *Ibid*, pp. 46-54.

(9) 2020 年にわが国で新型コロナウイルスを背景にして臨時的に実施された一律 10 万円の給付金は、受取るか受け取らないかを個人に選ばせているので、無条件の給付である BI とは異なる。

(10) 社会サービスの場合は、その費用の一部が国から租税や社会保険料の形で補助されることが想定されている。しかし、その場合でも競争的な活動のケースとレントシーキングのケースで、同じサービスの提供に係るコストが異なってくることは、バウチャー (voucher) との比較で考えれば明らかである。バウチャー制度では、政府が認めた社会サービスの受給者にサービスの使用料に該当する権利を付与し、それを得た受給者が自由に事業者やサービス内容を選択できる。また事業者はサービスの提供に要した費用を政府に請求できる。よってバウチャー制度の下では事業者間の競争が促進される。これに対して、わが国では介護保険制度の成立によって、介護サービスが、措置制度から受給者が事業者を選択できる制度に変わったものの、サービス内容や価格（保険給付額）は法律に基づいており、事業者は認可制である。

(11) Buchanan and Musgrave (1999), 邦訳 , p.101。R. マスグレイブは、資源配分、所得再分配、経済安定化という、いわゆる財政の三機能論を確立した、第二次大戦後を代表する財政学者である。彼の財政理論はブキャナンとは対照的に、市場経済の是正者としての政府の役割を強調しているが、その背景にはホッブズ的な世界観がある。

(12) Bowles(2012), 邦訳 p.37.

(13) ボウルズは、人々が福祉国家を支持する理由として「強い互酬性」という表現を用いている。これは、彼によると「個人的に費用を負担しても、同じような状態にいる他者と協調し分かちあおうとする性向であり、また懲罰に個人的に費用がかかり、将来的に個人的に純利得が得られると期待できなくとも、協調やその他の社会規範を侵害する人たちの懲罰を厭わない意思である」とされており、進化生物学における「しっぺ返し戦略」を超えるものであるとされている (ibid, 邦訳 p. 149)。

(14) Bowles(2004), 邦訳 p. 467-471 参照。

(15) Bowles(2012), 邦訳 p.38.

(16) ドイツの社会保険の成立の特徴については、佐々木 (2016)pp.70-73 を参照。

(17) 佐々木 (2016) は、わが国の地方政府に対する中央政府の介入が社会保障政策の領域において特に大きいことから、この問題を論じている。

(18) Marx(1867)、邦訳 pp. 157-188.

(19) K. ポランニーや M. ウェーバーのように、貨幣が共同体の内部と外部で異なる役割を持つとする考え方もあるが、ここでは交換機能と価値尺度機能を持つものとしての貨幣を考える。

(20) 本稿で述べた二つの「限界」のうち、上平 (2009) では、貨幣の存在がより根本的な問題であるとされる。すなわち、貨幣経済が人間の欲望を募らせ、競争や格差、環境破壊等を生み出したとしている。通常の経済学では、ホモ・エコノミクスとしての人間が物々交換の不便を回避するために生み出してきたのが貨幣であると説明されるが、ここではそれが逆転した関係となっている。本稿で述べた互酬的行動の存在からも明らかなように、人間には利己心だけでなく愛や連帯という精神も備わっていることから、貨幣によって人間精神が歪められるとする論理のほうが説得的である。

【参考文献】

Bowles, S. (2004), *Microeconomics: Behavior, Institutions and Evolution*, Russel Sage.(S. ボウルズ著、塩沢由典・磯谷明徳・植村博恭訳『制度と進化のミクロ経済学』NTT 出版、2013 年。)

Bowles, S. (2012) *The New Economics of Inequality and Redistribution*, Cambridge University Press (S. ボウルズ著、佐藤良一・芳賀健一訳『不平等と再分配の新しい経済学』大月書店、2013 年。)

Buchanan, J. M. and R. A. Musgrave (1999), *Public Finance and Public Choice*, MIT Press.(J.M. ブキャナン・R.A. マスグレイブ著、関谷登・横山彰監訳、

大泉智宏・徐宰成・鈴木義浩・朝尾直太訳『財政学と公共選択　国家の役割をめぐる大激論』勁草書房、2003 年。)

Goodin, R. E. (1988) *Reasons for Welfare: The Political Theory of the Welfare State*, Princeton University Press.

Esping-Andersen, G. (1990), *The Three Worlds of Welfare Capitalism, Cambridge*, UK: Polity Press.（G. エスピン―アンデルセン著、岡沢憲芙・宮本太郎監訳『福祉資本主義の三つの世界 : 比較福祉国家の理論と動態』ミネルヴァ書房、2001 年）

Hillman, A. (2009) *Public Finance and Public Policy: Responsibilities and Limitations of Government*, 2nd ed. Cambridge University Press.

Marx, K. (1867) *Das Kapital I* (K. マルクス著、向坂逸郎訳『資本論』岩波書店、1969 年。)

Rawls, J. (1999) *A Theory of Justice*, Revised ed., Harvard University Press(J. ロールズ著、川本隆史･福間聡･神島裕子訳『正義論　改訂版』紀伊國屋書店、2010 年。)

Roemer, J. E. (1994), *A Future for Socialism*, Harvard University Press.

Scheve, K and D. Stasavage (2016), *Taxing The Rich: A History of Fiscal Fairness in the United States and Europe*, Princeton University Press (K. シーヴ、D. スタサヴェージ著、立木勝訳『金持ち課税　税の公正をめぐる経済史』みすず書房、2018 年。)

上平剛史 (2009)『プレアデス星訪問記』たま出版。

佐々木伯朗 (2016)『福祉国家の制度と組織―日本的特質の形成と展開』有斐閣。

吉原直毅 (2007)「市場経済の下での平等主義的社会への制度設計の展望―ジョン・E・ローマ―の一橋大学 COE・RES 公開講義―」『経済セミナー』No.626, pp.12-15.

渡辺幹雄 (2004)「ロールズにおける『福祉国家』と『財産所有制民主主義』」塩野谷祐一･鈴村興太郎･後藤玲子編『福祉の公共哲学』東京大学出版会、pp.55-71.

第21章　税と平等

伊藤　恭彦

〔要旨〕

累進課税をはじめほとんどの税は、ある人に重く、別の人に軽く課される。形式的にみればこれは不平等であるが、何が不平等な課税を正当化するのだろうか。本章では所得に対する累進課税と遺贈税や贈与税に代表される資産移転税を素材に、不平等な課税と平等規範との関係を検討する。不平等な課税はある種の平等な状態を実現するための手段であり、平等状態に対する合意が存在する場合に正当化される。さらに現代市場社会において税がもつべき役割が、人間の尊厳を損傷する不平等な社会・経済構造の改革にあり、その正当性を論じていく。

はじめに

多くの人は「税を公平（公正）に負担しなくてはならない」と考えている。人々が不公平だと感じる税制を存続させると、政府は厳しい批判にさらされる。「税は公平であるべきだ」という常識的な意見の中で表現されている「公平（公正）」は、必ずしも平等と同じ意味ではない。

形式的な意味で平等な税を支持する人はほとんどいない。例えば、どんな人にも同額の税を課す「人頭税（poll tax）」は形式的には平等だが、この税に賛成する人はまずいない。また全員の所得に同率で税を課す「一律課税（flat tax）」も平等な課税方法の一つかもしれないが、あまり支持は広がらない。また全ての消費に同率で税を課す消費税も形式的には平等かもしれないが、逆進税との批判が強い。

時代とともに各国の租税体系は変化しているが、依然として多くの国々では累進税率を伴った所得税が基幹税に位置づけられている。我が国でも税率については多様な意見があるものの、所得に対する累進課税自体への批判はあまり強くない。高額所得者に対する税率が高く、所得が低くなるに従って税率も下がるので、累進課税は課税局面に限定すれば、明らかに形式的には不平等である。もちろん、累進課税をある種の「平等」規範から正当化する議論は根強い。その典型は「犠牲の平等（equality of sacrifices）」論である。提唱者の一人であるジョン・スチュアート・ミル（John Stuart Mill）は次のように述べている。

> 政治の行動基準としての課税の平等は犠牲の平等のことである。それが意味しているのは、ある人の税支払いに伴う苦痛が他の人が経験する苦痛よりも大きくも小さくもならないように、政府支出に対する各人の貢献を配分することである。（Mill 2006:807）

ミルの「犠牲の平等」論は平等犠牲原理を意味しているが、その後アーサー C. ピグー（Arthur C. Pigou）は、これを最小犠牲原理へと発展させた（ピグー 2019）。しかしながら、「犠牲の平等」論は、その背後にある功利主義的な前提、特に効用の個人間比較がもつ問題点から、現代政治哲学の領域で批判にさらされてきた。

それでは「犠牲の平等」論とは異なる形で、不平等な課税は正当化できるのだろうか。本章では個人に課せられる税に着目し、この問いの検討を進め、そもそも税は「平等」という価値とどのように関連しているのかを明らかにしていきたい。

1. 所得への課税

累進課税は形式的にみれば非常に不平等な課税である。日本の所得税も累進課税制を採用している。現在、年間所得が 195 万円以下の人の税率は 5%、所得に応じて税率は上がり 4000 万円を越える人は 45%という設定になっている。つまり多く稼ぐ人ほど、その所得に高い税率で税が課せられるわけだ。平均程度の所得の人であれば、累進課税を特に問題視しないだろう。しかし、年間 4000 万円以上稼ぐ高額所得者は、所得税と住民税を合わせて、所得の半分以上を税としてとられることになる。高額所得者にとってはたまったものではない。「高額所得者に対する懲罰だ」と言って批判する人もいる。このような累進課税はどのような意味で正当な課税だといえるのだろうか。この点を累進課税に強固な土台を与えるために「包括的所得概念」を構築したヘンリー・サイモンズ（Henry Simons）の主張を手掛かりに検討していこう。サイモンズの議論は功利主義や担税力に応じた課税（応能課税）とは異なる根拠から累進課税を正当化している。

サイモンズの「包括的所得概念」は税法、財政学、租税論の教科書では必ず言及される有名な概念である。多くの説明ではサイモンズが「包括的所得概念」を考案し、それに従い累進課税を主張したと述べられている。教科書的にはこの説明でも問題はないが、サイモンズの問題関心と哲学に即するならば、サイモンズの発想は逆であることが分かる。サイモンズは、まずある理想的社会像を描き、それを達成する手段として累進課税を位置づけ、累進課税を公正に実行するためには「包括的所得概念」という新しい所得概念が求められるという思考過程を踏んでいる。サイモンズが「包括的所得概念」に至る思想的な道筋を確認しておこう。

サイモンズは、課税が必ず個人の所得に影響を与えるが、どのような影響が望ましいかについて科学的な判断はできず、議論は「倫理または美学上の判断（the ethical or aesthetic judgment）」（Simons 1938：18）になるという。サイモンズは自らがよって立つ「倫理または美学」をリバタリアニズムであるとする。ここでいうリバタリアニズムは、ロバート・ノジック（Robert Nozick）ら現代政治哲学上のリバタリアニズムとはかなり異なる思想である。サイモンズは自らのリバタリアニズムを「イギリス・大陸的意味でのリベラル」とも言い換えている（Simons 1948:1）。

それではサイモンズの立場であるリバタリアニズムとはどのような思想なのだろうか。サイモンズはリバタリアニズムの顕著な特徴として「進歩の必要条件でありその手段である自由」の全面的な擁護を挙げている（Simons 1948:1）。さらにリバタリアニズムの倫理は自由に特別な場所を与えるだけでなく、平等や正義にも同等の場所を与えると述べている。サイモンズは自由に特別な場所を与える社会を「自由な社会」と呼び、それは自発的結社によって組織され、それらの結社の競争によって交換的正義が実現される社会であるとする。自由は市場における競争によって実現し、それを通して社会進歩が達成されるというのが、サイモンズの基本的な主張である。

しかしながら、自由や交換的正義を強調することは分配的正義や平等を軽視することではないとサイモンズは考えている。

> リバタリアンにとって重要な点は、自由な交換の基本的なプロセスを維持し、現行の生産と取引の過程ではなく事後的な再分配を有効にするために、平等主義的な手法が基本的なプロセスに付加されることである。

(Simons 1948:6)

このようにサイモンズは不平等の緩和が必要だと考えているが、交換的正義という規範だけでは全ての人の生活を保障できないとし、「交換的正義は全ての社会、特に自由交換社会において、私的な慈善活動ならびにトップへの課税と底辺への政府支出によって根底的に修正される」(Simons 1948:6)と主張する。この点でサイモンズは平等という価値を重視しているといえる。ただし、サイモンズは平等を自由の達成のために必要な規範と捉え、平等化自体を目的とはしていない。すなわち、自由を実現するためには各個人がもっている力(power)を拡散させる必要があり、そのために平等という規範が意味をもつと考えている。この点に関してサイモンズは「究極的な自由は明らかに力において平等な人間の自由だ」(Simons 1948:6)と述べている。そして社会の平等化に対して次のような限定をおいている。

> 良い社会は所得の過度の再分配や操作によって実質的な平等や平等の拡大を実現する社会ではなく、交換的正義の基礎上で平等を享受する社会である。(Simons 1948:6)

サイモンズは平等とは「機会の平等」であるともいい、さまざまな活動を自由に立ち上げる機会を全員に平等に保障すること、別の言い方をすれば、出発点において力の不平等がないことを求めている。そして「機会の平等」を実現する手段として租税が位置づけられるのである。

サイモンズは今まで支配的であった租税根拠論である「利益説」と「応能説」をともに批判する。前者は異なった経済状態にある人を、その状態に応じて課税することを拒否する「反動的な社会哲学」(Simons 1938:4)に根ざしているとする。後者は累進課税を導く点で評価できるが「効用」という似非科学的根拠に基づいているとする。そしてサイモンズはアドルフ・ワーグナー(Adolf Wagner)の社会政治理論に依拠し、現実の富と所得の分配を変更し修正する手段として租税を位置づける。

サイモンズが所得への課税を提唱するのは「所得課税が広い意味での経済管理の手段であり、経済的不平等を緩和する手段」だからである(Simons 1938:41)。その上でサイモンズは当時のアメリカ社会の不平等が「明らかに邪悪で醜い」と判断し、高い累進性を主張する。所得に対する累進課税によって機会の平等、すなわち力の平等が実現できる。所得を課税ベースとするのは、所得が「社会の希少な資源の使用に対する支配力」(Simons 1938:49) だからでもある。そして所得に対する累進課税を導入するためには、各人の所得を正確かつ全体的に把握しなければならない。その結果、サイモンズは有名な「包括的所得概念」、すなわち「ある期間の終わりの富に、その期間の消費を加え、期間最初の富を引く」(Simons 1938:50) ことによって計算される金額として個人の所得を捉えることに到達したのである。

以上がサイモンズの租税思想のアウトラインである。彼の思想には平等に関連するいくつかの特徴がある。第一はサイモンズが租税を現実の不平等を削減する手段として位置づけた点である。累進課税という不平等な課税を「平等な犠牲説」のように平等な課税であるとサイモンズはいわない。そうではなく現実の不平等を削減するための不平等な課税は正当であると考えているのである。

第二はサイモンズが平等を実現するために所得をターゲットとし、資産などのストックにはあまり関心を示していない点である。サイモンズは貯蓄を消費の先送りだと捉え問題視してはいないものの、当時の「資本蓄積を消費の先送りと考えることは、著しく不適切だ」としている (Simons 1938:97)。しかし、蓄積された財産を課税対象にすることにはあまり積極的ではない。彼は「財産税は個人の不平等に関係しない狭い特殊な目標に役立つ」(Simons 1948:28) と述べ、ストックへの課税には限定的な役割しか認めていない。

第三は平等化のための財政支出にあまり重きをおいていない点である。租税を平等化のための手段と明確に位置づけたところにサイモンズの租税思想の意義がある。しかし、平等化は、徴収した税の支出によっても促進される。平等が良き社会目標であるならば、それは課税と財政支出によって実現される。サイモンズは「機会の平等」を実現する上での政府の役割を認めているが、平等化のために財政支出と課税を必ずしも目的意識的に結びつけていない。

最後にサイモンズの租税思想の哲学的意義を確認しておきたい。先に見たようにサイモンズは自らの立場をリバタリアニズムとする。それは政府による制約のない自由市場を理想とし、租税を否定的に捉える現代政治哲学上のリバタリアニズムとは異なる。しかしながら、市場の機能に信頼をおき、市場こそが適切な財の分配を実現するとの点では現代リバタリアニズムに共通する点もある。さらにサイモンズは累進課税によって各人の出発点における力の平等を実現しようとした。サイモンズは「不平等の最善の緩和策は、社会的所得に対する個人または家族の貢献の段階的平等化を意味するのであって、貢献と受け取りとの間の不均衡を拡大することではない」(Simons 1948:6) とし、あくまでも交換的正義を基底にすえている。

交換的正義による平等化がうまく機能する前提条件として、出発点における力の平等を目指すのがサイモンズの立場である。これはサイモンズらに続く、シカゴ学派第二世代の経済思想とは異なるが (Steele 2018)、ある種のリバタリアニズムだといってよいだろう。リーアム・マーフィー (Liam Murphy) とトマス・ネーゲル (Thomas Nagel) が初期資源の平等分配と、平等な出発点からもたらされる市場の結果を正しいとみなすリバタリアニズムを「平等主義的リバタリアニズム」と呼んだが、サイモンズの思想はこれに近い (Murphy and Nagel 2002:105, 訳 118)。現代リバタリアニズムの中には出発点の平等を確保するために、ベーシック・インカムを支持する論者もいる。サイモンズは所得保障ではなく、課税による高所得者の所得削減を通して、出発点の平等を達成しようとしているのである。

2. 資産への課税

所得に対する累進課税は多くの国で導入され、それぞれの国の基幹税になっている。所得に対する累進課税は、いうまでもなくサイモンズの社会構想とだけ親和的なわけではない。低所得者層に対する生活支援を含めた各種社会サービスを累進課税で賄われた税収入で実行すれば、強力な所得再分配効果があり、経済的平等を実現できる。第二次世界大戦後の福祉国家の多くはこの種の租税政策を進めてきた。

他方で所得に代表されるフローへの課税だけで平等が実現できるわけではない。現実の不平等は所得のみならず所得を蓄積した結果できあがった資産 (ストック) の不平等でもある。所得はサイモンズが言うように「社会の希少な資源の使用に対する支配力」の典型だといえる。他方で所得を蓄積して形成される資産も資源の使用に対する潜在的支配力である。さらに資産は「安全、政治的な力、社会的身分」の基礎にもなる (Murphy and Nagel 2002:114, 訳 129)。 さまざまなリスクに直面した時、蓄積された資産は大きな力を発揮するし、政治献金などを通して政治権力への働きかけもできる。さらに資産家はある種の社会的ステータスにもなる。富を蓄え資産を増やしていくことは、時として勤労と倹約という美徳の賜として倫理的賞賛されるように、それ自体に問題があるわけではないだろう。問題は蓄積された資産という経済力が別の力（権力）に結びつく点にある。

資産という経済力が別の力に結びつくとの問題提起は多数ある。ここでは現代政治哲学のいくつかの議論を紹介したい。最初にジョン・ロールズ(John Rawls）の議論をみておこう。ロールズは定率所得税や累進的所得税、さらには後述のような「支出税（expenditure tax)」を提案しているが、彼の格差是正策を実行に移す上で重要な役割を果たしているのが資産に対する課税である。資産に対する課税の正当性は「政治的自由の公正な価値」に関わる。ロールズは次のように述べている。

> 多額の私的な財力を持つ人びとが公共的な議論の方向を支配するために自分たちの相対的利益を活用できる時はいつでも、参加原理によって保護されている複数の自由の価値が大いに損傷される。それというのも、そうした不平等はやがて、より良好な状況にある人びとが立法の展開に多大な影響を及ぼすことを可能にするからである。ついに彼らは社会問題の設定において、少なくとも彼らが普通に合意することがら、すなわち自分たちの恵まれた状況を支持するものごとに関して、圧倒的な影響力を手にすることになるだろう。(Rawls 1999:198, 訳 305)

自由は全員に平等に保障されなくてはならない。しかし、各人の経済状態によってその人の自由の価値は異なる。経済状態がより良い人は自由に振る舞える選択肢が増加する。この点を踏まえて、ロールズは政治的自由に対して経済力が好ましくない影響を与えると考えているわけだ。経済的な力を使って政治的働きかけを行い、自らの有利な経済的立場をさらに強固にすることがその典型事例である。ここでは経済的な力の差が政治的な力の差に結びついている。そこでロールズは経済的平等の推進が必要であると考え、その手段として租税を位置づけている。ロールズは正義にかなう社会を実現するためには、市場の背景となる制度が必要だとしている。その制度の中に租税を担う分配部門が位置づけられている。ロールズは分配部門の任務について次のように述べている。

> その任務は課税と所有権への必要な調整という手段によって分配上の取り分における近似的正義を維持することである。この部門の二つの側

面が区別できるだろう。第一にこの部門はいくつかの相続税と贈与税を課し、遺贈の権利に制約を設ける。これらの課税と規制の目標は歳入を増加させる（資源を政府に引き渡す）ことではなく、富の分配を徐々にそして持続的に矯正し、政治的自由の公正な価値と機会の公正な平等に有害な権力の集中を防止することである。例えば累進課税の原理が受領者に適用されるだろう。平等な自由の公正な価値が維持されるべきであるならば必要な条件と思われる財産の広範な分散を、この措置は促進するだろう。(Rawls 1999:245, 訳 372)

分配部門の第二の側面は租税全般の設計である。ロールズは財産の広範な分散が実現し、自由の公正な価値が保障されている理想的な体制を「財産所有民主制(property-owning democracy)」と呼ぶ。そして、この体制においては、ニコラス・カルドア（Nicholas Kaldor）が提唱した「支出税」(Kaldor 1955) がふさわしい税制だとしている（Rawls 1999:246, 訳 373）（Rawls 2001:161, 訳 282)。ちなみに「支出税」とは各人の年間消費支出（全所得から貯蓄を引いた金額）に課せられる税である。ロールズは「支出税」を理想としながらも、不平等が存在する現実社会では、不平等を縮小するために相続と贈与という資産移転への課税が必要だとしている。

ロールズと先に検討したサイモンズとでは、言葉は異なるが、各人が自由を行使する条件の平等を実現することが、社会の平等の要として位置づけられている点では共通している。さらにそのような平等を実現する手段として租税が位置づけられている点も共通している。すなわち自由の条件の平等を達成するために不平等な課税が正当化されているわけだ。もちろん課税ベースについては、サイモンズは所得を軸に、ロールズは蓄積された富を軸にしている点では大きく違っている。

ロールズは自由の公正な価値のために平等が必要だと捉え、その手段として資産に対する課税を位置づけている。自由の条件の平等化だけではなく、ロールズの機会の公正な平等原理を実質化するために、資産への課税を主張している論者もいる。

ここではジェニファー・バード - ポーラン（Jennifer Bird-Pollan）の議論を紹介しておこう。バード - ポーランは機会の平等を次のように理解する。「機会の平等は社会の最も不利なメンバーが活用できる十分な機会が保障されていることだけを求めているわけではない。それは富やその他の恣意的な利益のみを手段に、あるメンバーだけが特定の機会を利用できてしまうのを阻止することをも求めるのである」(Bird-Pollan 2013:713)。機会の実質的な平等を実現するためには､不利な状態にある人びとへの社会的支援が考えられる。バード - ポーランはその重要性を否定しないが、たまたま豊かな家に生まれたことを彼女はロールズと同じように道徳的観点から恣意的だと捉え、その豊かさによって子どもたちが社会の他のメンバー以上に機会を得ることも問題だとしている。下層の底上げだけでなく、上層の切り下げも必要だというわけである。バード - ポーランは、このような機会の実質的平等化のために租税、特に移転された富への課税を位置づける。

> 税率が高くても所得税だけでロールズの主張する機会の平等を達成するのは不十分だろう。所得税は相続人たちの特権的な地位に対応できない。富移転税（wealth transfer tax）が、機会の平等を達成するために特にうまく位置づけられる理由はここにある。(Bird-Pollan 2013:732)

自分で稼いだ所得ではなく、相続財産のような「棚ぼた」によって有利な機会を獲得するのを阻止しなくては、機会の実質的な平等は確保できないというのがバード - ポーランの主張である。これは格差が遺伝的に継承されていくことへの対抗策ともいえるだろう。

機会の平等という個々人の生き方の幅ではなく、資産相続によって形作られる可能性のある社会状態から、遺産への課税を正当化する議論もある。ダニエル・ハリデー（Daniel Halliday）の遺産相続制限論がその典型である。ハリデーは次のように主張している。

> ある集団が他の集団より階層的に上回ることを可能にする特権と地位の恣意的な享受を獲得する時、社会は不正な状態になる。相続された富がそのような集団を可能にし、それによって受け取った遺産という幸運を、この種の分断された階層における集団のメンバーシップの条件とするならば、正義は遺産に対して何らかの制約を課すことを要求する。(Halliday 2018:152)

ハリデーの主張は、ロールズのいう自由な公正な価値やバードポーランの言う機会の実質的平等が実現する社会状態、逆にいうと、それらを阻害する社会状態を確定し、そこから遺産への課税を正当化するものである。ハリデーが避けるべきだとしているのが「経済的分断」によって、ある集団が他の集団以上に人生の見通しや社会的地位において有利な立場に立てるような社会状態である。

以上、資産、特に相続された資産への課税を平等のための手段と位置づける代表的な議論をみてきた。トマ・ピケティ（Thomas Piketty）が主張するように、現代の格差の主要な源泉がフローというよりは、長年にわたって蓄積されたストックであるならば、資産への課税は経済的平等を実現する上で不可避だろう（ピケティ 2014）。バード - ポーランは遺産税、相続税、贈与税は現実の世界では縮小傾向にあるが、哲学的には社会主義、リベラリズム、リバタリアニズム、功利主義のどの立場からも正当化可能だとしている（Bird-Pollan 2017）。

今まで紹介してきたロールズ、バード - ポーラン、ハリデーは富移転税を正当化する上で、不平等の削減と同時に、遺産の獲得が道徳的視点から恣意的であるとの判断もしている。自分の選択ではなく、たまたま富裕な家に生まれ、多額の遺産を獲得できることは道徳的に問題であり、社会的に矯正しなくてはならないのである。遺産は受領者が何らの功績も主張できない「自然的な運（brute luck）」だからである。これは現代政治哲学おいて「運の平等主義（luck egalitarianism）」の中で活発に論じられている論点である。何が選択による運で何が「自然的な運」であるかの線引きは難しいが、遺産獲得は自然的な運に基づくものだということができる。したがって、「自然的な運」の中立化と不平等の削減という根拠から、遺贈や贈与といった富移転税を正当化することは可能である。

日本の民法学や税法学では遺贈は、被相続人の意思、潜在的共有財産の清算、遺族の生活保障といった観点で正当化されてきた。こうした論点は重要であるが、経済的格差が拡大している状況を踏まえるならば、「自然的な運」の中立化という観点で富移転への課税の正当性が積極的に論じられるべきであろう。ただし「自然的な運」の中立化という観点で相続制限を徹底すると、相続に 100％の税率で課税するという議論になりかねない。ロールズらが強調するように、重要なのは相続人の経済状態である。日本の相続税がそうであるように、相続人の所得や財産の総額と切り離して、相続に税率を課すことは、この点で問題含みだといえる。相続税や贈与税など富移転税を平等化のための手段と位置づけるならば、資産の受領者の経済状態の全体的な把握が不可避だろう。

もちろん、格差是正に好意的なリベラルが相続税に必ず賛成するわけではない。例えばエドワード・マッカフェリー（Edward McCaffery）のように、自由主義社会が肯定すべき価値（善）として労働（勤勉）と倹約をあげ、相続税や遺産税は浪費を助長するから廃止すべきとの立場もある（McCaffery 1994a）（McCaffery 1994b）。さらに相続や贈与に対する制限を考える上では、社会において家族関係をどう位置づけるのかという問題や善意による財の移転をどう評価するのかという難しい問題もある。また特に中小企業の事業承継に伴う実際的な問題もあるだろう。

資産に対する課税は、その多くが富移転税という形をとり、移転した富に課税をしている。このことは格差の遺伝的継承の制限という点では効果的だが、現実の格差それ自体をならしていく上では時間がかかる税制である。蓄積されている資産そのものに毎年課税する富裕税のような税が、格差是正には効果的である。富裕税は二重課税であると評判がよくないが、少なくとも資産への課税については、現行の不平等の状態を巨視的に見て、それがあまりに大きな負の効果（例えばハリデーの言う「経済的分断」）をもつならば正当化されるべきだと思われる。

3. 平等を促進する税

今まで見てきたように税が全ての人に平等に課せられることはまずない。ある人には重く、別の人には軽く課税される。その意味で課税は不平等である。この不平等を正当化するためには、不平等な課税を通してどのような価値または社会状態を実現すべき（あるいは実現すべきではない）に関する探究が不可避である。本章で紹介したように、そうした価値は自由の条件の平等化であったり、機会の公正な平等の実現であったり、さらには分断のない社会状態の実現であったりと多様であるし、論争的でもある。これらの価値や社会状態は全て何かしら平等という価値に関連している。租税は平等を実現するための（多くの場合、不平等な）手段なのである。課税の公平基準である「垂直的公平」と「水平的公平」に対して納税者が納得するためには、いかなる平等を実現するのかという点についてのおおまかな合意が根底になくてはならない。

もちろん、租税は平等に関連しているだけではない。善し悪しは別として、不平等を促進する租税も可能であるし、市場の結果を攪乱しないのが望ましい租税だと考えることもできるだろう。ここでおさえておかなくてはならないのは、租税と平等の関係を課税局面の問題として理解してはならないことである。どのような平等を実現するのか（実現しないのか）という議論がまずあって、その手段として特定の税が選択されるのである。

さらに租税を課税局面だけで理解してはならないもう一つの理由がある。税は政府歳入として国庫に入るが、その金は政府支出として社会に還ってくる。政府支出は当たり前だが全員に同額支給されるわけではなく、社会の多様なアクターに対して政策判断に基づいて不平等に支給される。政府支出を通しても、社会の平等化は実現できる。課税と政府支出という二つの政治的機能が、政府による平等化（場合によっては不平等化推進）に関わっている。課税に関する平等論（公正論）の多くは、課税局面だけで平等問題を解こうとしているが、そうしたやり方は近視眼的なのである（Murphy and Nagel 2002:18, 訳 18）。

例えば、逆進性の強い（その意味で不平等な）消費税も、その税収が経済的に苦しい人びとに重点的に分配されるならば逆進性は緩和できるかもしれない。富者への大幅減税が投資効果を促進し、経済が成長し、その結果、不利な状態にある人びとの賃金の上昇や雇用の拡大が進み、結果的に政府支出を減らせるかもしれない。このように税は課税と政府支出の両方からその正当性が判断されなくてはならない。別の言い方をすれば、政府は課税と支出を通して市場の結果に変化を与えるが、どのような変化が望ましいか（正しいか）という判断の中に課税の平等／不平等の判断が位置づけられるのである。政府が市場に与える変化の正しさを測る基準は社会正義と呼ばれるが、租税は社会正義を実現する一つの手段なのである。

さて以上を踏まえて、現代において実現すべき平等化と租税に関する論点を提示したい。先に述べたように、不平等な課税は理想とする社会像によってしか正当化されない。しかし、価値が多元化した現代社会において理想的社会像について一致をみることは困難である。一致を目指して理想的社会とその実現のための手段である税に関する議論をする間に、深刻な不平等が広がり、それが社会にマイナスの効果をもたらすかもしれない。このように理想的社会についての一致は困難だが、逆に避けるべき社会悪に対して合意を調達することは、理想について合意するよりは難しさが少ないといえる。

そこで現代社会において避けるべき社会悪と租税の関係について検討して

おきたい。現代社会は市場社会という特殊な社会であるが、そこで発生する社会悪の多くは不平等に関係している。いうまでもなく市場社会において不平等は不可避であるが、市場の結果を無理に矯正し平等を実現することは必ずしも望ましいことではない。しかし、このことは市場のいかなる結果も受け入れるべきであることを意味していない。それでは市場社会において避けるべき不平等とは何であろうか。

市場社会で生じる不平等は、ある限度を超すと、特に社会的に弱い人間を極端に貶める構造を生み出す。それは他者への隷従、不本意な選択、自ら自身の商品化などによる人間の尊厳の損傷である。望まない仕事への就労、低賃金状態、弱みにつけ込む搾取、さらには人身売買などが、市場社会における弱者を苦しめている。このような人間の尊厳の損傷から、特に弱い立場の人びとを救い出すためには、弱い立場の人びとへの経済的支援が必要だろう。

さらに弱者救済だけでなく、不平等な社会構造、すなわち人間の尊厳を傷つける社会構造自体の改革も必要である。そのために不平等状態をならし、特に不平等の頂点部分の力を矯めるのである。市場社会がもたらす不平等は、構造的暴力の場にもなりうる。そのために経済的に上層部の力を削ぐことも必要だろう。本章で紹介してきた論者の多くは、税収によって社会的弱者を救済すること以上に、課税の目的を経済的上層部からの力の奪取においていた。この点は、現代の租税論や租税政策では、あまり注目されていない点だが、税を平等という観点から検討するとき、重要な論点になると思われる（伊藤 2017）。

不平等の削減にはさらに現代的課題もある。それは新しい逆進性にいかに対応するのかに関わる。富者は単に富をもっているだけでなく、タックスヘイブンを使った巧妙な租税回避を行っている。富者は自らの経済力を使い、課税自体から逃れることができる。他方でこの種の租税回避をする経済力のない普通の市民や中小企業が黙々と自国に納税している。これが新しい逆進性である。新しい逆進性に対処するためには、タックスヘイブンを使った悪質な租税回避に対する規制だけでなく、グローバルな金融取引税など国境をまたぐ資金移動への課税も構想されるべきであろう（上村 2019）。

不平等な社会の頂点部分の経済力を削ぐことが重要であるならば、課税においても考えないといけない点がある。先に検討したようにフローだけでは不十分でストックへの課税も平等化（不平等の削減）には重要であった。資産への課税をさらに厳格に考えるならば、富裕者が遺贈や贈与によって移転した富だけを課税対象にするのではなく、富裕者の資産全体が課税対象にならなくてはならない。富裕者がもつ経済力とそれを背景にした力の源泉は、現金だけではなく、不動産、さらには株などの金融商品の蓄積でもある。多くの国では「実現主義」がとられ、金融商品はそれが現金化された時にのみ課税される。また多額の預金利子に対する課税も年間所得と切り離した分離課税である場合もある。富の蓄積自体が問題であるとするならば、ある限度を超す資産全体への課税、例えば富裕税も検討対象になるだろう。ピケティが提唱する累進的資本税は実現が期待される富裕税として位置づけることができよう（ピケティ 2014）。

先に指摘したように富裕税などトータル資産への課税は時として二重課税だと批判される。不動産も金融商品もその源泉は所得であり、所得税を支払った後の金でたまたま金融商品を購入した人だけが課税されるのは不公平だというのが、その批判の趣旨である。ミクロに見れば二重課税は不公平だろう。しかし、本書で検討している不平等はマクロな社会構造上の不平等であり、それが特に弱者に与える暴力的作用である。これが倫理的に問題であり、優先的に解決すべき社会問題であるならば二重課税は一概に不公平だとはいえない。ミクロな課税局面の平等に目を奪われ、マクロな社会的不正義を見落とすことがないようにしなくてはならない。

おわりに

税のほとんどが形式的には不平等である。税と平等を考えるポイントは、不平等な課税を何が正当化しているのか、そしてその正当化の中で平等がどう位置づいているかにある。このためには、繰り返し述べてきたように、私たちはどのような社会を実現したいのかについて、しっかり議論する必要がある。そして、そのような社会を実現する手段として税をどう位置づけるのかを考えなくてはならない。

税ほど私たちの平等感や公平感をかき乱すものはない。「熱心に働いたのにこんなに税金でもっていかれるのか」という給料日の愚痴、「自営業者はみんな上手に税逃れをしているのでは」という羨望感など、私たちは税に関連して不平等とか不公平という規範意識をもつ。こうした感覚をもつことはいたしかたないだろう。しかし、この感覚がプライベートな生活に単に沈殿しているだけでは、租税の在り方を変える力にはならない。

自分が感じている不平等感や不公平感を、社会全体の不平等や不公平とつなげて考えること、すなわち税を公的な観点で考えることが、とても重要である。こうした公的な観点が税制改革を導く力になるだろう。同時に、私たちにとって平等という価値がもつ意味を再考する重要な機会にもなると思われる。

税制論議の私事化ではなく社会化と税をめぐる公共的議論が、格差が拡大する現代社会においてとりわけ重要だと思われる。そしてそのような税制論議は、私たちの平等観をも鍛えることにつながるだろう。その意味で税を熟考することは平等の哲学そのものだともいえる。

【参考文献】

Bird-Pollan, Jennifer 2013 "Unseating Privilege:Rawls,Equality of Opportunity, and Wealth Transfer Taxation," *The Wayne Law Review* Vol.59:713.

——— 2017 "The Philosophical Foundations of Wealth Transfer Taxation," in Monica Bhandari(ed.)*Philosophical Foundations of Tax Law*(Oxford University Press).

Halliday,Daniel 2018 *The Inheritance of Wealth:Justice,Equality,and Right to Bequeath*(Oxford University Press).

Kaldor,Nicholas 1955 *An Expenditure Tax* (Routledge).

McCaffery, Edward 1994a "The Political Liberal Case against the Estate Tax," *Philosophy and Public Affairs* 23-4.

——— 1994b "The Uneasy Case for Wealth Transfer Taxation," *Yale Law Journal* 104-2.

Mill, John Stuart 2006 *Principle of Political Economy*(University of Toronto University).

Murphy, Liam and Nagel, Thomas 2002 *The Myth of Ownership: Taxes and Justice*(Oxford University Press). リーアム・マーフィー、トマス・ネーゲル、伊藤恭彦訳『税と正義』名古屋大学出版会、2006年。

Rawls, John 1999 *A Theory of Justice: Revised Edition*(Harvard University Press). ジョン・ロールズ、川本隆史／福間聡／神島裕子訳『正義論 改訂版』紀伊國屋書店、2010年。

——— 2001 *Justice as Fairness: A Restatement* (Harvard University Press). ジョン・ロールズ、田中成明／亀本洋／平井亮輔訳『公正としての正義 再説』岩波書店、2004年。

Simons, Henry 1938 *Personal Income Taxation: The Definition of Income as a Problem of Fiscal Policy*(The University of Chicago Press).

——— 1948 "Introduction: A Political Credo," in *Economic Policy for a Free*

Society(The University of Chicago Press).
Steele, G.R. 2018 *The Economic Thought of Henry Calvert Simons*(Routledge).

伊藤恭彦 2017 『タックス・ジャスティス――税の政治哲学』(風行社)。
ピグー、アーサー 2019『ピグー財政学』(本郷亮訳、名古屋大学出版会)。
ピケティ、トマ 2014『21 世紀の資本』(山形浩生・守岡桜・森本正史訳、みすず書房)。
上村雄彦 2019『グローバル・タックスの理論と実践――主権国家体制の限界を超えて』(日本評論社)。

あとがき

本書は同じ社会評論社から出版された『権利の哲学入門』(2017年2月刊)と『支配の政治理論』(2018年12月刊)に後続するものである。そのため、本書も前二著同様に全体を二部構成とし、前半で思想史的な各章を配し、後半でアクチュアルな問題を扱う各章を配した。

権利や支配がそうであったように、本書は平等の哲学的基礎を体系的に提示しようと試みたものではあるものの、決して一冊の論文集で必要な全てを網羅することはできない。平等の思想史にあって当然取上げられるべき古典家が抜けていたり、現代社会において平等を考えるに当たっては必ず取上げなければいけない問題が掬い取られていないというような批判は、前二著同様に生じてくるだろうと思う。

それでも、一冊の論文集としてできることはかなりできたのではないかと、編者としては自負している。まだまだ不十分ではあるものの、しかしこれ一冊で、平等の問題に対して哲学的な次元からアプローチするための確かな手引きとなり得ているのではないかと思う。

本書の前二著にない特色としては、前二著が編者である田上の専攻や関心に対応して哲学や政治学領域の論考が主だったのに対して、本書はこれに加えて経済学領域の論考が増えていることである。これは新村が共同編者になったことによるもので、前二著同様に田上の単独編著だったならば、ケインズやピグーを扱った章などはあり得なかった。その意味で、本書は前二著以上にバラエティに富んだ読み応えのある一冊になっているはずである。また、各章冒頭に要旨を配したことも、リーダビリティを高めていると思う。

本書が平等の哲学的基礎を真剣に考えようとする読者の一助となれば幸いである。

今般の新型コロナ禍により、出版状勢は非常に厳しいものになっていると伝え聞く。そうした逆境にあって前二著同様に出版を引き受けていただき、これまで以上に浩瀚でありながらなお廉価での出版を実現して下さった松田健二社会評論社社長に深甚の感謝を申し上げる。

田上孝一

事項索引

（平等、価値、正義などの普通名詞と文献リストを除く）

〔あ〕
ICT（情報通信技術）革命 *269*
ILO *204, 331-333, 342*
足による投票 *129*
アソシエーション *103, 112-113, 126*
アトキンソン指標 *182, 190*
アボリッショニスト *260*
安定化の時代 *152*
安楽死 *162*

〔い〕
遺産税 *368-369*
移住 *126*
遺贈・相続財産 *101, 104-106, 113-114*
一般意志 *60, 61*
イデオロギー *122, 128, 216, 253, 263*
EU *130, 327, 333-334*
インターネット *266-267, 269-277, 280, 282, 352, 355*

〔う〕
ウェストファリア神話 *314*
ヴェルサイユ条約 *147, 148, 342*
ヴェルサイユの平和 *149, 155*
ウーバー *334*
運の平等主義 *283, 368*

〔え〕
AI（人工知能）*125*
似而非道徳律 *153, 157, 162*
エントロピー *267, 269*

〔お〕
応益原則 *19-21, 27*
黄金律 *26-27, 37*
応能原則 *19-21, 27, 35-36*
応報 *40, 43, 47, 51, 140-141*
大型類人猿 *250-251, 260, 263*
大きな政府 *37, 71-73, 82, 85*
応用倫理学 *248-249*

〔か〕
階級格差 *301*
快楽功利主義 *258, 263*
核家族 *124, 212*
格差原理 *83, 171-173, 175-176, 344*
過酷性批判 *295*
数の平等 *16, 22-24*
仮説的契約 *26-27*
家族類型 *124-125*
寡頭政 *19, 22, 24, 36*
家父長制 *92, 94, 125, 208, 217*
貨幣改革論 *156*
貨幣論 *122, 156*
環境倫理学 *264-265*
関係論的平等主義 *284, 286, 287, 288, 292, 295*
カント的共和主義 *324*

〔き〕
機会の平等 *97, 141, 177, 309-310, 362-363, 366-367*
帰結主義 *90, 134*
帰結引き受け責任 *283-285, 287, 290, 294*
技術革新 *122, 125*
記述的平等 *17*
犠牲の平等 *106-107, 114, 360*
貴族政 *19, 22-24*
機能的デモス *322*
規範的カテゴリー *188-189*
規範的平等 *17*
基本的ケイパビリティ *34*
基本的潜在能力の平等 *187, 195*
義務論 *86, 135, 289*
義務論的平等主義 *289*
客観的カテゴリー *188-189*
救済・復興計画案 *161, 163*
教育的資源 *300*
共産主義 *23, 30-33, 103, 111, 121-123, 125, 154, 191*
共産主義第 *1* 段階 *30, 32*
共産主義第 *2* 段階 *31-32*
共生原則 *20-21*
矯正的正義 *45, 51*

協同組合 *121, 191*
共同体 *20, 21, 34, 40, 47, 53, 60-62, 93, 125, 127, 263, 265, 268, 315, 318, 322, 343, 351-355, 357*
共同体家族 *125, 128*
共同体原則 *20-21*
共有の生産手段 *273*
金融取引税 *371*

〔く〕
グローバル・ガヴァナンス論 *314, 317-319, 321, 323*
グローバル相互依存 *318*
グローバル・デモクラシー論 *322-323*

〔け〕
計画経済 *123-124, 126*
経済学の生誕 *71, 85*
経済構造 *150, 359*
経済的感情 *71*
経済的効率性 *147, 152-154, 158-159*
形式的平等 *16*
形状情報 *268*
ケイパビリティ *16, 19, 34-36, 143, 185, 211, 234, 240-244, 246*
ケインズ革命 *147*
毛皮 *257*
結婚 *31, 86-87, 92-94, 98, 204, 210-211, 215, 235, 335, 338*
権威主義 *116, 123-125*
限界費用ゼロ社会 *280, 282*
健康格差 *3, 219-221, 224-230*
限嗣相続法 *81*
憲法 *25* 条 *21, 34*

〔こ〕
行為者性行使責任 *283-284, 289-291, 296*
交換原則 *20-21*
交換的正義 *361-362, 364*
公共善 *151-152, 155*
公共無料教育 *118*
貢献原則 *19-21, 27, 103, 112-113*
皇国勤労観 *336*
工場畜産 *257, 259*
公職選挙制 *22-23*
公職抽選制 *22-23*
厚生 *16, 34, 97, 132, 135-140, 142-147, 160, 184, 186, 188-190, 196-197, 199, 340, 351*
厚生平等主義 *147, 160*
功績 *5, 19, 45, 103, 140-141, 185, 188, 190-194, 196-198, 368*
功績原則 *19*
幸福 *16, 47, 52, 55-56, 62-63, 67, 73, 76, 101-103, 105, 108, 113-115, 144, 209, 211, 213-214, 216, 250, 255, 257*
衡平性の弱公理 *34, 184, 190, 196*
公平な観察者 *27*
公民権運動 *33, 168*
功利計算 *137, 256-257*
功利原則 *255-256, 258-259*
功利主義 *33, 74, 102, 132, 133, 136-138, 141-146, 1165-166, 170, 173, 177, 184, 190, 199, 202, 208-212, 214, 216-217, 248, 255-260, 263-264, 360, 368*
国際社会 *313-316, 323, 325,*
国際通貨体制案 *161*
国際連盟 *148*
国制 *5, 42-43, 45-50, 64-65, 70*
国内完全雇用政策 *162*
国内類推 *316*
国富論 *37, 71-73, 75-79, 82, 84-85*
国富論草稿 *72-73, 76-78, 85*
国有化 *117, 119, 346*
互酬 *352, 357*
個人主義 *151, 158, 162, 274*
個人の自由 *113-114, 147, 152, 185, 266*
ゴータ綱領批判 *30, 121-123, 127-128, 191, 200*
コミュニティ *309, 344-345, 351-352*
コンパラブルワース *332-333*

〔さ〕
財産所有制民主主義（財産所有のデモクラシー，財産所有の民主主義，財産所有民主制） *28-29, 165-166, 176-178, 180-181, 343-344, 346-347, 354-355, 358, 366*
才能 *61, 97-98, 112, 171-172, 193, 300-301, 303*
再分配 *20-21, 27-30, 71, 73, 82, 178, 212, 216, 284, 344-352, 355-357, 361-362, 364*

搾取 33, 119-120, 128-129, 207, 212, 214, 371
サービス労働 269
産業革命 267-269, 276
算術的平等 16

〔し〕
ジェンダー 3, 71, 168, 193, 202-208, 210-218, 229, 287-288, 291, 310
ジェンダー分業 287-288, 291
ジェンダー平等 71, 202, 206-208, 212-215
資源 18, 30, 34, 97, 147, 160, 167, 178, 188, 195, 212, 226, 229, 231, 266, 269, 271, 274, 276, 281, 299, 300, 315, 346, 350, 356, 363, 364, 366
資源平等主義 147, 160
時効 103, 107, 114-115
事実的平等 17-18
自主管理企業 126
支出税 365-366
市場原則 20-21
市場社会主義 28, 116, 123, 346
自然状態 27, 54-56, 59-60, 68-69, 94-96
自尊心 32, 167-168, 172, 177
ジニ係数 128, 190, 198, 347
資本原則 19, 32
資本論 32, 119, 268-269, 273-274, 280, 282, 340, 358
社会疫学 220,
社会経済的状況 220, 223-230
社会契約 53, 59-62, 64, 69-70, 100, 173, 236
社会構造 98, 172, 206, 287, 291-292, 295-296, 310, 371-372
社会主義 28, 30, 102-103, 110-116, 123, 125-128, 145, 151, 155, 176, 344, 346, 368
社会正義 147, 152-155, 220-222, 224, 228, 284, 287, 291, 370
社会的基本財 32, 172, 194
社会的厚生汎関数 184
社会的序列 301
社会的選択理論 182-185, 188-189, 195-198
社会的不正義 153, 162, 219, 225, 372
自由で平等な（人格としての）市民 165-166, 168-179
自由貿易同盟 149
自由放任（レッセ・フェール） 150- 151
私有財産制 101-105, 108, 110-111, 113
充分主義 297, 325
就労原理 191-192
種差別 17, 33, 208, 248, 252, 254-256, 258-260, 263
受動市民 86, 96-98
障害（障害者） 3, 5, 34-35, 108, 195, 214-215, 218, 234-246, 250, 253-254, 263, 299, 306
障害者差別 3, 234, 244, 254, 263
消費税 73, 82-83, 359, 370
情報の消費 277
情報の生産 267, 273-274, 276, 278-279
情報の本質的効用 267
職能給 330, 335
植民 23, 101, 109-110, 207
職務基準賃金 330, 336, 341
職務評価 331-333, 340, 342
女性 3, 17, 25, 49-50, 66, 86, 92, 94, 96-98, 109, 115, 125, 202-218, 223, 229, 242, 254, 287-288, 290-292, 332-333, 337-338, 340, 342
女性差別 66, 213, 254
所得再分配 20-21, 30, 71, 73, 82, 346-347, 356, 364
所得税 29-30, 36, 348, 359-360, 365, 367, 372
知らせる情報 267-268
自律基底的運の平等主義 283, 289-291, 293, 297
自律的行為者 289
自律的選択 290-291, 296
思慮 42, 50, 111
新型コロナウイルス 356
進化論 151 人口問題 156
新古典派経済学 340
人事査定 330-331, 335, 342
人種差別 17, 33, 208, 248, 254-255
新自由主義 21, 37, 83
人的資本論 340
人頭税 359
人民主権 61, 65
人民予算 150

〔す〕
垂直的公平 369
垂直的所得移転 21
水平的公平 369

水平的所得移転 *21*
ステイクホルダー・デモクラシー *322*

〔せ〕
生活給 *19, 329, 335-341*
生活保護制度 *350*
生活保障 *180, 214, 333, 338, 339, 342, 368*
正義のアイディア *72, 195*
生産的労働者 *80-81*
生産力 *74, 77-78, 81, 106, 117, 121-123, 126, 128-129, 207, 261-262, 267-268, 281*
政治的動物 *40*
政治的平等 *167, 179, 320-321*
政治的不平等 *167, 177, 178*
政治哲学の役割 *165, 179*
政治の情況 *317*
正社員 *330, 335, 337-339, 341*
聖書 *89, 253*
正当化への権利 *324*
制度的運の平等主義 *283, 291-292, 296*
政府なき統治 *317*
是正の原理 *283-284, 286-289, 291-292, 294*
節制 *28, 45, 101-108, 114-115*
絶対的平等 *16*
節欲 *28*
専業主婦 *205, 337, 340*
選好功利主義 *258, 263*
潜在能力 *16, 34, 36, 160, 182, 184-188, 193-198, 200, 240, 297, 306*
セン指標 *190, 196-198*
選択肢集合 *283, 284, 287-289, 291-294, 296*
選択責任 *283-286, 289-291, 293*
戦費調達論 *159*

〔そ〕
相続権 *117-118*
相続税 *28, 30, 82, 106, 162, 356, 366, 368-369*
相対的平等 *16*
贈与税 *359, 366, 368*
属人基準賃金 *330*
ソサエティ *155, 163*
尊厳 *3, 16, 21, 34-35, 86-94, 96, 98, 235-236, 240-244, 359, 371*

〔た〕
第一次世界大戦 *332*
代議制 *22, 64,*
大粛清 *158*
第二次世界大戦 *332, 336, 364*
タックスヘイブン *129, 371*
脱商品化 *356*
多様性 *51, 111-112, 155, 183, 186, 193-194, 211, 240, 266*
単純平等 *16-19, 23-25, 34-35, 335, 339*

〔ち〕
小さな政府 *71-73, 82*
知恵と便宜 *149*
地球温暖化 *129*
知識情報 *268, 269*
地代 *17, 27-29, 79-81, 101, 106-108, 113-115, 117-119*
中国 *28, 116, 123, 125, 128, 198, 330*
長子相続法 *81*
直覚 *133-135, 144*
直観主義 *33, 34*
直接民主政 *22*

〔て〕
定言命法 *27, 88-89*
ディープ・エコロジー *264*
デジタルデバイド *266-267, 270, 275-277, 282*
デモクラシーの欠損 *320*
「デモス境界線」問題 *313-314, 319*
電産 *336-337, 340-341*

〔と〕
同意 *20, 46, 87, 93, 95-96, 103, 172, 206, 214, 219, 229, 241, 257*
同一価値労働同一賃金 (同一価値労働同一報酬) *329, 331-334, 340-342*
答責性 *322*
到達水準の平等 *186-187, 195-196*
道徳感情論 *73, 75, 77-78, 84*
道徳法則 *89-90, 93*
動物 *3, 40, 55-56, 87, 240-241, 246, 248-265*
動物解放論 *258*
動物権利論 *248, 260, 263*
動物実験 *261*

動物の解放 *248, 255, 261*
動物の権利 *129, 260, 264, 265*
動物売買 *261*
動物利用 *256-258, 260-262, 264*
動物倫理 *248-249, 251-252, 258, 262-264*
動物倫理学 *248-249, 251-252, 262-264*
特権 *54, 58, 91, 97, 109, 192, 235, 303, 309, 367*
富移転税 *367-369*
富と徳 *71, 84*
奴隷 *25-26, 41, 49, 55, 57-58, 87, 89, 93, 97, 118, 172, 207, 210, 249, 255-256, 259-260*

〔な〕
内在的価値 *134-135, 253-254, 323*
ナッシュ均衡 *345*
何の平等か *185*

〔に〕
肉食 *256-257, 265*
２種類の平等 *15, 17-19, 22-25, 34-35*
日本型福祉国家 *338, 354*
ニューリベラリズム *237*
人間性 *91, 208*
人間中心主義 *248, 252-253, 261, 263*
認知デモクラシー論 *325*

〔ね〕
ネイション・アンド・アシニーアム誌 *150*
年功給 *329-330, 335-341*

〔の〕
能力主義 *216, 238-242, 244, 300*

〔は〕
配分的正義 *15, 40, 44-49, 51, 300*
バウチャー *346, 356*
派遣労働者 *334*
パートタイム・有期雇用労働法 *339*
パートタイム労働者 *334*
ハビトゥス *303*

〔ひ〕
被影響者原理 *313*
ビーガニズム *256*
非所有性 *270-271, 282*
非正規雇用 *129, 220*
非正社員 *337-339*
被治者原理 *313*
必要原則（必要原理）*19-21, 27, 30, 32-36, 73, 75, 78, 82-83, 103, 112, 121, 141, 145, 182, 190-193, 196, 198*
非物質性 *270-271, 282*
非物質代謝 *274, 281*
100号条約 *331-333, 342*
平等原則 *103, 111, 141, 145, 316, 331, 333-334, 339*
平等主義 *26, 37, 71-73, 75, 82, 124-125, 128, 132, 139, 179, 181-183, 185, 194, 197, 229, 231, 236, 283-297, 325-326, 328, 353, 358, 361, 364, 368*
平等な犠牲説 *363*
平等な顧慮 *320*
比例関係に基づく応報 *43, 51*
比例的平等 *16-19, 23-25, 34-35, 46, 51, 331*

〔ふ〕
不運の影響 *284, 286, 291, 293*
不確実性 *156*
福祉国家 *21, 29, 33, 37, 71-72, 116, 127, 129, 139, 176-178, 182, 212, 237, 283-284, 286, 294, 338, 343, 344, 346, 347, 349, 353-358, 364*
不合意の事実 *318, 325*
扶助原則 *20-21*
不生産的労働者 *80-81*
物質代謝 *274, 281*
不偏 *18, 133*
普遍化可能性 *27, 133-135*
不平等の経済学 *33, 37, 182-183, 188, 190, 196-199*
富裕税 *344, 369, 372*
ブルームズベリー・グループ *155, 162*
文化資本 *301-303, 305-306*
文化的再生産 *301-302, 304*
分権化 *126, 129*
分析的マルクス主義 *116, 128, 346*
分配的正義 *15, 17-20, 22, 24-28, 30, 32-*

37, 71, 73, 75, 78, 81, 84-85, 160, 226, 278, 297, 315, 346, 361
分離・独立 *126, 129*

〔へ〕
平和と非武装 *150*
平和の経済的帰結 *148, 161,*
ベーシック・インカム *125, 348, 364*
ベルサイユ条約 *332*
ベルリンの壁崩壊 *116*

〔ほ〕
法学講義 *37, 71-73, 75-79, 82, 84-85*
包括的所得概念 *360-361, 363*
豊穣の時代 *152*
法の下の平等 *44, 61, 65, 71*
方法論的国家主義 *316*
補完性原理 *353*
保険原則 *19*
保守 *239, 245, 294, 301, 356*
補償 *27, 28, 104, 114, 178, 221-223, 280, 283-289, 291-293, 295*
保証基金 *149*
ポピュリズム *314, 327-328*
ホモ・エコノミクス *357*
ポリス *40-43, 46-48, 50*

〔ま〕
マルクスの基本定理 *128*

〔み〕
見えざる手 *73-74*
未成年者 *96*
身分制 *92, 304, 342*
民主政 *19, 22-25, 36*

〔む〕
無差別な平等 *16*
無責任批判 *283, 284, 286, 294*
無知のベール（無知のヴェール） *27, 172,356*

〔も〕
目的論的平等主義 *289*

〔ゆ〕
唯物史観 *122-123, 126*
友愛 *47, 172*
有期雇用労働者 *334*
有効需要の原理 *157* 優生学 *136, 141, 237*

〔り〕
利益集団 *245, 349*
利子生活者 *80-82*
リスクの現実化 *284-286, 290-293*
理性 *54-56, 69, 86-87, 89-91, 93, 94, 97-98, 133, 182, 184-185, 195-196, 200, 209, 213, 215, 235-238, 240-242, 244, 256, 267, 271, 280, 282*
立法 *23, 60-62, 86, 94-96, 104, 195, 238, 332-333, 365*
リバタリアニズム *186, 361, 363, 364, 368*
リバタリアン *127, 294, 361*
リベラリズム *181, 209-210, 212, 214, 216-217, 234-240, 242-244, 246, 290, 368*
倫理学研究 *144, 249*

〔る〕
累進課税（累進税、累進的税制） *73, 82, 105-106, 113, 117-119, 141, 177, 346, 348-349, 359-364, 366*
累進的所得税 *29-30, 365*

〔れ〕
歴史的契約論 *27*
劣等処遇の原則 *109*
レントシーキング *350-351, 356*

〔ろ〕
労働インセンティブ *182, 190-192, 196*
労働価値説 *274, 279*
労働原則 *19, 27, 30, 32-34, 73, 75, 78, 81, 83*
労働の有機的構成 *279-280*
ロシア革命 *28, 116*

人名索引

（文献リストは原則として除く）

〔ア〕
アーネソン *160*
アトキンソン *182*
アリストテレス *15-17, 24-26, 37, 40-52, 232, 240, 271*
アロー *33, 183-184, 197*

〔イ〕
イグナティエフ *71*

〔ウ〕
ヴァッテル *316*
ウィリアムズ *264*
ウェラン *320*
ウォルポール *82*
内田義彦 *71*

〔エ〕
エスピン－アンデルセン *343, 356*
エッジワース *142-143, 145-146, 163*
エルマン *321*
エンゲルス *117*

〔オ〕
オウエン *26, 103*
大倉正雄 *82*
オリバー *238,*

〔カ〕
カルドア *366*
カント *26-27, 86-99, 23-238, 240-241*

〔キ〕
キテイ *213, 234, 242-246*
キムリッカ *263-264*

〔ク〕
クラーク *161*
グリーン *234, 242-245*
グロチウス *27*

〔ケ〕
ケインズ *28, 30, 164, 351, 375*

〔コ〕
コーエン *128, 294*
ゴッドウィン *151*
伍堂卓雄 *336*
コモンズ *152*
権丈善一 *19, 36*
ゴンペルツ *264*

〔サ〕
サイモンズ *360-364, 366*
ザックス *262, 264*
サッセン　*208*

〔シ〕
シーニア *28*
ジョンソン *151*
シンガー *133, 248, 255-259, 263-264*

〔ス〕
スターリン *127, 158*
スミス *18, 26-28, 30, 37, 71-85, 217*
スピヴァク　*208*

〔セ〕
セン *15-16, 26, 30, 32-34, 36-37, 72, 84-85, 90-91, 99-100, 129, 160, 180, 182-200, 205, 230, 295, 306,*

〔ソ〕
ソミン *129*
ソルト *264*

〔タ〕
ダーウィン *151*
ダール *320*
タウンゼント *186*
武川正吾 *19, 36*
タン *291, 296*

〔チ〕
チボー *129*

〔テ〕
デ・ラザリ＝ラデク *263-264*

〔ト〕
ドゥオーキン *160, 195, 294, 296*
トッド *124*
ドップ *33*
ドナルドソン *263-264*

〔ヌ〕
ヌスバウム *160, 234, 240-242, 244, 246*

〔ネ〕
ネーゲル *364*
ネス *264*

〔ノ〕
ノージック *127, 361*

〔ハ〕
バーク ,E. *151*
バーク ,K. *216*
ハーサニ *160*
バード - ポーラン *366-368*
パーフィット *289*
ハイエク *162* パスロン *298, 301*
バトラー *203, 208*
バブーフ *69-70*
ハリデー *367-369*

〔ヒ〕
ピグー *30, 132-146, 197, 360, 374-375*
ピケティ *30, 197, 368, 372, 374*
ヒトラー *158*
ヒューム *26, 78, 84-85, 151*

〔フ〕
プーフェンドルフ *26, 92*
フーリエ *103, 111-112*
フォスター *33, 36*
ブオナロティ *69*
フォルスト *324*
ブキャナン *350*
フックス *208, 214*
フライシャッカー *71, 84*
プラトン *15-17, 22-25, 28, 37*
フランシオン *264-265*
フリーデン *161*
フレイザー *212-214, 216,315*
ブルデュー *298, 301-302,304*

〔ヘ〕
ヘーゲル *97*
ヘア *27, 133, 187, 200, 263*
ペイリー *151*
ベヴァリッジ *353*
ベンサム *133, 151, 209-210, 216-218, 255-256, 258-259, 261, 263-264*

〔ホ〕
ボウルズ *351, 357*
ホッブズ *15, 25-27, 37, 357*
ホブソン *161*
ホブハウス *237-238*
ホント *71-72, 84*

〔マ〕
マーシャル *30, 138, 142, 144, 146, 152*
マーフィー *364, 373*
マクリーン *72*
マスグレイブ *350, 356*
マッカフェリー *369*
マルクス *16, 26-28, 30-34, 37, 116-128, 191-192, 194, 198, 200, 209, 268, 273-274, 282, 346, 354, 357*
丸山眞男 *314,*
マレシャル *69*

〔ミ〕
宮島喬 *303,*
宮寺晃夫 *181, 300, 312*
ミル *26, 28, 30, 101-115, 133, 210, 360*

〔ム〕
ムーア *155*

〔モ〕
森田孝 *300,*
モンク *294*

〔リ〕
リッパートーラスムセン *294-295*
リフキン *280, 282*
リンネ *215*

〔ル〕
ルソー *26-27, 53-54, 59-60, 63-66, 68-70, 151, 167, 180*

〔レ〕
レーニン *127*

〔ロ〕
ローマー *116, 346*
ロールズ *26-30, 32-34, 36-37, 83, 87, 98, 100, 131, 160, 165-170, 172-181, 190, 194-195, 213, 221, 237-238, 246, 343-347, 353, 355-356, 358, 365-368, 373*
ロスチャイルド *71*
ロック *27, 83, 92, 151, 192, 235-236, 238*

〔ワ〕
ワーグナー *362*
ワイト *316*

執筆者紹介

《編著者》

新村　聡（にいむら　さとし）

1953年　東京生まれ

1982年　東京大学大学院経済学研究科博士課程単位取得退学

1996年　博士（経済学）（東京大学）

現在　　岡山大学社会文化科学研究科特命教授　経済学史専攻

• 主要業績

『経済学の成立 — アダム・スミスと近代自然法学 —』（御茶の水書房、1994年）、『介護福祉のための経済学』（編著、弘文堂、2008年）、「平等と分配的正義の基礎概念再考 — 賃金・保険・税・社会保障の制度との関連で —」（『岡山大学経済学会雑誌』第51巻第2・3号、2020年）

田上孝一（たがみ　こういち）

1967年　東京生まれ

1989年　法政大学文学部哲学科卒業

1991年　立正大学大学院文学研究科哲学専攻修士課程修了

2000年　博士（文学）（立正大学）

現在　　立正大学非常勤講師・立正大学人文科学研究所研究員

• 主要著書

『初期マルクスの疎外論 —— 疎外論超克説批判 ——』（時潮社、2000年）、『実践の環境倫理学 —— 肉食・タバコ・クルマ社会へのオルタナティヴ ——』（時潮社、2006年）、『フシギなくらい見えてくる！　本当にわかる倫理学』（日本実業出版社、2010年）、『マルクス疎外論の諸相』（時潮社、2013年）、『マルクス疎外論の視座』（本の泉社、2015年）、『環境と動物の倫理』（本の泉社、2017年）、『マルクス哲学入門』（社会評論社、2018年）

《各章執筆者》

石野敬太（いしの　けいた）

1986年生まれ　早稲田大学政治経済学術院助手　政治哲学・政治思想史専攻

• 主要業績

「アリストテレス政治哲学における権利概念」(田上孝一編『権利の哲学入門』、社会評論社、2017年)、「アリストテレス『哲学のすすめ』第十章の一考察」(『政治思想研究』19、2019年)、「アリストテレス『政治学』に

おける「最善の生」」『西洋古典研究会論集』26、2017 年)

吉田修馬（よしだ　しゅうま）

1982 年生まれ　上智大学特任准教授　哲学・倫理学専攻

• 主要業績

『入門･倫理学の歴史 ―24 人の思想家 ―』（共著、梓出版社、2016 年)、『権利の哲学入門』（共著、社会評論社、2017 年)、「『人間不平等起源論』における「自然的善性」の問題」(日仏哲学会『フランス哲学･思想研究』第 18 号、2013 年)

網谷壮介（あみたに　そうすけ)

1987 年生まれ　獨協大学法学部講師　政治思想史専攻　博士（学術)

• 主要業績

『カントの政治哲学入門』（白澤社、2018 年)、『共和制の理念: イマヌエル･カントと 18 世紀末プロイセンの「理論と実践」論争』（法政大学出版局、2018 年)、「(理論的には）非実在的だが（実践的には）実在的である政治の理念について」『法と哲学』第 6 号（信山社、2020 年)

小沢佳史（おざわ　よしふみ)

1985 年生まれ　九州産業大学経済学部経済学科講師　経済学史・社会思想史専攻　博士（経済学)

• 主要業績

『権利の哲学入門』（共著、社会評論社、2017 年)、『支配の政治理論』（共著、社会評論社、2018 年)、「J. S. ミルの保護貿易政策論 ―― 一時的な保護関税をめぐって ――」(マルサス学会編『マルサス学会年報』第 23 号、雄松堂書店、2014 年)

中村宗之（なかむら　むねゆき)

1969 年生まれ　立正大学経済学部准教授　経済理論専攻　博士（経済学)

• 主要業績

「資本主義論の諸問題」(五味久壽・元木靖・苑志佳・北原克宣編著『21 世紀資本主義世界のフロンティア －経済・環境・文化・言語による重層的分析 –』、批評社、2017 年、所収)、『貨幣と金融 – 歴史的転換期における理論と分析 –』(共編著、社会評論社、2013 年)、「貨幣の流通と価値 –D. ヒュームとマルクスの貨幣論をめぐって –」（埼玉大学『社会科学論集』第 91 号、1997 年)

山崎　聡（やまざき　さとし)

1970 年生まれ　高知大学教育研究部人文社会科学系教育学部門准教授　経

済学史専攻　博士（経済学）

• 主要業績

『ピグーの倫理思想と厚生経済学』（昭和堂、2011年）、「創設期の厚生経済学の一側面 — ピグーと優生思想」（『経済研究』第65巻2号、岩波書店、2014年）、「ケンブリッジの厚生経済学」（高見典和氏との共著、西澤保・平井俊顕編『ケンブリッジ知の探訪』第3章、ミネルヴァ書房、2018年）

平井俊顕(ひらい　としあき)

1947年生まれ　上智大学名誉教授　ケインズ学会会長　経済学史・理論経済学専攻

• 主要業績

『ケインズの理論：複合的視座からの研究』東京大学出版会、2003年、『ケインズとケンブリッジ的世界 – 市場社会観と経済学』ミネルヴァ書房、2007 年。*Keynes's Theoretical Development*, New York:Routledge, 2008. *The Return to Keynes,* co-edited by B. Bateman, T. Hirai and M.C. Marcuzzo, Cambridge and London: The Belknap Press of Harvard University Press, 2010.

魚躬正明（うおみ　まさあき）

1985年生　成蹊大学法学部政治学科非常勤講師　政治学専攻

• 主要業績

「ロールズの財産所有民主主義についての一考察：政治的平等・自尊心・嫉み」『成蹊大学法学政治学研究』第38号(2012年)、「ロールズの遺稿「私の宗教観について」を読む：政治的リベラリズムにおける宗教的寛容」『成蹊大学法学政治学研究』第39号(2013年)

後藤玲子（ごとう　れいこ）

1958年生まれ　一橋大学経済研究所教授　経済哲学専攻　博士（経済学）

• 主要業績

『潜在能力アプローチ』（岩波書店）、『福祉の経済哲学』（ミネルヴァ書房）、『正義の経済哲学：ロールズとセン』（東洋経済新報社）

板井広明（いたい　ひろあき）

1972年生まれ　お茶の水女子大学ジェンダー研究所特任講師　社会思想史専攻　博士（経済学）

• 主要業績

「古典的功利主義における多数と少数」若松良樹編『功利主義の逆襲』ナカニシヤ出版、2017年、「功利主義と政府」菊池理夫・有賀誠・田上孝一編『政府の政治理論〜思想と実践』晃洋書房、2017年、Hiroaki Itai, Akira Inoue, Satoshi Kodama, "Rethinking Nudge: Libertarian Paternalism and Classical

Utilitarianism", *The Tocqueville Review/La revue Tocqueville*, vol.37, no.1, 2016, University of Toronto Press.

玉手慎太郎（たまて　しんたろう）

1986 年生まれ　東京大学大学院医学系研究科特任研究員　政治哲学・公共哲学専攻　博士（経済学）

• 主要業績

『政治において正しいとはどういうことか：ポスト基礎付け主義と規範の行方』（共編著、勁草書房、2019 年）、『酸っぱい葡萄：合理性の転覆について』（ヤン・エルスター著、翻訳、勁草書房、2018 年）、「公衆衛生・ヘルスプロモーション・ナッジ：健康のユートピアへの道」（『現代思想』47 巻 12 号、青土社、2019 年）

寺尾範野（てらお　はんの）

1981 年生まれ 早稲田大学社会科学総合学術院准教授 社会思想史専攻 Ph.D.

• 主要業績

「初期イギリス社会学と「社会的なもの」—— イギリス福祉国家思想史の一断面」（社会思想史学会編『社会思想史研究』第 38 号、2014 年）,「倫理的なシティズンシップのために ——T・H・グリーンは障害者の権利をいかに認識したか」（政治思想学会編『政治思想研究』第 20 号、2020 年）、'Rights, Welfare and Morality: Re-appraising L.T. Hobhouse's Theoretical Contribution to the British New Liberalism', *International Journal of Social Economics*, Vol. 43, Issue. 9, 2016.

平松民平（ひらまつ　たみへい）

1946 年生まれ　T&C 社勤務

• 主要業績

「非物質代謝による生産＝情報財の生産について」（『マルクスと２１世紀社会』本の泉社、2017 年）、「ネットワーク時代の社会主義論を」（『社会主義って何だ、疑問と討論』ロゴス、2018 年）、「情報・NET 革命下での生産力の現段階と労働の変化」（『経済科学通信』１４８号、基礎経済科学研究所、2019 年）

阿部崇史（あべ　たかふみ）

東京大学大学院総合文化研究科国際社会科学専攻博士課程　現代政治理論・政治哲学専攻

• 主要業績

「運の平等主義・過酷性批判・仮想保険 — 選択と併存する不運にいかに対処すべきか」『政治思想研究』第 18 号（政治思想学会編、風行社、2018 年）、

「活動内在的運と活動外在的運 — 自律基底的運の平等主義と選択的運／厳然たる運の区別」『法哲学年報 2019』（日本法哲学会編、有斐閣、2020 年）、「潜在能力の充分主義と分配の充分主義 — その関係を問う」『相関社会科学』第 29 号（東京大学大学院総合文化研究科国際社会科学専攻編、2020 年）

宮崎智絵（みやざき　ちえ）

立正大学・日本大学・二松学舎大学非常勤講師、立正大学人文科学研究所研究員　社会学専攻

• 主要業績

『支配の政治思想』(共著、社会評論社、2018 年)、「カースト制における権力と教育の作用」(『二松学舎大学国際政経論集』第 17 号、2011 年)、「アジアにおける近代の教育と社会」(『二松学舎大学論集』60 号、2017 年)、「南アジアにおける異文化結婚と教育」(『立正大学教職教育センター年報』創刊号、2020 年)

内田　智（うちだ　さとし）

早稲田大学政治経済学術院招聘研究員、横浜国立大学・青山学院大学・東海大学・武蔵野美術大学・立正大学非常勤講師　現代政治理論・国際政治思想専攻

• 主要業績

「国際社会におけるデモクラシーの可能性」（齋藤純一、田村哲樹編『アクセスデモクラシー論』、日本経済評論社、2012 年）、「現代デモクラシー論における熟議の認知的価値」（政治思想学会編『政治思想研究』第 19 号、風行社、2019 年）、「もうひとつのグローバルな「批判的＝政治的」正義論の可能性」（『思想』2020 年 7 月号、岩波書店）

遠藤公嗣（えんどう　こうし）

1950 年生まれ　明治大学経営学部教授　労使関係人事労務管理専攻　経済学博士（東京大学）

• 主要業績

『日本の人事査定』（ミネルヴァ書房、1999 年）、『賃金の決め方：賃金形態と労働研究』（ミネルヴァ書房、2005 年）、『これからの賃金』（旬報社、2014 年）、『同一価値労働同一賃金をめざす職務評価：官製ワーキングプアの解消』（編著、旬報社、2013 年）

佐々木伯朗（ささき　のりお）

1966 年生まれ　東北大学大学院経済学研究科教授　財政学専攻 博士 (経済学)

• 主要業績

『財政学 ― 制度と組織を学ぶ』有斐閣、2019 年、『福祉国家の制度と組織 ― 日本的特質の形成と展開』有斐閣、2016 年、「福祉国家とサードセクター：組織間関係の日独比較を事例として」(『財政研究』第 2 巻、2006 年)

伊藤恭彦（いとう　やすひこ）

1961 年生まれ　名古屋市立大学大学院人間文化研究科教授　政治哲学専攻
博士（法学）

• 主要業績

『多元的世界の政治哲学 ― ジョン・ロールズと政治哲学の現代的復権』（有斐閣、2002 年）、『貧困の放置は罪なのか ― グローバルな正義とコスモポリタニズム』（人文書院、2010 年）、『タックス・ジャスティス ― 税の政治哲学』（風行社、2017 年）

平等の哲学入門

2021 年 1 月 12 日　初版第 1 刷発行
2021 年 3 月 19 日　初版第 2 刷発行

編　著———新村聡・田上孝一
装　幀———右澤康之
発行人———松田健二
発行所———株式会社 社会評論社
東京都文京区本郷 2-3-10
電話：03-3814-3861　Fax：03-3818-2808
http://www.shahyo.com
組　版——— Luna エディット .LLC
印刷・製本—倉敷印刷株式会社